PAIDEUMA

Mitteilungen zur Kulturkunde

58 · 2012

Frobenius-Institut 2012

PAIDEUMA

Mitteilungen zur Kulturkunde

58 · 2012

Herausgegeben vom Frobenius-Institut
an der Goethe-Universität Frankfurt am Main
mit freundlicher Unterstützung
der Frobenius-Gesellschaft

Frobenius-Institut 2012

Verlag W. Kohlhammer

Frobenius-Institut, Grüneburgplatz 1, D-60323 Frankfurt am Main,
Telefon (0 69) 79 83 30 50 · Telefax (0 69) 79 83 31 01
E-Mail Frobenius@em.uni-frankfurt.de
www.frobenius-institut.de

Printed in Germany

PAIDEUMA erscheint jährlich in 1 Band mit einem Gesamtumfang von ca. 320 Seiten. Das Einzelheft kostet € 64,00 zuzüglich Versandkosten. In den Bezugspreisen sind 7% Mehrwertsteuer enthalten.
Satz: michon, Wickerer Weg 19, 65719 Hofheim/Ts. Verlag und Druck: W. Kohlhammer GmbH;
Postanschrift: 70549 Stuttgart; Lieferanschrift: Heßbrühlstraße 69, 70565 Stuttgart, Telefon 07 11 / 78 63-0,
Telefax 07 11 / 78 63-263. Auslieferung Zeitschriften: W. Kohlhammer GmbH, 70549 Stuttgart,
Telefon 07 11 / 78 63-290, Telefax 07 11 / 78 63-430.
Anzeigen: W. Kohlhammer GmbH, Anzeigenverwaltung, 70549 Stuttgart,
Telefon 07 11 / 78 63-0, Telefax 07 11 / 78 63-393.

Kommissionsverlag: W. Kohlhammer Stuttgart
ISSN 0078-7809

Inhaltsverzeichnis

SCHWERPUNKT
CULTURAL DIVERSITY IN ETHIOPIA

WIEDERGELESEN

BUCHBESPRECHUNGEN

NEKROLOG

Paideuma 58:7–18 (2012)

LEBENDIG BLEIBEN

Gerhard Baer

Als ich in Basel das Humanistische Gymnasium besuchte und 1953 kurz vor dem Abitur stand, lud unser Klassenlehrer Louis Wiesmann uns Schüler einzeln zu sich nach Hause ein, um uns über unsere weiteren Pläne, insbesondere die Wahl unserer Studienfächer zu befragen. Ich hatte damals gerade ein Buch über das Alte Ägypten gelesen, das von einem Fotografen verfaßt war, und hatte mich sofort für die Möglichkeit eines Studiums jener Kultur begeistert. Ich erzählte dies Herrn Wiesmann und sagte, als Nebenfächer könne ich mir Orientalistik und Ethnologie vorstellen. Herr Wiesmann überlegte eine Weile und sagte dann, dies würde eine akademische Karriere bedeuten. Ich stimmte zu und er meinte, daß dies für mich möglicherweise etwas schwierig würde (in meiner Verwandtschaft gab es keine Akademiker, das heißt, ich hatte von zu Hause keine Anregungen im Hinblick auf eine akademische Laufbahn erhalten, und in der Schule war ich lange kein besonders guter Schüler gewesen; erst in den letzten Schuljahren änderte sich das zum Besseren).

Ich nahm anschließend Kontakt zu Ursula Schweitzer auf, die damals Dozentin für Ägyptologie an der Universität Basel war. Sie akzeptierte meinen Vorschlag, bei ihr zu studieren, wies mich indessen darauf hin, daß ich bei ihr nicht promovieren könne (weil sie nicht Professorin war). Ich könne aber Ägyptologie im Nebenfach studieren.

Danach sprach ich bei dem Orientalisten Fritz Meier, einem sehr angesehenen Spezialisten für den Sufismus, vor. Er machte mir klar, daß das Studium zweier Sprachen, des Arabischen und des Persischen, Voraussetzung für ein Nebenfach-Studium sei (er selbst sprach fließend arabisch und persisch).

Zuletzt wandte ich mich an Alfred Bühler und fragte ihn, ob ich bei ihm Ethnologie im Hauptfach studieren könne. Er antwortete mit der Gegenfrage, ob ich wisse, daß es für Absolventen der Ethnologie keine offenen Stellen gebe und daß dies in nächster Zukunft auch so bleiben werde. Ich sagte, daß ich dies nicht gewußt hätte. Herr Bühler fragte sodann, ob ich das Ethnologie-Studium dennoch aufnehmen wolle und ich sagte, das wolle ich. So begann ich das Studium in den drei genannten Fächern.

Wenn ich versuche, die Motive zu verstehen, die mich zum Studium der Ägyptologie, der Ethnologie und in der Folge auch der Orientalistik geführt haben, dann glaube ich, daß ganz am Anfang der Wunsch stand, zu den „Ursprüngen" zurückzufinden – zu den Ursprüngen der Hochkulturen und der Schrift (Ägyptologie), zu den ursprünglichen Formen menschlicher Gemeinschaften (Ethnologie sowie später – in Form von kurzen Einblicken – auch Urgeschichte) und zu den Ursprüngen der Kunst (ebenfalls Ägyptologie). Ich erinnere mich noch sehr gut an eine Ausstellung Alt-Ägyptischer Kunst in der Kunsthalle in Basel, bei der mich ein sogenannter Würfelhocker (des Alten oder des Mittleren Reiches) ungemein beeindruckte. Seine Faszination war vor allem in der perfekten Form einer Vereinigung von Religion und Kunst begründet. Mich überwältigte gewissermaßen die Geschlossenheit und Einheit der frühen Alt-Ägyptischen Kunst und Kultur. Daneben erregte das Studium früher Formen der Religion (Alt-Ägypten) ebenfalls meine Neugierde.

Die Ausbildung zum Ethnologen in Basel durch Alfred Bühler war ausgezeichnet. Er besaß ein profundes Wissen über Ethnographie und Ethnologie, mit Einschluß der Feldforschung und ihrer Auswertung, der Museumsarbeit in ihren verschiedenen Aspekten sowie der verschiedenen ethnologischen Schulen und Richtungen. Bühler benutzte in seinen Vorlesungen keine Manuskripte, sondern sprach frei, wobei er sich auf seine reichen Erfahrungen (Feldforschungen, Sammelreisen und Museumsarbeit, darunter Untersuchungen an Museums-Sammlungen, insbesondere Textilien) stützen konnte. Äußerst wohltuend war dabei sein Humor: Er erzählte gerne Witze, die er in seiner Feldarbeit oder bei Begegnungen mit Fachkollegen gehört hatte. Die Betonung in seinen Vorlesungen und Übungen lag nicht auf intellektueller und sprachlicher Brillanz, sondern auf seiner durch mannigfache Erfahrungen geprägten Menschen- und Sachkenntnis. Schwerpunkt seiner Vorlesungen und Übungen beziehungsweise Praktika waren Melanesien und Indonesien sowie die Technologien der von ihm begründeten Textilsystematik (zum Beispiel die sogenannten Reservemusterungs-Verfahren Plangi, Batik und Tritik).

Bühler war ein typischer Vertreter einer Ethnologie, die Universität und Museum verbindet und die Theorien nicht abgehoben von der materiellen Ausstattung der Gesellschaften entwickeln möchte. Dies wurde in der deutschsprachigen Ethnologie leider in den letzten Jahrzehnten etwas vernachlässigt, während es in der englisch- und französischsprachigen Forschung heute längst wieder aktueller Stand ist. Museum und Universität verbindend, war Bühler ein hervorragender Sammler von Ethnographica; das Museum in Basel verdankt ihm große und bedeutende Bestände. In theoretischer Hinsicht vertrat Bühler einen kulturhistorischen Ansatz, wobei er jedoch der von Pater Wilhelm Schmidt vertretenen Kulturkreisschule durchaus kritisch gegenüberstand. Besonderen Eindruck machte mir, daß er jede wissenschaftliche oder sonstige Ideologie vermied und ablehnte. Äußerst wohltuend war, daß bei ihm der Nachweis von kulturhistorischen Beziehungen zwischen verschiedenen ethnographischen Gebieten nicht auf einseitigen theoretischen Folgerungen beruhte, sondern daß er diese Beziehungen – speziell im Bereich der Textilien – durch genaue technologische Überprüfungen absicherte.

Die deutsche Ethnologie spielte in der Schweiz kurz nach dem Zweiten Weltkrieg keine überragende Rolle, obwohl dies vom sprachlichen Standpunkt aus naheliegend gewesen wäre. Bühler bezog sich in seinen Vorlesungen gerne auf angelsächsische Schulen, das heißt auf englische und amerikanische ethnologische Modelle, Methoden und Praktiken, in geringerem Maße auch auf französische (insbesondere Marcel Mauss, dessen grundlegende Studien über den Tausch er gerne hervorhob). Auch auf André Leroi-Gourhan, der ihm hinsichtlich des Interesses für ethnographische und urgeschichtliche Technologien nahestand, hat Bühler in seinen Vorlesungen wiederholt hingewiesen.

Die Situation der Ethnologie in der Schweiz war allerdings zu meiner Studienzeit (also vor fünfzig bis sechzig Jahren) durch eine klare Verschiedenheit zwischen dem deutschsprachigen und dem französischsprachigen Landesteil gekennzeichnet. Das erlebte ich deutlich, als ich nach dem Studium in Basel kurz am Genfer Museum tätig war (dort traf ich einmal Alfred Métraux). Als Vorbild diente klar das in politischer Hinsicht republikanisch engagierte Musée de l'Homme in Paris. Paul Rivet, Leiter des Musée d'Ethnographie du Trocadéro und dann des Musée de l'Homme, war ein sozialistischer Humanist und wie weitere französische Ethnologen während der deutschen Besatzungszeit in der als „Groupe du Musée de l'Homme" bekannt gewordenen Résistance-Gruppe tätig gewesen (Blumenson 1979). Im Vergleich der verschiedenen Schweizerischen Völkerkundemuseen scheint mir, daß die beiden Museen der Suisse Romande, Musée d'Ethnographie de la Ville de Genève und Musée d'Ethnographie (Neuchâtel), schon relativ früh an sozialen und politischen Aspekten der Ethnologie interessiert waren und daß dies einen gewissen Gegensatz zum Basler Museum darstellt. Bald sollte freilich auch Zürich, inspiriert vor allem von Peter Gerber, aktuelle Bezüge entwickeln.

Heute empfinde ich es als Mangel, daß ich während meiner Ausbildung in Basel nicht mehr von der französischen Ethnographie beziehungsweise Ethnologie gehört habe. Was die theoretischen Grundlagen der Ethnologie im Ganzen betrifft, so muß ich sagen, daß ich vieles erst nach meinem Studienabschluß 1960 kennengelernt und nachgeholt habe. Ein Beispiel dafür ist ein Intensivkurs in Linguistik (der unter dem Titel „Seminar für Sprachmethodik" 1966 in Wuppertal von einem deutschen Zweig des Summer Institute of Linguistics veranstaltet wurde), aber eine entsprechende Ausbildung war – und ist noch heute – an den schweizer und deutschen ethnologischen Instituten eher selten. Initiativen wie die von Bruno Illius, der in seiner Habilitationsschrift (1999) sowie mit Kursen in Freiburg, Marburg und Berlin versucht hat, Ethnologie und Linguistik zu verbinden, oder von Ernst Halbmayer, der nun in Marburg einen ethnolinguistischen Schwerpunkt zu begründen versucht (und damit in gewisser Hinsicht an die dort schon ältere und insbesondere von Mark Münzel fortgeführte Tradition der Verbindung von Ethnologie und Romanistik anknüpft), sind leider immer noch Ausnahmen. Dabei stellt doch die von Ferdinand de Saussure begründete moderne Linguistik – insbesondere mit der Phonetik und der Syntax, wobei die Semantik noch immer wenig entwickelt ist – auch eine Grundlage für den von Claude Lévi-Strauss vertretenen Strukturalismus dar. Auch diesen lernte ich verhältnismäßig spät kennen. Ich habe strukturalistische Ansätze nur kurz verfolgt, war aber von der „Anthropologie structurale" (1958, 1973) und insbesondere von den „Mythologiques" (1964, 1966, 1968, 1971) sehr beeindruckt.

Um 1954 lernte ich an dem von Bühler geleiteten Basler Museum für Völkerkunde den Assistenten Paul Hinderling kennen. Er erzählte mir eines Tages, er habe den Besuch von René Fuerst, einem jungen Genfer „cinéaste-explorateur", gehabt, der nach Brasilien reisen wolle und einen Begleiter mit ethnographischen Kenntnissen suche. Fuerst und ich faßten darauf den Plan, zusammen nach Zentral-Brasilien zu reisen, um dort noch wenig bekannte Indianergruppen zu besuchen. Durch die Fürsprache von Adolf Portmann und Alfred Bühler (die beide der Universität Basel angehörten) erhielt ich zwei Stipendien, die mir im Jahr 1955 – ich war damals 21 Jahre alt – die Teilnahme an einer Forschungsreise nach Zentral-Brasilien, in das Gebiet des Xingu-Quellgebietes (Mato Grosso), ermöglichten. Meine Aufgabe war es, für das Basler Museum eine Sammlung von Objekten der indianischen Kulturen des Xingu-Quellgebietes anzulegen. Dies gelang trotz einiger Schwierigkeiten beim Transport, bei dem ein wichtiges Gepäckstück mit den besten Gegenständen ohne mein Wissen abhandenkam. Fuerst, der ein Jahr älter war (und den ich später sehr für sein Engagement für indigene Völker bewundert habe) und ich kamen zu Beginn des Jahres 1956 nach Basel zurück. Ich setzte dort mein Studium fort, sah aber bald ein, daß die Kombination von Ethnologie im Hauptfach und den sehr anspruchsvollen Nebenfächern mit insgesamt drei Sprachen beziehungsweise dem altägyptischen Schriftsystem auf Dauer nicht aufrechterhalten werden konnte. So ergab sich schließlich ein Wechsel in meinen Nebenfächern: Diese waren nun Vergleichende Religionsgeschichte (bei Walther Eichrodt) und Soziologie (bei Edgar Sahlin).

Schon in den Jahren 1957 bis 1959 arbeitete ich am Museum für Völkerkunde in Basel als sogenannter Halbtagsassistent und war unter anderem damit beauftragt, bei der Vorbereitung der von Bühler ins Leben gerufenen sogenannten „Wechsel-Ausstellungen" mitzuwirken (neben Paul Hinderling und neben zwei Lehrern der Kunstgewerbeschule Basel, die ebenfalls als Halbtagsassistenten tätig waren). Auf diese Weise wurde ich schon früh mit der Konzeption und Gestaltung von Ausstellungen vertraut.

Ende 1959 – ich hatte mein Studium noch nicht abgeschlossen – ergab sich die Möglichkeit, in Genf am Musée d'Ethnographie de la Ville de Genève eine Stelle als Assistant Conservateur anzutreten. Dort wirkte ich ein Jahr lang und nahm dabei auch an Ausstellungsprojekten teil. Im Jahr 1960 fand in Genf meine Heirat mit der Textildesignerin, Zeichnerin und Malerin Mona Marina Montalvo aus Varberg (Schweden) statt, die mich auf weiteren Reisen häufig begleitet hat. Im Dezember 1960 schloß ich das Studium in Basel mit der Promotion bei Bühler ab (Note „insigni cum laude"). Die in Zentral-Brasilien angelegte Sammlung von indianischen Gegenständen aus dem gesamten Bereich der dortigen Kulturen bildete die Grundlage für meine Dissertation (Baer 1960). Diese Schrift entsprach in gewisser Weise einem „catalogue raisonné", das heißt einer Dokumentation der materiellen Kultur der Indianergruppen („Stämme") des Xingu-Quellgebietes. Das Thema lag aus verschiedenen Gründen nahe. So war Bühler in erster Linie am Studium von Sammlungen, das heißt am materiellen und technologischen Aspekt der Kulturen interessiert. Das zeigt sich im Besonderen an seinen textilkundlichen Forschungen, die in Basel zur Anlage einer weltweiten Textilsammlung auf der Grundlage der von ihm begründeten Textil-Systematik führten. Was mich betrifft, so hatte mein Dissertationsthema den großen Vorteil, daß ich mich mit der von mir selbst angelegten Sammlung befassen konnte, das heißt mit einem klar abgegrenzten Bereich, bei dem die Deskription im Vordergrund stand.

Von 1961 bis 1963 arbeitete ich am Comité International de la Croix Rouge (CICR) zunächst im Rahmen der Zusammenführung von Familien aus Ost und West (*annexe*) und dann vor allem im Service de Presse et d'Information. Im Jahr 1963 – in Basel war inzwischen Carl-August Schmitz Direktor des Museums und Professor an der Universität geworden – wurde ich als wissenschaftlicher Assistent am Basler Museum angestellt, 1965 erfolgte die Ernennung zum Konservator und 1967 schließlich die Wahl zum Museumsdirektor.

Im Jahr 1966 nahm ich an einer Studienreise nach Mexiko teil, wo ich altmexikanische Fundorte und archäologische Museen besuchte. Von 1968 bis 1969 fanden Reisen und Forschungen in Ost-Peru (Oberer Amazonas, Urubamba- und Ucayali-Gebiet) statt, die vom Schweizerischen Nationalfonds finanziert wurden und insgesamt 14 Monate dauerten. Damals galt Feldforschung als ein wichtiger Teil der Arbeit gerade auch des Museumsethnologen und deshalb stellte mich das Museum für diese lange Zeit von allen Verpflichtungen frei. Schwerpunkt meiner Tätigkeiten war bei den Matsigenka, den Piro/Yine(ru) und den Shipibo-Conibo das Sammeln von Ethnographica sowie die Feldarbeit zum Thema indigene Religionen. Dazu gehörte die Aufnahme von Mythentexten in den entsprechenden indigenen Sprachen und in spanischer Übersetzung. In dieser Zeit war meine Familie Gast der Schweizerischen Indianermission in Pucallpa. Die genannten Arbeiten in Ost-Peru konnten 1976 und 1978 für kürzere Zeit fortgesetzt werden. In jene Jahre fällt auch der Anfang der Abfassung meiner Habilitationsschrift zum Thema Religion der Matsigenka. 1983 erfolgte die Habilitation an der Philosophisch-Historischen Fakultät der Universität Basel für den Bereich Ethnologie (unter der Leitung von Meinhard Schuster, Ordinarius für Ethnologie in Basel). Meine Habilitationsschrift (Baer 1984) entsprach meiner langjährigen Vorliebe für das Studium fremder religiöser Systeme (zu Beginn meines Studiums hatte ich mich mit der Religion des Alten Ägypten und später mit der vergleichenden Religionswissenschaft beschäftigt). Dabei war es mir immer sehr wichtig, die verschiedenen Religionen in ihren jeweiligen kulturellen Einbettungen zu verstehen.

Von Januar bis September 1987 – nach dem unerwarteten Ableben von Udo Oberem – amtierte ich (nebenamtlich) als Lehrstuhlvertreter und Geschäftsführender Direktor des Seminars für Völkerkunde in Bonn. Die Situation, die ich dort vorfand, war nicht einfach: Unter den Studierenden gab es viele, die auf einen Abschluß warteten, darunter auch Kandidatinnen und Kandidaten für eine Promotion. Ich reiste alle vierzehn Tage (Donnerstagabend bis Samstagmittag) nach Bonn. Auf den Freitagmorgen, genau von 8:00 bis 9:00 Uhr, war jeweils die Sprechstunde angesetzt. Jeder Studierende hatte eine Viertelstunde Zeit um sein Anliegen vorzubringen und die wichtigen Punkte wurden schriftlich festgehalten. Auf diese Weise erfolgten 1987 und 1988 drei Promotionen und 17 Magister-Abschlüsse. Von November 1989 bis März 1990 wirkte ich im Nebenamt als stellvertretender Professor für Ethnologie an der Universität Tübingen.

In den späteren Jahren meines Wirkens am Basler Völkerkunde-Museum und an der Universität Basel (dort wurde ich 1990 zum außerordentlichen Professor für Ethnologie ernannt) wandte ich mich verschiedentlich Themen zu, die aktuelle Fragen betrafen. Ein Beispiel dafür ist die Ausstellung „Menschen in Bewegung – Reise, Migration, Flucht“ (Baer u. Hammacher 1990) – eine Wechselausstellung, die im Jahre 1990 stattfand, das heißt in einer Zeit, in der die Migrationsströme in politischer Hinsicht noch nicht als Bedrohung empfunden wurden (ich erinnere ich mich, daß die meisten Abteilungsleiter am Basler Museum damals die Ansicht vertraten, daß man ein solches Thema nicht ausstellen könne). Weitere Ausstellungen mit aktuellem Bezug waren „Jugend und Gesellschaft“ (Baer *et al.* 1973) sowie „Japan: Selbstbild – Fremdbild“ (Baerlocher, Birchler u. Baer 1993) – Ausstellungen, die ich in enger Verbindung mit anderen Ethnologen – im Falle von „Japan: Selbstbild – Fremdbild“ mit Japanologen aus Zürich – vorbereitet und durchgeführt habe. Eine weitere Ausstellung, die auch aktuelle Bezüge aufwies, hieß „Ursachen des Krieges: Die ethnologische Diskussion“. Im Dezember 1995 endete meine Tätigkeit am Basler Völkerkundemuseum.

Ich möchte an dieser Stelle hervorheben, wie wichtig am Museum die Mitarbeit der Konservatoren beziehungsweise der Abteilungsleiter war und weiterhin sein sollte, die alle im Bereich der Ethnologie promoviert hatten. Der Leiter des Schweizerischen Museums für Volkskunde war ebenfalls promoviert. Sein Mitarbeiter hatte, glaube ich, das Fach Volkskunde mit einem Lizentiat abgeschlossen. Zu Beginn meiner Zeit als Leiter des gesamten Museums im Jahre 1967 war ich noch für die Konzeption und Präsentation der Ausstellungen allein verantwortlich. In späteren Jahren konzipierten und organisierten die Abteilungsleiter der Ethnologie ihre Ausstellungen in eigener Verantwortung. Diese Dezentralisierung hat sich für das Museum äußerst positiv ausgewirkt. Pläne für kommende Ausstellungen wurden in den häufig stattfindenden Konservatorensitzungen besprochen und auf diese Weise ergab sich ein allgemeiner Konsens über die Grundlagen der jeweiligen Konzeptionen. Dabei kam dem Museum zugute, daß die Abteilungsleiter alle hervorragend ausgebildet waren und sich insbesondere in ihren Sammlungsbereichen bestens auskannten.

Das Jahr 1992 – 500 Jahre nach der sogenannten Entdeckung Amerikas – war für die westlichen Museen ein Anlaß, über die fünf Jahrhunderte europäischer Expansion nach Übersee und deren Folgen nachzudenken. So habe ich mich auch gefragt, welche Veränderungen im Laufe meiner Museumsarbeit in Basel, insbesondere auch im Bereich der Ausstellungen, stattgefunden haben. Die 1950er Jahre reflektierten noch ganz die postkoloniale Situation, in der sich Europa bis zum Ende des Zweiten Weltkrieges befand. Die Unsicherheit hinsichtlich des Begriffs der „primitiven Völker", der „Völker ohne Geschichte" oder der „primitiven Kulturen" rührte nicht nur daher, daß Europa sich in zwei Weltkriegen erschöpft hatte, sondern war auch dadurch begründet, daß sich Europas Führungsanspruch nicht zuletzt aufgrund der begangenen Gräueltaten überlebt hatte.

Mexiko ist dafür ein gutes Beispiel. Dort wurden bedeutende Ausgrabungen durchgeführt, so zum Beispiel im Zentrum der Stadt Mexiko (Templo Mayor), bei denen Tausende von Funden aus präkolumbianscher Zeit gemacht wurden. Auch der Tourismus wurde weiterentwickelt, wobei archäologische Fundstätten oft eine wichtige Rolle spielten.

Viele ehemals abhängige Länder waren bestrebt, die Kontrolle in der Archäologie und in der Ethnologie beziehungsweise Kulturanthropologie zu übernehmen und auch dadurch zu einer neuen Identität beizutragen. Heute ist es denkbar, daß sich die frühere Einheit der Ethnologie beziehungsweise Kulturanthropologie auflöst und daß sich aus ihr einzelne „Folkloren" oder nationale Ethnologien (oder Volkskunden) entwickeln, die nicht zuletzt von den Repräsentationswünschen der neuen Staaten bestimmt sind. Dabei stellt sich die Frage, was dies für die ethnischen Minoritäten bedeutet, die sich in ihren Ländern oft schlecht integriert und repräsentiert fühlen.

Und was bedeutet es für den (westlichen) Ethnologen? – Die Erfahrung zeigt, daß sich die Sichtweise der politischen Eliten der postkolonialen Länder auf die eigenen Minderheiten klar von der der westlichen Ethnologen unterscheidet. Der Ethnologe befindet sich in Verfolgung seiner wissenschaftlichen Arbeit in einem Spannungsfeld zwischen den Erwartungen der Vertreter des Gastlandes und denen der ethnischen Minderheiten. Dieses Spannungsfeld zwingt ihn, Stellung für die eine oder andere Partei zu nehmen und damit wird er Teil des von ihm zu untersuchenden wissenschaftlichen Feldes. Insgesamt ergeben sich dabei verschiedene Perspektiven:

- die der von der wissenschaftlichen Erforschung betroffenen Gesellschaft beziehungsweise Kultur (interne Perspektive)
- die der politischen Eliten des Landes, zu dem die Minoritäten gehören (externe Perspektive)
- die des Ethnologen (eine andere, aber ebenfalls externe Perspektive).

Weitere Perspektiven sind möglich, wenn der Ethnologe oder Anthropologe zum Beispiel selbst der zu untersuchenden Minorität oder einem anderen Teil des betreffenden Stammes gehört. – In jedem Fall sollte eine Art Polyphonie angestrebt werden, bei der die verschiedenen Stimmen der Interpretation und der Repräsentation unterscheidbar bleiben (Clifford 1993:109–158).

Viele Museumssammlungen stammen von heute „ausgestorbenen“ Gruppen. Auch in den Fällen, in denen die „Autoren“ der Sammlungen noch leben, sind die früheren Traditionen oftmals erloschen; so gibt es etwa Verbote, die eigene Sprache zu sprechen oder diese Sprachen dürfen im Schulunterricht nicht verwendet werden. In dieser Situation kommt den Sammlungen ethnographischer Museen die wichtige Aufgabe zu, die Sammlungsgegenstände zu hüten, zu pflegen, insbesondere auch zu dokumentieren und zudem weitere Aspekte der Sammlungen zu erkunden, die mit den Objekten verknüpft sind. Das alles ist nur in enger Zusammenarbeit mit den Ursprungsgesellschaften und insbesondere den erwähnten „Autoren“ – oder ihren Nachkommen – möglich, wozu natürlich immer persönliche Verbindungen gehören, die entstehen, wenn man sich gegenseitig informiert. Voraussetzung für eine solche Arbeit ist, daß der Ethnologe mit den Interessen der „Autoren“ – beziehungsweise ihren Nachkommen – vertraut wird, ja, daß er sich, wenn irgend möglich, diese Interessen zu eigen macht. Das ist nicht immer leicht. Doch nur so können die Ideen und Erinnerungen, die die „Autoren“ – oder ihre Nachkommen – mit den gesammelten Objekten verbunden haben, in die Wissenschaft und die Ausstellungen einfließen. Das bedeutet auch die Verpflichtung zum *feedback*, das heißt zur Dokumentation unserer (wissenschaftlichen und musealen) Arbeit für die Ursprungsgesellschaft und namentlich für die „Autoren“.

Hinsichtlich der Ausstellung dieser Sammlungsbestände ergibt sich auch die Frage, ob sie unter Beteiligung der „Autoren“ – oder ohne sie – erfolgen soll. Dabei geht es um den Dialog mit den „fremden“ Werken und mit den Menschen, die diese als Stimmen im Chor der menschlichen Geschichte geschaffen haben. Kann man also heute noch ethnographische Ausstellungen ohne direkte Teilnahme von Vertretern der Gesellschaften der „Autoren“ durchführen? Freilich sind die Schwierigkeiten bei einem gemeinsamen Ausstellungsprojekt sehr real. Aber zumindest sollte es heutzutage schwierig sein, Ausstellungen über andere Gesellschaften und Kulturen allein aus unserer Perspektive zu entwickeln. Angesichts der praktischen Probleme wie den erhöhten Kosten und der Frage, wie wir unsere praktischen und museologischen Zwänge den ausländischen Partnern vermitteln sollen, die nicht immer auf unser Museumswesen eingestellt sind, wird es, wie ich finde, nicht immer notwendig sein, eine Ausstellung gemeinsam durchzuführen. Ein anderer Lösungsversuch wäre beispielsweise, eine Ausstellung in zwei Teile zu teilen, von denen einer von Vertretern der fremden Gesellschaft gestaltet würde. Es wäre sicher auch sehr lehrreich, im Einzelfall die Gründe für das Scheitern einer Zusammenarbeit zu diskutieren. Nicht die Hindernisse wären das Entscheidende, sondern der Versuch, sie zu überwinden und so von einem Monolog und hin zum Dialog und zur Polyphonie zu gelangen.

Eine letzte Frage ist die nach dem Verhältnis von Ethnologie und Volkskunde (beide wurden in Basel in einem gemeinsamen Museum zusammengeführt). Lange sind die Europäer nach Übersee gereist und haben dort Vertreter „fremder" Gesellschaften oder Kulturen getroffen und bei ihnen gesammelt. Heute, wo die Grenzen durchlässig geworden sind, kommen die Vertreter der untersuchten „fremden" Gesellschaften oder Kulturen zu uns. Die „Fremden" sind so unter uns und können auch hier studiert werden, so wie die „Fremden" uns studieren. Das bedeutet, daß das „Fremde" nicht ohne das „Eigene" verstanden werden kann und umgekehrt das „Eigene" nicht ohne das „Fremde". Die menschlichen Schicksale verweisen überall auf ähnliche fundamentale Bedingungen und auf ähnliche Dimensionen.

Ich komme damit zurück zu meinem Weg als Ethnologe: Im Jahr 1997 erfolgte auf Antrag von Mark Münzel die Ernennung zum Honorarprofessor an der Universität Marburg. Marburg war für mich interessant, weil es als einzige deutsche Universität den ethnologischen Hauptschwerpunkt auf Südamerika legt (Mark Münzel promovierte wie ich über die Kultur des Alto Xingu, wo er elf Jahre nach mir geforscht hat). Zudem verband die Marburger Ethnologie wie diejenige, die ich in Basel bei Bühler kennengelernt hatte, Universität und Museum in besonders enger Weise. Zwar ist die Marburger ethnographische Sammlung nur klein, aber ähnlich wie das Basler Museum bestimmte sie die Themen des ethnologischen Unterrichts und ähnlich wie in Basel waren Übungen in der Sammlung für die Studierenden obligatorisch. Darüber hinaus ist die Marburger Ethnologie ganz meinen Interessen entsprechend religionsethnologisch interessiert und sie überwindet manchmal die alte Grenze zwischen Völkerkunde und Volkskunde (sie bildet mittlerweile ein gemeinsames Institut mit der Religionswissenschaft sowie zusammen mit ihr und der früheren Volkskunde einen gemeinsamen Studiengang).

Im Jahr 2001 führte ich gemeinsam mit Katrin Marggraff und im Rahmen eines Abkommens mit der Universität Cusco eine Feldforschung in Ost-Peru durch (finanziert von der Deutschen Forschungsgemeinschaft, wobei ich den Antrag zusammen mit Mark Münzel gestellt habe). Dabei ging es um die Frage, inwieweit sich die traditionelle Auffassung der Matsigenka von der Person im Spannungsfeld aktueller Konflikte verändert hat (Baer 2003). Die in diesem Projekt aufgenommene Wendung der Ethnologie in den späteren 1970er und 1980er Jahren zur Postmoderne habe ich nachträglich verfolgt. Es scheint mir aber wichtig, diese Strömung, die wichtige Fragen nach „Autorität" und „Repräsentanz" beziehungsweise nach dem ethnologischen Diskurs überhaupt aufwirft, zu verstehen. Die Ethnologie ist für mich das Paradebeispiel für eine Wissenschaft, bei der man zeitlebens niemals ausgelernt hat.

Nachdem ich mich kurz zu neuen Strömungen in der Ethnologie geäußert habe, möchte ich zum Schluß nochmals auf die Museumsarbeit, insbesondere die Dauer- und die Wechselausstellungen zurückkommen. In Basel beruhten die Dauerausstellungen vor allem auf den Schwerpunktsammlungen, insbesondere der aus Ozeanien (einschließlich von Neuguinea) sowie auf der von Lukas Vischer zwischen 1828 und 1837 in Mexiko angelegten Sammlung, die hervorragende alt-mexikanische Gegenstände umfaßt. Nicht vertreten in den Dauerausstellungen war leider Indonesien, obwohl die Indonesien-Sammlung auch im internationalen Maßstab bedeutend ist. Die Wechsel- beziehungsweise Sonderausstellungen stellten eine Gelegenheit dar, bestimmte Sammelgebiete, die nicht zu den Schwerpunkten zählten, sowie besondere Themen zu präsentieren. Wechselausstellungen, die ich konzipierte oder realisierte, waren neben den bereits erwähnten Veranstaltungen mit aktuellem Bezug etwa „Alt-Amerikanische Kunst“ (1964–1974), „Südamerikanische Indianer“ (1965), „Peru – Indianer gestern und heute“ (1971–1972) und „Die Azteken. Maisbauern und Krieger“ (1985). Die Auswahl der Gegenstände der Dauerausstellungen beruhte auf der Qualität der Museumssammlungen (Leihgaben standen bei einem Gesamtbestand von über 300 000 Objekten nicht im Vordergrund). In den Ausstellungen wurde allgemein keine besondere Betonung auf den Kunstaspekt der Ausstellungsgegenstände gelegt.

Im Jahre 1979 veröffentlichte das Museum Basel die Publikation „Kulturen, Handwerk, Kunst“ mit Beteiligung der Museumsleitung und insbesondere der Konservatoren beziehungsweise Abteilungsleiter der Völkerkunde sowie des Schweizerischen Museums für Volkskunde (Baer u. Hauser-Schäublin 1979a). In dieser Publikation wurden unter anderem die Themen „Formensprache“, „Handwerkliche Meisterschaft“ und „kulturelle Normen“ kurz gewürdigt. Dort heißt es:

> Es gibt in allen Sammlungen des Museums zahlreiche Gegenstände, die durch ihre formale und handwerkliche Qualität bestechen. Solche Objekte werden in vielen Museen und Galerien als „Kunst“ ausgestellt: als „Primitive Kunst“, als „Kunst der Naturvölker“ oder als „Kunst der schriftlosen Völker“ […] Haben wir es also mit „Kunst“ zu tun? […] vieles, was unser Museum bewahrt und ausstellt, ist tatsächlich „Kunst“. […] Für die Schöpfer dieser Gegenstände war der Formkanon ihrer Gemeinschaft und damit ihrer Kultur verbindlich, zwingend. Hielten sie sich an den Formkanon, wurde der von ihnen hervorgebrachte Gegenstand „richtig“. War er „richtig“, erzielte er eine Wirkung, die durch religiöse Akte noch gesteigert werden konnte. […] Eine „richtige“ Form, die oft auch die Verwendung richtiger, d.h. wirksamer Farben mit einschloss, war je eigentlich nur zu erzielen, wenn der Erschaffer aus der richtigen Gruppe (Familie, Linie, Klan, Sippe, Kaste kam, die im Besitz des notwendigen „richtigen Wissens“ war, und wenn er die alten, mündlich überlieferten Regeln, die Handwerkliches und Nichthandwerkliches zugleich enthielten, befolgte. Es gab also keineswegs freie, vom engeren sozialen Zusammenhang losgelöste Kunstwerke, sondern nur Werke, die aus einer engen […] Bindung an die Gemeinschaft und deren Überlieferung, insbesondere deren Religion, entstand (Baer u. Hauser-Schäublin 1979b:11).

Außerdem wiesen wir in dieser Publikation darauf hin,

> dass es beim Präsentieren von Museumsgegenständen zu einem inneren Konflikt kommen kann: Sollen Objekte, die unserer Auffassung nach so formvollendet und handwerklich durchgestaltet sind, dass wir sie ohne Bedenken dem Bereich der Kunst zuweisen, dann auch nach formalen Kriterien als Kunst gezeigt werden? Oder soll man versuchen, diese Gegenstände primär als Dokumente eines kulturellen Zusammenhangs darzustellen und primär von der Wertung ihrer Hersteller ausgehen? (Baer u. Hauser-Schäublin 1979:11)

Fragen dieser Art sind bis in die neuere Zeit aktuell geblieben, so ist etwa das 1988 zuerst erschienene „The predicament of culture“ von James Clifford mittlerweile in die zehnte Auflage gegangen.[1]

In meinem Verständnis handelt es sich bei Ethnographica in erster Linie um Dokumente einer bestimmten Kultur und einer bestimmten Zeit, in der sie hergestellt und in der sie gesammelt wurden. Ich meine damit auch, daß sie Aufschluss geben nicht nur über ihre Herkunft und kulturelle Zugehörigkeit, sondern auch über die historisch bedingten (Macht-)Beziehungen, die zwischen den Gesellschaften und Kulturen der Hersteller auf der einen und den Gesellschaften und Kulturen der Käufer oder Händler auf der anderen Seite bestanden.

Literaturverzeichnis

BAER, Gerhard

1960 *Beiträge zur Kenntnis des Xingu-Quellgebietes.* Basel (Dissertation, Universität Basel)

1984 *Die Religion der Matsigenka.* Monographie zu Kultur und Religion eines Indianervolkes des Oberen Amazonas. Basel: Wepf & Co.

2003 „‚Liaisons dangereuses‘ am Rio Urubamba“, in: Bettina E. Schmidt (Hrsg.), *Wilde Denker.* Unordnung und Erkenntnis auf dem Tellerrand der Ethnologie, 127–140. Marburg: Curupira (Curupira 14.)

BAER, Gerhard *et al.*

1973 *Jugend und Gesellschaft.* Basel: Museum für Völkerkunde und Schweizerisches Museum für Volkskunde (Führer durch das Museum für Völkerkunde und das Schweizerische Museum für Volkskunde Basel, Ausstellung 1973/74)

BAER, Gerhard und Susanne HAMMACHER (Hrsg.)

1990 *Menschen in Bewegung.* Reise – Migration – Flucht. Basel: Birkhäuser (Mensch, Kultur, Umwelt 4.).

---

[1] Clifford (2002). Siehe dort insbesondere die „Introduction“ sowie die Kapitel 9 („Histories of the tribal and the modern“) und 10 („On collecting art and culture“).

BAER, Gerhard und Brigitta HAUSER-SCHÄUBLIN
1979a *Kulturen, Handwerk, Kunst – Art, Artisanat et Société – World cultures, arts and crafts.* Basel, Boston, Stuttgart: Birkhäuser
1979b „Einleitung", in: Gerhard Baer und Brigitta Hauser-Schäublin, *Kulturen, Handwerk, Kunst – Art, Artisanat et Société – World cultures, arts and crafts*, 10–11. Basel, Boston, Stuttgart: Birkhäuser

BAERLOCHER, Nicolas, Martin BIRCHER und Gerhard BAER
1993 *Japan: Selbstbild – Fremdbild.* Herausgegeben von Nicolas Baerlocher und Martin Bircher. Konzeption und Gestaltung von Gerhard Baer. Zürich: Strauhof (Strauhof Zürich 7.)

BLUMENSON, Martin
1979 *Le Réseau du Musée de l'Homme: les débuts de la Résistance en France.* Paris: Éditions du Seuil

CLIFFORD, James
1993 „Über ethnographische Autorität", in: Eberhard Berg und Martin Fuchs (Hrsg.), *Kultur, soziale Praxis, Text.* Die Krise der ethnographischen Repräsentation, 109–157. Frankfurt am Main: Suhrkamp (suhrkamp taschenbuch wissenschaft 1051.)
2002[10] *The predicament of culture: twentieth-century ethnography, literature, and art.* Cambridge, Mass. *et al.*: Harvard University Press ([1]1988)

ILLIUS, Bruno
1999 *Das Shipibo.* Texte, Kontexte, Kommentare. Ein Beitrag zur diskursorientierten Untersuchung einer Monaña-Kultur. Berlin: Reimer

LÉVI-STRAUSS, Claude
1958 *Anthropologie structurale.* Paris: Plon
1964 *Mythologiques I: Le cru et le brut.* Paris: Plon
1966 *Mythologiques II: Du miel aux cendres.* Paris: Plon
1968 *Mythologiques III: L'origine des manières de table.* Paris: Plon
1971 *Mythologiques IV: L'homme nu.* Paris: Plon
1973 *Anthropologie structurale deux.* Paris: Plon

Paideuma 58:19–43 (2012)

HOUSEHOLDS AND THE PRODUCTION OF PUBLIC AND PRIVATE DOMAINS
Revolutionary changes in Western Sahara's liberation movement*

Alice Wilson

ABSTRACT. Saharawi refugees from Western Sahara have been leading a social revolution from the desert refugee camps in Algeria, where they have been living since the partial annexation of Western Sahara by Morocco in 1975. The households of these refugees have changed enormously over three decades of exile and revolution. This study, which draws on two years of ethnographic fieldwork with Saharawi refugees (2007–2009), analyses households across the pre-exile and revolutionary periods to highlight the changed and changing nature of 'domaining', or the production of public and private domains, in the revolutionary period. The article explores the role of households in different articulations of 'domaining' and in producing persons with different kinds of social dispositions, those suited, more or less, to the revolution, or its once self-proclaimed foe, the 'tribe' (*qabīla*).

Introduction

In her analysis of socialist regimes, Katherine Verdery observes that they operate parallel systems of production: in addition to the production of goods, she also identifies a parallel system specialising in the production of secret service documents (1996:24). Verdery argues that the ultimate aim of this production of documents is not to produce the dossiers themselves, these being only 'immediate' products. The 'ultimate', more interesting and more valuable products, she suggests, are persons with social dispositions useful to the regimes in question (Verdery 1996:24).

In this article, I take Verdery's paradigm of immediate and ultimate products and apply it to an analysis of households. Feminist-inspired anthropological analysis of households has already emphasised the importance of households not merely in reproducing persons but in reproducing persons with appropriate kinds of 'social identities' (Moore 1994). I draw on these two approaches to explore how households produce both 'immediate' products, namely persons, and 'ultimate' products of persons with particular kinds of social dispositions.

* This article draws on a paper delivered at the Afrika Kolloquium, Goethe University, Frankfurt am Main, on 16 December 2010. I thank Hans Peter Hahn and Judit Smajdli for their kind invitation and the members of the Kolloquium for their comments. I am deeply indebted to the many Saharawi refugees who hosted me and let me share their lives. Fieldwork was generously funded by the UK's Economic and Social Research Council. My thanks also go to anonymous reviewers, as well as Sidi Omar and Tara Deubel, for their comments on earlier versions of this paper. The responsibility for views, and errors, remains my own.

In the case I consider, that of the Saharawi in refugee camps in Algeria, the refugees themselves, like visitors to the camps in the late 2000s and in the preceding years, are well aware of how Saharawi refugee households have changed enormously since the camps' inception in 1975. Until the mid-1990s the camps and their households were marked by material simplicity and hardship, but at least in memory this period is associated with intense openness and generosity of social relations. By the late 2000s, many households had taken on a more enclosed, physically more sophisticated architecture, and in turn the social atmosphere of the camps was talked of and experienced as less open and generous than in those early years. Both these periods stand in contrast in their own right to pre-exile households, which for many refugees, for at least part of their lives or the yearly cycle, belonged to mobile pastoralist encampments.

In what follows, I take these changes in households as points of insight into changes in the social dispositions produced by these households. The Saharawi refugees conceive of their exile as a social revolution (on which more below); I structure my analysis around what I shall call the pre-exile, early and late revolutionary periods. For each period, I consider how the household's role in the production of social dispositions relates to the activity that Marilyn Strathern has called 'domaining' (1988:97). This can be understood as an engagement in social relations which supposes the elaboration of a boundary between different domains of social life. Strathern suggests that great cross-cultural attention may have been paid to 'domaining' because, for the 'Western' observer, the notion of contrasting domains thereby invoked stands for two domains of sociality: the particular which makes existing social relations more or less visible, and the non-particular or collective, which distinguishes itself from the former in being able to create new social relations. These two presumed domains of sociality are often mapped on to the terms 'private' and 'public'.[1] I shall argue that in the case of the Saharawi refugees, the social revolution re-located their domaining activities to the production of public and private domains, where previously this had not been the case. Households, I contend, played a key role in these processes.

The structure of the paper is as follows. First I describe the setting of the refugees from Western Sahara exiled in Algeria, and some of the key terms and methods that underpin my research (based on two years' fieldwork, 2007–2009). An ethnographic presentation of the Saharawi refugees' pre-exile, early and late revolutionary households follows. I conclude by highlighting this study's insights into both domaining and its potential re-articulations, as well as the social relations of the Saharawi refugees.

---

1 Strathern's terms, though, are 'domestic' and 'political'.

Western Sahara, key terms and methodology

As I use the term here, Western Sahara is distinct from, and yet a part of, a wider geographical region of Saharan north-west Africa, for which the French term 'ouest saharien' is a convenient phrase. The hassanophone inhabitants of the *ouest saharien* are found in Western Sahara and the Saharan parts of Mauritania, southern Morocco and south-west Algeria as well as parts of Mali and Niger; this hassanophone population shares much in terms of linguistic, cultural, religious, economic and, to an extent, political heritage and practices (see Norris 1986). The region's late nineteenth-century division between colonial powers resulted in the delineation of the Spanish colony of Spanish Sahara. In the 1960s and 1970s, the UN pressured Spain to decolonise and recognise the right to self-determination of the people of the territory. When neighbouring Morocco and Mauritania presented claims over the territory to the International Court of Justice, the Court's findings in 1975 rejected these claims and supported the right of the people of the territory to self-determination (International Court of Justice 1975). Nevertheless, following the Court's decision, Morocco annexed part of the territory in 1975. Thus annexed, the territory is still on the UN list of non-self-governing territories under the name of Western Sahara. Its people have come to be known as Saharawi.[2]

Morocco's annexation has been contested by Western Sahara's liberation front, Polisario. Morocco and Polisario initially disputed the territory through armed conflict (1975–1991). From the early 1980s, Morocco constructed a militarised sand wall, eventually effectively partitioning the territory between areas under its control (the western and larger portion, with important water and mineral resources) and those under Polisario control (the smaller eastern portion, with no coastal access). On Spain's final withdrawal from its erstwhile colony, in 1976 Polisario founded the Saharawi Arab Democratic Republic (SADR). Whilst SADR claims sovereignty – like Morocco – over the whole of Western Sahara, it has access to and control over just the portion to the east of the sand wall.[3] SADR's governmental structures (ministries, Parliament, High Court etc.) ordinarily reside, however, not in the areas of Western Sahara under its control, but in refugee camps in Algeria, located near the Algerian town and military base of Tindouf (approximately 50 km from the border with Western Sahara).[4] The camps, founded as Saharawi civilians fled Morocco's annexation, are believed to host a

2 In English the spelling Sahrawi, a closer transliteration of the Arabic pronunciation, is also found.

3 Unlike Morocco, which has achieved no international recognition for its claims to sovereignty over Western Sahara, SADR has been recognised as a state with rights to sovereignty over Western Sahara by a number of states, as well as the African Union.

4 The refugee camps have several advantages as a site for the SADR government. Morocco would be much less likely to attack this site, since this would entail an attack on Algerian territory. The civilian population there, having crossed an international border to seek refuge, is eligible for refugee status by virtue of having crossed this international border. Nevertheless, it should be pointed out that SADR governance activities, including voting and the operation of law courts, also extend to the Polisario-controlled areas of Western Sahara.

large proportion of the pre-1975 population of the territory, estimated by aid agencies working there to number some 130 000 to 160 000 refugees at present, though accurate figures are not publicly available.[5] Although the camps are technically in Algerian territory, juridical and political authority over the area in which they are located has been delegated by Algeria to Polisario. This allows SADR to operate as a state-in-exile from the refugee camps. The refugee population it governs there is subject – like those living in the Polisario-controlled areas of Western Sahara – to SADR laws and constitution (and prisons), not those of Algeria.[6]

The UN brokered a ceasefire between Morocco and Polisario in 1991. Since then, efforts at conflict resolution have been focused on the activities of the UN mission for a referendum in Western Sahara (Minurso). This referendum, proposed as a means of finally enacting the right to self-determination of the Saharawi people, has nevertheless eluded implementation. With Polisario insisting that independence be included as an option, Morocco refusing its inclusion and the UN Security Council applying no effective pressure for a free and fair vote, the Western Sahara conflict is at an impasse (Jensen 2005, Theofilopoulou 2006). Those who remain as refugees in the camps hold out for an ever more elusive act of self-determination.[7]

With this background to the conflict and camps in mind, let us now address more closely the character of life and political organisation in the camps. There is a very close relationship between Polisario as a liberation movement and SADR as a state (-in-exile). The distinction between the two is often blurred in practice by the fact that holding office in one may be associated formally or in practice with holding office in the other. For example, the Secretary General of Polisario by virtue of that office holds the office of President of SADR, ministerial appointments in SADR not infrequently draw on those elected to Polisario's general secretariat (*alamāna alwataniya*), and in 2008 holding a managerial office in a Polisario structure was one of several ways of qualifying as a can-

5 The lack of transparently compiled population figures for Saharawi in Moroccan-controlled and Polisario-controlled areas is notorious. Zunes and Mundy (2010:214) cite the UN figures for provisional approved adult Saharawi voters as 41 150 in Moroccan-controlled Western Sahara and 33 998 in the refugee camps (figures for the year 2000). Thus these figures concern only those persons over the age of 18 at that time whom the UN defined as eligible to vote, rather than the whole Saharawi population in these areas. For a discussion of population figures for the camps, see Chatty, Fiddian-Qasmiyeh and Crivello (2010:41).

6 Again, we do not have transparently compiled population figures for those living ordinarily in the Polisario-controlled parts of Western Sahara as a distinct category from those living ordinarily in the refugee camps. My experience in fieldwork, and in particular during twenty days with a family engaged in camel-herding in the Polisario-controlled areas, indicates that those who work and pass through this zone are linked to families in the camps. It is therefore likely that they are taken into account in the UN's compilation of the numbers of adult Saharawi voters.

7 The political stance of those who remain in the camps is only one aspect of the politicisation of Saharawi who are sympathetic to independence. In the Moroccan-controlled areas of Western Sahara in recent years there have been protests contesting Moroccan presence there, and a number of human rights NGOs have expressed concern over reports of human rights abuses against Saharawi political activists there (see Shelley 2002, Mundy 2006, Human Rights Watch 2008).

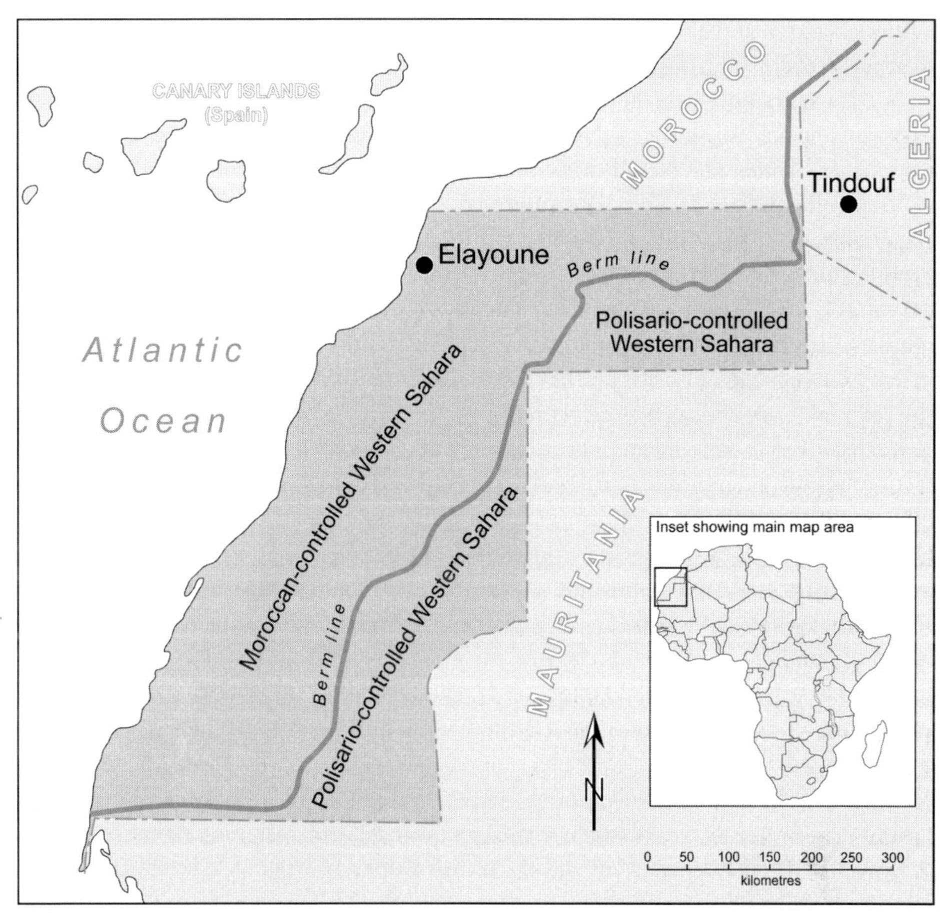

Figure 1: Western Sahara (map: Alice Wilson)

didate for election to SADR's Parliament (see Wilson 2010a). This entwining of state institutions and liberation movement is one of several features which set SADR apart from the conventional notions of a state. In addition, it is only partially recognised by other states and international bodies and has access to only part of its claimed territory. Furthermore, it does not fit another common notion, that of the 'party-state', for technically Polisario is a liberation movement and not a card-issuing political party. Because of this resistance to fitting conventional meanings of categories such as 'state' or 'party-state', and because of the entwining of state institutions and liberation movement, I refer to the political authorities in the Saharawi refugee camps and adjoining areas of Western Sahara with my own term 'state-movement'. This term seeks to capture the notion that these authorities operate with state-like qualities, are a liberation movement rather than a political party, and closely overlap these two functions in a way that makes it difficult to separate them analytically.

This state-movement has conceived of its leadership of a civilian population in exile as a social 'revolution' (*thawra*).[8] This has entailed an agenda of emancipation for women, former slaves and other oppressed or stigmatised groups, and a banning of 'tribalism' (*qabalīya*). This ban sought to address behaviours, loyalties, rights and responsibilities pertaining to membership in a 'tribe' (*qabīla*, pl. *qabā'il*). 'Tribe' is a problematic term in anthropology (Kuper 1988, Sneath 2007). Specifically with regard to 'tribes' in the arabophone world, Shelagh Weir observes that *qabīla* is in fact used polysemously there, making it necessary to specify ethnographically what is meant by it in any given setting (2007:78). In the case of Western Sahara, ethnographic accounts of the colonial (Caro Baroja 1955) and pre-colonial periods (Caratini 1989) make clear that *qabīla* has been used to mean political groups into which members can be recruited by birth or pacts, and which are internally stratified and engage in stratified relations with other such groups. My use of *qabīla* in this paper refers specifically to the social relations in this ethnographic setting (and not to a notion of arabophone 'tribes' in general). I suggest that one can see the *qabīla* – in the manifestation that the state-movement sought to counter with its ban – as what I call a 'sphere of consented solidarity'. The circumstances of the giving of 'consent' for membership can vary to include coercion, resulting in stratified intra- and inter-*qabīla* relations between protectors, protected and exploited groups. Because of these stratified relations, it follows that any given *qabīla* is not necessarily the political 'equivalent' of any other – hence the use of the term even within Western Sahara is polysemous. This polysemy, as Weir suggests, draws attention to certain similarities between social groups (e.g., their assigning rights and duties to members as regards access to and the redistribution of resources) at the expense of glossing over the differences between them (e.g. their hierarchised positions vis-à-vis one another).

Initially, for its governance of the camps the state-movement embraced a system of Popular Committees along the lines of the model of Gadhafi's Libya.[9] These Committees were one of the means (along with public discussions and elections for political representatives) through which direct democracy was meant to be enacted in that 'the people' were themselves meant to be in direct control of running public services. Nevertheless, it has been widely noted (e.g. Bäschlin 2004) that the 1980s was a time in which the camps were torn between a model of direct participation and one of tight social control. Following the ceasefire in 1991, the camps underwent a process of social and political relaxation (Bäschlin 2004, San Martín 2005), a key feature of which – though

8 In this article, I transliterate words as pronounced in daily usage in the camps. As regards the terms used in this article, in the following cases the pronunciation is the same in Hassaniya and Arabic: 'thawra', 'qabīla', 'qabalīya', 'wilāya', 'farīq', 'sundūq'. In the remaining cases the pronunciation represented is specific to Hassaniya.

9 See, e.g. Vandewalle (2006).

often neglected in the literature – was the transformation in the 1990s of the Popular Committees into Councils. Meanwhile, as registration for an eventual referendum on self-determination progressed, the ban on the use of *qabīla*-terminology had to be partially relaxed in that claiming voting rights came down to proving membership in a *qabīla*.[10] Nevertheless, in the late 2000s the use of some *qabīla*-terminology in daily intercourse remained taboo, and even, for some words, offensive. The contrast in the social and political atmosphere between the periods before and after the 1991 ceasefire leads me to distinguish between them as two contrasting models or tendencies of social and political control in the camps, which I call the early and late revolutionary periods.

The main residential camps, Auserd, Elayoune, Dakhla and Smara (named after cities in Western Sahara), are known generically as *wilayāt* (sg. *wilāya*).[11] Each is divided into sections called *dawair* (sg. *daira*), and each *daira* into a neighbourhood (*ḥaiy*, pl. *aḥyā'*). The main government administrative centre is commonly known as Rabouni, and the women's school, which now has a significant residential population, is known as 27th February (named after the date on which Polisario founded the SADR).

The research on which this paper draws took place over twenty-four months spent with Saharawi refugees (January 2007–January 2009), the scope of the wider research project being an enquiry into the relationship between the state-movement and its citizens across a number of areas of social life. The first nine months in the field were dedicated to language training in both standard Arabic and the Hassaniya dialect. During the first five months of this language training, I lived with two Saharawi refugee families in 27th February. This was followed by four months with Saharawi refugee students in Damascus, Syria (where I could practise the dialect away from the fierce summer heat in the camps). The remaining fifteen months in the field were spent in the camps (and, for twenty days, the Polisario-controlled areas of Western Sahara). In this period I lived first in 27th February, then Smara, then Auserd, with a different family (previously unconnected to each other) in each camp, yet always keeping up visits between host families. By my return from Syria I had acquired fluency in Hassaniya. This permitted me to focus on participant observation fieldwork methods, such as my observation of and participation in events and conversations, both of the ordinary and extraordinary kind (family evening chats, rations distributions, weddings, shopping and elections). The relationships formed through this long-term presence underpin the research in this paper.

10 On voter registration, see Jensen (2005).

11 Thus, the original Elayoune is in Western Sahara, whilst the *wilāyā* going by that name belongs to the complex of refugee camps in Algeria.

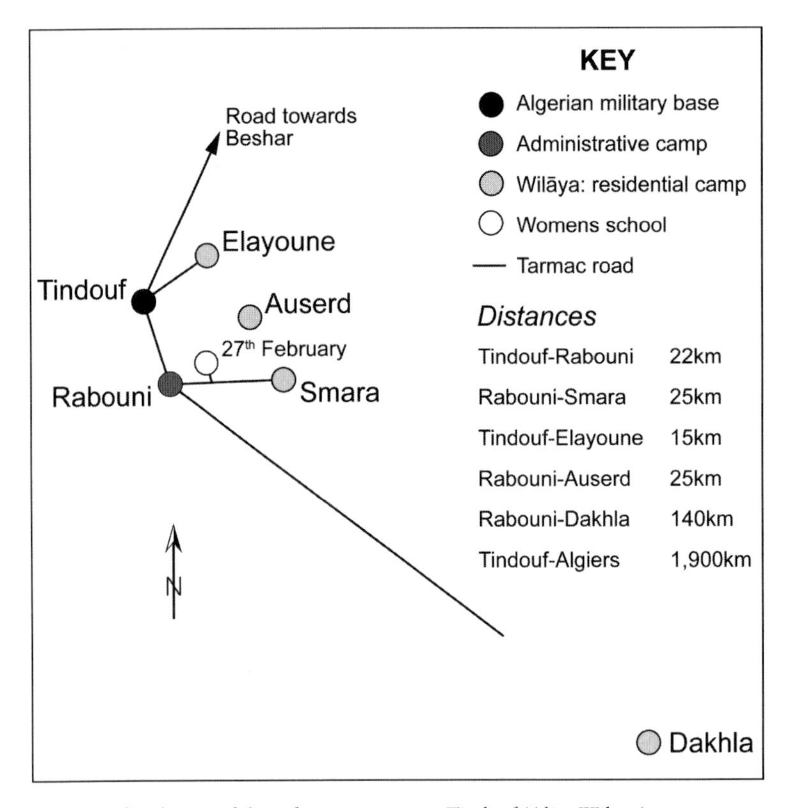

Figure 2: Sketch map of the refugee camps near Tindouf (Alice Wilson)

On pre-exile households

Some, but not all of those who went on to become Saharawi refugees were mobile pastoralists before exile. Whilst no accurate breakdown of refugees' pre-exile livelihoods is available, there is reason to suggest that most refugees would have been personally familiar, if not for all then at least part of their pre-exile life, with a mobile pastoralist context. Some were semi-sedentary, whilst others had moved only relatively recently to Spanish Sahara's newly established towns, which had been expanding steadily since the 1950s (Hodges 1983). But even town-dwellers maintained strong ties with the pasturelands (*badīa*). For example, where two of my host families had members living in towns prior to exile, they recalled regular visits to and contact with family members in the *badīa*. It is useful to think about the pre-exile household in terms of mobile pastoralism, for this is the background that the refugees and the state-movement have borne in mind, both to emulate and to contest, when setting up their revolutionary society in exile.

If we follow Jane Guyer and Pauline Peters' approach to conceptualising the household in terms of the basic units of production, consumption, distribution and investment in a society (1987:208), then in the mobile pastoralist context those pre-exile basic units would have been at times the mobile pastoralist encampment as a collection of households, and at times the individual households (tents) within them. The mobile pastoralist encampment is known in Hassaniya as a *frīg* (pl. *firgān*). Classical Arabic has *farīq* (team), from which *frīg* is likely derived, yet amongst the meanings of the Classical root 'frq' is 'separate, disperse'. The *frīg* could indeed be understood as a part that has been separated from a larger unit (as we shall see, that larger unit can be understood as the *qabīla*). By the 1950s, a *frīg* was typically composed of several tents (3–15) or *khiyām* (sg. *khaima*).[12] It would follow the same migratory schedule as nearby *firgān*, and the members of coordinated *firgān* belonged to the same *qabīla* (Caratini 1989, Caro Baroja 1955). Families from a different *qabīla* by name might be attached, but they would be part of a *frīg*, or a group of *firgān*, on the grounds of their attachment to the *qabīla* of their protectors. Each *frīg* tended to rely on the resources in labour and animals of its members. To an extent, then, a *frīg* bears resemblances to Marshall Sahlins' (1972) notion of a unit of the domestic mode of production (DMP) that is mostly reliant on the labour and resources of its own members, yet with labour being pooled between units in particular circumstances. Such labour pooling indeed operated here through a system known as *twīza*. Nevertheless, as Caroline Humphrey points out in her important reflections on the concept of the DMP, each unit (in her discussion, household) tends to see itself as spiritually and socially incomplete and as belonging to a wider sphere (2002:164–174). This can very much be said to be the case for the *frīg*, whose members conceived of it as part of the *qabīla* to which it, along with other *firgān*, belonged. Thus, although each *khaima* housed a nuclear family, with any unmarried extensions, this family unit (*'aila*) would be known to the other members of the *frīg* by the patronym of the senior male, and the *frīg* itself would be known as the *khiyām* of a particular *qabīla*.

The close relationship between the *frīg* and the *qabīla* calls for reflection on how the *frīg*, and the *khaima* within it, served in the pre-exile setting as a domain in which persons were produced with the dispositions suited to membership in a *qabīla*. This would have happened quite literally, in the teaching of genealogies and status relations to young members, and more subtly, in the socialisation of work relations and education. Writing of the hassanophone *ouest saharien* more generally, Francis de Chassey describes how a child's first seven years or so were spent under the tutelage of the mother, and then the children learned the tasks and occupations particular to their (gendered) status, whether as a religious specialist, animal herder, blacksmith, or domestic slave (1976). The layout of the *khaima* was also a space through which status hierarchies could

12 Caro Baroja (1955:258). In earlier periods, particular circumstances such as times of war could see encampments of up to forty or more tents (Caro Baroja 1955:258).

be learned. For example, Sophie Caratini describes how slaves were not allowed beyond the threshold of their owners' tents (1989).

My first point about the *khaima* and *frīg* as household units is therefore that this social environment helped produce persons with the social disposition of membership in the social relations of the *qabīla* and all that that entails in terms of hierarchies of birth, age, gender and status groups. My second point, however, is that the activities of 'domaining' in this context should be explored. Domaining activities here are not immediately recognisable as concerned with producing a distinction of boundaries between 'public' and 'private'. The social relations of the *frīg* seem to be particularly weakly implicated in certain notions of the 'private'. A *frīg* lacks a notion of space that is concealed from the ears and eyes of others (Caratini 1993). Whilst property such as animals and other objects are privately owned, there is nevertheless a remarkable presence of social institutions testifying to the facility with which privately owned property can – and at times should – circulate beyond its owners. These range from institutions which facilitate loaning, such as *mnīḥa*, a scheme for loaning herd animals, to practices which serve as the exceptional brake on the otherwise expected behaviour to pass on privately owned objects.[13] Perhaps the strongest notion of 'the private' attested in the ethnography of the hassanophone *ouest saharien* is the concept of *ḥarīm*, those things or persons, such as a tent and womenfolk, that it was a man's duty and honour to protect from others' access and potential abuse (Boulay 2003, Bonte 2008). This concept has also been applied to the precious resources of the *qabīla* that deserve protection, such as its wells and its marriageable young women (Fortier 2000). Yet, to associate the concept of *ḥarīm* exclusively with a sense of 'the private' is problematic in that one of the most important things that can go on in the space of the *ḥarīm*, and an activity for which the *ḥarīm* space is essential, is the giving of hospitality. This, by its very nature, means that the 'private' space of the *ḥarīm* is inherently and simultaneously also required to function as a space that is open to the public for the welcoming of guests.

It seems to me that domaining in the pre-exile sphere is not primarily about the marking of a boundary between public and private domains, but rather marks the boundary between membership and non-membership in the *qabīla*. With regard to access to things, persons and spaces, one can notice that there was only a weak notion of it being possible to limit legitimate claims to them to just a few close relatives, to the

---

13 For details of the conditions of *mnīḥa*, see Caro Baroja (1955:103–104) and Caratini (1989:56–57). As regards preventing property from circulating, I refer here to a use of *ḥubs* in the hassanophone setting that seems distinct from its wider use in North Africa. In North Africa in general, *ḥubs*, like *waqf* in the Middle East, commonly refers to making property inalienable so that its usufruct can be dedicated to charitable purposes (Layish 1994, Powers 1994). In daily life in the camps, I observed a *ḥubs* placed on items such as clothing or jewellery, where a usufruct such as that arising from land or livestock was not at stake. For example, when gifts arrived for a host family from their relatives in Moroccan-controlled Western Sahara, a female relative there had placed a *ḥubs* on the sheets that she had sent to my host mother. The latter was torn over this, as she wanted to give the sheets to her daughter, who was studying in Algeria. 'Mashkīla, alḥubs', she told us ('*ḥubs* is a problem').

exclusion of fellow members of the *qabīla* or a section thereof; likewise, there was only a weak notion of being able to extend claims for access to resources beyond fellow members of the *qabīla* or a section of it. This situation gives rise to well-known aspects of the social relations of hassanophone mobile pastoralists (and indeed Bedouin in general): no persons within a *qabīla* could be excluded from access to the wells and pasturelands over which that *qabīla* held priority rights of access, just as no person from beyond that *qabīla* could access them without first contracting permission and protection from the *qabīla* in question.

One consequence of pre-exile domaining revolving around the marking of a boundary between membership and non-membership in the *qabīla* is the likely weak manifestation of a 'supra-*qabīla*' public domain accessible to all beyond questions of *qabīla* membership. Arguably a 'supra-*qabīla*' domain can be said to have existed in what Paul Dresch has called the 'moral community' of tribal membership (1989), the recognition that members of *qabā'il* other than one's own subscribed to common values. But a tangible manifestation of a 'supra-*qabīla*' public domain was apparently absent in the pre-exile setting. True, land and water resources could not be privately owned, but the access to them was governed by *qabīla* membership. Notably, Spanish colonialism, with its low provision of schools, health-care centres and other public services (Hodges 1983), did little to change the lack of a tangible public domain accessible to all beyond *qabīla* membership. It is to the creation of just such a tangible, public domain that, in my reading, the early revolutionary state-movement would dedicate itself.

Producing a public domain (1975–1991)

From late 1975, tens of thousands of civilian refugees fleeing the armed annexation of Western Sahara by Morocco (and, for a time, Mauritania) found refuge in the arid, stony area around Tindouf. The refugees arrived with few, if any, livestock, and some had only the clothes on their backs. In this context of dispossession and inhospitable surroundings, it was not possible for a concentration of tens of thousands of de facto sedentarised refugees to rely for survival on their own labour and resources. Yet, the survival of the refugees is perhaps remarkable not so much despite the unpromising circumstances as because of them (Clarke 2006). Arguably, the dispossession and impoverishment of the immediate surroundings proved a highly fertile setting for the state-movement to reconfigure the social relations of political, economic and social life, placing a high priority on undermining the social relations of the *qabīla* as those of the state-movement were being built up. The articulation of public and private domains became an arena through which that agenda was pursued.

The pre-exile, mobile pastoralist tendency of each *frīg* to rely on the labour and resources of its own members for production and consumption, with stylised reciprocity between *firgān*, was shaken to the core. For a start, the *frīg* itself was physically and economically no longer in existence in the new context of tents arranged in rows forming neighbourhoods (*aḥyā'*), districts (*dawair*) and *wilāyāt*. Regarding access to resources, persons and households relied for their physical survival on humanitarian donations, at first provided by Algeria and then later by the international community.[14] Yet, this aid has always been distributed through the structures of the state-movement itself. Thus refugees depended on resources made available to them through their relations with the state-movement. As regards labour, the work of refugees in the Popular Committees can be seen as replacing the former stylised reciprocity between *firgān* characteristic of the pre-revolutionary setting. Labour was now pooled between refugee citizens coordinated through units of the state-movement.

As households were engulfed in new relations of dependence for resources on the state-movement and inter-household pooling of labour coordinated by the state-movement itself, the Committees, and other personnel of the state-movement, literally extracted many of the activities formerly staged in the *frīg* and re-deployed them in a new, public domain that was accessible to all refugee citizens. Randa Farah writes:

> The Polisario assumed and transformed many of the functions of the traditional Bedouin camp (the *freeg*), which comprised the basic socioeconomic unit in Sahrawi society [...] providing food, shelter, education, and healthcare for their individual members (2008:82–83).

The high priority the state-movement placed on education and health care has frequently been noted (Chatty, Fiddian-Qasmiyeh and Crivello 2010:53–62). But as I listened to refugees recall the 1980s in the manner of 'the good old days', I realised that it was not only these iconic areas – education, health, food and shelter – that had been shifted into a public domain, but also the very nuts and bolts of every-day domestic labour. I learned that those refugees who had brought a few livestock with them, or acquired some, could not keep them in individual pens. Although in the late 2000s a typical image of the camps includes hundreds of family-run animal pens, with the women and children going back and forth to feed the sheep and goats kept there, in the 1980s there was 'one pen' for everyone and 'one time' for opening and closing it. Likewise, the shortage of firewood, gas fuel and even cooking equipment meant that individual households did not cook their own meals. 'There was one gas ring for the whole row of tents, and one woman cooked for everyone', a friend recalled. If a woman found herself divorced or widowed, instead of keeping the marital tent she had been given by the state-movement – it was the right of a formerly married woman in pre-exile circumstances to maintain her marital tent even if she moved back to her natal *frīg* – she might give her tent back

14 The World Food Programme, UNICEF and the Humanitarian Aid department of the European Commission (ECHO) all contribute to providing aid for the refugees, some of them working through contracted NGOs.

to the state-movement and move back in with her natal family so that her tent could be re-distributed to someone else.[15]

I heard so much about 'the good old days' of the 1980s that I almost stopped listening to these stories, which I thought I knew already. In fact, they carry a very important message. They tell of a consistent push to shift the activities of the pre-exile household – education, health care and the basic activities of production and consumption, including domestic labour – from the *khaima* and *frīg* to the newly forged public domain of the state-movement on which all citizens could make claims, and in which all also had an obligation to participate. This is important for two reasons. First, it creates a tangible manifestation of the state-movement in the form of a public arena in which all are implicated by rights and obligations – precisely the kind of public domain that was lacking in mobile pastoralism before exile. Secondly, I suggest, the changes to the *khaima* and *frīg* played a role in the revolutionary agenda that went beyond practical reasons arising from dispossession and exile. These practical reasons of material shortage and the consequent need to share cannot be overlooked – if there is only one gas ring, then it is best that many people eat from the meals cooked there. My contention is that the transfer of activities away from the *khaima* and *frīg* also helped undermine them as sites in which, as in the pre-exile setting, dispositions suitable for the social relations of the *qabīla* were produced. The early revolutionary household, whose members woke up to work, study, eat and take part in the Committees, schools, hospitals, nurseries and meal times orchestrated and run by the state-movement, were thereby encouraged to develop not the dispositions of membership in the *qabīla* but rather those suitable for citizens of the revolutionary project. Such dispositions included giving priority to the affairs of the newly created public domain, over and above concerns of individual or familial interest: all those working for the state-movement as teachers, administrators, doctors etc. did so without any material remuneration other than the rations that any refugee was entitled to receive. Indeed, at this time private trade in the camps was not permitted outside the context of just one shop in every *daira* which was run by the state-movement. Money was virtually unseen and unused.

Looking back at this period through refugees' memories of it, we might be tempted to reconstruct a situation in which the relocation of domaining in the direction of the articulation of the public and private domains occurred smoothly and met with little resistance. In practice, we can expect this transformed articulation to have occasioned both compliance with and resistance to the revolutionary agenda. Indeed, elsewhere households have been studied as sites of resistance to political and economic change (Hart 2000, Pine 2002). We know that there was an outbreak of protest demonstrations

---

15 I thank an anonymous reviewer for pointing out (thereby going into further detail than my informants did whilst I was in the field) that the matter of whether married women should return their tents after the end of the marriage was discussed in the Saharawi Women's Congress of 1985. It was then decided that women without children who lived in their place of work should return their tents on the ending of a marriage.

in the camps in 1988 (Zunes 1999, Shelley 2002). Discussion of these events remains sensitive in the camps today. Those refugees who discussed them with me reported that the demonstrations were headed by women (who indeed composed the majority of the camps' adult population in that wartime period) and expressed resistance to the state-movement's repression of political opponents. It is unclear to what extent the demonstrations may have expressed wider social dissent. Alternative sources for assessing resistance and non-compliance in the early revolutionary period are obscured in various ways. Those who were most opposed to the direction life took for the refugees are likely to be among those who have left the camps, and thus would only be reached through research in sites beyond those represented here.[16] Resistance in the 1980s may not be remembered or voiced by the informants with whom I spoke in that, by the time of my research, refugees tended to recall the early revolutionary period with a mixture of relief that its conditions of extreme material hardship had been relaxed, and nostalgia for this period as a time when hopes for a political solution to the conflict were high. Complaints and criticisms of the state-movement voiced during my research tended to focus on the present, not the past. If it is not clear how the picture above must be qualified as a representation of the 'production' of a public domain in the 1980s, this depiction at least conveys how the refugees represent the changes of that period to themselves and to others.

Trajectories of privatisation (1991–2008)

The ceasefire of 1991 led to political and social relaxation in the camps, bringing greater freedom of movement of people and goods in and out of them than had been permitted in active wartime. Constitutionally, and in line with international post-Cold War shifts, the state-movement shifted its position to explicit acceptance of a role for a private market sector in the economy of a potentially independent Western Sahara.[17] There does not seem to have been an explicit parallel shift towards accepting marketised trade in the camps (as opposed to in a future, potentially independent Western Sahara), but from the late 1990s specialised areas of marketised trading were emerging across the camps. By the late 2000s each *wilāya* had one or several such areas, known as a market place (*marsa*). This new arena has fostered markets for commoditised goods and labour. If the state-movement did not explicitly seek the creation of this domain, there can be little doubt that it has endorsed it. Traders bringing goods from Mauritania or through Algeria to be sold in the camps are reportedly subject to 'customs' fees payable to the

16 Whilst transparently researched figures for the numbers of people who have left the camps over the course of exile are not available, it is known that people have left for a range of destinations, including Moroccan-controlled Western Sahara, as well as spaces under neither Moroccan nor Polisario control, such as Spain and Mauritania.

17 See article 45 in the 1999 constitution of the Saharawi Arab Democratic Republic (1999).

state-movement according to the value of the merchandise in question. Whilst traders themselves told me this, and one former employee at a customs point described it to me, I was not able to obtain an account of these practices from serving officers of the state-movement.

To construe marketised trading in commoditised goods and labour as a 'private domain' is not straightforward: in order to function, market places must be publicly accessible, and therefore comprise an inherently public element. The enduring association of market and private domains in the classic theorisation of markets is that in markets participants pursue their 'private interests' which, collectively, leads to the fulfilment of public interests. From such a point of view, marketised trade and labour relations in the camps might be understood as constituting a private domain in that they cater primarily for the pursuit of private interests, in contrast to the public services in the camps, which cater primarily for public interests. Indeed, in Sophie Caratini's view, with the refugee camps' post-ceasefire economic and social transitions came new opportunities for the pursuit of individual and family strategies to take priority over those of the camps' leadership (2003:422). I build on her position by suggesting that what was new in the late revolutionary period was the potential public character of the pursuit of private interests, which previously had had to remain covert.

The new public space for the pursuit of private interests reflects a re-articulation of domaining in the late revolutionary period which challenges the early revolutionary prioritisation of the public domain. There are greater earning possibilities in the new 'private' sector, where earnings can range, informants told me, from 100 to 500 euros a month in trade, the construction industry, waged labour for NGOs or international organisations working in the camps (to say nothing of migration abroad). Although the state-movement introduced 'wages' in the public sector in about 2003, given its budget restraints, these 'wages' – which may be as low as thirty euros a month for primary school teachers, if they are paid at all – leave the public sector unable to compete with the more lucrative private sector. The public sector consequently suffers from a 'brain drain' effect, as trained personnel take up more materially rewarding opportunities elsewhere. The schools and health-care centres that were once the pride of the refugee camps are now under-staffed and have become the topic of widespread consternation. The weakening of the public domain is also reflected in changes to the Popular Committees, which, as noted above, were dissolved in the 1990s and transformed into Councils. Crucially, adult labour conscription via the Committees appears to have ended then too.

The demise of the Committees invites us to consider how the late revolutionary domaining shift towards an emphasis on privatisation manifests itself in households. This is noticeable in a number of areas beyond the undermining of early revolutionary 'substitutes' for inter-household reciprocity via Committees. Commercial activities formerly based in the household, such as those of blacksmiths, are now increasingly relocating into stalls in the marketplace. This also relocates part of the 'openness' of the tent, as a venue for accessing the specialised services of its members, to the marketplace, thereby decreasing an aspect of the public character of the tent. I asked one blacksmith about the circumstances of his moving his workshop from his tent, which was close to that of one of my host families, to the *marsa* nearby.[18] He explained that, as people had grown accustomed to going to the *marsa* for their business, it became more infrequent for people to bring him work to do in his workshop in the tent. He had moved his workshop to the *marsa* in order to keep the work coming in.

The infrastructure of dwellings has also changed in ways that would make them increasingly unsuitable anyway for public access to the services of household members.[19] The former simpler abodes consisting of a tent, and possibly a small tent in which to cook, have now acquired additional mud-brick rooms. Various practical reasons can help explain the changes in dwellings, such as that mud brick rooms offer greater protection than tents against household fires, and latrines are more convenient than long walks out to uninhabited areas.[20] But in the late 2000s, changes in dwellings have arguably surpassed such practical considerations. For those who can afford it, the formula of mud brick houses and a latrine may be replaced by concrete rooms connected by covered corridors surrounding an enclosed courtyard (*ḥawsh*), and more sophisticated 'bathrooms'. In these cases a tent has even become optional. Whilst the living spaces are treated as pseudo-tents – as has been noted to be the case in mobile pastoralists' households elsewhere (e.g. Layne 1994) – social life in these houses is significantly different to bring to mind the notion that a new regime calls for a new kind of housing (Humphrey 2002:175–201). The *frīg*'s lack of spaces that were private from the eyes and ears of others is no longer characteristic of these domestic spaces, with their enclosed courtyards and thicker walls. Juan Carlos Gimeno suggests that the greater enclosure of households in the camps reflects the fact that there are now more material items in households which have to be protected from other people's access (2007:35). Homes and the things and people in them are increasingly 'privately' accessed. For Gimeno, the changes in the physicality of homes indicate the increasing importance of the household, as opposed to the state-movement, for economic management (2007:35).

The late revolutionary household is indeed more individualised and self-sufficient as a unit of production and consumption than it was in the days of the *frīg* or the early revolutionary period. Several features indicate this. Rations having fallen to below survival levels, and each family exerts itself as best as it can to develop private means of income, with income from labour (as opposed to 'windfalls' such as gifts from abroad)

---

18 In this article I discuss events or scenarios which I encountered in each of my host families in three different camps. In order to respect the privacy of these host families, I do not specify here in which host family a given event or scenario arose.

19 Julie Peteet (2005) notes that Palestinian refugees in Lebanon, in comparable circumstances of less political pressure and greater earning possibilities, also invest in their homes.

20 I thank an anonymous reviewer for pointing out that these practical considerations should not be overlooked.

usually kept within the family rather than distributed amongst kin and friends. Consumption patterns supported by that income do not have to be shared. Where once all refugees ate the same rations, now inter-household variation in food consumption is pronounced.

Secondly, in some elite households commoditised labour has appeared, for example, in the form of the hired help of a male worker from Mauritania.[21] Labour shortfalls in non-elite houses are usually met by the loaning of female kin's labour. This alternative and more frequent practice makes it all the more remarkable that some elite families prefer to bring waged labour into their homes.

Thirdly, in specific contexts the extent of the social relations in which household members engage may be deliberately curtailed. Some families avoid going to see certain relatives so as to avoid imposing the costs of hospitality on them. Now that hospitality can include going to the shops to buy the necessaries, rather than just doing the best with what one has to hand, people have grown cautious about inflicting its burdens.

In one of my host families, the mother explained to me that she did not go to see her daughter's in-laws, even though they were relatives and lived near her own close relatives in a *wilāya* that we visited regularly, because it was not right (*mā hi zaina*) to impose on them the material costs of hosting her. Likewise, persons may feel they cannot make a visit or attend an event unless they can afford to take appropriate gifts. Another of my host families had been invited by a personal visit to attend a wedding in the same *wilāya*. Such personal visits could on occasions operate as a prerequisite for attending a wedding: I observed that when a physically close neighbour hosted a wedding, but had not personally invited the host family in question, the family felt that it would not be right for them to attend if they had not specially 'called' to go. Yet, on the occasion of this personal invitation, in the end no one from our family attended the wedding in question. When I asked why, they explained that, again, it was not right to go to a wedding if one could not take along a gift (*rāfidh shi*).

This sketch of an increasingly privatised household must be qualified in a number of ways. Where the sphere of some household ties is narrowing, other ties may be activated on an ever-widening scale. The incident of the wedding invitation above might also be read as an example of a family activating as many ties as possible in the hope of attracting more contributions towards the costs of the wedding celebration. A few informants, both men and women, of younger and middle-aged generations, thought that some families acted in this way. Refugees also engage in extensive networks of reciprocal help as a means of coping with market shortages. There is an unpredictably irregular supply in the market of items such as sugar and the spring water with which tea

21 Elite families in the camps enjoy different kinds of economic, political and social privileges. Sources of income in the camps for the richer families can include remittances from relatives in Europe, well-paid jobs in aid organisations or the political infrastructure, help from relatives in Moroccan-controlled Western Sahara and pensions from the Spanish state for former employees who carried out certain kinds of work in the Spanish colonial administration.

is made. Neighbours will help each other through times of shortage until supplies are once again available. Such help networks in the face of market shortages extend beyond inter-household relations, for equivalent help networks are cultivated in Rabouni, where a savvy ministry worker may foster close ties with a Rabouni restaurant so that he or she can buy bread there on the days when bread has run out in the *marsa* shops. I also noted a tendency for households to diversify the labour force participation of unmarried working household members across both public and private labour sectors. At the level of the household, this promises the benefits, as well as protection from the pitfalls, of both sectors. Thus one finds siblings who are both teachers and shop-keepers, taxi-drivers and ministry workers.[22] The 'privatisation' of households in the camps is therefore but one trend in a complex social panorama.

One might respond that the sketch of a privatising household and its counter-currents merely tells a similar tale to that of other studies of household changes in situations of marketisation, sedentarisation and exile (e.g. Layne 1994, Bascom 1998, Pine 2002) and coping strategies for all of these (e.g. Humphrey 1983:296, González de la Rocha 1994). Certainly, though these changes are not without their ethnographic interest, I delineate them here not so much for their own sake as for the sake of what tracing these changes may allow us to see and ask. That is to say, in contrast to the early revolutionary household and its associated domaining, has the late revolutionary domaining created the opportunity for households to produce persons with dispositions less suited to the state-movement, and even perhaps more suited to membership in the *qabīla*?

There is some evidence that this may be the case. The increasingly privatised household, with (more) private infrastructure, income, consumption patterns and – to an extent – social relations, is producing persons whose social dispositions are less suited to the state-movement in that they are more ready to give up labouring for it, even when this jeopardises the state-movement's capacity to provide public services. Such persons include a woman who once wove floor mats with her local Committee and now makes her weekly trip to Tindouf shops to stock her home-based groceries shop, a man who left teaching to run his clothes shop in the *marsa*, and a judge who has migrated to Europe to seek work there. On the further question of whether households may be producing persons with social dispositions suited to membership in a *qabīla*, daily practices in the refugee camps, many of them centring on the household, indeed bespeak the apparent re-emergence of the social relations of the *qabīla*.[23] The foundation of a new household, a wedding, which was celebrated in the early revolutionary period within the local structures of the state-movement, is marked in the late revolutionary

22 This diversification usually relies on a male in a private sector role. The public sector role could be performed by either a male or a female.

23 However, in writing of a 're-emergence' of the *qabīla*, I am not suggesting that 'unchanging' *qabīla* relations are 'returning', but that a discourse surrounding a notion of *qabīla* is re-emerging that, as others have shown elsewhere (e.g. Casciarri 2006), may entail social relations significantly changed from those going by that name in other historical settings.

period by the congregation of many people linked by their common membership in a *qabīla*. Of course not only *qabīla* members will attend a wedding, but the presence of many of them is expected. The domestic space of third parties is frequently referred to through mention of their *qabīla* or even their status group (blacksmiths, ex-slaves). On two occasions I observed in homes the teaching of genealogies to young children by adult relatives. There are even some *qabīla*-run schemes which set up a *qabīla*-specific fund, called a *sundūq*, into which male adult household members make regular financial contributions, the sum of which are placed in collective *qabīla*-owned investments such as trucks to bring trade goods to the camps from Mauritania (though not all *qabā'il* have such funds) (Wilson 2010b).

Yet, these trends in which households are playing a part – the undermining of the public sector and the re-emergence of *qabīla* loyalties – are received problematically by both the state-movement and refugees. I have already mentioned the widespread consternation at the reduced level of public services in the camps. The state-movement is also enacting its own measures to bolster the public sector. For example, it requires that groups applying for a Spanish NGO's micro-credit scheme contain several public-sector workers, and it recognises five years' service in the public sector as one means of qualifying as a candidate for the legislative elections (there is no such private sector equivalent qualification). As for the re-emergence of *qabīla* loyalties, some refugees criticise the *sundūq* as unwelcome, opining that there is scant evidence of a *sundūq* being known to be used for the purposes for which it was founded, such as discharging compensation (*diya*) payments. Some are openly critical when they believe that a particular family have refused a marriage for their daughter because of questions of *qabīla* membership. The state-movement also demonstrates wariness of *qabīla* loyalties, for instance, campaigning openly through the 2008 electoral reforms for votes to be cast for candidates on the grounds of competence rather than *qabīla* membership. Thus, any discussion of the re-emerging importance of the *qabīla* in the camps must recognise local controversy surrounding this, at the level of both state-movement officials and those who hold no such office. If this controversy expresses concern in the camps that, despite the original anti-tribalist vein of the revolution, the *qabīla* may be strengthening its claims on and appeal to refugees, then the new kinds of households seem both to facilitate and reflect this shift.

Conclusion

Taking inspiration from Verdery and Strathern, I set out to examine households in order to map changes in the articulation of domaining for Saharawi refugees from pre-exile to early and late revolutionary times. The revolutionary agenda of the Saharawi refugees – which, I have argued, re-articulated domaining away from the supposition of a *qabīla*/non-*qabīla* distinction towards the supposition of a public/private distinction orientated originally towards the prioritisation of the public domain – is a provocative ethnographic reminder that, even if domaining is often assumed to take the form of a public/private division, this is by no means necessarily the case. My main theoretical concern has been to show, at least for this case, how the household as the site for the production of 'ultimate' products of persons with certain social dispositions is significant in re-articulations of domaining. The discussion also allows us to address several questions particular to the Saharawi refugee case.

The observations of refugees and visitors, reported at the outset, of how much households in the camps had changed over the course of exile can now be understood with greater nuance. My argument suggests that the remembered early revolutionary household is so strongly present in refugees' memories not only because it is different from late revolutionary households, but also because it is in turn so different from pre-exile households. For households, in my analysis, were subject in the early revolutionary period to changes, at times instigated by the state-movement, which went beyond the practical considerations of the constraints of exile, both encouraging the production of social dispositions suitable to the state-movement and discouraging dispositions suitable to membership in the *qabīla*.

In contrast, changes affecting the late revolutionary household, which I characterised as more 'private', were not instigated by the state-movement, which perceives it as problematic to say the least. That the state-movement is coping with, rather than directing, these changes in the late revolutionary household fits with a wider late revolutionary pattern that the state-movement is less able to direct the refugees than before. This can be seen in how it has sought to work through *qabīla* leaders (*shuyūkh*) rather than its own officers in several areas of administrative life in the late revolutionary period (Wilson 2009, 2010c). But whilst other commentators would go so far as to suggest that *qabīla* affairs are a driving, if covert, force in the camps (Cozza 2004, Solà-Martín 2007), I would suggest grounds for caution. One reason for caution is that, although for methodological reasons it was hard for me to reconstruct 'resistance' to the state-movement's directed transformation of the household and domaining in the early revolutionary period, it is clear from the late revolutionary material that the local reception, across different political environments, of the re-emergence of the *qabīla* is controversial. If this controversy exists, it suggests that the public domain and revolutionary agenda have not disappeared, and that shifts which are perceived by some to threaten them – such as the re-emergence of the *qabīla* – can attract criticism. That said, a second reason for caution is to question whether the notion of an opposition between the *qabīla* and the state-movement, as originally implied by the latter's ban on 'tribalism', a notion still pertinent for many in the camps (and some external commentators), is satisfactory.

What we see clearly in the late revolutionary period is how the public domain and revolutionary agenda may be challenged by, and yet co-exist with, (potentially) contrary tendencies. The late revolutionary households are interesting for how they are caught between producing persons who wish to pursue both the political and social aims of self-determination and the social revolution on the one hand and other interests, such as private (especially material) interests and those of *qabīla* membership, on the other. The notion of an opposition between state-movement and *qabīla* may not be satisfactory, then, in that what late revolutionary households help us see is how the production of social dispositions does not necessarily entail choosing between the state-movement or the *qabīla* (or private, material interests for that matter), but rather can involve accommodating a range of social dispositions. Such accommodation can be hard work, though – and is surely only made harder not just by the re-emergence of the *qabīla* but by years of exile and disappointment with the international community's commitment to implementing self-determination. Indeed, taking inspiration once again from Verdery, we might say that the complaints about how much households have altered, which provided the ethnographic entry point for this study, refer to the changes described here only in an 'immediate' sense. In 'ultimate' or implicit terms, these complaints may express something more: both the hard work of accommodating revolutionary aspirations through historical change, and refugees' deep-felt malaise that after so many years political barriers far from the camps keep them living in households of exile.

References

BÄSCHLIN, Elisabeth

2004 "Democratic institution building in the context of a liberation war: the example of Western Sahara and Polisario Front", in: Max Barlow and Doris Wastl-Walter (eds.), *New challenges in local and regional administration*, 137–153. Aldershot: Ashgate

BASCOM, Jonathan

1998 *Losing place: refugee populations and rural transformations in East Africa.* New York: Berghahn

BONTE, Pierre

2008 *L'émirat de l'Adar mauritanien.* Harim, compétition et protection dans une société tribale saharienne. Paris: Karthala

BOULAY, Sébastien

2003 *La tente dans la société maure (Mauritanie), entre passé et présent.* Ethnologie d'une culture matérielle bédouine en mutations. Paris (PhD thesis, Musée national de l'histoire naturelle)

CARATINI, Sophie

1989 *Les Rgaybat (1610–1934).* Paris: Harmattan

1993 *Les enfants des nuages.* Paris: Éditions du Seuil

2003 *La république des sables.* Anthropologie d'une Révolution. Paris: Harmattan

CARO BAROJA, Julio
1955 *Estudios Saharianos.* Madrid: Consejo Superior de Investigaciones Cientificas, Instituto de Estudios Africanos

CASCIARRI, Barbara
2006 "Readapting the Gabila: the Ahmada pastoralists of central Sudan and the state 'tribal federalism' policies in the mid 1990s", in: Dawn Chatty (ed.), *Nomadic societies in the Middle East and North Africa: entering the 21st century*, 204–238. Leiden: Brill

CHATTY, Dawn, Elena FIDDIAN-QASMIYEH, and Gina CRIVELLO
2010 "Identity with/out territory: Sahrawi refugee youth in transnational space", in: Dawn Chatty (ed.), *Deterritorialized youth: Sahrawi and Afghan refugees at the margins of the Middle East*, 37–84. Oxford: Berghahn

CLARKE, Karen
2006 "Polisario: resistance and identity", *L'Ouest saharien* 6:129–140

COZZA, Nicola
2004 *Singing like wood-birds: refugee camps and exile in the construction of the Saharawi nation.* Oxford (PhD thesis, University of Oxford, Department of International Development)

DE CHASSEY, Francis
1976 *L'étrier, la houe et le livre.* Paris: Harmattan

DRESCH, Paul
1989 *Tribes, government and history in Yemen.* Oxford: Clarendon Press

FARAH, Randa
2008 "Refugee camps in the Palestinian and Sahrawi national liberation movements: a comparative perspective", *Journal of Palestinian Studies* 38(2):76–93

FORTIER, Corinne
2000 *Corps, différence des sexes et infortune.* Transmission de l'identité et des savoirs en islam malékite et dans la société maure de Mauritanie. Paris (PhD thesis, École des Hautes Études en Sciences Sociales)

GIMENO, Juan Carlos
2007 *Transformaciones socioculturales de un proyecto revolucionario: la lucha del pueblo Saharaui por la liberación.* Programa Cultura, Comunicación y Transformaciones Sociales. Caracas: CIPOST, FaCES, Universidad Central de Venezuela

GONZÁLEZ DE LA ROCHA, Mercedes
1994 *The resources of poverty: women and survival in a Mexican city.* Oxford: Blackwell

GUYER, Jane and Pauline PETERS
1987 "Conceptualising the household: issues of theory and policy in Africa", *Development and Change* 18(2):197–214

HART, Keith
2000 *The memory bank: money in an unequal world.* London: Profile

HODGES, Tony
1983 *Western Sahara: roots of a desert war.* Beckenham: Croom Helm

HUMAN RIGHTS WATCH
2008 *Human rights in Western Sahara and in the Tindouf refugee camps.* New York: Human Rights Watch

HUMPHREY, Caroline
1983 *Karl Marx collective: economy, society and religion in a Siberian collective farm.* Cambridge: Cambridge University Press
2002 *The unmaking of Soviet life: everyday economies after socialism.* Ithaca: Cornell University Press

INTERNATIONAL COURT OF JUSTICE (ICJ)
1975 *Western Sahara advisory opinion.* Volume 16 (October). The Hague: International Court of Justice

JENSEN, Erik.
2005 *Western Sahara: anatomy of a stalemate.* Boulder, CO: Lynne Rienner Publishers

KUPER, Adam
1988 *The invention of primitive society: transformations of an illusion.* London: Routledge

LAYISH, Aharon
1994 "[Wakf] the modern Middle East and North Africa", in: Peri Bearman, Thierry Bianquis, Clifford Edmund Bosworth, Emeri van Donzel, and Wolfhart Heinrichs (eds.), *The encyclopaedia of Islam.* Volume XI, 78–81. Leiden: Brill

LAYNE, Linda
1994 *Home and homeland: the dialogics of tribal and national identities in Jordan.* Princeton: Princeton University Press

MOORE, Henrietta
1994 *A passion for difference: essays in anthropology and gender.* Cambridge: Polity

MUNDY, Jacob
2006 "Autonomy and Intifada: new horizons in Western Saharan nationalism", *Review of African Political Economy* 108:255–267

NORRIS, Harry
1986 *The Arab conquest of the Western Sahara.* Harlow: Longman, Beirut: Librairie du Levant

PETEET, Julie
2005 *Landscape of hope and despair: Palestinian refugee camps.* Philadelphia: University of Pennsylvania Press, University Presses Marketing

PINE, Frances
2002 "Retreat to the household? Gendered domains in postsocialist Poland", in: Chris Hann (ed.), *Postsocialism: ideals, ideologies and practices in Eurasia*, 95–113. London: Routledge

POWERS, David Stephan
1994 "[Wakf] in North Africa to 1914", in: Peri Bearman, Thierry Bianquis, Clifford Edmund Bosworth, Emeri van Donzel, and Wolfhart Heinrichs (eds.), *The encyclopaedia of Islam*. Volume XI, 69–75. Leiden: Brill

SAHARAWI ARAB DEMOCRATIC REPUBLIC
1999 *Constitution of the Saharawi Arab Democratic Republic*. Bir Lehlou: Saharawi Arab Democratic Republic

SAHLINS, Marshall
1972 *Stone age economics*. Chicago: Aldine-Atherton

SAN MARTÍN, Pablo
2005 "Nationalism, identity and citizenship in the Western Sahara", *The Journal of North African Studies* 10(3/4):565–592

SHELLEY, Toby
2002 *Endgame in the Western Sahara: what future for Africa's last colony?* London: Zed books

SNEATH, David
2007 *The headless state: aristocratic orders, kinship society, and misrepresentations of nomadic inner Asia*. New York: Columbia University Press

SOLÀ-MARTÍN, Andreu
2007 *The United Nations mission for the referendum in Western Sahara*. Lewiston, NY: Edwin Mellen Press

STRATHERN, Marilyn
1988 *The gender of the gift: problems with women and problems with society in Melanesia*. Berkeley: University of California Press

THEOFILOPOULOU, Anna
2006 "The United Nations and Western Sahara: a never-ending affair", *Special Report, United States Institute of Peace*. http://www.usip.org/files/resources/sr166.pdf [last accessed 13 January 2012]

VANDEWALLE, Dirk
2006 *A history of modern Libya*. Cambridge: Cambridge University Press

VERDERY, Katherine
1996 *What was socialism, and what comes next?* Princeton: Princeton University Press

WEIR, Shelagh
2007 *A tribal order: politics and law in the mountains of Yemen*. Austin: University of Texas Press

WILSON, Alice
2009 *The new generation of Saharawi refugees and the 'return' to pre-revolutionary marriage practices*. Unpublished paper, presented at the American Anthropological Association Meetings, 4 December 2009, Philadelphia
2010a "Democratising elections without parties: reflections on the case of the Sahrawi Arab Democratic Republic", *The Journal of North African Studies* 15(4):423–438
2010b *La construction de l'état sahraoui en exil: que devient la tribu?* Unpublished paper, presented at the Anthropology of the Middle East seminar, Collège de France, 8 March 2010, Paris
2010c *La réconciliation* (sulḥ) *et l'appareil judiciare étatique: la disparition et la ré-émergence de la reconciliation au sein de la tribu dans les camps de réfugiés des sahraouis*. Unpublished paper, presented at the workshop on reconciliation in the Arab World, Collège de France, 1 October 2010, Paris

ZUNES, Stephen
1999 "Unarmed resistance in the Middle East and North Africa", in Stephen Zunes, Lester Kurtz, and Sarah Beth Asher (eds.), *Nonviolent social movements: a geographical perspective*, 41–51. Malden, MA: Blackwell

ZUNES, Stephen and Jacob MUNDY
2010 *Western Sahara: war, nationalism and conflict irresolution*. Syracuse: Syracuse University Press

Paideuma 58:45–67 (2012)

'FIJI HAS A COUP CULTURE'
Discussing Fiji's ongoing political instability*

Dominik Schieder

ABSTRACT. In this article I discuss Fiji's political instability, using the military coup of December 2006 and the discourse surrounding it as a starting point. My aim is to show that, while ethnic conflicts between indigenous Fijians and Indo-Fijians of South Asian descent feature prominently in the rhetoric of those who staged Fiji's political coups of 1987, 2000 and 2006, Fiji's political instability is a far more complicated phenomenon, which is best understood with a focus on the country's complex social divisions and their importance for the agency of political elites. After discussing inter-ethnic, intra-ethnic and class divisions in Fiji from an ethnohistorical perspective, I focus on the local term 'coup culture' and its usage in contemporary politics. The rhetoric of a 'culture of coups' makes the agency of those behind Fiji's coups visible and aids them in articulating their very own political projects and agendas. Ultimately, this rhetoric helps to explain why five years later the military coup of 2006, which was justified as a 'clean-up campaign' against racism and corruption, has itself become a cause of political instability.

Setting the stage

The focus of this article is the long-term political instability in the Pacific Island state of Fiji. Since its independence in 1970, this country has witnessed three military coups d'état (two in 1987 and one in 2006) and an attempted civilian putsch followed by a military mutiny (in 2000). Today the multi-ethnic nation-state features prominently in discourses on inter-ethnic conflicts in the Melanesian 'arc of instability' (Levine 2007) and is commonly depicted as home to a deeply divided plural society, which consists predominantly of indigenous Fijians and Indo-Fijians of South Asian descent.[1]

---

* I wish to thank Amelia Bonea, Jon Fraenkel, Holger Jebens and three anonymous reviewers from whose comments and suggestions on earlier versions of this paper I have greatly benefited. I am grateful to my doctoral supervisors, Thomas Bargatzky and Hermann Mückler, as well as Steven Ratuva and the people of Fiji for their generous support of my research. Apart from major political actors, all personal names have been changed for reasons of privacy.

1 Between 10 October 1874 and 10 October 1970 Fiji was a British crown colony. According to the census of 2007, Fiji's total population of 837 271 comprises 475 739 Fijians (56.8 per cent) and 313 798 Indo-Fijians (37.5 per cent), with the remaining 47 734 (5.7 per cent) coming from other ethnic groups (Fiji Islands Bureau of Statistics 2008). I refer to Fiji's indigenous population as 'Fijian' and to Fijian citizens of South Asian descent as 'Indo-Fijians'. Other terms such as 'Indian' will be put in inverted commas to indicate their local usage. Following Robert Norton (2000) and Martha Kaplan (1993) I refer in this article to ethnic, not racial conflicts, as race is the term used in Fiji for ethnic groups (Kaplan 1993:34).

In this article I take issue with the simplistic representations of Fiji's political instability that frequently appear in the media and occasionally, as I will explore in more detail below, in academic writing. My first experience of Fiji goes back to July 2007, when I began research for my doctoral dissertation (Schieder 2010). During my fieldwork I became increasingly aware of the contradictions associated with this image of Fiji as a society deeply divided along ethnic lines: on one hand inter-ethnic conflicts seemed to be highly significant in Fiji's contemporary politics, but on the other hand they appeared to be relatively insignificant in the daily lives of the people I lived and worked with. As I struggled to make sense of this contradiction, I realised that acknowledging the full complexity of Fiji's socio-political landscape was an essential step in this direction. While inter-ethnic conflicts indeed feature prominently in Fijian politics, two other social forces or divisions simultaneously drive Fijian politics namely intra-ethnic and class divisions, with the latter occasionally cutting across ethnic boundaries in politically significant ways. My findings, of course, have partly been anticipated by scholars in the past. For example, Brij Lal argued that Fiji's political instability is 'caused by a complex combination of factors, none of which by themselves can be assigned a privileged role in explaining the Fiji crises' (1992:298), while Bhagwan Singh stated that the 1987 coups have been an eye-opener 'to racial, class and regional divisions within the society' (1995:35).

However, the question remains of how exactly to make sense of the inter-connectedness of Fiji's inter-ethnic, intra-ethnic and class divisions, especially with regard to the 2006 military takeover, its consequences for Fiji's future, its connections to the 1987 and 2000 coups and, most importantly, its protagonists and their rhetoric about the existence of a coup culture in the country. Thus, the discussion in this article revolves around the agency of some of Fiji's most prominent political actors, whom I identify as Fiji's 'coup protagonists' because I consider them essential to understanding Fiji's political dilemma. Ultimately, therefore, this article is an anthropological analysis of political elites in a country characterised by political instability and military interventionism. Understanding how elites in post-2006 Fiji make sense of the country's ongoing political instability is essential to understanding how inter-ethnic, intra-ethnic and class divisions are linked through the agency of local political actors.[2] Using the 2006 military takeover and its rhetorical justifications as a starting point for an ethnohistorical investigation, I aim to shed light on Fiji's complex political landscape and its underlying social divisions.

As in 1987 and 2000, the 2006 coup was without doubt a cornerstone in Fiji's turbulent postcolonial history. Its aftermath witnessed the development of a coup culture rhetoric, which has become an important part of the discourse of po-

2 I will show in more detail below that anthropological literature which explicitly highlights human agency and its importance for Fiji's political instability exists but pre-dates the 2006 military coup and therefore does not take contemporary political developments into account.

litical elites. While the concept of a 'coup culture' fundamentally builds on local social divisions, I believe it is best understood as part of a political rhetoric that serves to hide the individual interests and agendas of Fiji's coup protagonists. Additionally, it also reinforces the impression that Fiji's political instability is an unavoidable outcome of the country's multi-ethnic social structure, itself the legacy of a colonial past, rather than the result of specific political strategies and agendas. Furthermore, although the rhetoric of a 'coup culture' only evolved after the 2006 military coup, it equally encapsulates the social complexities of the 1987 and 2000 political crises.

My findings are based on field and archival research I conducted mainly in the urban area of Suva, Fiji's capital, during a period of almost ten months between 2007 and 2009. My archival research focused predominantly on colonial and government documents and newspaper reports which helped me establish what Fiji's 'coup culture' means in the local context. Furthermore, I conducted standardised and non-standardised interviews with Fijian politicians and community leaders in Suva, Levuka (Ovalau) and on the chiefly island of Bau and spent many hours around the kava bowl (*tanoa*) in Suva and the town of Sigatoka discussing politics with Fijian citizens of diverse ethnic backgrounds.

Introducing Fiji's coups culture: talking about coups as culture?

On 7 October 2010, almost four years after the military coup d'état which he spearheaded, Fiji's current interim prime minister, Commodore Josaia Voreqe (Frank) Bainimarama, opened the Fiji Day Celebrations at Albert Park, Suva.[3] Speaking to the audience, he said:

> [Fiji's] post-independent history has been dissimilar to some other countries. We have had events which we could have done without it [sic]. These situations led to regression as opposed to progression. It [sic] led to stagnation as opposed to modernization [and] resulted in the absence of true nation-hood and political and institutional systems that were replete with discrimination, prejudices, chauvinism and marginalisation [...] we Fijians today are able to overcome these challenges. We have tenacity and indeed we now have a vision. A vision to modernise and liberalise (Bainimarama 2010).

Clearly, the events Bainimarama was referring to in his speech were Lieutenant Colonel Sitiveni Rabuka's two military coups of 1987 and George Speight's civilian takeover in 2000. When Rabuka led his soldiers into Parliament in May 1987 to oust a newly-elected coalition government led by the multi-ethnic Fijian Labour Party under its Western Fijian leader, Dr Timoci Bavadra, and again staged a second coup d'état in September

[3] Bainimarama has repeatedly failed to acknowledge that, in order to implement his plans to modernise and liberalise Fiji, he himself had overthrown an elected government.

of the same year, his intentions seemed quite clear. His actions were meant first and foremost to restore an indigenous Fijian political supremacy, which, according to the coup perpetrator, had been lost to an 'Indian-dominated' Labour government (Rabuka 2000:12–13). In May 2000 Speight, a part-European businessman, and a group of gunmen stormed the Parliament and overthrew Fiji's first prime minister of Indo-Fijian origin, Mahendra Chaudhry. Speight announced that they were fighting for indigenous political rights, which, according to him, were in danger after the election of an 'Indian' government and which, through his takeover, 'will be cemented once and for all' (BBC News 2000). It took several months of uncertainty and havoc until the military, under Bainimarama's leadership, was able to solve the crisis, but only temporarily.[4]

Since 2000, relations between the military and the country's governmental politicians have continued to be tense. This became particularly visible in the case of Bainimarama and Laisenia Qarase, whom the military had appointed as a caretaker prime minister after the 2000 crisis. The reasons for the occasional clashes between the government and the military were manifold, but ultimately related to Qarase's decision to allow the leading coup protagonists of 2000 to return to politics and not punishing their crimes sufficiently. The failure of the military to disempower Qarase through a number of campaigns which aimed to educate the public about the government's ethnonationalist agenda and its despotic character finally led to a 'clean-up campaign' on 5 December 2006, staged in the name of good governance and nation-building. In his speech to the 62nd Session of the United Nations' General Assembly in 2007, Bainimarama stated that,

> Fiji has a coup culture – a history of civilian and military coups executed in the interests of a few and based on nationalism, racism and greed [...] policies which promote racial supremacy, and further the interests of economic and social elites, must be removed once and for all (2007).

Bainimarama's speech is highly significant. First, it highlights the fact that the 'clean-up campaign' of December 2006 had a fundamental inter-ethnic aspect, as it aimed to counter and overcome 'racial' politics. While earlier coups had a reactionary tenor (pro-Fijian supremacy), the Bainimarama takeover seemed to be reform-oriented, emphasising equal rights for all members of society. Secondly, in his statement Bainimarama explicitly refers to the existence of a 'coup culture' in Fiji. In the aftermath of the 2006 coup, this term has become part of political discourse in the islands and needs to be elaborated for the purpose of my analysis.

While Fiji is certainly not the only country which has witnessed military coups in its postcolonial history, I argue that it stands out due to the repetitive nature of its

4 In the wake of the hostage crisis of 2000 Ratu Sir Kamisese Mara, Fiji's then president, was asked to resign by his son-in-law Ratu Epeli Ganilau, police commissioner Isikia Savua, Bainimarama, and Rabuka in 'a coup within a coup' (Robertson 2001:24).

coups and the way they have come to influence Fiji's political culture and discourse (Schieder 2010:5). Since 2006, the local and international media, political analysts and the current government, as well as former coup perpetrators such as Sitiveni Rabuka, have all referred to a culture of coups in Fiji. In December 2008, when I asked about his role in Fiji's politics, Rabuka remarked: 'I accept that people blame me for introducing the coup as a solution to an unacceptable political situation. It became a "culture" when others like Speight and Bainimarama followed suit' (personal communication, 4 January 2008).

I use these statements by Bainimarama and Rabuka and their reference to a culture of coups to investigate the complexities of Fiji's political landscape. I argue that the notion of a 'coup culture' helps us to understand why, five years into Bainimarama's takeover, the 'coup to end all coups' (Fraenkel, Firth, and Lal 2009) has become a cause of political instability itself, especially if we put political action and rhetoric in perspective. Since 2006 the military government has suspended Fiji's constitution and elections, the latter originally scheduled for 2009 but now postponed to 2014. Numerous instances of human rights violations, the deportation of academics and diplomats and limitations on press freedom with the aim of suppressing criticism of the government have further contradicted Bainimarama's good-governance rhetoric. It is possible to make sense of this obvious gap between political rhetoric and action if we critically ask what the notion of a 'coup culture' is actually built upon.

In an article published in 2009, Fiji-based political analyst Sandra Tarte reflects on Fiji's 'coup culture' and argues that 'the notion "coup culture" suggests a pattern of instability that is repeatedly being played out' (2009:409). While there were differences between the coups of 1987, 2000 and 2006, it is also important to point out that they shared significant parallels which should be taken into consideration to understand the repetitive nature of coups in Fiji. The parallels Tarte mentions are: the arguments offered by coup protagonists that Fiji is not ready for democracy, the politicisation of the military, the human consequences of the coups (such as the clampdown on freedom of speech), the negative economic fallout and the exposure of deep social divisions within Fijian society, which are, as I argue, of a racial, class, regional, and, most importantly, political nature (Tarte 2009:411–413).

Fijian sociologist Steven Ratuva draws similar conclusions. He argues that although the coups were different in many ways 'they shared some common characteristics and [...] they influenced each other' (2008:2). Born out of the frequency of coups in Fiji, the term 'coup culture' has to be understood in the context of five inter-related aspects, namely 'the direct usurpation of state authority; the coup as part of political culture; the development of coup psyche amongst the population; the normalisation of the coup language; and living under the coup environment and its impact on society'.[5]

---

5 Ratuva (2008:2). Ratuva's claim that coups and rumours about them feature prominently in the language and thinking of many Fijian citizens are supported by observations made by Sina Emde (2005)

Ratuva concludes that, while the coups have been carried out by the military, it is important to emphasise the existence of a whole range of coup protagonists such as political elites, business people, influential community and church leaders or local professionals, who were involved in the coups in various ways and who served their own political, economic and personal interests by doing so (2008:4).

Both Ratuva and Tarte refer to the idea of a 'coup culture' for a better understanding of Fiji's ongoing political instability and highlight the social divisions I have outlined above that have shaped Fiji's postcolonial political history. In addition, both agree that the notion of a 'coup culture' stems from a local perception of local political circumstances. Moreover, their assumptions about the existence of a culture of coups take into account the long-term historical and structural interrelationships of Fiji's coups. This brings me to the conclusion that we should not reduce the different coups to single, non-related, contemporary political strategies for the usurpation of political power. On the contrary, it is necessary to explore their capacity to merge into a historically grown, complex and multi-layered phenomenon which is shaped by a number of significant social divisions and, most importantly, by certain significant social actors. In other words, in order to understand the 'coup culture', we have to determine whose culture it is.

Ratuva's reference to the existence of a whole range of coup perpetrators (in 1987, 2000 and 2006) suggests that the 'coup culture' is in fact best understood as a phenomenon confined to a section of Fiji's political and economic elite with a propensity to overthrow legally elected governments. This argument is strongly supported by Ratu Joni Madraiwiwi, Fiji's former vice-president, who was ousted from office during the December 2006 coup. When I interviewed him, Madraiwiwi talked about the existence of a network of coup protagonists consisting of Fijian chiefs, politicians, religious leaders, military men, businessmen, diplomats, lawyers and judges of various ethnic backgrounds. According to Madraiwiwi, they are linked through a number of overlapping relationships and dependencies and frequently interact with each other outside the political sphere. Based on this, he describes Fiji's state politics as a playground of well-established and influential dynasties and networks which are represented in Fiji's key institutions such as the military or the political parties, the public sector in general and in many of the key economic sectors (personal communication, 27 November 2008).

Thus, for the purpose of examining Fiji's political instability, I approach Fiji's 'coup culture' as a rhetorical device used by those political elites who have been identified as Fiji's coup protagonists by Ratuva and Madraiwiwi. From this perspective Fiji does not have a 'coup culture' in the essentialist understanding of the word, but it is

and Matt Tomlinson (2002). My own experiences of gossip and rumours in Suva add to this picture. While I was in Fiji, people occasionally told me that attempts had been made to overthrow the Bainimarama government. For example, Seru, a male Fijian in his late thirties, explained to me in July 2007 that in Western Viti Levu weapons were collected by opponents of the government and a 'ku' (coup) was planned by military officers who disagreed with Bainimarama's agenda (personal communication, 11 July 2007).

home to political actors who make sense of the country's ongoing political instability by seeing coups as an integral part of political decision-making processes. Talking about coups as culture has become a political strategy and an integral part of elite political discourse, which I argue is shaped by inter-ethnic, intra-ethnic and class divisions. It is therefore important to explore the structures and histories of Fiji's complex social divisions and to understand how they influence contemporary politics. Only then can we understand how Fiji's coup protagonists make sense of this complexity and how they accomplish their own, at times very different and innovative political agendas.

Fiji's colonial legacy and the politicisation of ethnic sentiments

In the past, Fiji's political instability has often been ascribed to conflicts between Fijians and Indo-Fijians. Previous work by Deryck Scarr (1988), Asesela Ravuvu (1991) and John Coulter (1967) has shown that inter-ethnic conflicts have occupied centre stage in Fijian politics since the 1960s, when the British decided to grant their crown colony independence. Inter-ethnic conflicts feed a militant Fijian ethno-nationalism that allows Fijians to express a vision of the nation state which is politically and culturally dominated by the indigenous people of the archipelago. In this view, Fiji has a colonial legacy of a deeply divided plural society in which the country's two dominant population groups (Fijians and Indo-Fijians) live next to each other and only interact occasionally in the public domain. Fijians and Indo-Fijians 'seldom inter-marry, speak distinct languages, have different religions and tend to back separate ethnically identified political parties' (Fraenkel 2006:72). Moreover, Fiji is exceptional, 'not because it is bipolar, but because it has two large and relatively homogenous groups of roughly equal size' (Fraenkel 2006:76–77).

Fiji's colonial heritage and history seem to support this picture. Shortly after they annexed the Fijian Islands in October 1874, the British started to implement a series of policies which have affected the country ever since. For example, their decision to make communally owned land on Fiji inalienable has been upheld until today. In consequence, land (*vanua*) has not only remained a fundamental element of Fijian identity through colonial policies and the Fijian cultural logic of 'the way of the land' (*vakavanua*), it is also a powerful political tool as more than eighty per cent of land in the islands is still owned by its indigenous population, and almost forty per cent of the country's inhabitants heavily depend on leasing land.[6]

Sir Arthur H. Gordon and Sir John B. Thurston, Fiji's early governors, aimed at making Fiji a 'positive colonial exception' (Scarr 1978:104). Within an ideological framework which John Kelly has called the 'Pacific romance', Gordon and some of his suc-

[6] The cultural logic of *vakavanua* allows Fijians to understand elements of cultural change and stasis simultaneously as traditional (Jolly 1992:344).

cessors aimed to safeguard Fijian traditions and culture in accordance with their very own understanding of the 'childlike', 'faithful' and 'loyal', but in evolutionary terms underdeveloped 'native' (Kelly 1988:410–416). Although never officially formalised, the Deed of Cession became a central element of the so-called doctrine of the 'paramountcy of Fijian interests' (Lawson 1991:58), which states that the rights and privileges of Fijians shall always come first. To this end, the British not only safeguarded Fijian ownership of land, but also implemented a political administration which included a separate Native Fijian Administration. This relied heavily on a system of indirect rule built around eastern Fijian chiefs and loyal commoners and eventually led to the establishment of a new class of colonial Fijian leaders, who dominated Fiji's politics in the years before and after the islands gained independence in 1970 (Durutalo 1986, Nayacakalou 1985:83–110).

In order to ensure the political paramountcy of indigenous Fijians, the colonial administration had to define the very concept of a 'native' Fijian. Their efforts to collect data about Fijian landownership and social organisation ultimately led to what Stephanie Lawson has described as the 'myth of cultural homogeneity' (1990:797). Elsewhere, Andrew Strathern and Pamela Stewart argue that the usage of single names to refer to the indigenous people of specific Pacific island groups and archipelagos is clearly a colonial construction (2002:15). In the case at hand the term 'indigenous Fijian' lumps together the descendants of the first settlers of the archipelago, who arrived from circa 1500 BCE until the sixteenth century. Until approximately 1100 BCE, predominantly independent social groups were living in hamlets and villages scattered across the islands. Growing population pressure and increasing conflicts over resources and political influence led to the establishment of more complex political structures. It was not until the British annexation and the attempts of people like Gordon to unify the indigenous population for political and administrative purposes that a common ethnic Fijian identity, including a common language, was born. This was achieved mainly by the implementation of a neo-traditional socio-political order, based on a local eastern variation of Fijian chieftainship, but transplanted and imposed over the entire archipelago.[7]

Moreover, the decision of the colonial administration to introduce indentured labourers from South Asia for the establishment of a plantation economy and to separate them socially, politically and at times spatially (divide and rule) from other population groups in Fiji fundamentally changed the structure of Fijian society.[8] Contemporary Indo-Fijians are the descendants of different groups of immigrants from former British India. The first to arrive were indentured labourers who worked predominantly on Fiji's colonial sugar plantations. They were recruited from various parts of the Indian subcontinent, such as Bihar, Uttar Pradesh or Tamil Nadu. The term 'Indo-Fijians' also refers to some thousands of later coming passenger migrants who hailed from the provinces

---

7 For a detailed discussion, see France (1969) and Mückler (1998).
8 See, for example, Chauhan (1988) and Lal (1992).

of Gujarat and Punjab. Unlike the plantation labourers, they established themselves in retail businesses or transport and construction. In 1901 Fiji's Indian community already comprised fourteen per cent of the total population of Fiji, and forty-five years later it had become the major community of the archipelago. However, Indo-Fijians did not participate in the system of indirect rule and were not entitled to the same political rights which Fijians received within the separated branches of Fiji's colonial administration.

The colonial policies described in this section not only meant that the colonial histories of Fijians and Indo-Fijians were 'largely constituted in relation to the British, not to each other' (Kaplan 1993:43): they eventually led to the formation of a bifurcated plural society. With the growth of the Indo-Fijian community during the twentieth century and their struggle for political equality, the doctrine of ethnic Fijian supremacy was employed by Fijian and European leaders alike to counter any Indian struggle for social, political, and economic equality. Most importantly, when party politics was introduced in the 1960s, Fijian leaders successfully protected Fijian political paramountcy because the voting system and the structure of the Parliament reflected the colonial ideology of separated Fijian and Indo-Fijian clusters (Durutalo 2006:166). This constellation, described by Ravuvu as a 'facade of democracy' (1991) and by Lal as a 'time bomb' (2008), marked Fiji's road to independence and has shaped postcolonial politics in the island state ever since. In 1970 Fiji gained its independence. The colonial social hierarchy between Fijians and Indo-Fijians remained the major political discourse in the new-born postcolonial nation state in which the population was now 'represented' by former colonial agents consisting of ethnic Fijian elites and local Europeans (Kelly and Kaplan 2001).

To conclude, the origins of the clear imbalance of ascribed political rights and status between Fijians and Indo-Fijians respectively lies in the never formally codified colonial doctrine of paramountcy of Fijian interests, which became, as Henry Rutz (1995) has shown for the coups of 1987 and Fijian politics in the early 1990s, a powerful tool for political elites in Fiji to safeguard not only Fijian rights, but also their own political projects and privileges. Although it cannot be denied that Fiji's inter-ethnic divisions weight heavily in Fijian politics and represent an integral element of the rhetoric of a 'coup culture', there is more to this 'coup culture' than a colonial legacy of ethnic bipolarity.

While I do not deny the existence of inter-ethnic tensions and their importance for Fiji's ongoing political instability, I argue that its whole complexity, especially with regard to the political rhetoric of the existence of a 'coup culture', can only be understood if an approach towards ethnicity (ethnic identities) which critically engages with primordial notions of ethnic sentiments is taken into account. Such an approach highlights the analytical limits of assuming that ethnic or cultural differences in multi-ethnic societies necessarily lead to conflicts and political instability.

I have already shown above that ethnic Fijian identity is clearly a colonial construction. Thus, it is not a natural outcome per se but a product of articulations of cultural Self and belonging, grown out of discourses 'formed in the turbulent politics of colonialism and its long enduring wake' (Jolly 2005:418). For my investigation of Fiji's 'coup culture', Margaret Jolly's reference to human agency involved in the formation of ethnic identities in Fiji is essential because it enables me to focus on an important aspect of ethnicity which lies beyond the actual process of articulating Self and belonging in respect of a social group in opposition to ethnic others. If we argue that contemporary Fijian identity strongly builds on the traditions and culture (either apparent or real) of the past which have been codified or established as 'authentic' during the country's colonial period, we have to bear in mind that access to the past as a political resource is limited to cultural agents who, to borrow again the terminology of Kelly and Kaplan (2001), 'represent' their respective communities. For Fiji, as elsewhere in the Pacific, it is certainly the case that ethnicity provides a 'potent basis for political mobilization of peoples disenfranchised under colonial rule' (Linnekin 1990:150).

Based on these assumptions, we can engage critically with the relationship(s) between multi-ethnicity and conflict. In a thoughtful discussion, Jack Eller (2002) rightly claims that the mere existence of cultural (ethnic) differences in diverse settings such as the former Yugoslavia, Rwanda, French Canada or Sri Lanka does not necessarily lead to conflicts in these multi-ethnic societies. On the contrary, proclaimed ethnic tensions frequently mask political projects and strategies which are fundamentally based on other issues than ethnicity. Consequently, I argue that, in the case of Fiji, ethnic identities are similarly deployed in political strategies, articulated in the interests of specific political agendas and contextually configured for political reasons. This perspective allows us to assume that, under certain circumstances, ethnic conflicts are less ethnic than they might appear at first sight, in the sense that cultural differences are emphasised and even manipulated by coup protagonists in order to hide or obscure other elements of the 'coup culture'.

Ratu Epeli Ganilau, a prominent Fijian chief and minister in the interim government, summarises the political importance of race (ethnicity) fittingly: 'Race is reality: sometimes it is a cause for trouble, sometimes it is a playcard, sometimes it is a catalyst' (personal communication, 19 December 2008). Therefore it would be too simplistic to define Fiji's 'coup culture' solely as the result of political power struggles between ethnic Fijians and Indo-Fijians or between Fijian and Indo-Fijian politicians. In fact, the political history of Fiji clearly reveals that inter-ethnic relationships and bonds have always been strong for some politicians and community leaders of the respective ethnic groups, even throughout the crises of 1987 and 2000 (Norton 2000:85). In the past Fijians chiefs not only acted as guardians of indigenous Fijian rights and privileges, they were also crucial in acts of the reconciliation of ethnic ruptures and violence (Norton 1999).

In summary, limiting Fiji's 'coup culture' to inter-ethnic issues is misleading in two ways. First, such a perspective underplays or even dismisses the destabilising force of other social divisions and their importance for Fiji's political instability, which I will discuss in the following two sections. Secondly, ascribing Fiji's 'coup culture' to ethnic sentiments downplays the ability of Fiji's political actors to manipulate ethnic belonging, stereotypes and prejudices to distract from those other significant social divisions and their own political agendas and ambitions.

The 'coup culture' and intra-ethnic heterogeneity

In the last section I showed that Fijians (and Indo-Fijians) form heterogeneous communities. The existing ethnic heterogeneity also shapes Fiji's political instability, as the Fijian (and the Indo-Fijian) senses of belonging to exclusive ethnic groups with collective agendas are highly situational. In this section I argue that the intra-ethnic Fijian divisions and power struggles which existed during the country's pre-colonial history were suppressed during the colonial period but regained their importance in Fiji's post-colonial politics and are still shaping the country's political landscape.[9] I now wish to strengthen my argument with a brief discussion of intra-ethnic Fijian political divisions, followed by a contemporary example of political power struggles within a local Fijian community and its relevance at a supra-regional political level, without denying that disputes and divisions between Eastern and Western Fijians (Bose and Fraenkel 2007) or coastal Fiji and the hinterland (Nicole 2011) also create significant rifts within the Fijian society.

Political processes and institutions in Fiji are commonly described as situated between different models of governance: the traditional hierarchical chiefly system on the one hand, and a modern form of governance, commonly known as democracy, on the other (e.g. Saumaki 2007:214). Approaches which emphasise sharp ideological divisions between these two models of governance depict local political actors as caught between different political frameworks, unable to bridge the existing gap between tradition and democracy (e.g. Lawson 1991, 1996). However, the political reality in Fiji is far more complex than an analysis of diametrically opposed political ideologies can reveal. In fact, it is exactly the complex and historically grown interplay of traditional and democratic political agendas and strategies which helps us understand the importance of intra-ethnic Fijian power struggles for Fiji's political instability.

Research on Fijian power struggles has revealed that pre-colonial socio-political divisions and patterns of political power struggles between and within Fijian chiefdoms, chiefly clans and extended families were significantly transported and partially transformed through the colonial ideology of indirect rule and the establishment of a Native

9 Jon Fraenkel (2000) and Hermann Mückler (2002) provide similar arguments.

Fijian Administration (Durutalo 2005:1–3). Pre-colonial Fijian chiefdoms were geographically and regionally limited socio-political entities. They were engaged in feuds and wars for political supremacy, as well as in a complex system of marriage alliances, fostered for political purposes (Routledge 1985, Thomas 1986). Modern political modes of governance and strategies of political manoeuvring such as party affiliations, democratic elections, parliamentary membership and coups can be viewed as contemporary political tools for settling traditional power rivalries. These modern instruments were quickly incorporated into the negotiation of traditional rivalries, which are based on a complex interplay of regionalism, descent, affinity and local variations of chieftainship.

Intra-ethnic political struggles such as the inter-relatedness of chiefly title rivalries and state politics reveal aspects of Fiji's political instability which are often ignored by popular depictions of Fiji's inter-ethnic conflicts. For example, the ongoing Roko Tui Dreketi title dispute in the province of Rewa and the roles the rivals for it have played in party politics and elections during the last two decades provides an intriguing case of Fijian chiefly rivalries in the twentieth and twenty-first centuries. A significant way in which Ro Mosese Tuisawau, a potential heir to the traditional and paramount Roko Tui Dreketi title, tried to strengthen his political power base in order to contest former titleholder Ro Lady Mara, his paternal half-sister, was by aligning himself with political parties like the National Federation Party, the Fiji Nationalist Party and the Fiji Labour Party, in short, parties which had diametrically opposed political agendas. Similarly, Ro Mosese's son Ro Filipe Tuisawau opposed his aunt Ro Teimumu Kepa, Lady Mara's successor in the general elections of 2006 (Saumaki 2007). I argue that the specific party affiliations and counter-strategies in the democratic elections of Ro Mosese and Ro Filipe represent political moves to resolve a customary contest for chiefly leadership through modern political mechanisms and are not a mere display of political opportunism.

Cases like this are numerous in Fiji's politics and indicate that traditional Fijian rivalries which cut across clan, lineage and even family affiliations are today merged with modern party politics and thus play an important role at a supra-regional level, and by extension, in Fiji's 'coup culture'. Rabuka's coups were, amongst other things, driven by intra-ethnic Fijian (and intra-ethnic Indo-Fijian) divisions.[10] The coup protagonists aimed at restoring the hegemonic political status of certain eastern Fijian chiefly families such as the Mara dynasty whose political influence was increased and cemented in the wake of the colonial annexation and which continued to dominate Fiji's state politics after independence (Howard 1991). Speight's putsch in May 2000 was propelled by the attempts of the Cakobau family of the chiefdom of Bau to re-establish a pre-colonial political importance which it gradually lost to the Mara dynasty after the British annexed the Fijian Islands (Tuitoga 2004).

10 I discuss the political implications of social divisions within the Indo-Fijian community elsewhere (see Schieder 2011).

Finally, Fiji's latest coup of December 2006 was also driven by intra-ethnic Fijian power struggles. Like Fraenkel and Firth (2009:122–124), I argue that Bainimarama's coup can be interpreted as a political move backed by the Mara dynasty to regain its political influence, which it gradually lost with the political rise of Rabuka in the 1990s and the resignation of Fiji's long-serving prime minister, president and head of the dynasty, Ratu Sir Kamisese Mara, during the 2000 crises. This point of view has occasionally been voiced by Fijians with whom I have discussed political events in the wake of the Bainimarama coup. For example, Akapusi, a chief (*turaga*) from Bau, told me in December 2008 that many Bauans believe that Ratu Epeli Nailatikau (originally from Bau) and Ratu Epeli Ganilau, both sons-in-law of Ratu Mara, were the masterminds of the 2006 coup.[11]

While intra-ethnic social divisions form a major factor in Fiji's ongoing political instability, their importance is commonly downplayed by the local political actors themselves. The coup protagonists of 1987 and 2000 in particular repeatedly emphasised the inter-ethnic issues in a strategic move to gain or regain political power. By mobilising ethnic Fijians against a common Indo-Fijian 'enemy', they concealed important intra-ethnic divisions and, as I will show in the next section, class divisions as well. The coup protagonists of 2006, on the other hand, acknowledge and discuss the existence of intra-ethnic Fijian power struggles. However, they themselves are caught up in a number of conflicts over intra-ethnic interests, as shown by the suspension of Fiji's Great Council of Chiefs, their ongoing campaign against the politicised branch of the Fijian Methodist Church, and their incorporation in the Mara dynasty (Schieder 2010:237–241).

The 'coup culture' and class divisions

While inter-ethnic and intra-ethnic divisions contribute to Fiji's political instability, class divisions must also be taken into account as a third major destabilising social force. A small group of political analysts such as William Sutherland (1992) and William Tagupa (1988) define class as a prime mover of Fiji's coups. However, while their accounts discuss issues of class and political elitism in rich detail, they fail to acknowledge the full complexity of Fiji's political landscape.

Clearly, social stratification beyond the Fijian hierarchical chiefly system is no recent development in Fiji. It has existed since the arrival of the first European missionaries and settlers, as well as the colonial administrators who arrived later, and intensified in the wake of capital penetration and the ongoing process of urbanisation. For example, the chiefly class, with specific access to resources and the means of production,

11 Personal communication (13 December 2008). Ratu Epeli Nailatikau is currently President of the Republic of Fiji. Ratu Epeli Ganilau serves as the Minister of Defence, National Security and Immigration in the Bainimarama government.

resulted from the system of indirect rule. The introduction of Fijian chiefs into the colonial administration led to the strengthening and formalisation of a new type of chiefly leadership, based not only on traditional birth rights and descent, but also, and mainly, on access to education, jobs and financial capital (Naidu 1987:226). In addition, selected Fijian commoners who were chosen to work within the colonial administration and whose status was legitimised by their political, not their economic position formed the basis for an indigenous petite bourgeoisie. However, these new means of upward mobility were never open to all Fijians, but only to those who collaborated with the British and who willingly aligned themselves with the interests of the colonial administrators (White 2006:536).

Winston Halapua rightly argues that, while chiefly interests about a century ago were mainly concerned with the maintenance of clans or chiefdoms, chiefs are nowadays accused of being mainly concerned with their own financial interests (2003:60). While it would be too essentialist to draw a clear line between 'traditional' and 'contemporary' chiefly interests, my own research reveals that many Fijians who served as the agents of a colonial capitalist economy clearly strengthened their own political and economic positions by implementing and perpetuating an ethno-political rhetoric and agenda. This made most poor and underprivileged Fijians or Indo-Fijians perceive themselves primarily as ethnic Fijian or ethnic Indo-Fijian, rather than as exploited peoples sharing similar class interests with their Fijian or Indian counterparts.

After Fiji gained its independence in 1970, Fiji's class divisions grew further and, more importantly, developed growing multi-ethnic dynamics. The fact that class interests in Fiji's postcolonial society at times overcome inter-ethnic divisions becomes visible if one analyses the composition of the Alliance Party, which was Fiji's ruling party from 1966 to 1987. The Eastern Fijian chiefly establishment, together with parts of the indigenous petite bourgeoisie, many of the local Europeans, and a small Indo-Fijian upper class consisting of influential business men, intellectuals, and asserted community leaders, formed the backbone of the party. From this perspective the coups of 1987 were direct reactions to the establishment of the Fiji Labour Party and also served as instruments to regain the political supremacy of Fiji's chiefly class and its allies from other ethnic groups.

However, it would be misleading to assume that class divisions have replaced 'race' as the main factor in Fiji's political instability. On the contrary, after the establishment of a Native Fijian Administration and the introduction of South Asian labourers to the islands, these social ideologies entered a dynamic relationship, influencing, cross-cutting and perpetuating each other ever since. This was visible in the 1990s, when the affirmative action programs of the Rabuka governments for socially weak Fijians amalgamated class and ethnic interests in an attempt to strengthen the economic base of indigenous Fijians. As a result, the 1990s saw the constant growth of an urban Fijian middle class, which mainly profited from pro-Fijian affirmative action. It is no coincidence that some prominent members of these so-called 'children of 1987' (Lal 2006:191) were among the coup perpetrators of 2000, as George Speight's putsch was, among others things, motivated by class issues. Finally, by researching the people involved in the coup of December 2006, I argue that it was clearly propelled by an educated multi-ethnic urban middle class who benefitted in many ways from a coup which has put Fiji's economy in limbo.

In the last section I argued that the importance of intra-ethnic conflicts and power struggles in state politics were downplayed in the rhetoric of the coups of 1987 and 2000. Similarly, class divisions were hidden behind a predominantly 'racial' rhetoric, which made the 'successful Indian' responsible for the poverty and social marginalisation of rural Fijians. The reality is different, however. The majority of Indo-Fijian descendants of the indentured labourers still live a life as cane farmers and make up the poorest part of the population. They are still dependent on leasing land and the goodwill of a Fijian-dominated interim military government which has still failed to accomplish its reforms for the better good of the people of Fiji announced in December 2006.

The missing link: agency and Fiji's coup protagonists

In the present discussion I have shown firstly, that Fiji's political instability is caused by a number of significant social divisions which are at work simultaneously, and secondly, that Fiji's historically grown political complexity has given birth to a number of socio-political contradictions. In order to understand these contradictions, and by extension the dynamics of local politics, it is not enough to name and analyse the social divisions at work in the country's multi-cultural and multi-ethnic society. One possible way of analysing Fiji's ongoing political instability is to focus on political actors, most importantly the coup protagonists and their political rhetoric. Therefore the key is to shift the emphasis of the analysis away from the social divisions as such to focus on individuals and their agency.

The importance of the dialogical relationship between agency and political power in understanding Fiji's colonial and postcolonial history has been highlighted by a number of scholars (predominantly anthropologists) such as Jolly (1992, 2005), Rutz (1995), Thomas (1990a, 1990b) and, most importantly, Kaplan and Kelly.[12] For example, in her ground-breaking analysis of the Fijian Tuka movement, Kaplan points out that Tuka, which has often been perceived as a classical cargo cult, is best interpreted as part of a Fijian colonial discourse which involved agents (like Navosavakadua) who challenged British, and, by extension, Eastern Fijian chiefly domination and hegemony (1995a, 2004b). Fundamentally, the authors named argue in more or less explicit ways

12 See Kaplan (1993; 1995a, b; 2004a, b), Kelly (1988, 2005), Kaplan and Kelly (1994), and especially Kelly and Kaplan (2001).

that any account of Fiji's political history and structure needs to focus on existing social contracts and projects, meaning actor-driven dialog and agency. This position coincides with my own findings in Fiji and is therefore highly relevant for my approach to contemporary Fijian political developments. If, as Kaplan rightly argues, colonised people have the power 'to articulate and routinize new systems, [and] to make their own history' (1995: 201), then we should also acknowledge the same ability in Fiji's postcolonial elites, especially if we take into consideration how Fiji's current political leaders draw on Fiji's complex social divisions, as well as globally and locally framed policies and polities.

Based on these insights, I argue that Fiji's coup protagonists are able to develop numerous social roles and deploy a plurality of identity markers to achieve their political goals. Their roles and identities stem from a set of different political ideologies, such as the Fijian chiefly system or the principles of democracy (to name just two), which are ultimately located within the country's complex social settings. In postcolonial Fiji social identities and roles are generally not fixed, but changeable, hybrid and shaped by local discourses of power.[13] The ability to choose and follow a specific political strategy in a specific situation makes the coup protagonists the focal point of Fiji's ongoing political instability. It is this agency which allows Fiji's coup protagonists to establish numerous, at times very innovative political strategies and justifications to successfully negotiate, navigate, and manipulate local political discourses and situations, while their political strategies and rhetoric are still framed by Fiji's complex postcolonial social divisions and political ideologies.

From this perspective, it is more apparent than ever that we have to carefully deconstruct local discourse on ethnic sentiments and belonging and overcome explanations which describe Fiji's ongoing political instability as the result of diametrically opposed 'traditional' and 'democratic' politics. On the contrary, the emphasis should be on the obvious bonds which tie different forms of political legitimacy and governance together. Approaches which describe Fiji's political actors as caught between different socio-political and ideological frameworks, unable to bridge the existing gap between tradition and democracy or ethnic and national sentiments, deny them the necessary agency and creativity to make sense of the ongoing political instability in their country. Moreover, if we aim to fully acknowledge the agency and creativity of Fiji's coup protagonists we also have to engage critically with explanations which relate Fiji's political dilemma to irreconcilable visions of how the Fijian nation state should be governed.

Earlier anthropological accounts of the interplay of agency and political power in Fiji commonly emphasise two different political visions and projects: while indigenous Fijians aim at safeguarding their political paramountcy through an ideology of ethnonationalism, Indo-Fijians pursue equal political rights for all citizens of Fiji.[14] In his

13 Brison (2007:xiii). See also Brison (2002) and Hermann and Kempf (2005:309–311).
14 See Kelly and Kaplan (2001) and Rutz (1995).

discussion of the political rhetoric of the 1987 coup and its aftermath, Rutz (1995) refers to three contesting and conflicting narratives of how tradition should be deployed to safeguard Fijian paramountcy. While Rutz's investigation adds significantly to an understanding of the Fijian politics of the 1980s and 1990s, it nevertheless still frames Fijian politics as located within a single ethno-nationalist discourse.

My explanation of Fiji's ongoing political instability, on the other hand, highlights dialogical and contextual relationships between what were earlier perceived as diametrically opposed political visions for the Fiji of today. Thus I argue that tradition and democracy or civic nationalism and ethno-nationalism stand, in fact, in a symbiotic relationship with each other, and that Fiji's coup protagonists emphasise one or other of its elements, depending on what they consider more promising for their political interests and projects.

Hence, it is no contradiction to describe Fiji's leading coup protagonists such as Sitiveni Rabuka simultaneously as flamboyant ethno-nationalists, democrats, loyal warriors of their paramount chiefs and members of an upwardly mobile urban middle class if we take their agency into consideration. Seen from this perspective, the coups of May and September 1987 represented not only the uprising of Fijian ethno-nationalists, but also an attempt by eastern Fijian chiefs to regain political power through an army commander who appeared simultaneously as the saviour and the destroyer of the paramountcy of Fijian interests. In 1987, Rabuka was as much a loyal warrior of his paramount chief and the then Governor General Ratu Sir Penaia Ganilau as he was an ambitious personality, contesting the Fijian chiefs through his ability, charisma and sheer will. There is no contradiction in this argument if the contextuality of Rabuka's political thought and action is taken into account.

In this article I have attempted to offer an analysis of Fiji's ongoing political instability by taking Fiji's last coup of 2006 and the elite political rhetoric of a culture of coups (or 'coup culture') as starting points in discussing the history of the complex local social divisions which shape Fijian society and within which Fiji's coup protagonists frame their political rhetoric and actions. I have argued that the rhetoric of a 'coup culture' has become a significant political strategy and has been used to mask a variety of different political interests and agendas.

An anthropological approach which focuses on the agency of certain political actors in their capacity to construct their own political reality through the rhetoric of a 'coup culture' enriches our understanding of local political discourse and action. The perspective taken in this article – that of a political anthropologist – reveals that Fiji's 'coup culture' goes far beyond the actual act of overthrowing governments. It is best understood if a plurality of causes is taken into consideration and if we acknowledge that socio-cultural frictions and divisions as such do not necessarily lead to political instability in Fiji's postcolonial multi-ethnic society.

Talking about a culture of coups has become a political strategy and an integral part of elite political discourse through which Fiji's coup protagonists pursue their own at times very different political and personal interests. Elite figures such as Rabuka or Bainimarama – to come back to the starting point of this article – commonly refer to Fiji's political instability by making use of such rhetoric. For Rabuka, staging a coup became a cultural issue when others followed him in overthrowing legally elected governments as a solution to what Fiji's coup protagonists perceived to be an unacceptable political situation. For Bainimarama and the current political regime, their reference to the existence of a 'coup culture' and their proclaimed intention to end it serves as an excuse for a non-legal political agenda which has not yet led to any significant political changes. In other words, Bainimarama's reference to a 'coup culture' serves as a justification for policies which fundamentally counteract the proclaimed clean-up campaign against 'racism', corruption and nepotism, but ultimately reveal what all the coup protagonists have had in common thus far: their readiness to overthrow legally elected governments in order to claim a position at the apex of the Fijian nation state.

References

BAINIMARAMA, Josaia Voreqe

2007 *Speech at the 62nd Session of the U.N. General Assembly.* http://www.scoop.co.nz/stories/WO0709/S00767.htm [last accessed 1 August 2011]

2010 *Speech at the opening of Fiji Day Celebrations 2010.* http://www.fiji.gov.fj/index.php?option=com_content&view=article&id=2497:pm-bainimaram-speech-at-the-opening-of-fiji-day-celebrations-2010&catid=50:speeches&Itemid=168 [last accessed 1 August 2011]

BBC NEWS

2000 *Coup leader bungles ceremony.* http://news.bbc.co.uk/2/hi/asia-pacific/756488.stm [last accessed 28 January 2012]

BOSE, Apolosi and John FRAENKEL

2007 "Whatever happened to Western separatism?", in: John Fraenkel and Stewart Firth (eds.), *From election to coup in Fiji: the 2006 campaign and its aftermath*, 225–242. Canberra: ANU Press

BRISON, Karen J.

2002 "Disjunctures in discourse: emerging identities after the 2000 coup in Rakiraki, Fiji", *Pacific Studies* 25(4):47–68

2007 *Our wealth is loving each other: self and society in Fiji.* Lanham: Lexington Press

CHAUHAN, I.S.
1988 *Leadership and social cleavages*. Jaipur: Rawat Publishers

COULTER, John Wesley
1967 *The drama of Fiji: a contemporary history*. Rutland: Tuttle

DURUTALO, Alumita
2005 *Of roots and offshoots: Fijian political thinking, dissent and the formation of political Parties 1960–1999*. Canberra (PhD dissertation, Australian National University)
2006 "Fiji: party politics in the post-independence period", in: Roland Rich (ed.), *Party politics in the Pacific islands*, 165–184. Canberra: Pandanus Books

DURUTALO Simione
1986 *The paramountcy of Fijian interest and the politicization of ethnicity*. Suva: USP Library (South Pacific Forum, Working Paper 6.)

ELLER, Jack David
2002 *From culture to ethnicity to conflict: an anthropological perspective on international ethnic conflict*. Ann Arbor: University of Michigan Press

EMDE, Sina
2005 "Feared rumours and rumours of fear", *Oceania* 75(4):387–402

FIJI ISLANDS BUREAU OF STATISTICS
2008 *Census 2007 results*. Suva: Fiji Islands Bureau of Statistics

FRAENKEL, Jon
2000 "The clash of dynasties and the rise of demagogues: Fiji's Tauri Vakaukawa of May 2000", *Journal of Pacific History* 35(3):295–308
2006 "Regulating bipolar divisions: ethnic structure, public sector inequality and electoral engineering in Fiji", in: Yusuf Bangura (ed.), *Ethnic inequalities and public sector governance*, 73–97. London: Macmillan Press

FRAENKEL, Jon and Stewart FIRTH
2009 "The Fiji military and ethno-nationalism: analyzing the paradox", in Jon Fraenkel, Stewart Firth, and Brij V. Lal (eds.), *The 2006 military takeover in Fiji: a coup to end all coups?*, 117–137. Canberra: ANU E Press

FRAENKEL, Jon, Stewart FIRTH, and Brij V. LAL (eds.)
2009 *The 2006 military takeover in Fiji: a coup to end all coups?* Canberra: ANU E Press

FRANCE, Peter
1969 *The charter of the land: custom and colonization in Fiji*. Melbourne: Oxford University Press

HALAPUA, Winston
2003 *Tradition, lotu and militarism in Fiji*. Lautoka: Fiji Institute of Applied Studies

HERMANN, Elfriede and Wolfgang KEMPF

2005 "Introductions to relations in multicultural Fiji: the dynamics of articulations, transformations and positionings", *Oceania* 75(4):309–324

HOWARD, Michael C.

1991 *Fiji: race and politics in an island state.* Vancouver: University of British Columbia Press

JOLLY, Margaret

1992 "Custom and the way of the land: past and present in Vanuatu and Fiji", *Oceania* 62(4):330–354

2005 "Epilogue: multicultural relations in Fiji – between despair and hope", *Oceania* 74(4):418–430

KAPLAN, Martha

1993 "Imaging a nation: race, politics and crises in post-colonial Fiji", in Victoria S. Lockwood, Thomas G. Harding, and Ben J. Wallace (eds.), *Contemporary Pacific societies: studies in development and change*, 34–54. Englewood Cliffs: Prentice Hall

1995a *Neither cargo nor cult: ritual politics and the colonial imagination in Fiji.* Durham: Duke University Press

1995b "Blood on the grass and dogs will speak: ritual politics and the nation in independent Fiji", in Rober J. Foster (ed.), *Nation making: emergent identities in postcolonial Melanesia*, 95–126. Michigan: University of Michigan Press

2004a "Fiji's coups: the politics of representation and the representation of politics", in Victoria S. Lockwood (ed.), *Globalization and culture change in the Pacific Islands*, 72–85. New Jersey: Pearson

2004b "Neither traditional nor foreign: dialogics of power and agency in Fijian history", in: Holger Jebens (ed.), *Cargo, cult, and cultural critique*, 59–78. Honolulu: University of Hawaii Press

KELLY, John D.

1988 "Fiji Indians and political discourse in Fiji: from the Pacific romance to the coups", *Journal of Historical Sociology* 1(4):399–422

2005 "Boycotts and coups, shanti and mana in Fiji", *Ethnohistory* 51(1):13–27

KAPLAN, Martha and John D. KELLY

1994 "Rethinking resistance: dialogics of disaffection in colonial Fiji", *American Ethnologist* 21(1):123–151

KELLY, John D. and Martha KAPLAN

2001 *Represented communities: Fiji and world decolonization.* Chicago: University of Chicago Press

LAL, Brij Vilash

1992 *Broken waves: a history of the Fiji islands in the twentieth century.* Honolulu: University of Hawai'i Press

2006 *Islands of turmoil: elections and politics in Fiji.* Canberra: ANU Press

2008 *A time bomb lies buried: Fiji's road to independence.* Canberra: ANU Press

LAWSON, Stephanie
1990 "The myth of cultural homogeneity and its implications for chiefly power and politics in Fiji", *Comparative Studies in Society and History* 32(4):795–821
1991 *The failure of democratic politics in Fiji.* Oxford: Clarendon Press
1996 *Tradition versus democracy in the South Pacific: Fiji, Tonga and Western Samoa.* Cambridge: Cambridge University Press

LEVINE, Stephen
2007 "Democracy and its discontents: Tonga, Fiji and the 'arc of instability'", *Pacific News* 28:4–8

LINNEKIN, Jocelyn
1990 "The politics of culture in the Pacific", in: Jocelyn Linnekin and Lin Poyer (eds.), *Cultural identity and ethnicity in the Pacific,* 149–173. Honolulu: University of Hawaii Press

MÜCKLER, Hermann
1998 *Fidschi.* Zwischen Tradition und Transformation. Frankfurt am Main: IKO
2002 "Back to the chessboard: the coup and the re-emergence of pre-colonial rivalries in Fiji", in: Erich Kolig and Hermann Mückler (eds.), *Politics of indigeneity in the South Pacific,* 143–158. Hamburg: Lit Verlag

NAYACAKALOU, Rusiate
1985 *Leadership in Fiji.* Suva: IPS Publications

NAIDU, Vijay
1987 "Fiji: the state, labour and aristocracy and the Fiji Labour Party", in Ron Crocombe (ed.), *Class and culture in the South Pacific,* 210–229. Suva: IPS Publications

NICOLE, Robert
2011 *Disturbing history: resistance in early colonial Fiji.* Honolulu: University of Hawai'i Press

NORTON, Robert
1999 "Chiefs for the nation: containing ethnonationalism and bridging the ethnic divide in Fiji", *Pacific Studies* 22(1):21–50
2000 "Reconciling ethnicity and nations: contending discourses in Fiji's constitutional reform", *Contemporary Pacific* 12(1):83–122

RABUKA, Sitiveni
2000 "The Fiji islands in transition: personal reflections", in Brij V. Lal (ed.), *Fiji before the storm: elections and the politics of development,* 7–20. Canberra: Asia Pacific Press

RATUVA, Steven
2008 *Issues & discussion paper: ending the coup culture.* National Task Team 1 on Good Governance. Working Group 3: The Role of Fiji's Security Forces in National Development. Unpublished paper

RAVUVU, Asesela
1991 *The facade of democracy: Fijian struggle for political control 1830–1987.* Suva: IPS Publications

ROBERTSON, Robie
2001 *Government by the gun: the unfinished business of Fiji's 2000 coup.* Annandale: Pluto

ROUTLEDGE, David
1985 *Matanitu: the struggle for power in early Fiji.* Suva: IPS Publications

RUTZ, Henry J.
1995 "Occupying the headwaters of tradition: rhetorical strategies of nation making in the Pacific", in Robert J. Foster (ed.), *Nation making: emergent identities in postcolonial Melanesia*, 71–93. Michigan: University of Michigan Press

SAUMAKI, Baro
2007 "Bose ni vanua and democratic politics in Rewa", in John Fraenkel and Stewart Firth (eds.), *From election to coup in Fiji: the 2006 campaign and its aftermath*, 213–224. Canberra: ANU Press

SCARR, Deryck
1978 "John Bates Thurston: grand panjandrum of the Pacific", in Deryck Scarr (ed.), *More Pacific Islands portraits*, 95–114. Canberra: ANU Press
1988 *Fiji: the politics of illusion: the military coups in Fiji.* Kensington: New South Wales Press

SCHIEDER, Dominik
2010 *Quo vadis Fidschi?* Eine Studie zur *coup culture* in einem pazifischen Inselstaat. Bayreuth (PhD dissertation, University of Bayreuth)
2011 "Jenseits der pluralen Gesellschaft. Zur politischen Relevanz der Heterogenität in Fidschis ‚indischer' Bevölkerung", *Mitteilungen der Anthropologischen Gesellschaft in Wien* 141:277–290

SINGH, Bhagwan
1995 *Fiji: the changing face.* Delhi: Har-Anand Publishers

STRATHERN, Andrew and Pamela J. STEWART
2002 "Fiji", in: Andrew Strathern *et al.* (eds.), *Oceania: an introduction to the cultures and identities of Pacific islanders*, 15–20. Durham: Carolina Academic Press

SUTHERLAND, William
1992 *Beyond the politics of race: an alternative history of Fiji to 1992.* Canberra: ANU Press

TAGUPA, William
1988 "The 1987 Westminster constitutional crisis in Fiji", *Pacific Studies* 12(1):97–151

TARTE, Sandra
2009 "Reflections on Fiji's 'coup culture'", in Jon Fraenkel, Stewart Firth, and Brij V. Lal (eds.), *The 2006 military takeover in Fiji: a coup to end all coups?*, 409–414. Canberra: ANU Press

THOMAS, Nicolas
1986 *Planets around the sun: dynamics and contradictions of the Fijian Matanitu*. Sydney: University of Sydney Press
1990a "Sanitation and seeing: the creation of state power in early colonial Fiji", *Contemporary Studies in Society and History* 32(1):149–170
1990b "Regional politics, ethnicity, and custom in Fiji", *Contemporary Pacific* 2(1):131–146

TOMLINSON, Matt
2002 "Speaking of coups before they happen: Kadavu, May–June 1999", *Pacific Studies* 25(4):9–27

TUITOGA, Anare
2004 "How modern was Speight's coup? The case of Naloto", *Fijian Studies* 2:191–207

WHITE, Carmen M.
2006 "Moving up the ranks: chiefly status, prestige, and schooling in colonial Fiji", *History of Education Quarterly* 46(4):532–570

Paideuma 58:69–93 (2012)

OF FIELD ENCOUNTERS AND METROPOLITAN DEBATES
Research and the making and meaning of the Melanesian 'race' during demographic decline

Alexandra Widmer

ABSTRACT. In this article, I trace the significance of Melanesians' psychological and intellectual capacities for the making and meaning of racial and demographic knowledge from 1900 to 1935. I begin with descriptions of field encounters in the New Hebrides to discuss how knowledge about race and depopulation was collected, and then move to the meanings of the Melanesian race in researchers' reports of depopulation in the New Hebrides. I conclude with a discussion of how knowledge of Melanesians figured in metropolitan debates on race and demographic decline. For the historiography of 'race' or 'human variation', depopulation offers an interesting context in which to explore notions of 'race' because population decline was recognised to be such a complex issue. Depopulation provided a context in which to debate 'hybridity', 'racial mixing' and concomitant concepts like heredity, the environment and cultural adaptation. Through an understanding of what Melanesians meant to these researchers in both field encounters and demographic debates, I argue, we can see both the malleability of racial thinking and the intransigence of racial categorisation at that time.

> The ambiguity of those sets of relationships between
> the somatic and the inner self, the phenotype and the genotype,
> pigment shade and psychological sensibility are not slips in,
> or obstacles to, racial thinking but rather conditions
> of its proliferation and possibility (Stoler 1997:187).

In this article, I trace the significance of Melanesians' psychological and intellectual capacities for the making and meaning of racial and demographic knowledge from 1900 to 1935. I begin with descriptions of field encounters in the New Hebrides to discuss how knowledge about race and depopulation was collected, and then move to the meanings of the Melanesian race in researchers' reports of depopulation in the New Hebrides. I conclude with a discussion of how knowledge of Melanesians figured in metropolitan debates on race and demographic decline. Through an understanding of what Melanesians meant to these researchers in both field encounters and demographic debates, I argue, we can see both the malleability of racial thinking and the intransigence of racial categorisation at that time. What is at stake here is identifying the practices and processes through which ostensibly scientific differences between human groups were produced, shaken and stabilised in demographic research in colonial contexts.[1] In the first three decades of the twentieth century, the formation of race was debated in terms of the extent to which biological, heritable, environmental or cultural factors were at play, but where Melanesians were concerned, the categories were maintained much more rigidly positing differences based on psychological and intellectual attributes.

In the early twentieth century, Pacific peoples were of interest to physical anthropologists and biologists in large part for what supposedly lab-like isolated populations could reveal about key disciplinary concerns like heredity and adaptation (Lipphardt 2012). By the 1920s, when racial mixing, especially recent 'crosses' became an important scientific topic (Lipphardt 2012), the region had become significant for studying this theme (Anderson 2009a), particularly because 'racial crosses' between Europeans, Asians, and Pacific islanders were thought to be recent. Accepted biological concepts of the interwar period recognised the vexed possibility (vexed because humans could not be studied in labs like drosophilia or fungi) of racial classification through serological or anthropometric means[2] and held that 'hereditary material remained relatively impervious to its environment determining the potential for growth during the organism's life time' (Anderson 2009a:144). Intellectual and psychological capacities were widely held to be heritable in this respect (e.g. Roberts 1927:359). These premises, Warwick Anderson demonstrates, can take racial mixing to different conclusions; they could at once mean white triumph in Australia and the invigoration of Pacific peoples through hybridisation (2009a). These varying possibilities, Anderson claims, indicate the potential ambiguities of racial thinking in connection with population growth or decline in the Pacific in the interwar period. Here, I argue that the meaning of the Melanesian race, especially in contrast to the optimism shown in respect of the potential of racial mixing for Polynesians, shows another aspect of the ambiguous nature of the ostensibly objective study of human variation. The scientific understanding of the depopulation of Melanesia brought together many significant strands of racial debates on the environment and heritability in respect of a population's viability, and Melanesians' experiences were taken as evidence of the significance of the relationship between culture, the environment and the mind for the reproduction and survival of a population. The effects of the environment on Melanesians were entry points for both liberal and conservative contributions to debates about human potential and differences. Still, from field encounters to metropolitan debates, researchers' discussions of Melanesians' psychological attributes reproduced differences between populations.[3]

---

1 Demography was not yet a distinct discipline, but a growing number of biologists, physical anthropologists, geneticists, birth control activists and eugenicists conducted qualitative and quantitative research on population growth and decline.

2 There were other, less common means of ostensibly measuring race, for example, by comparing lung capacity or colour blindness.

3 In making these points, I will quote some passages from researchers' texts that are at best distasteful and at worst profoundly racist. I quote them with some trepidation, but I have found this unavoidable

Bringing encounters between Europeans and indigenous people in Oceania to the heart of historical narratives has been shown to have important analytical significance, for

> [...] even in the midst of massacre and revenge, there was a meeting of meanings, of bodies and minds, whereby pre-existing understandings, preconceptions from both sides of the encounter, were engaged, brought into confrontation and dialogue, mutual influence and ultimately mutual transformation (Jolly and Tcherkézoff 2009:1).

Furthermore, this emphasis is especially relevant for encounters in field research contexts in general because of the recognition of the analytical importance of the materiality of scientific practices for postcolonial science studies.[4] This is pertinent in analysing research on human variation in particular in order, as Chris Ballard indicates, to 'focus on embodied encounters as a critical locus or moment in both the performance and production of raciological knowledge' (2008:340). Describing the encounters and scientific practices that contributed to the production of such knowledge provides a local specificity to the discourse on the extinction of 'primitive races' that Patrick Brantlinger (2003) has so lucidly described.

One of my aims in using encounters as an analytical point of departure to frame both an aspect of the colonial history of the New Hebrides and the historiography of race and demography is to stress the importance of indigenous knowledge and social organisation. I share with Bronwen Douglas 'a conviction that colonial tropes, classifications and practices were partly s h a p e d by indigenous contexts, actions and desires, in complex, cryptic dialectic with the colonisers' experience, fantasies and phobias on the periphery' (1999:163; emphasis in the original). With this in mind, as far as is possible, I call attention to the indigenous presence that shaped the form that European scientific representations could take, to build on the analysis of European representations of race in the Pacific that Christine Dureau and Morris Low emphasise (1999:145).

For the historiography of 'race' or 'human variation', depopulation offers an interesting context in which to explore notions of 'race' because population decline was recognised to be such a complex issue. It also provided a context in which to debate 'hybridity', 'racial mixing' and concomitant concepts like heredity, the environment and cultural adaptation. The relationship between race and population politics in the early twentieth century has been examined for its convergence with eugenics in Britain and Europe (e.g. Schneider 1990, Soloway 1990), as well as in colonial demography, for example, in east Africa (Ittmann 2010), but the importance of Oceania in both racial

---

if I am to make arguments deconstructing their categorical claims by showing their performative nature. I hope that this language of the past, which produces primordial differences, might act as a constant warning against any repetition of such primordial claims in the present.

4 Anderson (2009b:393). By 'scientific practices' I am referring to the broad networks of activity by which data deemed scientific by contemporary actors were identified, collected, stored etc.

and population thinking has not yet been sufficiently studied (Douglas 2008:3). While typically racial knowledge was scientifically produced through anthropometry, and to a lesser extent serological data, at that time depopulation was an unfolding process used to debate other aspects of the scientific understandings of human variation. After a discussion of the context in the New Hebrides, I move to describe the making and meaning of the Melanesian race in field encounters between Pacific islanders and European researchers. I then discuss the multiple meanings and reproduction of the Melanesian race in debates about depopulation and race mixing.

CONTEXT

Reports of many deaths and fewer than expected births had been coming out of the New Hebrides since the mid 1800s. In 1906 an Anglo-French condominium, the New Hebrides, was formed, creating a joint sphere of influence from which an independent Vanuatu emerged in 1980. During the years under consideration in this article, from 1900 to 1935, the Condominium's influence was limited, to the chagrin of missionaries and researchers, even when district agents were appointed to Tanna, Santo and Malekula in 1912 (Woodward 2002:27). The Condominium's strategy of governance could be described as indirect in that it had very few resources and so generally achieved its goals by giving power to local chiefs and encouraging villages to maintain themselves in ways that promoted a sense of local independence (Rodman 1987:164).

The influence of Protestant and to a much lesser extent Catholic missionaries waxed and waned but still was more of a significant presence in people's lives than the colonial government. The expansion of a plantation economy proceeded slowly, impeded by a lack of labourers, part due to widespread depopulation and in part because indigenous people continued to have access to land for survival and thus were not compelled to work for cash. The French imported indentured labourers from the Gulf of Tonkin region of French Indochina. Miriam Meyerhoff notes that 'there were nearly 6,000 Vietnamese workers in Vanuatu in 1929, 3,700 men, 1,200 women and 1,000 children' (2002:47). There were areas of the New Hebrides where indigenous people refused to engage with either missionaries or planters.

Several researchers spent time in the New Hebrides in the first three decades of the twentieth century. W.H.R. Rivers (1864–1922) travelled to Melanesia from 1907 to 1908 and again from 1914 to 1915, collecting genealogies from the Banks, Torres, Pentecost, Ambrym and Aneitum from key informants. From 1910 to 1912, Felix Speiser (1880–1949) travelled throughout the archipelago, measuring people's height, hair, eye colour, skin colour, gait and body odour, and constructing indices calculated from body measurements. He also took a keen interest in material culture and initiation rites. Over his career, he amassed a collection of 400 skulls, sets of measurements from approximately

500 people and 1620 field photographs (Kaufmann 2000:212). He collected a sizeable amount of material culture that he brought back to the Museum für Völkerkunde in Basel. Over the course of three trips, John Randall Baker (1900–1984) conducted research on insect, plant and animal reproduction (intersex pigs among them) in constant climatic conditions, climbed to the top of the highest mountain (Mt. Tabwemasana) and took an interest in rituals. From June to September 1924, Sylvester Lambert (1882–1947), together with Patrick A. Buxton (1892–1955), travelled throughout the archipelago on the British government yacht, the Euphrosyne, and stayed at the British Residency with the Smith-Rewse family while in Port Vila. The French resident Commissioner, Henri d'Arboussier, was also 'cordial' to the researchers which demonstrated to them 'his belief in measures for the generation of the native races' (NHBS 1924:2–3). While Buxton focused his research on malaria and filariasis, Lambert conducted hookworm surveys that entailed collecting faecal samples and holding health education lectures as they travelled (NHBS 1924:28).

As their various research activities might indicate, these men did not arrive or leave the New Hebrides with unified theoretical models of race, human variation, cultural change and the possibilities for indigenous people. Speiser was working within a framework of 'Kulturkomplexe',[5] while Rivers was developing diffusionism. Baker came to have a strong interest in the place of heredity – even in intelligence – and this led to his support of eugenics (Kenny 2004:408–409, Schaffer 2008:166–170). Lambert was active in promoting Pacific islanders' medical education in Fiji, though not to the point of training them to become fully fledged physicians, though they carried out medical work nevertheless and gained the respect of the local people (Widmer 2010). Still, with different disciplinary trainings, the researchers shared a commitment to the scientific method and a concern for ending depopulation. They did agree on the dire nature of the problem, that there was a significant role for the Condominium to play in improving the health situation of the New Hebrides, and that demarcating difference, both between Europeans and indigenous people and within the indigenous population, was the key to analysing the problem. While simultaneously making general statements about 'Melanesians' and recognising cultural and biological variation within the New Hebrides, the researchers also made internal differentiations within the 'native race', using the differences between 'bush' natives and Christian natives as significant variables to compare death and birth rates and stipulating what should be done to fix these problems.

In brief, all of these authors made recommendations that entailed administrative involvement in the service of saving lives. Rivers thought the remedy should be for government and missionaries to work together in order to 'modify the old customs and institutions of the people to preserve enough to maintain interest while removing all those

---

5 *Kulturkomplexe* were thought of as 'sets of structurally linked elements or culture traits' (Kaufmann 2000:203–204). Such markers of human variation were allegedly the result of long historical processes and were distinct from evolutionary biological formations.

features which conflict with the ideals of modern civilization' (1922a:107). This would 'give him [the Melanesian] that renewed interest in life to which the health of people is mainly due' (1922a:113). Speiser argued for changes to plantation labour practices, so that people would only work on plantations near their villages (as opposed to being absent for three years), and should be allowed to go home one weekend per month, to see their wives, and so that they do not become alienated from their culture (1922:57–58). Baker's suggestion was to transport people to the island of Gaua in northern Vanuatu and then put them under a twenty-year quarantine enforced by the Condominium to allow the population to regenerate and grow under natural conditions (1929a:75–80). Lambert advocated training indigenous medical practitioners to deliver primary health care and public health measures (1924) and Buxton recommended an 'industrial branch of missions to encourage participation in the growing cash economy' (1926:433).

The researchers also shared a frustration over the lack of vital statistics and census data in the New Hebrides. And, as I will show, they put their trust in Rivers' genealogies or used his genealogical method themselves to document the extent of the depopulation and to document the decline in terms of both a high death rate and a low fertility rate.

Field encounters and other minds

While in the New Hebrides, pursuing their various research interests, the researchers developed common strategies to do their work. While infrastructure, equipment and the organisation of the material side of research in the field sciences crucially shapes the possibilities for research, adapting to the pre-existing social relationships of their research assistants and research subjects was key in this respect.

The interaction between the researchers and their local assistants was one common respect in which the sociality of field surveys affected the pace, if not the shape, of the former's research in the New Hebrides. The descriptions of research assistants are significant for what they reveal about contemporary distinctions between Europeans and indigenous people based on the possibility of rational thinking. Rivers dutifully acknowledged help from John Pantutun and John Maresere, indicating:

> They showed such interest and intelligence in the task that it was clear how great might be our hopes for the future of Melanesia and Polynesia if their peoples were given a fair chance. These two men were doubtless above the average of their fellows, but their capacity shows how much might be done by the encouragement of independent industry and the preservation of such features of native culture as do not conflict with the better aspects of our civilization (1914:iix–ix).

Speiser hired boys from Ambrym to help explain his intentions when arriving in a village (Kaufmann 2000:210). Baker hired native assistants as guides, on one expedition as many as 41, to carry his equipment, which he said was mainly food. Baker resented feeding his 'carriers', but T.F. Bird, a member of the 1933 Baker expedition, attempted to respect food taboos according to which a chief needed to eat food cooked on a separate fire, which at times meant difficulties for their expedition (Bird 1935:224–225). Buxton and Lambert had the assistance of Fijian medical practitioner Malakai Veisamasama and of two prisoners on Tanna to analyse the faecal specimens to assess hookworm rates.[6] Local taboos hindered this work as well, as many people refused to give faecal specimens with their names and ages for fear of their identification and subsequent use in sorcery attacks (NHBS 1924:31).

Karai, an important research assistant, involved Baker in a local dispute:

> One night we arrived at a village and saw a man the muscles of whose legs had almost disappeared, leaving only skin and bone. He walked on his hands, a half coconut shell being held in each to serve as a shoe. This affliction and many others were attributed to the evil machinations of a woman of a neighbouring village. Next day we went there, and I was confronted by her. A most extraordinary request was made to me by Karai. I was asked to gaze at her through my instruments, and then to report whether in fact she was the cause of all the illness and death that was attributed to her. Her life was in serious danger, so I agreed, and made a most meticulous examination of her through my clinometer and prismatic compass. After serious thought I was able to report that she was guiltless. I felt that I had done my good turn for the day (Baker *et al.* 1935:221).

In this anecdote, Baker places himself as a unique and benevolent Western hero whose modern instruments impress ignorant people with irrational beliefs. This is part of a familiar narrative that reproduces the dichotomy between civilized and primitive minds. However, when read against the grain and situated in local history and culture, another interpretation is possible that allows for the possibility of indigenous ingenuity in dealing with conflict in a modern way. Though Baker does not elaborate, it is likely that he was being asked to intervene in a sorcery accusation as a serious illness was often considered to be caused by a sorcerer at the behest of someone who wanted to cause harm (Rio 2002:145). The ensuing accusations and retributions could turn violent. Judging from requests to the British authorities, Baker was not the only European who was invited to deal with sorcery cases. British colonial records indicate that indigenous people on other islands, such as Malekula and Paama in 1928 (NHBS 1928a, b) and Ambae in 1935 (Rodman 2001:94), would ask colonial officials to intervene and arrest potential sorcerers and remove them to prison in Port Vila to diffuse conflicts they were causing.

Speiser was particularly honest about the fraught nature of his field encounters. In part he attributed his difficulties to the effects of previous encounters with Europeans on his research. Speiser was hoping to locate a 'pygmy race', which the science of the day identified by inherited physical characteristics and non-material attributes (Ballard

---

6 Buxton (1926:440). It was common practice to have prisoners provide labour for Condominium projects.

2006) and which was the result of reproductive encounters. He therefore frequently inquired about marriage customs. Speiser writes that he was repeatedly told that the small-statured people in the New Hebrides were monogamous, which mirrored the cultural practices of the other small-statured races he had read about. And yet he lamented,

> At last, however, I found that I had been deceived, as all the people had taken me for a missionary, and had fancied I was asking them questions in order to interfere with their matrimonial customs by sending them a teacher or a 'mission-police-man' (Speiser 1913:170).

Speiser was correct to assume that his measurements were being actively interpreted by indigenous people. Twenty years later, Bird reported of central Santo that Speiser 'must have carried out some anthropological work there, for the natives vividly described how he measured heads. This appears to have made a lasting impression on all concerned' (Bird 1935:225).

At other times the exigent nature of his field encounters led Speiser to genuine exasperation, and he complained in his scientific ethnography that he had discovered 'they were supplying me with every kind of rubbish and obscenity [...]. Here we have evidence of the passive resistance which the natives show towards any white person they do not know well' (1996:3). Speiser's assistant could be devious, compassionate but unreliable, which led Speiser to conclude: 'Because of such changes of mood, the native is highly incalculable, quite apart from the fact that the white man can never really think his way into the black man's mind' (1996:72). Irritation notwithstanding, Speiser's comments also invite readers to suppose that he felt out-witted in many encounters and that in many respects he felt that his would-be informants understood him much better than he understood them. He mused,

> For most whites, of course, the native is stupid. That he certainly is not. In terms of views and notions which are entirely alien to him – and almost all those that are European are – he cannot, of course, think logically. But if we take the criterion of intelligence to be the ease with which the native follows familiar patterns of thought and the way he reasons within them, his intelligence cannot be rated far below that of the whites; at least, it is more difficult for whites to think their way into native mental processes than vice versa (1996:80).

What these representations of field encounters reveal are the heightened perceptions of psychological differences between self-proclaimed rational researchers and 'superstitious' natives. I will return to this in a subsequent section when I show how such differences were also present in metropolitan debates linking race and depopulation.

Field encounters, field methods and local socialities

The social situation in the New Hebrides led researchers to be scientific commentators on the devastation they were witnessing. But the local cultural context and socialities – locally specific social associations and ways of being social – shaped what the researchers could and could not know about such problems. Studying depopulation scientifically required counting and categorising a definable population. The very notion of a birth or death 'rate' is a measure of the size of a group of people over time compared to the expectations of demographic science. Without exception the researchers cautioned their readers about the inaccuracy of the vital statistics, which they blamed on both contemporary collection techniques and the lack of intelligence or the uncooperative nature of the people they wanted to count. Since depopulation was a catastrophic process that required measurement over time, the researchers needed accurate past figures with which to compare those collected in present circumstances. Presbyterian missionaries had collected data on deaths (e.g. Gunn 1914:261–269, Miller 1986:30–32), but the scientists raised concerns about the accuracy of their figures. For example, though he found an increase on Tanna between 1919 and 1924, Buxton could not take it seriously since 'its inhabitants are still heathen' and the 'first census was regarded with suspicion by the people in some parts of the island' (1926:444). New Hebrideans would still run into the bush when officials arrived and 'lacked the ability' (1926:444) to reply to questions with the accuracy demanded by researchers.

Another difficulty in collecting census-type data suitable for demographic analysis was that people did not know their ages. Baker dealt with this problem by determining that the age of fifteen for males was indicated by the appearance of facial hair and that it was the marriageable age for females (1929a:45), while Buxton conceded that 'it must be understood that very few natives know their age, even approximately; the division of the population into "adults" and "children" depends on the opinion of the person who takes the census' (1926:449).

What the researchers admitted they did not have, i.e. accurate census data to chart demographic change, can partially be attributed to the condition of the Condominium's state apparatus, which was underdeveloped and unable to do a satisfactory census in a dispersed area (Widmer 2008). The first country-wide census to be considered reliable would not be undertaken until 1967 (McArthur and Yaxley 1968). At that time, Norma McArthur and John Francis Yaxley trained local school-teachers from throughout the archipelago to administer the census questionnaires. Although carrying out a credible census requires modern technologies, it also needs people who are deemed capable by researchers of responding to the criteria by which they are being categorised. It also requires that the people being counted care about the process, identify with the criteria of the data collection, and are willing and able to share information in order to answer the questions. For example, when trying to understand child nurturance, fertility regulation and the possibility of abortion and infanticide, for reasons relating to social conditions in the field the researchers could not obtain answers to their questions. Buxton wrote:

> The only thing known certainly about the practice of abortion is that it is common in all the islands, and that it is not a custom introduced by the white man, from whom, in fact, all detailed knowledge of it is withheld. […] Much uncertainty exists about the actual methods for procuring it. Many of them are secrets, the property of the old women (1926:425).

The women's cultural practice of protecting knowledge would doubtless have been augmented by decades of missionary's judgements about child nurturance, abortion and infanticide.[7]

Not being able to discuss the topic with women did not stop Baker or Speiser making conflicting statements about abortion that acknowledged women's agency in a backhanded, 'insouciant' way (Jolly 1998:177, 183, 212). Although he reported that it was the husbands who made the decision, Baker saw that the women had some control and that they wanted to avoid having children who might only die from disease (1929a:65). Speiser had harsher words: 'The motives for abortion are the woman's desire for an easy life, her disinclination to be burdened with many children, and also her wish to disappoint a brutal husband' (1996:40).

Ultimately the researchers did find ways to measure depopulation. Baker wrote:

> My method was to take vital statistics of a large part of Espiritu Santo, and as far as possible to find whether a suggested cause was operative or not by reference to these statistics. To do this I visited personally as many of the villages as possible, and got information about every single person from a few men in each village. The Melanesian loves talking about his relations, and my informants were as bright as ever when I was quite weary after a long session. I often proved the accuracy of their information by getting them to repeat it: invariably the details were the same (1929b:322).

Elsewhere he repeated his claim to accuracy as dependent on the values indigenous people placed on social networks: 'But anyone who knows the Melanesian is aware of the intense interest he takes in his relationship to other members of his village' (Baker 1929a:45). So, in Baker's view, this would allow for accurate census-type data without the more conventional census methods that demanded that census-takers talk to people individually. Indeed, kin-type relationships affect many aspects of indigenous sociality, from land tenure and food production to politics and dispute resolution to companionship in daily tasks (e.g. Hess 2009).

For his part, Buxton put his trust in Rivers' genealogies, indicating that 'Rivers shows that the native memory for genealogies is so trustworthy that ample pedigrees can be collected, which are complete, even in collateral lines: from these pedigrees he

---

7 Women's knowledge about plants and reproduction has been documented for a different period (1985–1987) and under different circumstances (e.g. Bourdy and Walter 1992).

is able to show that there is a decrease in birth rate' (Buxton 1926:448). Because Rivers recognised that kinship in Melanesia entailed more than just bilateral descent, and also involved 'collateral lines', he was able to document far-reaching genealogical connections that could act as a proxy for vital statistics collected through repeated censuses every five or ten years (Rivers 1900:81). The genealogies provided researchers with a systematic representation of the births and deaths in each generation, allowing them to see that the depopulation problem entailed high death rates and low birth rates.[8] Rivers could systematically document pedigrees (Rivers 1914:191, 197, 200), not only because he was a perceptive anthropologist, but because the islanders knew them so well.

When researchers asked about matters such as age, cause of death or reproductive patterns, they did not receive answers. When they asked about how people were related to one another, there were long sessions of story-telling. Where census data collection failed in typical ways, the knowledge of relations between people, so crucial to Melanesian sociality, enabled the scientists to collect population data they could trust. The success of genealogies in measuring population size over time where census data failed can be considered an example of the sociality of field science, that is, that the practice of field science necessarily inserts practitioners into existing social relations that they overlook at their peril. In the absence of a colonial state that could collect and compile census data over time, successful research depended on an overlap between the scientists' interests and indigenous concerns and knowledge.[9] In addition, at this time, genealogies were extremely common tools with which to represent data in several disciplines, like psychiatry, medicine and genetics (Gausemeier 2005). As is well known, when Rivers adapted the genealogical method to social anthropology (1910), it contributed to his rise to prominence in the discipline. The method was successful for many reasons. As a field technique for the new anthropological standard of first-hand field observation, it became widely used because of 'the empirical observation that genealogical information has great social importance in preliterate societies' (Langham 1981:77), or, as I have shown, because of the realities of field encounters. As a means of both gathering and presenting data, genealogies were successful because of the visual component they shared with Europeans' own representations of their pedigrees (Bouquet 1996). As well was being important in speaking to broad multidisciplinary audiences, genealogies have broad, multivalent appeal because they purport to represent social and biological reproduction unproblematically, that is, crucial components for conceptually framing scientific debates about the place of heredity and the environment for a population and its health. In the depopulation reports, the genealogies, with their seeming unequivocal relationship with social and biological links, provided a fitting multivalent methodology with which to speak with varying degrees of emphasis on the psychological, social and biological factors of the commentators.

8 Hortense Powdermaker (1931) also used genealogies to study depopulation in New Ireland.
9 On the use of Rivers' research in contemporary historical demography, see Ulijaszek (2006).

The meaning of race and the evidence of history

Rivers makes some mention of Polynesian and Melanesian racial types and admixtures in "The history of Melanesian society", noting familiar biological markers (1914:302–303), but one of his overall goals in establishing the genealogical method in that book is to improve on his earlier work, which he confesses, he wrote while 'under the sway of the crude evolutionary doctrine of the time' (1914:vi). In his oft-cited portion of "Essays on the depopulation of Melanesia" (1922a), where he argues for the 'psychological factor' in depopulation, he makes no references to racial markings. Throughout his career Rivers was inconsistent in his treatment of the distinction between cultural and racial heritage (Slobodin 1978:152), but in his 1922 presidential address to the Royal Anthropological Institute, Rivers clearly states that physical attributes, if combined with ethnological and linguistic inquiry, have much to contribute to the understanding of human history. Studying somatological features was only problematic if attempted in isolation from cultural practices (Rivers 1922b:22–23).

Speiser made the voyage from Switzerland to the New Hebrides with a theoretical interest in 'cultural evolution from the standpoint of biological variation' (Kaufmann 2000:203), and he hoped to find evidence of both in a 'pygmy' culture and 'pygmy' race. Of all the researchers who made recommendations on depopulation, his original research aims and methods were most concerned with measuring human races using the methods of physical anthropology that he had learned from the well-known German anthropologist Felix von Luschan. Speiser was the only researcher to collect anthropometric data in the New Hebrides and comment on depopulation.[10] He travelled to most of the inhabited islands, meticulously documenting variations in height, skin colour and facial formations with reference to specific racial types to assess migrations in the forms of Polynesian, Papuan and Melanesian presence (1996:59). Giving a general picture, he wrote:

> The island-nature of the archipelago is very favourable to race-mixture; and as we know that on some islands there were several settlements of Polynesians, it is not surprising to find a very complex mingling of races, which it is not an easy task to disentangle. It would seem, however, that we have before us remnants of four races: a short, dark, curly-haired and perhaps original race, a few varieties of the tall Melanesian race, arrived in the islands in several migrations, an old Polynesian element as a relic of its former migrations eastward, and a present Polynesian element from the east (Speiser 1913:11).

When he eventually published his anthropometric data, he was firmly of the belief that the small-statured people were not a separate race (1927/28, 1946).

10 Speiser (1920, 1927/28). Clarence Blake Humphreys collected anthropometic data but did not comment on depopulation in his ethnography (1926).

Lambert and Buxton included descriptions of biological markers of difference, though they did not conduct their own measurements. Though he was a doctor researching hookworm and epidemiological reasons for depopulation and not measuring race as such, Lambert took note of racial characteristics but simply recapitulated the racial narratives that figured in common descriptions of Pacific Islanders at that time. He indicated that:

> [s]ome of them are black enough, but the colour shades off into brown to copper colour. On the same island one sees extraordinary differences in colour and physical characteristics and even in the same family there may be several distinct shades. In general they have negroid faces with flat noses and prominent lips, and curly hair that may cling tightly to the head or frizz out to a bushy mop. Where there is more of the lighter blood, the hair commences to straighten and lie flat (NHBS 1924:9).

His research companion, Buxton, recorded:

> The natives of the New Hebrides are Melanesians [...]. They are very dark brown in colour, with tightly curled black hair, and a type of face that is often negroid. Polynesian settlements have been made in many places in Melanesia; in the New Hebrides the people of Futuna are almost pure Polynesians, and traces of this race can be detected on other islands. [...] Apart, however, from occasional incursions from Polynesia, the people of the New Hebrides, in common with all Melanesians, arise from several immigrations of related peoples, who spoke many different languages and possessed different social organization and different material cultures. The resulting diversity makes it extremely difficult to give a concise description of the islanders' life and habits, because what may hold true in general will certainly not hold good in particular instances (1926:421–422).

The diversity of the New Hebrides, studied by Rivers and Speiser but deemed crucial by others, was put to service in the explanatory narrative of human history and migration in the Pacific. In the descriptions of the biological markers of race studied by Speiser and reiterated by Buxton and Lambert, the history of the islands emerges as a narrative of 'racial waves' of encounters between the copper-skinned Polynesians, woolly haired Melanesians, Papuans and small-statured people they encountered in their fieldwork. The observations from field surveys played an important role in attempts to disentangle a historically original and pure racial strand from the complex mixtures of Melanesian and Polynesian physical traits that these researchers actually encountered in the New Hebrides. Such descriptions were often ascertained by looking at people and interpreting their physical appearance through historical narratives. During the first decades of the twentieth century, racial markers in the New Hebrides provided the evidence whereby human migration history was understood.

The Melanesian race and depopulation debates

Melanesians, both as a declining population and as a race, entered into contemporary scientific debates on biology, culture and human variation. The framework of the debates about decline – to what extent were the causes biological, cultural or social – meant yoking biological, cultural and especially psychological factors together in understanding depopulation and human variation. However, what unified these interventions is that, when Melanesians were discussed, the 'psychological factor' tended to stabilise the hierarchical difference between Melanesian and Europeans, I have already discussed with respect to representations of field encounters. Despite noting the diversity of physical markers in the contemporary population, which could have destabilised the racial category when Melanesians were described and when discussed with respect to depopulation, the 'native' aspect of Melanesian minds was a stable aspect of what it meant to be part of the Melanesian race. That Rivers would identify psychological and social factors, as well as biological ones, as central to the decline has rightly been lauded by historian Donald Denoon as one of the last productive collaborations between medical practitioners, public health and social anthropologists (1999). Historian Rose Hunt justifiably and approvingly calls Rivers' statement – that colonialism was problematic for health – a political one (2007:252–253). But during the debates about heritability, environment, and human variation in the interwar period, Rivers' explanation of the 'psychological factors' in depopulation was also drawn on in the context of debates about the capabilities of primitive minds and the nature of the biological and cultural variation of isolated populations. While the 'psychological factor' was never deemed to be the exclusive factor, it was often invoked in a manner that essentialised 'the native mind' or 'the black mind' and that was at odds with the cultural and physical diversity that had been noted in the field encounters with New Hebrideans. The emphasis on the social environment was progressive at the time, but it never developed into a critique of racial categories, and the Melanesian category in particular was invoked as primitive.

As both Henrika Kuklick (1996:348) and Ian Langham (1981:71) have suggested, when Rivers began using the genealogical method in the Torres Straits, it was so he could enter the debate on 'the relative importance of environment or heredity in the determination of individual characteristics' (Kuklick 1996:348). For example, writing of the Torres Straits, Rivers mentions the childlessness of inter-racial marriages and wrote: 'if such a fact could be established it would have great biological interest, but I am afraid there are disturbing factors' (1900:81). Showing his leaning towards environmental and social factors early on, he goes on to list social factors (rather than biological ones), like the temporary nature of these marriages, which might lead to higher rates of abortion and therefore childlessness (1900:81).

Given this aim, it is difficult to know whether or not Rivers would have been heartened by the fact that Melanesians and their environment and psychology were to be invoked by the well-known British biologist and eugenicist A.M. Carr-Saunders as reasons for down-playing the importance of inherited intellectual abilities, but still in a way that evoked hierarchies between Europeans and Melanesians.

> Melanesian decay is due to an enervating mental atmosphere. Now I do not suggest that *enervating influences can have anything like the same power over civilised communities*: a Melanesian for instance who has lost interest may die without showing any apparent signs of disease simply because he no longer wishes to live. [...] In this as in so many other sociological problems a study of primitive races is of great assistance and I think that anyone interested in the problem under review [germinal change] cannot fail to be impressed by the essay to which I have referred and to realise that practically no limit is set to the influence that the mental environment may have over the achievements of man (Carr-Saunders 1923a:254; emphasis added).

Carr-Saunders proclaimed the importance of the environment again in his "Review of essays on the depopulation of Melanesia" in the same issue of The Eugenics Review:

> It is hoped they will be widely read by all those who come into contact with native races. But they have a wider interest. Dr. Rivers has emphasized the important part that mere joy in living plays. [...] The application of this to the problems of the rise and fall of civilization is obvious and those, who are inclined to neglect all factors except germinal change when seeking an explanation of the fluctuations of civilization, might well ponder over these words of the very experienced anthropologist and brilliant biologist whose loss we all deplore (1923b:283).

To other commentators, the psychological causes were deemed less important, but still significant. For example, historian Stephen Roberts read data from throughout the Pacific and identified three causes for the decline: '1. The changed ways of life and thought. 2. A psychological inertia or despair [...]. 3. Physical weakness, which operates in two ways, by introducing new diseases and by weakening the stamina of the natives in resisting the old ones' (Roberts 1927:65). Well versed in the cultural and biological diversity of the region, Roberts believed in the potential of Pacific peoples to recover with education, but also felt that fixing the 'psychological factor' would be difficult because:

> There are the difficulties of interpretation, for the native mind, so far from being simple and childish as was formerly supposed, is extremely complex; and secondly, this complexity is the more difficult because it is of a different genre from our thoughts. To 'think black' is especially difficult for a mind attuned to the conditions of Western civilization (Roberts 1927:130).

While his overall attitude toward Pacific peoples was one of promise and possibilities, Roberts does distinguish between Melanesians and Polynesians. His depiction of Melanesians' attitude towards sorcery and murder is perhaps Roberts' most illuminating commentary on his notions on the different workings of the 'native mind'. He writes,

> Natives of Santo in the New Hebrides killed an Englishman at the close of 1923, as soon as the local sorcerer promised them that nothing could touch them by way of retribution. [...] This atavistic tendency is, of course, not as noticeable in the Polynesia of today as in Melanesia, where it has always to be taken into account – a constant reminder of the different codes of the native (Roberts 1927:134).

Biologist H. Hamlin noted that the psychological factor was third in significance for depopulation, coming after 'poor health due to endemic and especially introduced diseases' (1932:314–315) and 'the dislocation of inherent village life' (1932:316). Contextualising the psychological aspect of illness and its relationship to a population's health, he argued that

> No one who has been with Melanesians can overlook the fact that individuals have been known to die from unexplainable psychoses which can be termed autosuggestive, but it is going beyond what is fully granted by facts to apply such phenomena to a social group of any size and to declare its members, therefore, easy prey to any disease and doomed to decline. The concept of a variable physiological constitution in races, which is conditioned by their history and the influences of external elements is valid. The influences appear to be automatic in action, and we do not yet know how they operate, but important correlations have been made by comparing the facts of history and environment with the racial type as it exists today (Hamlin 1932:319).

Yet, Hamlin does take the opportunity to note that 'we know very little about its [the primitive mind's] quality except that it works differently from ours' (1932:320).

Despite essentialising Melanesian intellectual and psychological tendencies into 'native minds', Carr-Saunders' and Roberts' overall arguments were to the effect that with nurturing environments all races could survive and thrive. On the other hand, after a consideration of material from across the Pacific, G.H.L.F. Pitt-Rivers, whose work emphasised the inherited aspects of human populations' potentialities, concluded that isolated races were closely adapted culturally to their physical environments and thus could not adapt quickly to shocks to their environments. Pitt-Rivers was thus convinced that racial decadence was inevitable. He still linked the psychological aspect of adaptation to difficult circumstances, but only when yoked to inherited features in his notion of 'psycho-physical problems'. He stated,

> We have to face the problem of racial capacity to become adapted to changed environmental conditions. An examination of population tendencies in the Pacific regions and in America shows that people are far less adaptable to great and sudden changes in culture-form. The more specialized a people become through segregation and the agency of selection, the more closely adapted they are to the culture-forms they have evolved (Pitt-Rivers 1927:2).

So, while Rivers himself was attempting to advance the analysis that social and environmental reasons affected the health of an individual and a population (rather than emphasising inherited characteristics), the 'psychological factor' could be interpreted in different ways, and never really to the point of dismissing the primitiveness of Melanesians. Indeed, a wide spectrum of interpretation was possible: from Carr-Saunders' use of the psychological factor to show that 'practically no limit is set to the influence that the mental environment may have over the achievements of man' to Pitt-Rivers' 'psycho-physical problem' that would lead to racial extinction. But still throughout, the difference between Melanesian minds and European ones was maintained.

Melanesians and race mixing

In the 1920s, the Melanesian race and its demographic decline were analytically and practically linked to another topic of the day: leading scientists of human population genetics and physical anthropology were fascinated by the study of 'racially mixed populations' or 'racial crosses'. Racial mixes provided a context in which to study the effects of inherited traits and environments. At that time, biologists, geneticists and physical anthropologists debated the degrees of heritability of intellectual, somatic and psychological traits (Lipphardt 2012). The depopulation of the Pacific islands provided conditions in which to study such topics. Stephen Roberts' commentary on racial mixing in the Pacific (1927: 353) 'confirmed the trend in biological thinking toward support for race mixing' (Anderson 2009a:152). But while racial mixing was deemed desirable in 'Hawaii, New Zealand, Tahiti, Tonga and perhaps Samoa in the future' (Roberts 1927:366), Roberts was clear that he would not extend his support for it to include crosses with Melanesians. He argued that positive racial mixing could only take place in lands which were situated, 'economically and climactically, to allow a large European population' (1927:365). Therefore, 'In Melanesia [...] the problem is quite different, for there the children of such mixed connections have little future, and as it is the children who should be considered, and the children's children, the fusion in this case stands condemned *in toto*' (1927:365). Racial mixing was only favourable for Polynesians, whose features could be absorbed into European populations, while between Europeans and Melanesians or Papuans,

> The barrier is impassable: the union unwise or, to use the phraseology of the race-specialist, 'disharmonious' [...] It is banned alike by racial, social and political considerations. [...] It should be noted that the very use of the word 'absorption' precludes a race such as the Melanesian or Papuan, for in the case, the gap between the two participants, and this applies to Asiatics as well as to Europeans – is so wide that it cannot wisely be bridged. The Polynesian's racial origin, his adaptability to new conditions, and certain racial characteristics (the serene urbanity of the Hawaiian and the manly comradeship of the warrior Maori [...]) place him in a different category (Roberts 1927:366).

Scientific thinking about racial mixing between Pacific peoples and Asian groups would also come to bear on population issues back in the New Hebrides, where the imperative to stop depopulation of the 'native race' co-existed with the labour shortages from which the settlers were suffering. By the time Buxton and Lambert visited Vanuatu in the 1920s, labour migration both internally and to New Caledonia had slowed considerably, which they took to be a good thing. If New Hebrideans were not away on plantations, Buxton thought,

> The native race would then have an opportunity to increase in numbers, and to rebuild itself, if indeed it is capable of doing this. The people would live their own lives, under their own social system, and would grow copra, cotton and other products in order to obtain European goods as they needed (1926:430).

Recognising that plantation owners needed labourers, Buxton agreed with a French plan to bring in labour from the Tonkin and Annamese regions of French Indochina, as those parts of present day Vietnam were called (1926). The British settlers needed labour as well, and in 1927 a Commission considered the problem (NHBS 1927). Not unlike what Nicholas Thomas writes about early colonial Fiji (1990), Buxton's recommendations would have insulated the traditional Melanesian from Asian labourers. Buxton had recommendations for how best to import labourers, which involved discouraging the mixing of the 'native race' with indentured labour from French Indochina.[11] Buxton advised:

> If indentured labour is brought in, the labourers must not be allowed to settle permanently, even if they wish to do so at the end of the period for which they have contracted to work. If they are all repatriated they will be no menace to the native race or to 'White Australia'. Men as well as women should be brought, so as to avoid, as far as may be possible, the hybridization which might otherwise occur between the imported race and the natives (1926:430).

Conclusion

When data about race and demographic decline was collected in the New Hebrides and turned into statements about racial groups, the cultural and physical diversity made researchers cautious when it came to formulating general statements about the people there. Such reticence did not extend to generalisations about the otherness of 'native minds' that the researchers experienced in their research assistants and subjects, despite

---

11 When faced with the opportunity to define citizenship at the time of independence in 1980, legislation was passed in Vanuatu that limited citizenship to those who had four ni-Vanuatu grandparents. Jolly writes that this at once brings out the indigenous importance of belonging and identity through genealogy, but it is still 'haunted' by the colonial obsession with racial purity (2007).

the intelligence that Rivers and Speiser recognised. In debates about environment and heritability, the meaning of the Melanesian stretched from evidence that environments are crucial for human development to the inevitability of racial extinction. And yet, throughout the continuum, the psychology of Melanesians, despite the acknowledged cultural, linguistic and physical diversity of the New Hebrides, stood in for a general statement about their essential group identity as different.

Rivers became a founder of British social anthropology and was a Labour Party candidate standing for election at his untimely death in 1922 (Kuklick 1994:361). Speiser found the physical and cultural complexity in the New Hebrides difficult to reconcile with evolutionary explanations. He adopted a historical perspective and made his career as a scholar of material culture (Kaufmann 2000:204, 222), his statement that Melanesian small-statured people were not a race (1946) – he specifically used the non-racialised term 'Kleinwüchsige' over 'Pygmäen' – earning him some recognition from Eugen Fischer, a leading German physical anthropologist (1950). Baker went on to a career in biology at Oxford, where, despite being worried about depopulation in Melanesia, he devoted himself to the study of chemical birth control (Löwy 2010) and the promotion of eugenics (Schaffer 2008:100, 166–170). In his last publication, "Race" (1974), he makes the reactionary case for the enduring presence of human biological races and inheritable group characteristics, including intelligence. Lambert continued to build up the Fiji School of Medicine, and Buxton studied vector-borne diseases, famously marking the line through the Pacific islands indicating the modern border of malaria (Buxton and Hopkins 1927).

Speiser's ethnographic text and photos have great value in contemporary Vanuatu. At the request of Father Walter Lini, the first Prime Minister of Vanuatu, an English translation of Speiser's 1922 German volume was published in 1990, with the endorsement of Chief Willy Bong Matur Maldo, President of the National Council of Chiefs, as well as the Honourable Iolu Abil, then Minister for Home Affairs and now President of the Republic (Speiser 1996). Iolu Abil points out that, while Speiser did not go into any depth in describing any particular place because he travelled throughout the archipelago, the ethnographic and photographic materials were still of 'great value to our new nation'. Rather charitably, he continues this praise, despite the fact that 'certain rather ethnocentric comments made by the author in the original edition reflect European attitudes of those early times and could be very different if the work was done now' (Abil 1996:vii). However, very little is known about the boys on Ambrym, the 41 carriers on Santo, the Tannese prisoners, the women who protected their knowledge, or the men who dictated their pedigrees and discussed the histories of their villages through social relationships. We do know that they and their social forms shaped the kind of data these early researchers could collect. Possibly their descendants are part of the now vigorous and vibrant population of Vanuatu.

Bibliography

Unpublished material from the Western Pacific Archives (WPA), University of Auckland, New Zealand

NEW HEBRIDES BRITISH SERVICE (NHBS)

1924 Sylvester M. Lambert: "Health survey of the New Hebrides", WPA, NHBS 105/1924

1927 "Notes on labour position and a commission on labour for British planters", WPA, Office of the Resident Commissioner, Miscellaneous unregistered correspondence, NHBS 17/1/28

1928a "Native troubles Malekula (Nevilland affair)", WPA, Office of the Resident Commissioner, General correspondence files. MP series, NHBS 131/1928

1928b "Native troubles Paama", WPA, Office of the Resident Commissioner, General correspondence files. MP series, NHBS 144/1928

Published sources

ABIL, Iolu

1996 Letter from October 10, 1989 "Re: English translation of Felix Speiser's ethnographic work on Vanuatu (1923)", in: Felix Speiser, *Ethnology of Vanuatu: an early 20th century study*, vii. Bathurst: Crawford House Publishing

ANDERSON, Warwick

2009a "Ambiguities of race: science on the reproductive frontier of Australia and the Pacific between the wars", *Australian Historical Studies* 40(2):143–160

2009b "From subjugated knowledge to conjugated subjects: science and globalisation, or postcolonial studies of science?", *Postcolonial Studies* 12(4):389–400

BAKER, John Randall

1929a *Man and animals in the New Hebrides*. London: Routledge

1929b "The northern New Hebrides", *The Geographical Journal* 73(4):305–325

1974 *Race*. London: Oxford University Press

BAKER, John Randall, Terrence F. BIRD, Tom H. HARRISSON, Sidney J. BAKER, and Walter Campbell SMITH

1935 "Espiritu Santo, New Hebrides", *The Geographical Journal* 85(3):209–229

BALLARD, Chris

2006 "Strange alliance: pygmies in the colonial imaginary", *Journal of World Archaeology* 38(1):133–151

2008 "The cultivation of difference in Oceania", in: Bronwen Douglas and Chris Ballard (eds.), *Foreign bodies: Oceania and the science of race 1750–1940*, 339–343. Canberra: Australia National University E-Press

BIRD, Terence
1935 "Appendix I: an exploration of the Tawoli river: January 1934", in John Randall Baker, Terence F. Bird, Tom H. Harrison, Sidney J. Baker, and Walter Campbell Smith, *Espiritu Santo, New Hebrides*, 223–225. The Geographical Journal 85(3)

BOUQUET, Mary
1996 "Family trees and their affinities: the visual imperative of the genealogical diagram", *Journal of the Royal Anthropological Institute* (New Series) 2(1):43–66

BOURDY, Geneviève and Annie WALTER
1992 "Maternity and medical plants in Vanuatu: the cycle of reproduction", *Journal of Ethnopharmacology* 37(3):179–196

BRANTLINGER, Patrick
2003 *Dark vanishings: discourse on the extinction of primitive races, 1800–1930*, Ithaca, New York: Cornell University Press

BUXTON, Patrick A.
1926 "The depopulation of the New Hebrides and other parts of Melanesia", *Transactions of the Royal Society of Tropical Medicine and Hygiene* 19(8):420–458
1927 "Researches in Polynesia and Melanesia: an account of investigations in Samoa, Tonga, the Ellice Group, and the New Hebrides, in 1924, 1925", *Memoirs of the London School of Hygiene and Tropical Medicine* 1:1–260

CARR-SAUNDERS, Alexander M.
1923a "The possible effects of germinal change upon the progress and decay of civilization", *The Eugenics Review* 14(4):246–257
1923b "Review of essays on the depopulation of Melanesia", *The Eugenics Review* 14(4): 282–283.

DENOON, Donald
1999 "An untimely divorce: Western medicine and anthropology in Melanesia", *History and Anthropology* 11(2/3):329–350

DOUGLAS, Bronwen
1999 "Science and the art of representing 'savages': reading 'race' in text and image in South Seas voyage literature", *History and Anthropology* 11(2/3):157–201
2008 "Foreign bodies in Oceania", in: Bronwen Douglas and Chris Ballard (eds.), *Foreign bodies: Oceania and the science of race 1750–1940*, 3–30. Canberra: Australia National University E-Press

DUREAU, Christine and Morris LOW
1999 "The politics of knowledge: science, race and evolution in Asia and the Pacific", *History and Anthropology* 11(2/3):131–156

FISCHER, Eugene
1950 "Über die Entstehung der Pygmäen", *Zeitschrift für Morphologie und Anthropologie* 42(1):149–167

GAUSEMEIER, Bernd
2005 "From pedigree to database: genealogy and human heredity in Germany, 1890–1914", in: Staffan Müller-Wille *et al.* (eds.), *A cultural history of heredity III: 19th and early 20th century*, 179–192. Berlin: Max Planck Institute for the History of Science (MPIWG preprint 294.)

GUNN, William
1914 *The Gospel in Futuna*, London: Hodder and Stoughton

HAMLIN, Hannibal
1932 "The problem of depopulation in Melanesia", *Yale Journal of Biology and Medicine* 4(3):301–321

HESS, Sabine C.
2009 *Person and place: ideas, ideals and practice of sociality on Vanua Lava, Vanuatu,* Oxford: Berghahn

HUMPHREYS, Clarence Blake
1926 *The Southern New Hebrides: an ethnological record.* Cambridge: Cambridge University Press

HUNT, Nancy Rose
2007 "Colonial medical anthropology and the making of the Central African infertility belt", in: Helen Tilley with Robert J. Gordon (eds.), *Ordering Africa: anthropology, European imperialism, and the politics of knowledge*, 252–284. Manchester: Manchester University Press

ITTMANN, Karl
2010 "'Where nature dominates man': demographic ideas and policy in British colonial Africa, 1890–1970", in: Karl Ittman, Dennis D. Cordell, and Gregory Maddox (eds.), *The demographics of empire: the colonial order and the creation of knowledge*, 59–88. Athens, Ohio: Ohio University Press

JOLLY, Margaret
1998 "Other mothers: maternal 'insouciance' and the depopulation debate in Fiji and Vanuatu, 1890–1930", in: Kalpana Ram and Margaret Jolly (eds.), *Maternities and modernities: colonial and post colonial experiences in Asia and the Pacific*, 177–212. Cambridge: Cambridge University Press
2007 "Oceanic hauntings: race-culture-place between Vanuatu and Hawai'i", *Journal of Intercultural Studies* 28(1):97–112

JOLLY, Margaret and Serge TCHERKÉZOFF
2009 "Oceanic encounters: a prelude", in: Margaret Jolly, Serge Tcherkézoff, and Darrell Tryon (eds.), *Oceanic encounters: exchange, desire, violence*, 1–25. Canberra: Australian National University E-Press

KAUFMANN, Christian
2000 "Speiser's fletched arrow: a paradigm shift from physical anthropology to art styles", in: Michael O'Hanlon and Robert L. Welsch (eds.), *Hunting the gatherers: ethnographic collectors, agents and agency in Melanesia, 1870s–1930s*, 203–226. New York: Berghahn

KENNY, Michael
2004 "Racial science in social context: John R. Baker on eugenics, race and the public role of the scientist", *Isis* 95(3):394–419

KUKLICK, Henrika
1994 "The colour blue: from research in the Torres Straits to an ecology of human behaviour", in: Roy MacLeod and Philip F. Rehbock (eds.), *Darwin's laboratory: evolutionary theory and natural history in the Pacific*, 339–368. Honolulu: University of Hawaii Press

LANGHAM, Ian
1981 *The building of British social anthropology.* Dordrecht: D. Reidel

LIPPHARDT, Veronika
2012 "Isolate and crosses in human population genetics, or: a contextualisation of German race science" *Current Anthropology 53(1)*

LÖWY, Ilana
2010 "'Sexual chemistry' before the pill: science, industry and chemical contraceptives, 1920–1960", *The British Journal for the History of Science*; published online: 27 September 2010; http://journals.cambridge.org/action/displayFulltext?type=1&pdftype=1&fid=7908629&jid=BJH&volumeId=-1&issueId=-1&aid=7908627 [last accessed 19 November 2011]

MCARTHUR, Norma and John Francis YAXLEY
1968 *Condominium of the New Hebrides: a report on the first census of the population 1967*, Sydney: New South Wales Government Printer

MEYERHOFF, Miriam
2002 "A vanishing act: Tonkinese migrant labour in Vanuatu in the early 20th Century", *The Journal of Pacific History* 37(1):45–56

MILLER, Graham
1986 *A history of church planting in the Republic of Vanuatu.* Book IV. Port Vila: Presbyterian Church of Vanuatu

PITT-RIVERS, George Henry Lane-Fox
1927 "The effect on native races of contact with European civilization", *Man* 27(1):2

POWDERMAKER, Hortense
1931 "Vital statistics of New Ireland (Bismarck Archipelago) as revealed in genealogies", *Human Biology* 3(3):351–375

RIO, Knut

2002 "The sorcerer as an absented third person: formations of fear and anger in Vanuatu", *Social Analysis* 46(2):129–154

RIVERS, William H.R.

1900 "A genealogical method of collecting social and vital statistics", *Journal of the Anthropological Institute of Great Britain and Ireland* 30:74–82

1910 "The genealogical method of anthropological inquiry", *The Sociological Review* 3:1–13

1914 *The history of Melanesian society*. Cambridge: Cambridge University Press

1922a "The psychological factor", in: William H.R. Rivers (ed.), *Essays on the depopulation of Melanesia*, 84–113. Cambridge: Cambridge University Press

1922b "The unity of anthropology", Presidential Address to the Royal Anthropological Institute, *Journal of the Royal Anthropological Institute* 52:12-25

ROBERTS, Stephen H.

1927 *Population problems of the Pacific*, London: Routledge

RODMAN, Margaret

1987 *Masters of tradition: consequences of customary land tenure in Longana, Vanuatu*. Vancouver: University of British Colombia Press

2001 *Houses far from home: British colonial space in the New Hebrides*. Honolulu: University of Hawaii Press

SCHAFFER, Gavin

2008 *Racial science and British society, 1930–62*. New York: Palgrave MacMillan

SCHNEIDER, William H.

1990 *Quality and quantity: the quest for biological regeneration in twentieth century France*. Cambridge: Cambridge University Press

SLOBODIN, Richard

1978 *W.H.R. Rivers*. New York: Colombia University Press

SOLOWAY, Richard A.

1990 *Demography and degeneration: eugenics and the declining birthrate in twentieth century Britain*. Chapel Hill: University of North Carolina Press

SPEISER, Felix

1913 *Two years with the natives in the Western Pacific*. London: Mills & Boon

1920 "Messungen am Lebenden in den Neuen Hebriden", *Verhandlungen der Schweizerischen Naturforschenden Gesellschaft* 101:259

1922 "Decadence and preservation in the New Hebrides", in: William H.R. Rivers (ed.), *Essays on the depopulation of Melanesia*, 25–61. Cambridge: Cambridge University Press

1927/28 "Anthropologische Messungen aus Espiritu Santo", *Verhandlungen der Naturforschenden Gesellschaft in Basel* 39:79–166

1946 "Die Pygmäenfrage", *Experientia* II(8):297–302

1996[2] *Ethnology of Vanuatu: an early 20th century study.* Bathurst: Crawford House Publishing ([1]1923)

STOLER, Ann Laura
1997 "Racial histories and their regimes of truth", *Political Power and Social Theory* 11: 183–206

THOMAS, Nicholas
1990 "Sanitation and seeing: the creation of state power in early Colonial Fiji", *Comparative Studies in Society and History* 32:149–170

ULIJASZEK, Stanley J. (ed.)
2006 *Population, reproduction and fertility in Melanesia*, Oxford: Berghahn

WIDMER, Alexandra
2008 "The effects of elusive knowledge: census, health laws and inconsistently modern subjects in early colonial Vanuatu", *Journal of Legal Anthropology* 1(1):92–116
2010 "Native medical practitioners, temporality and nascent biomedical citizenship in the New Hebrides", *Political and Legal Anthropology Review* 30(s1):57–80

WOODWARD, Keith
2002 "Historical note", in: Brian J. Bresnihan and Keith Woodward (eds.), *Tufala gavman: reminiscences from the Anglo-French Condominium of the New Hebrides*, 16–72. Suva, Fiji: Institute of Island Studies, University of the South Pacific

Paideuma 58:95–114 (2012)

'INTEGRATION' INTO THE CREDIT SYSTEM
A note on the meaning of fieldwork experience and money-lending in coastal Kerala (South India)

Miriam Benteler

ABSTRACT. Credits are an integral part of everyday life in the South Indian state of Kerala. Beside credits from banks, agencies and social welfare organisations, a large number of credits are given among relatives, friends and acquaintances. The giving and taking of these credits, which are referred to as *katam* (debt), constitutes a kind of gift exchange. Though the need for an object – money – is the driving force behind the exchange, the giving and taking of *katam* depends on and is unthinkable without personal relations: it is the focus on existing relations and the desire and need to keep and strengthen them that makes the private lending of money a gift exchange. The difficulties experienced throughout the partial integration into the credit system during fieldwork in coastal Kerala profoundly contributed to the understanding of the credit system and its underlying value-ideas. Starting the discussion on money-lending by describing these personal experiences may help to make these value-ideas, which are so different from our own, more easily communicable and comprehensible.

1. Introduction

Should anthropologists write about themselves? What can be gained by such 'navel-gazing'? Do we have to fear 'selective autobiography' replacing 'honest scholarship' or appearing in its 'guise' (Kuper 1993:57)?

In two articles dealing mainly with their own fieldwork experiences among tribal communities in Orissa (Middle India), Roland Hardenberg (2005:73) and Peter Berger (2004:17) take a critical stand to the post-modern inclination towards reflexivity and subjectivism, and disapprove of approaches centring on the anthropologist her- or himself rather than on the society under study (cf. Kuper 1993). Both, however, emphasise the importance of acknowledging the conditions and course of fieldwork to make the ethnographic results more easily communicable and comprehensible (cf. also Berrenberg 2009:213), an aspect already highlighted by the 'progenitor' of anthropological fieldwork, Bronislaw Malinowski (1953:2–3). In addition, Hardenberg and Berger stress the significance of personal ethnographic experience in grasping the value-ideas of another society. Hardenberg, for example, states that it is especially important to describe the difficulties and conflicts the ethnographer experiences in the field because these 'show us those values and ideas which we cannot inquire about, but only experience' (2005:71; all translations M.B.). Similarly Berger points out that what he calls 'key emotional episodes' – prominent situations in the field that have a particularly strong emotional effect on those involved, especially on the anthropologist – 'may highlight the crucial themes, norms or values of the particular culture' (2009:172), which are not necessarily new to the ethnographer, but catch her or his attention in a stronger form.[1]

In these two articles, 'selective autobiography' does not replace 'honest scholarship' or appears in its 'guise', but rather complements and supports it. Taking into account one's own experiences can be a valuable way of drawing closer to the understanding of another system of ideas, while writing about them can be a valuable way of communicating these ideas to others.

The present article describes my personal experiences and especially the difficulties I faced in the course of my (partial) integration into the credit system during fieldwork in a coastal village in central Kerala (South India). These experiences and difficulties allowed insights into an integral part of everyday life in coastal Kerala, the importance and underlying ideas of which would otherwise have remained hidden: only my 'integration' made it possible for me to understand that the giving of credit among relatives, friends and acquaintances constitutes a kind of gift exchange which depends on personal relations between them. The following description of my personal fieldwork experiences therefore does not constitute an end in itself, but is supposed to make the credit system and the underlying value-ideas more comprehensible in providing a direct comparison with the anthropologist's own system of ideas and values.[2]

2. *Getting 'in touch with the natives', or the difficulties of integration*

In accounts of fieldwork experiences, a reccurring question is how to do fieldwork, or more exactly, how to do 'proper fieldwork'. This question is always posed against the background of the Malinowskian ideal, which, despite the contradictions recorded in his own diary (1989), apparently remains dominant. In "Argonauts of the Western Pacific", he sees the 'preliminary condition of being able to carry on successful fieldwork' as getting 'in touch with the natives' (1953:8), a formulation that repeatedly appears in the depiction of his method. Newer accounts often describe the Malinowskian ideal of getting 'in touch' by using the term 'integration'. Thus Busby, to return to the Indian

---

1 Cf. Berger (2004:27) and Galina Linquist's concept of 'experiencing participation' (1995) or Gerd Spittler's concept of 'thick participation' (2001). Such experiences are certainly not always chosen voluntarily, but ultimately might be especially effective. Cf., e.g., Berit Fuhrmann on the experience of falling seriously ill during fieldwork (2009:180).

2 In addition, though fieldwork situations certainly differ considerably, one from another, revealing one's own experiences can surely turn out to be helpful for others. Cf. Kuper (1993:60), Hardenberg (2009:339). Cecilia Busby, for example, regrets in her fieldwork report having read neither Malinowski's diary (1989) nor Michael Moffatt's preface to his monograph (1979) before starting her own fieldwork in Kerala (2000:xiv–xv). Cf. Deliège (1992:157).

context, summarises Moffatt's (and, initially, her own) understanding of 'proper field-work', oriented towards Malinowski's method, as follows:

> [...] integrating as much as possible, relying on your own basic linguistic skills and hoping to learn the language thoroughly through daily interaction, making relationships with people and trying, on some level, to become an unobtrusive part of their lives (Busby 2000:xv).

Likewise, Berger mentions the improvement of one's language skills and integration into village life as one of the main aims of fieldwork (2004:20), while Hardenberg too states that his focus was on efforts to integrate (2005:77). The importance of 'integration' is an issue in all these reports and surely in all fieldwork contexts.

However, even more pronounced than the need for integration is the long and gradual process of integration, which Berger compares to the phases in rites of passage (2004:20), and the difficulties encountered in the process. Finally, there are the limits on integration (cf., e.g., Moffatt 1973:xxxviii), which, though so sought after, is apparently never fully achieved, nor even achievable (cf. Busby 2000:xviii), though Malinowski's description of his method in the monograph mentioned above seems to suggest otherwise. Here, feelings such as hopelessness, despair and despondency (Malinowski 1953:4), partly due to the lack of contact with the people and the connected fear of not being able to conduct successful research, are (in his official statements) confined to the initial phase of his fieldwork: the author describes himself as fully integrated as soon as he moves into the village (1953:7–8), as someone who ceases to be 'a disturbing element in the tribal life' (1953:8).

Numerous reports about the process of 'integration' describe the first happiness at one's 'achievement' and the subsequent realisation of how much the integration, however desirable (socially and for oneself) and indispensable for the conduct of 'proper fieldwork', demands of someone socialised in another culture and society. It seems, at points, next to impossible really to integrate, and it is definitely a personal challenge which is often answered by escaping (Busby 2000:xv, Moffatt 1979:xxiv, xxix). The limits of integration are thus, to a large extent, set by the ethnographer her- or himself,[3] and it is especially these limitations which allow an important insight into the other society and, through contrast and comparison, into the anthropologist's own.[4]

3 Berger points out that, 'not only does the ethnographer want to be socialized, but so do the people with whom he lives often desire his socialisation and integration' (2009:161).

4 Cf. Hardenberg (2005:71). This is by no means to say that the societies into which anthropologists try to integrate constitute homogenous, bounded groups. It is, however, argued here that members of a society share certain value-ideas. That these differ from the value-ideas an anthropologist is accustomed to from his or her own society makes integration difficult and, at points, impossible (cf. Dumont 1986:11). Global models certainly influence local ideas. Whether and to what extent they affect a society's basic value-ideas needs to be examined from case to case. Cf. Dumont (1980:217), Robbins (2009:66).

I myself clearly remember my happiness at my host father asking me for the first time to bring him a glass of water – something he would also have asked his wife, daughter, nieces and sisters – and my increasing annoyance whenever he ordered me around afterwards. It turned out that gender hierarchies seemed much easier to bear in theory than in practice, and it was I who limited integration from time to time by resisting acting like an ordinary female member of the family exactly during those moments in which I was actually treated as one (and not as a guest). As Jeanne Berrenberg remarks: 'Different perspectives, value-ideas and classifications of reality are the very stuff of anthropology, but they can prove very disturbing for the self once they are actually experienced – and not talked or read about or reflected on' (2009:232).

Next to the gender issue, my integration into the credit system was, to put it positively, especially challenging. Simultaneously, however, it was also revealing and illuminating, as it granted me insight into a subject matter which, had I not experienced it directly, would not have come to the fore with such explicitness, especially because it was a topic many people, when asked directly, were rather reluctant to talk about freely and in detail. The difficulties I and, in a similar fashion, others (cf. Schömbucher 1986:14, Werth 1996:xv) experienced (with our Western selves) when asked for credit clearly show different perceptions of exchange and relations between persons and between persons and things (cf. Strathern 1992), thus significantly contributing to my understanding of the credit system.

3. The circumstances of fieldwork

My fieldwork was carried out in the context of my PhD research in a coastal village in the South Indian state of Kerala. It lasted a total of sixteen months, from 2007 to 2009, and was divided into three phases.[5] Due to various previous stays in the area, the longest of which lasted for six months in 1998/99, I was already accustomed to the region and had several contacts before starting my fieldwork.

I spent the first month of fieldwork in an Indian Catholic convent in Kerala (Alleppey District), where I had stayed during previous visits, attended lessons to improve my skills in Malayalam, the language of Kerala, established initial contacts with my future host family and strengthened ties with the nearby coastal village where I was going to carry out my fieldwork. At the end of the month I moved to the large village of Chellanam, where I stayed for the rest of the year, and the two following periods of two

5 From May 2007 to April 2008 and from January to March and August to September 2009. My PhD research at the Freie Universität Berlin was funded by grants from NaFöG (FU Berlin) and DAAD.

months respectively in the house of a Catholic family who run a boat-building yard on their compound as a family business.[6]

The village, situated in the Ernakulam District of Kerala, has about 36 000 inhabitants.[7] As is common for Kerala, the borders of the village are hard to make out: in the south, Chellanam merges into another coastal village, in the north into an urban settlement; it is restricted by backwaters in the east and by the sea in the west. Chellanam is a multi-religious and multi-caste village: apart from the Latin Catholics, who make up about seventy to eighty per cent of the population in the village and certainly constitute the dominant community in the area in many respects (cf. Srinivas 1967), Pentecostals and four different Hindu castes (Gaudha Saarasvatha Brahmans, Kudumbi, Izhava and Pulaya) also inhabit the area. The Latin Catholics stem from conversion by Portuguese missionaries in the sixteenth century, who arrived with traders from Europe and converted mostly the lower castes in the coastal region of Kerala and other parts of South India. Due to their former liturgical language, and unlike the long-established Syrian Christians, these Roman Catholics are referred to as Latinkaar (Latins) in Malayalam.

Since the community of the Latin Catholics constituted the focus of my study, the credit system and gift exchange, though reaching beyond community and caste boundaries, is mainly described in the context of this community in the following paragraphs.

4. *Integration into the credit system*

Shortly after my arrival in Chellanam, a friend whom I knew from previous stays told me that she was in urgent need of a large amount of money to pay some of the fees for the education of one of her sons. She had been asking a money-lender but considered the interest he had demanded much too high. When her other son, in my presence, suggested asking me for the money and I indicated my willingness, she strictly refused. I was instead invited to ask her family for money whenever I needed some. One month later, there was again an urgent need for money in the same family, required in connection with the family's business, and this time I was directly asked for a considerable sum of money, about 10 000 Indian Rupees (Rs.).[8] The sum by far exceeds the monthly income of ordinary people in the village – not even close friends in Germany had ever asked me for a comparable amount. I was very happy to have been asked, feeling that it was a further step in my 'integration', especially since my previous offer to lend money had been refused. Furthermore, I was happy to be able to help out a family who had

---

6 Since my research focused on the Catholic community, I chose a Catholic family and a village with a Catholic majority. Contact with my host family was established by the sisters of the convent.

7 Though neither the size nor the composition conforms to conventional ideas of a village as a relatively small, bounded area with a 'face-to-face' community, the term is used since the place is, and is generally considered, rural (cf. Osella and Osella 2000:20).

8 Today, this would amount to about 170.00 euros.

supported myself and my research in many ways. This happiness, however, ceased the same day when the money I had said I would like to keep to pay my assistant's salary for the following week was also asked for – or rather, demanded – with the promise that I would to get it back soon enough to be able to pay the salary.

I kept lending money to this friend and her family throughout the time of my fieldwork, but never felt completely at ease with the situation, though coming round to it little by little.[9] If I refused to lend money, saying (that is, lying) that I did not have it at that moment, I had pangs of conscience (cf. Schömbucher 1986:14), while if I lent it, I felt dependent and insecure, especially since I did not like to ask for the money back when I needed it. I often tried to cope with this dilemma by saving some money for my immediate needs.[10]

It was generally not so much the giving away of money in itself that bothered me: I always felt certain that I would get my money back at some point (though I was rather unsure I would get it in time, e.g., to pay my assistant's salary), and I always did get it back. It was rather the feeling that my money, as well as, for example, my mobile or my bicycle, was no longer at my own disposal (it was not at all common to ask for these things – they were just taken): it was no longer I who was in charge of my own things and who was able to use them whenever I wanted or needed to. Instead, if I had given away all my money and then found I needed some, I would have had to ask for it. My things, including my money, were thus no longer only my things, but in more or less common use. I thus felt that it was, on a more general level, my independence and autonomy that were at stake, and this was, in fact, what troubled me most.

Though in the future I was invited more than once to ask these friends for money when I needed it, I never did so. The credit exchange, though in terms of money always balanced through repayment, remained one-sided: since I tried to keep as much autonomy as possible by not asking for credit, I did not make as much use of relations and mutual interdependences as the people did. In contrast to them, I did not rely on the credit system that connected people and made them dependent on each other in complicated networks within and beyond the village; or, more accurately, as I did not want to give up my putative independence, in the end, I excluded myself from full integration into the credit system.

9 There were, as probably in most fieldwork contexts, people who asked me, sometimes jokingly, sometimes seriously, for money and financial support. However, only a few people with whom I stood in a very close relationship asked me to lend money to them, which underlines the importance of relations as the basis for providing credit (see below). Cf. Osella and Osella (2000:33).

10 In the description of her fieldwork experiences and the process of integration, Elisabeth Schömbucher mentions a similar situation: having been asked by two friends for 1000 Rs. (today about 17.00 euros), she refused to give it, stating that she did not have sufficient money herself at that moment, and felt petty and mean when she was in turn offered the same amount by these women a moment later (1986:14).

5. Credits in Chellanam

In the morning before going to school, children are often sent to someone's house to pick up the monthly interest for a previous credit. Neighbours and friends regularly come around either to ask for a credit or to demand one back. People belonging to private agencies or social welfare organisations go from house to house for daily or weekly collections of interest: dealing with credit is an essential part of everyday life, and nearly everybody lends and borrows, people frequently being debtor and creditor at the same time.[11]

The importance of giving and taking credit has especially been emphasised in fishing economies, in India and beyond, since fishermen's incomes are not regular, fixed and secure, but fluctuate greatly and are often insufficient, depending on factors such as the season, the weather or the availability of fish.[12] However, giving credit is not restricted to fishing communities, but is also of great importance in agricultural villages (Osella and Osella 2000:200–203), as well as among non-fishermen in coastal villages in India. The income of non-fishermen – for example, of artisans – fluctuates as well, and there are numerous events and occasions which require much more money than a single person or family can provide alone.

Reasons for lending money

Marriage and accompanying dowries are definitely one of the first and major occasions for which credit is needed (cf. Gregory 2004:219). Articles on dowry in India thus underline the large debts that the families of girls have to take out in order to be able to provide a dowry for their daughters and meet the costs of the wedding feast (cf., e.g., Lakshmi 1989). This also conveys the impression that dowries and marriage costs are, in fact, the only cause of debt. This is certainly not the case: apart from marriages, there are many more events and occasions which make the borrowing of money unavoidable. Small credits are needed to meet everyday needs, whereas larger ones are required to pay the costs of other life-cycle rituals, as well as for needs relating to employment, business, education, housing and medical treatment.[13] Having debts is thus absolutely common, a usual part of everyday life (cf. Ram 1991:147), and is generally not considered something negative (that is, provided it is not too pressing). People tend to 'see loans as a benefit, rather than a burden' (Busby 2000:122).

---

11 Cf. Busby (2000:123, 125), Platteau, Murickan and Delbar (1980:1778).

12 Cf. Platteau, Murickan and Delbar (1980:1766), Abraham (1985:247), Ram (1991:148), Busby (2000:119).

13 Cf. Platteau, Murickan and Delbar (1980:1766).

Types of credit

Credits are available on the one hand from banks, agencies, social welfare organisations and private lenders. On the other hand, credit is exchanged between ordinary people, that is, relatives, neighbours, acquaintances and friends.[14] While the credit from private and public institutions, especially from banks, is mostly referred to using the English word 'loan',[15] people in the village refer to the non-institutionalised and non-contractual lending from private persons using the Malayalam word 'katam' (debt) (cf. Ram 1991:154). 'Katam', as one woman explained to me in Malayalam, 'is taken from friends and relatives, from people who trust in you, who trust that they will get their money back' – a statement supported by the fact that 'debts' are given without any security (or any written agreement).[16] It is the *katam* arranged between people who know each other and who stand in a certain relationship to each other that is the focus below.

Lending money among friends and relatives strongly emphasises mutuality and interdependence. Those standing in a certain relationship to each other should not deny each other a credit, but instead do everything to help each other in finding one if they are not able to lend the money themselves. It is thus not unusual for relatives to borrow from someone not for their own but for another relative's needs, or that intermediaries arrange a credit between people who do not know each other personally. By providing a substitute giver, the on-going relationship of exchange is maintained and confirmed. In contrast, relations with people who are known to have money or gold ornaments at their disposal but refuse to give a credit (especially when credit has been given to them before) often cool down for some time.

Money and gold

Cash is certainly the main object which is given as a credit, but gold ornaments such as bangles or necklaces are another option. They are not only borrowed by women who need to wear them on a special occasion (and have no ornaments of their own), but also by people who are in need of money. The gold can easily be turned into money by giving it to certain shops that offer 'gold loans'. These shops keep the ornaments and give in exchange an amount of money, up to the amount of the ornament's value (but not necessarily the full amount). In order to get the ornament back, the sum of money received plus the agreed interest has to be paid.

---

14 Though so-called chitty funds exist in Chellanam, too, none of my interview partners was directly involved in one. There are different types of chitty funds, but the general idea is that members of a chitty regularly contribute with a small amount of money to the fund and then, in turn, receive the whole sum as a kind of loan (cf. Busby 2000:184–185).

15 The percentage of institutional loans and loans from money-lenders is relatively small in comparison to credits given among relatives, neighbours and friends (Platteau, Murickan and Delbar 1980:1767).

16 Cf. Platteau, Murickan and Delbar (1980:1767–1768).

Interest and interest rates

Busby stresses that 'money knows no kin' (2000:125), and interest is even demanded between father and son. In Chellanam, very close relatives normally do not ask for interest. Among friends, close acquaintances and neighbours, interest is normally also not demanded for a small credit, for example, of 2000 Rs. For a larger credit, there is no standard formula with regard to interest: whether there is interest and how much depends not only on the amount given, but also on the relationship between giver and receiver. The common interest rate of 4 Rs. per 100 Rs. credit, to be paid monthly (e.g., 400 Rs. interest per month for a 10000 Rs. credit), is thus subject to variation, and a reduced rate is usually asked for between friends. Instead of 2000 Rs. monthly, friends might, for instance, make a deal that 1700 Rs. are sufficient. The lending of gold ornaments between relatives and friends usually does not entail any interest.[17]

Repayment

As it is normally the givers (or their children) who come to the house of the borrower to collect the monthly interest, it is usually the creditor who has to ask for the repayment of a credit – usually, no time for repayment is fixed beforehand. When the lender is in need of money, she or he tells the borrower that the credit has to be repaid by a certain day in the fairly near future (e.g., within a week), and it is then normally the repayment of the whole credit that is demanded.[18] The demand for repayment thus often leads to great tension in the family that has to repay. Regularly, a new credit has to be arranged to be able to repay the old one, and the difficulties in finding a new credit often lead to the creditor being put off from day to day. However, though repayment causes severe problems and is not always made exactly on time, there is a general understanding that it is important to pay a credit back and to pay it back punctually: the receiver has to prove that she or he can be trusted and is reliable, otherwise the giver will think twice about whether to give a credit to that person again, even among relatives. Credit relations are indeed sometimes severed or temporarily interrupted when credits are either not repaid or repayment is delayed. Even a small credit might no longer be exchanged between relatives or neighbours where repayment has not taken place or has been delayed several times. Certainly loans (those given and those asked for but not granted) often lead to quarrels between relatives, neighbours and friends (cf. Schömbucher 1986:14). However, when the lender gets the money back very quickly and without having to ask for it (which normally only happens in the case of small, interest-free credits between

17 Loans, regardless of the amount, are with interest when taken from anyone who lends small and large sums for profit.

18 Cf. Platteau, Murickan and Delbar (1980:1768).

friends, neighbours and relatives), the lenders often stress that a later repayment would have been entirely sufficient.

Involvement of men and women

Busby (2000:119) and Kalpana Ram (1991:160) emphasise that the lending and borrowing of money is predominantly a female activity among the Latin Catholic Mukkuvar in Kerala and Tamil Nadu, since it is the women of these fishing communities who are in charge of household finances and who possess the social relations on which the credit system rests.

The situation is somewhat different among the Latin Catholics of central Kerala. Here, it is the men who are responsible for the financial affairs of the household and family; women are often left without money or with only a small sum for the day (to cover a bus fare, for example) while their husbands are at work. In contrast to the Catholic Mukkuvar women described by Busby,[19] therefore, women in Chellanam do not usually have money at their disposal to give independently as credit. Nevertheless, Catholic women here play an essential part in arranging credit by asking other women for credit or asking them to act as intermediaries and inquire about credit possibilities among their acquaintances. This does not mean that men are excluded from the system or that they play a minor role in it, as the reports by Busby and Ram suggest: while women negotiate with women over credit, men negotiate with men.

The exchange of gold ornaments does often take place between women, and sometimes without the knowledge of their husbands. In one case this led to a situation in which the husband received thanks for a credit (in the form of bangles) he did not know about at all. This does not mean that a woman's jewellery is her private property, as Ram stresses (1991:149), as the ornaments given as dowry are an affinal gift to the husband's family (cf. Benteler 2007:81–84). However, since they are usually in the women's custody, women can and do use them as objects in credit exchange, either with or, at times, without the knowledge and agreement of their husbands.

Entangled exchanges

That there is always less money than needed (Busby 2000:126) also holds true for the Latin Catholics and other inhabitants of Chellanam. The attempt to make as much use as possible of the available money for as many people as possible – that is, to use it to its fullest – is thus a central aim, the fulfilment of which often leads to complicated and entangled credit exchanges. These may involve many people and last for years, so that it is, in most cases, difficult or impossible to follow the history of a credit from beginning

---

19 Busby (2000:70–71). Cf. also Ram for Tamil Nadu (1991:146).

to end. Despite often complicated networks, credit and interest rates are usually not written down but remembered by heart by both debtors and creditors.

One case, though simple, illustrates the entanglement and especially the shortness of time in which a credit can be put to use by different people. A woman (A) urgently asked for a loan from a social organisation, since she needed to get her gold necklace back the next day from a shop to which she had given it for a gold loan. The loan was, however, decided in favour of someone else (B) instead. Yet another woman (C), present at the meeting at which the decision was made, offered to get the ornament back from the shop for A if she (C) could herself use the ornament (that is, the money available with it) until the next day and then, afterwards, give the ornament back to A. By this arrangement, C had a chance to use the money too, though for less than half a day.

To keep money for oneself instead of lending it as a credit is considered an incomprehensible waste – including in those cases in which the lending is not at interest – because that money is needed at that very moment by someone else. Money has to remain in circulation and be put to use, and existing relations must be confirmed or strengthened by the exchange of credits. Until the time the money is needed, it could and should be used in many different ways and for the benefit of others and the relationships involved.

Against this background, it becomes clear that my wish to keep the money I had to give to my assistant a full week later was not at all reasonable. It was not understandable (and acceptable) that money not needed at that very moment should not be given to someone who at that very moment needed it, just as it was, for example, not understandable to the Vagri in Tamil Nadu that Lukas Werth needed more than one towel and *lunghi* (a wrap worn by men in South India), since he could only use and wear one at a time (Werth 1996:xiii).

6. *Internal gift exchange among the Latin Catholics*

The lending of money between friends, acquaintances and relatives resembles in some ways what Louis Dumont calls 'internal gift exchange' (1983:80–86). A marriage is the first and foremost occasion at which an internal gift exchange takes place: apart from gifts given between the families that are going to be connected by marriage (external or affinal gift exchange), gifts are given within each of these families, as well as by their respective relatives, neighbours and friends. Gifts given by affines stemming from former marriages also fall into the category of internal gifts, given within the wider family (including 'old' affines), in contrast to (external or affinal) gifts given between the new affines (cf. Vatuk 1975:194). Thus, especially at marriage, but also on other occasions such as baptism or the banquet given by a church festival's main sponsor, relatives, neighbours and acquaintances give gifts of cash to the celebrating family. The exchange takes the form of a collection, to which (in the case of marriages or church festival banquets) up to 600 people may contribute. The amount of cash, handed over in an envelope bearing the name of the giver, depends on the relationship in which giver and receiver stand to each other. The standard amount of about 150 Rs. given among fishermen and craftsmen is thus increased when the relationship is considered to be closer. During or following the ceremony, the amount of money and the name of the giver are noted down in a notebook, which serves as a point of reference for the recipient. When the same function or a similar one is celebrated in the house of the giver, the former recipient returns a slightly higher amount of money (usually around 50 Rs. more) to the former giver. Thus, those who are in need of money due to the many expenses to be met for the function receive money from those who have been invited for the function, that is, from those to whom money was given in the past and to whom money will be given in the future in a similar situation. 'A marriage', one woman explained to me in English after we had attended a marriage function together, 'is the time when one gets one's money back'.

7. Gift and credit exchange: parallels

There are thus obvious parallels between gift exchange and the lending of money among friends, acquaintances and relatives. In the language of credit, givers in the internal gift exchange lend money to someone who is in urgent need of it, receiving a repayment of the debt when they are in need in their turn. Given these parallels, one might suggest seeing the internal gift exchange as a kind of credit system and understanding both from an economic perspective. The motive of giving could in both cases be said to lie in self-interest, as Anita Abraham suggests of the giving of interest-free credits in a fishing village in Kerala: people lend money to each other because 'it works out to be in the interest of different groups in the village' (1985:251). That the object which is transferred is money definitely favours this economic perspective.[20]

Marcel Mauss, in contrast, remarks 'how this economy of gift-exchange fails to conform to the principles of so-called natural economy or utilitarism' (1954:69), and thus highlights the difference between commodity and gift exchange. Furthermore, he stresses the different meanings of (self)-interest in these two types of exchange: in gift exchange, one 'has an interest but it is only analogous to the one which we say is our

20 Bloch and Parry (1989:8–9), Wagner (1977:505). Likewise, barter – the exchange of objects for objects – has commonly been understood as a type of market exchange. The volume "Barter, exchange, and value: an anthropological approach", edited by Humphrey and Hugh-Jones (1992), critically reviews this economic understanding of barter and argues for the practice of barter to be considered in its own right. In one of the volume's articles, Marilyn Strathern shows that the economic concept of barter has also influenced the understanding of gift exchange. Instead of analysing gift exchange from the perspective of barter, she proposes to view barter from the perspective of gift exchange (Strathern 1992).

guiding principle' (Mauss 1954:73). Proceeding from these assumptions, in his study of the North American potlatch Mauss proposes an understanding of credit in the context of, or as, gift exchange. Arguing against the idea that credit characterises a higher stage of civilisation and is therefore not to be found among 'primitive' societies, Mauss points out:

> In fact the origin of credit is different. It is to be found in a range of customs neglected by lawyers and economists as uninteresting: namely the gift, which is a complex phenomenon especially in its ancient form of total prestation, which we are studying here. Now a gift necessarily implies the notion of credit. Economic evolution has not gone from barter to sale and from cash to credit. Barter arose from the system of gifts given and received on credit, simplified by drawing together the moments of time which had previously been distinct. Likewise purchase and sale – both direct sale and credit sale – and the loan, derive from the same source. There is nothing to suggest that any economic system which has passed through the phase we are describing was ignorant of the idea of credit, of which all archaic societies around us are aware (1954:34–35).

In the same vein, Schömbucher suggests that in India the lending of money is another kind of gift exchange (1986:14), while Werth stresses that in Pakistan 'contexts of gift exchange account for large sectors of material transactions' (2002:157). But what exactly is it that makes the lending and borrowing of money among relatives, friends and neighbours, with or without interest, a gift exchange and thus distinguishes it from economic transactions, such as the taking of a loan from a bank or from money-lenders lending for and because of profit?

Anjum Alvi, after critically examining anthropological theories of exchange (1999:283–306), follows Mauss in distinguishing between gift and commodity exchange. In contrast to Chris Gregory, who argues that 'commodity exchange establishes objective quantitative relationships between the objects transacted, while gift exchange establishes personal qualitative relationships between the subjects transacting',[21] Alvi defines commodity and gift exchange with regard to their respective aims:

> A commodity-exchange is an exchange whose goal is the object, the commodity itself, which one achieves by giving another object in its place, irrespective of whether a relation between the transactors may result as a by-product or not. The subjects join in the relation of exchange for the sake of the object [...].[22]

---

21 Gregory (1982:41). This radical distinction between commodity and gift exchange has been questioned by several authors. Marshall Sahlins, for example, interprets commodity and gift exchange as the two ends of a continuum (1965:146). Maurice Bloch and Jonathan Parry point to the diverse moral evaluations of different kinds of exchange in different contexts, as well as the transformability of one into the other, and thus argue against a clear-cut distinction of gift and commodity exchange (1989:8–12). Arjun Appadurai (1986:13) and Pierre Bourdieu (1998:163–169) claim that gift and commodity exchange are basically the same, highlighting that both are based on the principle of *do ut des* and entail a calculative dimension.

22 Alvi (1999:285). This also includes immaterial objects such as services (cf. Alvi 1999:285).

In contrast,

> gift exchange is an exchange whose goal is the relation of mutual interdependence between the transactors, and which one achieves on the acceptance of the object, irrespective of whether the transactors may gain an object or not, be it material or immaterial, positive or negative, as a by-product of this transaction (Alvi 1999:285).

Considering credit given among friends, acquaintances, relatives and neighbours alongside the internal gift exchange at marriage and other functions, it seems at first sight that in both cases it is the object which is the primary focus of the exchange – that is, the money urgently needed for one or the other purpose – and that it is the money, that is, the object, which is the reason for the exchange coming into being. However, both the gift giving at marriages etc. and the giving of credit among people who are related to each other is based on existing relations and cannot come into being without them; that is, it is only possible in the context of relations and interdependent connections between people.[23] An economic exchange, an exchange focusing on the object only and the profit gained by it, does not, in contrast, rest on relationships that exist prior to the exchange and does not necessitate them. As Alvi points out:

> [...] gift and market exchange are qualitatively different, if alone because the former exists in [a] holistic context, and the latter in an individualistic one. In the market economy each person may interact and entertain economic relations with every other person, and need not be otherwise connected to them. In gift exchange on the other hand, persons are not independent from each other, and their interactions remain embedded within their dependencies.[24]

Alvi's initial formulation thus appears to need a further specification to be applicable to the giving of credit, a specification which is, however, already implied in her later remark itself. Even if, as in the context of the lending or borrowing of money, the object of exchange cannot be considered secondary – it is the money that is needed, and it is

23 Hierarchy is a determining principle of gift exchange in India. Thus, for example, gift exchange between wife-takers and wife-givers (Benteler 2010:267) or different castes (Osella and Osella 1996, Uchiyamada 2000 on inter-caste exchange in Kerala) is based on hierarchy. In the internal gift exchange and money-lending described here, hierarchy is not prominently displayed, though hierarchical distinctions may influence credit relations. Interdependence as an essential characteristic of hierarchy is an important feature of the exchange of credits, too.

24 Alvi (1999:222). The distinction between holistic and individualistic societies which Alvi evokes in this statement is taken from the work of Dumont, who distinguishes these two types of societies with regard to their value-ideas. Holistic societies value the social whole/society. The individual is not totally absent, but secondary, not valorised, encompassed by the social whole. In the same vein, individualistic societies value the individual and subordinate society to him or her (Dumont 1986:279). This concept of the 'hierarchical opposition' or 'encompassment of the contrary' can also be applied to commodity and gift exchange: in both individualistic and holistic societies, gift and commodity exchange may exist, but their respective values differ (1986:252).

this need that initiates the exchange in the first place – the exchange is based on and is inseparable from personal relations, which is exactly what makes the lending of money a kind of gift exchange. Thus, while to ask for credit springs from economic need, it rests on existing relations. Credit is given to someone who is in need of it in the first place due to the relationship that binds giver and recipient to each other, though the interest which might be demanded is certainly very welcome to the creditor.

Even though the lending and borrowing of money has an economic component – the exchange is initiated because someone is in need of money – the relationship that is activated and manifested by credits is a necessary precondition of the exchange. Relations cannot be understood as by-products of the exchange, but rather constitute its basis. The object of the exchange – even the apparently anonymous object that is money – in the giving of credits among related people is inseparable from the people who are dealing with it and from the relationships that exist between them. There is 'a pattern of spiritual bonds between things which are to some extent parts of persons' (Mauss 1954:11). Added to this is the fact that the credit system, like gift exchange, is binding and in a sense obligatory (cf. Mauss 1954:31), as becomes especially obvious from the practice of people trying to arrange credit for others if they are themselves not able to provide it. Lending money to someone can be refused, but this has, at least temporarily, consequences for the relationship involved. Exchange, including the exchange of credits, is a moral transaction, establishing and maintaining relationships between people and groups (Evans-Pritchard 1990:12); its 'moral evaluation' is therefore positive (cf. Bloch and Parry 1989:1).

Given that gift exchange and commodity exchange can exist side by side in the same society (Alvi 1999:287), it is not surprising that credit among relatives, neighbours and friends, which constitute a kind of gift exchange, and credit as commodity exchange, that is, loans taken from banks or professional money-lenders, exist side by side as well. However, they belong to different spheres, differ fundamentally from each other and have to be analysed from different perspectives.

8. Conclusion

Alvi stresses that persons are not independent of each other in holistic societies in which gift exchange takes place, and that their gift exchange is embedded in their dependencies (1999:222). Like gift exchange, the credit system is based on and is unthinkable without relationships and dependencies – and it is exactly this aspect which made it especially challenging (and, in the last consequence, impossible) for me to integrate myself fully into the system. The problem was my coming from a society in which the sphere of gift exchange has been superseded by economic exchange directed at individual profit (Mauss 1954:74), in which the relationship between persons and things has primacy over the relationship between persons (Dumont 1977:5), in which autonomy and independence, not relations and dependence, are crucial (Dumont 1980:4–11), and in which certain objects are possessed by certain people and meant for their individual use only, instead of always containing and manifesting a relation (cf. Strathern 1992:181). This made it difficult for me to participate in the credit system and ultimately prevented me from becoming a real and functioning part of it.

My giving remained reluctant (a reluctance I tried to hide as best as I could), and I never became a recipient, since I felt I would lose my valued independence if I came to rely on dependencies and relations. Not to give, but also only to give (and not to take), runs counter to the dependencies and mutuality implied in the exchange, since the obligation to receive is no less strong than the obligation to give, though just as important (Mauss 1954:10–11).

The idea of autonomy and independence, deeply embedded in Western thought and Western individualism, contrasted with the ideas of the credit system, which rests on and is not possible without relations and dependencies: a 'confrontation' or 'clash of values' (Berrenberg 2009:220, 232) therefore took place. However, this 'clash', hard though it was to put up with, opened my eyes to an institution of the utmost importance in coastal Kerala. By partially participating in the system, and especially by experiencing the difficulties this participation caused me, I found that basic characteristics of the system became evident to me.

To come back to the initial question: personal fieldwork experiences, and especially the difficulties experienced during fieldwork, can surely contribute to the understanding of important aspects of another society. For this reason, they should be described and made known.[25] The description of fieldwork experiences should, however, never be considered an end in itself or replace ethnographic studies of other societies, but rather serve as a means of enhancing the understanding of concepts and ideas which differ from those the anthropologist is accustomed to from her or his own society.

References

ABRAHAM, Anita

1985 "Subsistence credit: survival strategies among traditional fishermen", *Economic and Political Weekly* XX(6):247–252

ALVI, Anjum

1999 *Bearers of grief: death, women, gifts, and kinship in Muslim Punjab*. Berlin (PhD thesis, Freie Universität Berlin)

[25] Fieldwork and participant observation as main methods of social anthropology are themselves not as undisputed as one might suspect (cf. Spittler 2001:3–5, 22).

APPADURAI, Arjun
1986 "Introduction: commodities and the politics of value", in: Arjun Appadurai (ed.), *The social life of things: commodities in a cultural perspective*, 3–61. Cambridge: Cambridge University Press

BENTELER, Miriam
2007 "'Nothing but the sale of girls'? Diskussion ethnologischer Literatur zu Mitgift in Nordindien", in: Miriam Benteler and Sabine Hanisch (eds.), *Von Gaben und Beziehungen*. Zur kulturellen Bedeutung von Mitgift und Verwandtschaft in Nordindien, 9–106. Berlin: Weißensee Verlag
2010 *Shared values: hierarchy and affinity among the Latin Catholics of coastal Kerala, South India*. Berlin (PhD thesis, Freie Universität Berlin)

BERGER, Peter
2004 "'Sozialer Tod' und 'Wiedergeburt' des Ethnografen. Erfahrungen aus der Stammesregion Orissa, Indien", *Mitteilungen der Berliner Gesellschaft für Anthropologie, Ethnologie und Urgeschichte* 25:17–30
2009 "Assessing the relevance and effects of 'key emotional episodes' for the fieldwork process", in: Peter Berger, Jeanne Berrenberg, Berit Fuhrmann, Jochen Seebode, and Christian Strümpell (eds.), *Feldforschung*. Ethnologische Zugänge zu sozialen Wirklichkeiten, 149–76. Berlin: Weißensee Verlag

BERRENBERG, Jeanne
2009 "The importance of being unimportant", in: Peter Berger, Jeanne Berrenberg, Berit Fuhrmann, Jochen Seebode, and Christian Strümpell (eds.), *Feldforschung*. Ethnologische Zugänge zu sozialen Wirklichkeiten, 213–242. Berlin: Weißensee Verlag

BOURDIEU, Pierre
1998 *Praktische Vernunft*. Zur Theorie des Handelns. Frankfurt am Main: Suhrkamp

BLOCH, Maurice and Jonathan PARRY (eds.)
1989 *Money and the morality of exchange*. Cambridge: Cambridge University Press

BUSBY, Cecilia
2000 *The performance of gender: an anthropology of everyday life in a South Indian fishing village*. London and New Brunswick: The Athlone Press

DELIÈGE, Robert
1992 "Replication and consensus: untouchability, caste and ideology in India", *Man* 27(1): 155–173

DUMONT, Louis
1977 *From Mandeville to Marx: the genesis and triumph of economic ideology*. Chicago and London: The University of Chicago Press
1980 *Homo hierarchicus: the caste system and its implications*. London and Chicago: The University of Chicago Press ([1]1966)

1983 *Affinity as a value.* Chicago and London: The University of Chicago Press

1986 *Essays on individualism: modern ideology in anthropological perspective.* Chicago: The University of Chicago Press

EVANS-PRITCHARD, Edward Evan

1990 "Vorwort", in: Marcel Mauss, *Die Gabe.* Form und Funktion des Austauschs in archaischen Gesellschaften, 7–12. Frankfurt am Main: Suhrkamp ([1]1966)

FUHRMANN, Berit

2009 "'Ethnography with tears?': Krankheit und Hexerei als leibliche Erkenntniszugänge", in: Peter Berger, Jeanne Berrenberg, Berit Fuhrmann, Jochen Seebode, and Christian Strümpell (eds.), *Feldforschung.* Ethnologische Zugänge zu sozialen Wirklichkeiten, 177–212. Berlin: Weißensee Verlag

GREGORY, Christopher A.

1982 *Gifts and commodities*, London: Academic Press

2004 *Savage money: the anthropology and politics of commodity exchange.* London and New York: Routledge

HARDENBERG, Roland Josef

2005 "Ethnologische Feldforschung im entlegenem Gebiet. Ein Beitrag zur Bedeutung der ethnographischen Erfahrung", *Mitteilungen der Berliner Gesellschaft für Anthropologie, Ethnologie und Urgeschichte* 26:71–82

2009 "Geheim, verboten, unrein. Beschreibung einer Feldforschungssituation in Puri (Indien)", in: Peter Berger, Jeanne Berrenberg, Berit Fuhrmann, Jochen Seebode, and Christian Strümpell (eds.), *Feldforschung.* Ethnologische Zugänge zu sozialen Wirklichkeiten, 339–368. Berlin: Weißensee Verlag

HUMPHREY, Caroline and Stephen HUGH-JONES

1992 "Introduction: barter, exchange and value", in: Caroline Humphrey and Stephen Hugh-Jones (eds.), *Barter, exchange and value: an anthropological approach*, 1–20. New York: Cambridge University Press

KUPER, Adam

1993 "Post-modernism, Cambridge and the great Kalahari debate", *Social Anthropology* 1:57–71

LAKSHMI, C.S.

1989 "On kidneys and dowry", *Economic and Political Weekly* 24(4):189–190

LINDQUIST, Galina

1995 "Travelling by the other's cognitive maps or going native and coming back", *Ethnos* 60(1/2):5–40

MALINOWSKI, Bronislaw

1953 *Argonauts of the Western Pacific: an account of native enterprise and adventure in the archipelagos of Melanesian New Guinea.* London: Routledge & Kegan Paul ([1]1922)

1989 *A diary in the strict sense of the term.* Stanford: Stanford University Press ([1]1967)

MAUSS, Marcel
1954 *The gift: the form and functions of exchange in archaic societies.* London: Cohen & West ([1]1925)

MOFFATT, Michael
1979 *An untouchable community in South India: structure and consensus.* Princeton: Princeton University Press

OSELLA, Caroline and Filippo OSELLA
1996 "Articulation of physical and social bodies in Kerala", *Contributions to Indian Sociology* 30(1):37–68
2000 *Social mobility in Kerala: modernity and identity in conflict.* London and Sterling, Virginia: Pluto Press

PLATTEAU, J.Ph., J. MURICKAN, A. PALATTY, and E. DELBAR
1980 "Rural credit market in a backward area: a Kerala fishing village", *Economic and Political Weekly* 15(41/43):1765–1780

RAM, Kalpana
1991 *Mukkuvar women: gender, hegemony and capitalist transformation in a South Indian fishing community.* London and New Jersey: Zed Books

ROBBINS, Joel
2009 "Conversion, hierarchy, and cultural change: value and syncretism in the globalization of Pentecostal and Charismatic Christianity", in: Knut M. Rio and Olaf H. Smedal (eds.), *Hierarchy: persistence and transformation in social formations*, 65–88. New York, Oxford: Berghahn Books

SAHLINS, Marshall D.
1965 "On the sociology of primitive exchange", in: Michael Banton (ed.), *The relevance of models for social anthropology*, 139–236. London: Travistock Publications

SCHÖMBUCHER, Elisabeth
1986 *Die Vadabalija in Andrah Pradesh und in Orissa.* Aspekte der wirtschaftlichen und sozialen Organisation einer maritimen Gesellschaft. Stuttgart: Steiner Verlag Wiesbaden

SPITTLER, Gerd
2001 "Teilnehmende Beobachtung als Dichte Teilnahme", *Zeitschrift für Ethnologie* 126(1): 1–25

SRINIVAS, Mysore Narasimhachar
1967 "The social system of a Mysore village", in: McKim Marriott (ed.), *Village India: studies in the little community*, 1–35. Chicago and London: The University of Chicago Press ([1]1955)

STRATHERN, Marilyn

1992 "Qualified value: the perspective of gift exchange", in: Caroline Humphrey and Stephen Hugh-Jones (eds.), *Barter, exchange and value: an anthropological approach*, 169–191. New York: Cambridge University Press

UCHIYAMADA, Yasushi

2000 "Passions in the landscape: ancestor spirits and reforms in Kerala, India", *South Asia Research* 20(1):63–84

VATUK, Sylvia

1975 "Gifts and affines in North India", *Contributions to Indian Sociology* 9:155–196

WAGNER, Roy

1977 "Culture as creativity", in: Janet L. Dolgin, David S. Kemnitzer, and David M. Schneider (eds.), *Symbolic anthropology: a reader in the study of symbols and meanings,* 493–507. New York: Columbia University Press

WERTH, Lukas

1996 *Von Göttinnen und ihren Menschen.* Die Vagri, Vaganten Südindiens. Berlin: Das arabische Buch

2002 "A critique of the concept of modernity", in: Johan Meuleman (ed.), *Islam in the era of globalisation: Muslim attitudes towards modernity and identity*, 143–170. London and New York: Routledge Curzon

Paideuma 58:115–134 (2012)

„WITHOUT KUON IT IS NO FOOD"
Zur Aktualität des Core-Fringe-Leguminosen-Modells anhand von Veränderung und Stabilität in der Küche der Luo (Kenia)

Sebastian Schellhaas und Mario Schmidt

ABSTRACT. This paper seeks to contribute to a more thorough understanding of the interconnectedness of changes within alimentary systems as structured and structuring parts of specific lived worlds through a discussion and expansion of a well-established model in anthropological research on food: the core-fringe-legume model (CFLM) developed by Sidney Mintz. After discussing the CFLM the fundamental structure of the alimentary system of the Luo of Western Kenya is scrutinised. We show that the current use of the model limits its applicability to a rather superficial comparison of different alimentary systems, thus thwarting insights into specific ones. However, contrary to prior expectations, a closer investigation of the empirical data – both contemporary and historical – indicates that extending the CFLM permits an explanation of both transformative processes of the alimentary system and processes of the creative rejection of global culinary influences. Apart from establishing a more useful tool in analysing culinary practices, this model elucidates the complex interaction between everyday (alimentary) life – cooking, presentation and consumption – and the reproduction of sociocultural orders.

> I was not thinking primarily about nutrition;
> I was thinking instead about what people consider „real food",
> about meals, about food systems, and about appetite
> (Sidney Mintz, in: Mintz u. Schlettwein-Gesell 2001:41).

In seinem 1987 veröffentlichten Buch „Die Süße Macht. Kulturgeschichte des Zuckers" umreißt Sidney Mintz die Grundzüge eines kulinar-ethnologischen Analysemodells, das erst in einem 1992 publizierten Artikel eine umfassende Explikation erfuhr. Der Titel „Die Zusammensetzung der Speise in frühen Agrargesellschaften. Versuch einer Konzeptualisierung" – läßt Mintz' Vorhaben bereits grob erahnen: Mit der Formulierung des Core-Fringe-Leguminosen-Modells (CFLM) konstruiert er ein Klassifikationsschema, mit dem sich die *food habits* von Agrargesellschaften analysieren und vergleichen lassen. Seine grundlegende Annahme bringt er auf den Punkt, wenn er schreibt:

> Zusammenfassend lautet meine These, daß sich die Nahrungsmittel der Ackerbau treibenden Völker in ein dreiteiliges Klassifikationsmodell einfügen lassen: Immer gibt es 1. ein zentrales, stärkehaltiges Nahrungsmittel oder ein komplexes Kohlehydrat, das den Hauptbedarf an Kalorien deckt [Das ist der *core*.], 2. eine Leguminose, die möglicherweise den Hauptanteil an Protein, aber auch einen beträchtlichen Kalorienanteil liefert, und 3.

„fringe“ oder eine Peripherie, die man sich als „Geschmackslieferanten“ vorstellen muss (Mintz 1992:18; Anm. S.S. u. M.S.).

Die Konzeption des Modells nimmt ihren Ausgang in der Beschäftigung mit der Entstehung von Agrargesellschaften im Zuge der Neolithischen Revolution (Mintz 1987:35, 1992:13–15). Im Vordergrund des Interesses stehen für Mintz zurückliegende Eliminierungsprozesse in Form der Konzentration auf ein oder mehrere stärkehaltige Nahrungsmittel als zentrale Anbauprodukte (*core*). Genauer gesagt, widmet sich Mintz der Frage nach der Hervorbringung der mit dem CFLM faßbar gemachten Muster beziehungsweise dem *core-fringe-legume pattern* (CFLP).[1] Die entscheidende kulinar-ethnologische Frage ist in diesem Zusammenhang die nach dem Konstitutionsverhältnis eines CFLP und der je spezifischen Lebenswelt – mit anderen Worten: Es geht uns um die Auseinandersetzung mit der Interdependenz von kulinarischer und lebensweltlicher Reproduktion.

Ein Ziel unserer Beschäftigung mit dem CFLM ist zudem die Bergung seiner explanativen Kraft, da dem Modell bislang keine ernsthafte Untersuchung oder gar Weiterentwicklung zuteil wurde. Allem Anschein nach übersieht man, daß sich das CFLM nicht nur zur systematisch-komparativen Analyse der gegenwärtigen Konstitutionen von indigenen Küchen oder ganzen alimentären Systemen eignet.[2] Darüber hinaus lassen sich mit Hilfe des CFLM bereits zurückliegende sowie ausgebliebene Prozesse der Transformation erklären. In diesem Sinne kann die Auseinandersetzung mit dem CFLM implizit einen Beitrag zur Aneignungsdebatte in der Ethnologie leisten.[3]

Im ersten Abschnitt geben wir zunächst einen groben Überblick über zwei grundlegende Lesarten des Mintz'schen Modells. Im Rahmen dieser beiden Lesarten kann die Systematisierung der Muster spezifischer *food habits* in Form des CFLM das Konstitutionsverhältnis zwischen CFLP und spezifischer Lebenswelt nicht plausibel faßbar machen. Des Weiteren bleiben tiefere Einsichten in zurückliegende und ausbleibende beziehungsweise ausgebliebene Transformationsprozesse versperrt. Wir entwerfen demgegenüber eine dritte synthetisierende Lesart, deren Grundlage wir im zweiten Abschnitt durch einen Exkurs zum Kulturphänomen der Mahlzeit explizieren. Diese Ausführungen erhalten im dritten Abschnitt ein empirisches Fundament in Form einer skizzenhaften Gastro-Ethnographie der westkeniaischen Luo.[4] Im Zentrum

[1] Mintz (2001). Wir unterschieden zwischen dem begrifflichen Modell (CFLM) als analytischem Werkzeug und dem konkreten Muster (*pattern*), auf das sich das CFLM bezieht (CFLP).

[2] Wir verwenden den Begriff „alimentäres System“, um den gesamten Kulturkomplex der alltäglichen Ernährung in Bezug auf Anbau, Ökonomie, Zubereitung und Marktstrukturen zu bezeichnen. Dabei haben wir das Adjektiv „alimentär“ in Anlehnung an den lateinischen Begriff „alimentum“ (Nahrungsmittel) gewählt, weil wir es aus kulturwissenschaftlicher Sicht für unbelastet beziehungsweise für theoretisch neutral halten.

[3] Zum Begriff der kulturellen Aneignung siehe Hahn (2001).

[4] Wir haben uns zweimal, jeweils knapp drei Monate lang in Luo-Haushalten aufgehalten, und zwar zwischen Februar und April sowie zwischen August und Oktober 2009. Den Großteil der Zeit ver-

des vierten Abschnittes steht die Darstellung der historischen Transformation des alimentären Systems der Luo, die es uns ermöglichen wird, in der Schlußfolgerung unseren theoretischen Beitrag zusammenfassend zu illustrieren.

I. Zwei Lesarten des Mintz'schen Modells

Die Rezeption des CFLM läßt sich grob in zwei Lesarten einteilen: In der ersten wird die Beschreibung der *food habits* von Agrargesellschaften mit Hilfe des CFLM als „merely conventional wisdom“ aufgefaßt (Mintz u. Schlettwein-Gsell 2001:41) oder man begreift das CFLM selbst als einen bloß an biologischen Kategorien orientierten Begriffsapparat. Dies zeigt sich vor allem an der gängigen Anwendung des CFLM in der ethnologischen Nahrungsforschung: Es wird vornehmlich dazu genutzt, offensichtlichen Tatsachen einen Namen zu geben – was aufgrund der Eingängigkeit, mit der Mintz die Kategorien des CFLM bestimmt, zunächst auch naheliegt.

Daß Mintz mit Hilfe seines Modells jedoch mehr leisten möchte als bloße Deskription, zeigt sich an seiner Auseinandersetzung (Mintz u. Schlettwein-Gsell 2001) mit einem Aufsatz von Daniela Schlettwein-Gsell (1992), in dem sie versucht, die universelle Verbreitung beziehungsweise die konkrete Hervorbringung der durch das CFLM faßbar gemachten Muster kulturspezifischer *food habits* durch ernährungsphysiologische Notwendigkeiten zu erklären. „Der Drang nach einer vollwertigen Nahrung“, schreibt Schlettwein-Gesell, „scheint also allen politischen, ökonomischen, religiösen oder anderen Argumenten, welche für die Auswahl von ‚core‘ oder ‚fringe‘ angeführt werden, als entscheidender Faktor zu Grunde zu liegen“ (1992:65). Sowohl diesem als auch ihrem weiteren Schluß, Veränderung und Stabilität sei gleichermaßen durch die Reduktion eines kulturellen Phänomens auf seine biologischen Aspekte zu analysieren,

brachten wir gemeinsam in einem Gehöft im Umland von Kadongo, einem kleinen Marktort zwischen Kisumu und Gisii im Distrikt Rachuonyo der Provinz Nyanza. Ergänzend zu diesem Aufenthalt im südlichen Teil der Provinz wohnten wir den Rest der Zeit in einem Gehöft in Mur Malanga (Distrikt Siaya) sowie in Ahero (Distrikt Nyando). Wir wählten diesen multilokalen Ansatz, um unsere in Kadongo gewonnenen Forschungsergebnisse mit den Ernährungsgewohnheiten anderer Regionen derselben Provinz zu vergleichen, um so ein möglichst breites Bild bekommen und lokale Unterschiede erfassen zu können. Unsere Methode entsprach dabei der teilnehmenden Beobachtung: Wir verbrachten den Tag zum größten Teil mit unseren Gastfamilien, begleiteten sie auf den Markt, bereiteten gemeinsam die Mahlzeiten vor und halfen bei alltäglichen Arbeiten wie dem Säen und Ernten von Mais und Gemüse. Dabei nutzten wir die geteilte Zeit, um durch informelle Interviews und Gespräche mehr darüber zu erfahren, wie unsere Gastgeber gegenüber bestimmten Nahrungsmitteln eingestellt waren und wie sie die eigene Küche und deren historische Veränderung wahrnahmen. Je nach Situation wechselten wir zwischen Englisch, Dholuo und Kiswahili. Ergänzt und kontrastiert wurden die so ermittelten Angaben durch die Lektüre zentraler ethnographischer Beschreibungen des von uns besuchten Gebiets. Siehe dazu Ominde (1952), Southall (1975), Odhiambo Atieno, Ouso und Williams (1977), Shipton (1989, 2007, 2009), Cohen und Odhiambo Atieno (1989) sowie Geissler (2010).

widerspricht Mintz explizit, wenn er in Bezug auf Schlettwein-Gsell feststellt: „She is suggesting that my concern with social and political reasons for the persistence of a core food may be misplaced [...] while I continue to maintain that something other than nutrition as such explains why people stick with their traditional foods" (Mintz u. Schlettwein-Gsell 2001:51).

Indem Mintz die Kategorien seines Modells zunächst rein biologisch bestimmt, kommt er durchaus mit Schlettwein-Gsell überein. So betont er wiederholt, daß die einzelnen Kategorien als „slots" zu verstehen seien, „[...] into which different things can be put in place of each other" (1994:109), solange sie die entsprechenden Charakteristika aufweisen. In formaler Hinsicht ist die Kategorie demnach gegenüber ihrem Inhalt primär,[5] doch während Schlettwein-Gsell auf der formalen Ebene verbleibt, betont Mintz in Abgrenzung zu ihr die konstituierende Rolle historisch-kultureller Faktoren, wenn er schreibt: „I wish to discuss the cultural, as opposed to the biological, nature of human eating habits" (1994:102). Schlettwein-Gsell konstatiert also ein Primat biologischer Notwendigkeit, nach dem agrargesellschaftliche alimentäre Systeme in synchroner und diachroner Hinsicht durch ernährungsphysiologische Faktoren bestimmt sind, und die Ausführungen von Mintz lassen sich im Gegensatz dazu als Konstatierung eines Primats kultureller Einbettung interpretieren.

Diese Konstatierung eines Primat kultureller Einbettung macht die zweite Lesart aus und wird vor allem durch Mintz' emphatische Verweise auf Audrey Richards' Monographie über die Bemba (1939) nahegelegt.[6] Mintz gibt Richards' Beschreibung der alltäglichen Mahlzeit der Bemba wieder, die im Wesentlichen aus einem stets von einer Sauce (*umunani*) begleiteten dicken Hirsebrei (*ubwali*) besteht. Diese Beschreibung veranschaulicht Mintz' komplementäre Kategorien von *core* und *fringe* in Form von *ubwali* und *umunani*. Dabei verdeutlicht die Malinowski-Schülerin Richards die Einbettung dieser Kategorien und ihrer spezifischen Inhalte in die Lebenswelt der Bemba, und zwar vor dem Hintergrund der zentralen Annahme, daß es die Kultur sei, die den biologischen Bedürfnissen Richtung und Struktur gebe (vgl. Spittler 1991:78) und daß man dementsprechend Hunger als ein historisch und kulturell bedingtes Konzept verstehen müsse.[7]

Blickt man von dem einseitig kulturbezogenen Verständnis von Richards zurück auf die Auffassung von Schlettwein-Gsell, so besteht der Gegensatz zwischen den beiden Lesarten darin, daß sich die eine auf durch biologische Notwendigkeit ge-

---

5 Dementsprechend heißt es bei Mintz ausdrücklich: „the particular food in each category is not so important as the category it exemplifies" (1994:108).

6 Siehe Mintz (1987:36–37, 1992:20–21, 1994:107–108, 2001:3) sowie Mintz und Schlettwein-Gsell (2001:41).

7 Spittler weist darauf hin, daß diese Annahme auch von anderen Ethnologen wie zum Beispiel von Meyer Fortes (Fortes und Fortes 1936) vertreten wird und daß Hunger dementsprechend „nicht nur und nicht immer ungenügende Essensrationen, sondern [auch] Ausweichen auf nicht geschätzte Nahrungsmittel wie z.B. wilde Früchte" bedeuten könne (1991:76).

prägte Kategorien und die andere auf deren kulturell bestimmte Inhalte konzentriert. Die zweite Lesart erweckt den Eindruck, Mintz würde den (kultur-)konstituierenden Charakter der formalen Kategorien respektive der biologischen Notwendigkeit übergehen. Vor allem in seiner bereits erwähnten Stellungnahme zu Schlettwein-Gsell hat es dagegen den Anschein, als weise er auf einen Zusammenhang hin, wenn er feststellt, biologische Notwendigkeiten hätten zusammen mit der (sozio-)historischen Situation der neolithischen Revolution zur Herausbildung spezifischer CFLP geführt (Mintz u. Schlettwein-Gsell 2001).

Mintz schwankt zwischen der vermeintlich biologischen Notwendigkeit der Herausbildung, Stabilität und Veränderung dieser spezifischen CFLP auf der einen und ihrer primär kulturellen Einbettung auf der anderen Seite. Damit wird eine Auseinandersetzung mit Mintz' Modell erforderlich, die es ermöglicht, die Interdependenz von biologischer Notwendigkeit und kultureller Einbettung zu erfassen. Nur so läßt sich das Verhältnis zwischen konkretem CFLP und kulinarischer Lebenswelt greifbar machen und davon wiederum scheint die Relevanz des CFLM als einem kulinar-ethnologischen Theoriemodell abzuhängen.

II. Günther Wiegelmann und das Kulturphänomen der Mahlzeit

In seinem Aufsatz „Was ist der spezielle Aspekt ethnologischer Nahrungsforschung?“ (1971) formuliert Günter Wiegelmann den grundlegenden Fokus kulinar-ethnologischen Forschens, indem er das Phänomen der Mahlzeit als Zugang zur kulturwissenschaftlichen Erschließung alimentärer Systeme begreift. Wiegelmann geht davon aus, daß das Gros der ethnologischen Nahrungsforschung einem bloß deskriptiven, unsystematischen Sammeln verhaftet sei und daß die im Anschluß an dieses Sammeln getroffenen Aussagen über bestimmte alimentäre Systeme deshalb auf einem zu niedrigen Abstraktionsniveau blieben. Es fehle nicht nur an allgemeinen weiterführenden Interpretationsprinzipien, sondern vor allem seien die eigentlich ethnologischen Nahrungsfragen unklar. Im Sinne der ersten Lesart ließe sich Wiegelmann folgend sagen, daß das CFLM als ein rein deskriptives Modell zwar den Anspruch erfüllt, „to make major cuisines comparable at a simple level“ (Mintz 1994:111), daß man jedoch damit nicht über eine synchrone Momentaufnahme alimentärer Systeme hinausgehen kann.

Im Zentrum von Wiegelmanns Auseinandersetzung steht dementsprechend der Zusammenhang von aspektgerichteter Perspektive und Abstraktionsniveau.[8] So fordert Wiegelmann eine zu präzisierende „Grundeinheit“ beziehungsweise die Bestimmung des „speziellen Aspekts“ ethnologischer Nahrungsforschung (1971:13), der diese zudem

8 „Wir müssen klar sehen, daß ein enger Zusammenhang besteht zwischen Blick und Forschungsintensität, Breite und Abstraktionsniveau. Je spezifischer der Aspekt, umso intensiver in der Regel die Forschung“ (Wiegelmann 1971:6).

von Perspektiven anderer wie etwa medizinischer oder ökonomischer Nahrungsforschungen unterscheidet. Dieser Aspekt oder die Grundeinheit müsse zwar elementar, aber zugleich soziokulturell strukturiert sein. Bei den unbearbeiteten Lebensmittelrohstoffen könne es sich nicht um eine solche Grundeinheit handeln, da es sich bei ihnen anders als bei den mit ihnen verbundenen Vorstellungen und Handlungen nicht um Teile einer Kultur handele. Nachdem er daraufhin auch die Speise als Grundeinheit ausschließt,[9] stellt Wiegelmann fest, daß die Charakterisierung als elementar, aber zugleich soziokulturell strukturiert ausschließlich auf die „unterste funktionale Einheit", nämlich die Verzehrsituation zutreffe (1971:8). Eine solche Verzehrsituation könne man sowohl hinsichtlich ihrer Struktur (Art und Abfolge der Speisen) als auch in Bezug auf ihre Stellung in der Mahlzeitordnung sowie im übergeordneten Lebensrhythmus untersuchen.[10]

Für Wiegelmann ist diese Verzehrsituation in Form der alltäglichen Hauptmahlzeit – für die wir im Folgenden den Begriff der „Mahlzeit" reservieren möchten – als zentrale Ordnungskategorie zur Erschließung eines alimentären Systems zu verstehen. So schreibt Wiegelmann explizit, daß man „[d]ie Gesamtheit der Speisen einer Sozialgruppe [...] sinnvoll gegliedert wohl nur unter dem Gesichtspunkt der Mahlzeiten untersuchen" könne (1971:15, Anm. 10) und daß „[d]ie Berücksichtigung der Mahlzeit auch bei Einzelspeisen zwingend" sei (1971:10).

Die Mahlzeit ließe sich in einer Minimaldefinition als Zusammenstellung von Speisen (*core* und *fringe*) verstehen, die zu bestimmten Zeitpunkten im alltäglichen Kontext der kulturellen Erwartungshaltung entsprechen. Diese kulturelle Erwartungshaltung markiert Normativität und entscheidet darüber, ob eine Kombination von Speisen lediglich als eine Kombination von Speisen oder als Mahlzeit wahrgenommen wird.[11] Der normative Charakter der erwähnten Erwartungshaltung strukturiert gleichsam das gesamte alimentäre System; gleichzeitig läßt sich diese Erwartungshaltung nicht unab-

---

9 Zwar stellten Speisen Produkte eines Zu- oder Verarbeitungsprozesses dar, sie könnten jedoch auch aus Lebensmittelrohstoffen (wie etwa Früchten oder Milch) bestehen (1971:8).

10 Mit dem Begriff der „Mahlzeitordnung" bezeichnet Wiegelmann die kulturspezifische Differenzierung von Verzehrsituationen (Hauptmahlzeiten, Morgenmahlzeiten, Imbisse, Festtagsessen, Gastmähler) (1971:8). Wiegelmanns Beschreibung der Verzehrsituation evoziert unweigerlich die Assoziation mit dem, was Marcel Mauss als „totale gesellschaftliche Phänomene" bezeichnet hat: Phänomene, in denen „alle Arten von Institutionen gleichzeitig und mit einem Schlag zum Ausdruck kommen: religiöse, rechtliche und moralische [...]; ökonomische [...]; ganz zu schweigen von den ästhetischen [...] und morphologischen" (Mauss 1990:17–18).

11 Wenn Spittler vom „einfachen Mahl" als dem „vollkommenen Mahl" in verschiedenen afrikanischen Gesellschaften spricht, verweist er darauf, daß die Kel Ewey Tuareg, Hausa, Tallensi und Bemba zwischen richtigen Mahlzeiten beziehungsweise einem vollkommenen Mahl und einer bloßen Zusammenstellung verschiedener Speisen unterscheiden. So gibt er ein Zitat von Richards (1939:39) wieder, in dem sich Bemba wie folgt über die Opulenz europäischer Mahlzeiten äußern: „It is like a bird first to pick at this and than at that, or like a child who nibbles here and there through the day" (Spittler 1993:199). Ähnlich, wenn auch prosaischer, konstatierte einer unserer Informanten: „We don't like mixing up foods".

hängig von der Hervorbringung des gesamten alimentären Systems denken und es ist genau dieses Verhältnis, das wir als Gleichursprünglichkeit bezeichnen.[12]

Wenn die kulturelle Erwartungshaltung gleichsam das gesamte alimentäre System normativ strukturiert, während sie zugleich selbst Ausdruck dieser Struktur ist, könnte man sie – phänomenologisch gesprochen – als ein grundlegendes Orientierungsprinzip verstehen. Sie bringt verschiedene orientierungsleitende Momente zum Ausdruck, die das alltägliche Handeln bestimmen, während diese Momente zugleich durch dieses Handeln hervorgebracht und reproduziert werden. Handlung und Wahrnehmung gelten hier nicht als getrennt, sondern sie stehen in einem zirkulär-konstitutiven Verhältnis zueinander, kurz, sie sind gleichursprünglich.[13] Demzufolge sollte die Erschließung spezifischer *food habits* methodisch vom kulturellen Phänomen der Mahlzeit ausgehen. Denn als Grundeinheit der weiterführenden Auseinandersetzung mit alimentären Systemen beziehungsweise mit der Ausprägung spezifischer CFLP ermöglicht die Mahlzeit Einsichten in eine Vielzahl von Bereichen spezifischer Lebenswelten.

Wir gehen in unserer Lesart des Mintz'schen Modells von der Gleichursprünglichkeit eines alimentären Systems, seines CFLP und einer spezifischen Lebenswelt aus.[14] Auf diese Weise läßt sich die Gratwanderung beziehungsweise die Spannung zwischen biologischer Notwendigkeit und kultureller Einbettung auflösen. Wenn jedoch eine Mahlzeit, in der sich ein spezifisches CFLP widerspiegelt, eine kulturelle Erwartungshaltung beziehungsweise orientierungsleitende Momente in Bezug auf das gesamte alimentäre System zum Ausdruck bringt, dann drängt sich die Frage auf, was eine Verzehrsituation zu einer Mahlzeit macht beziehungsweise ob sich ein die Mahlzeit konstituierendes Element bestimmen läßt. – Oder, anders gefragt: Läßt sich die kulturelle Erwartungshaltung mit Hilfe des CFLM systematisch analysieren?

Neben anderen für die Mahlzeit konstitutiven Aspekten wie Ort, Zeit und Essgemeinschaft scheint vor allem der spezifische *core* eine entscheidende Rolle zu spielen, und zwar genau genommen nicht nur hinsichtlich der Mahlzeit, sondern des gesamten alimentären Systems. Wir verstehen die orientierungsleitenden Momente als ein umfassendes normatives Geflecht, das den Rahmen der möglicher Stabilität und Transforma-

---

12 Wir verwenden den auf Martin Heidegger zurückgehenden Begriff der Gleichursprünglichkeit, um mehr als nur eine gegenseitige Beeinflussung zwischen alimentärem System und Erwartungshaltung zu behaupten, nämlich die phänomenologische Nicht-Hintergehbarkeit ihrer Verschränkung. So heißt es etwa in Heideggers „Sein und Zeit“: „Das Phänomen der Gleichursprünglichkeit der konstitutiven Momente ist in der Ontologie oft mißachtet worden zufolge einer methodisch ungezügelten Tendenz zur Herkunftsnachweisung von allem und jedem aus einem einfachen ‚Urgrund‘“ (1967:131).

13 Man könnte unseren Begriff der Gleichursprünglichkeit mit dem Konzept des „engagement“ in Zusammenhang bringen, um unserem Ansatz einen prominenteren Namen zu geben, der auf die phänomenologische Tradition von Edmund Husserl, Jean-Paul Sartre, Maurice Merleau-Ponty und anderen zurückgeht (vgl. Gillissen 2008). Da weitere Ausführungen in dieser Richtung den Rahmen des vorliegenden Aufsatzes sprengen würden, möchten wir lediglich auf Brad Weiss' (1996) Explikation und Umsetzung des Konzeptes von „engagement“ verweisen.

14 In ähnlicher Weise spricht Mintz von einer „Kongruenz zwischen Ernährungsmuster und Gesellschaft“ (1987:40).

tion des alimentären Systems vorgibt und somit über mögliche Alternativen entscheidet: Produkte, Techniken, Gerichte und Wissensbestände werden vor diesem Hintergrund wahrgenommen, bewertet und kreativ angeeignet oder abgelehnt, wobei der entsprechende Prozeß nicht als Inkorporation, sondern eher als Reproduktion beziehungsweise als schöpferische Aufrechterhaltung der besagten orientierungsleitenden Momente zu verstehen ist.

Welche Elemente Teil der kulturellen Erwartungshaltung sind, muß im Einzelfall näher analysiert werden. Wir versuchen jedoch im Folgenden am Beispiel der Luo zu plausibilisieren, daß der *core* eines alimentären Systems innerhalb von Agrargesellschaften häufig eines dieser Elemente darstellt. (Im Fall der Luo handelt es sich bei dem *core* um Kuon: ein mit dem *ubwali* der Bemba vergleichbarer Brei aus in Wasser gekochtem Getreide.) Aufgrund der Gleichursprünglichkeit impliziert dies aber keinesfalls, daß der *core* als lediglich komplexes Kohlenhydrat oder daß ein bestimmtes Anbauprodukt alleine schon die Erwartungshaltung erfüllen würde. Die orientierungsleitenden Momente stehen in einem a-hierarchischen Verhältnis zueinander, so daß die Art seines Anbaus, sein Konsum und seine Zubereitung ebenso elementar sind wie der *core* selbst.

III. Grundzüge des alimentären Systems der Luo

Auch wenn zu den etwa 3,5 Millionen Luo keine klassische Monographie veröffentlicht wurde, handelt es sich bei ihnen um eine der meist untersuchten Ethnien Kenias oder ganz Ostafrikas.[15] Ihr Siedlungsgebiet befindet sich rund um den östlichen Teil des Viktoriasees (Winam Golf) und erstreckt sich circa dreißig Kilometer ins Inland. Dorthin sind ihre Vorfahren im Verlauf der letzten 450 bis 500 Jahre in mehreren Schüben aus dem Süden des Sudan entlang des Nils migriert, was ihre sprachliche und auch kulturelle Nähe zu anderen nilotischen Gruppierungen wie den Nuer des Sudans oder den Acholi in Uganda erklärt. Allgemein werden sie in der Literatur als exemplarischer Fall einer segmentären Gesellschaft vorgestellt, die durch Patrilinearität, Virilokalität und Polygamie geprägt ist (Southall 1952). Bei den Luo wies die Rolle und Wahrnehmung von Rindern in historischer Zeit Parallelen zum „cattle complex" (Herskovitz 1926) anderer ostafrikanischer Gesellschaften auf. Seitdem hat sich ihr subsistenzwirtschaftlicher Fokus zunehmend auf den Ackerbau verschoben, so daß heute ein Großteil der in den Distrikten Siaya und Rachuonyo lebenden Luo auf ihren Feldern (*puodho*) und in ihren Gärten (*nyakurundu*) als seßhafte Bauern aktiv sind. Als quantitativ hervorstechende Kohlehydratträger pflanzen sie hauptsächlich Mais (*bando*) an. Daneben finden sich zum Beispiel im Distrikt Rachuonyo kleinere Mengen von Süßkartoffeln (*rabwon*) und Kochbananen (*rabolo*) sowie vor allem im Distrikt Siaya Kassava (*mariwa*), Sor-

[15] Als klassische Monographien lassen sich am ehesten die Arbeiten von Geissler und Prince (2010), Ndisi (1974) und Shipton (2007, 2009) bezeichnen.

ghum (*bel*) und Fingerhirse (*kal*).[16] Daneben findet man in der See-Ebene um Ahero in vielen Haushalten auch Reis (*mchele*), der dort seit Anfang der 1930er Jahre als *cash crop* angebaut wird, auf den Märkten gibt es Kartoffeln (*waru*), und unzählige kleine Läden bieten industriell verpacktes Weizenmehl (*ngano*) an.

Aus diesen verschiedenen stärkehaltigen Nahrungsmitteln werden unterschiedliche Speisen bereitet: Man verzehrt beispielsweise gekochte Süßkartoffeln zum Frühstück und trinkt dazu Tee; Mais, Kassava, Hirse und Fingerhirse werden in bestimmten Mischverhältnissen zu Mehl verarbeitet, das die Grundlage zur Herstellung des Kuon darstellt, der in Kombination mit unterschiedlichsten *fringes*, vor allem verschiedenen Blattgemüsesorten (*alot*), Fisch (*rech*), Fleisch (*ring'o*) oder Pilzen (*obwolo*) serviert wird; man kocht Maiskörner zusammen mit Bohnen (*oganda*) zu einem Gericht namens Nyoyo oder dünstet beziehungsweise röstet sie am Kolben; Weizenmehl dient zur Herstellung von Fladen (*chapat*); Kartoffeln werden mit Reis gemischt oder einzeln zubereitet und wie gegarte Kochbananen vorzugsweise mit Fleisch, aber auch mit Bohnen und Blattgemüse aufgetischt.

Die Aufzählung verschiedener zu Speisen verarbeiteter Rohstoffe sagt jedoch nichts darüber aus, welche Speisen aus einem bestimmten Ereignis eine Mahlzeit machen, womit die Normativität der kulturellen Erwartungshaltung unberücksichtigt bleibt. Erst in Gesprächen mit einzelnen Personen zeigt sich, daß die meisten der in einem deskriptiven Sinne als *core* zu bezeichnenden Speisen lediglich zu besonderen Anlässen (wie etwa Beerdigungen oder Gastempfängen) oder außerhalb kulturell normierter Eßsituationen als angemessene zentrale Kalorienlieferanten fungieren können,[17] während lediglich Kuon als akzeptabler *core* der Mittags- und Abendmahlzeiten angesehen wird: „Without Kuon it is no food“.[18]

Diese besondere Rolle des Kuon zeigt sich in verschiedensten Handlungen, Situationen und Evaluierungen im Alltag sowie im Rahmen von historischen Transformationsprozessen. Obwohl beispielsweise 2009 nach einer Mißernte der Preis von Mais

---

16 Für eine umfassende Darstellung und botanische Einordnung der lokalen Nahrungsmittel siehe Kokwaro (1972) sowie Johns und Kokwaro (1991). Monica Opole (1991) beschreibt darüber hinaus das indigene Wissen über die medizinischen Eigenschaften verschiedener Pflanzen, wobei sie die Verknüpfung dieses Wissens mit der Rolle der Frau und dem Verhältnis von Mutter und Tochter hervorhebt.

17 Beispiele für wenig festgelegte Eßsituationen sind das Frühstücken und das „Snacken“. Diese Situationen weisen im Alltag ein hohes Maß an Wandelbarkeit in Form von vielfältigen Kombinationsmöglichkeiten auf. Dabei gehört zu einem Frühstück eine heiße Flüssigkeit (Tee, Kaffee) zusammen mit einem Feststoff (Toast, *mkate*), wobei man auch nur etwas Heißes trinken, nicht aber nur einen Feststoff ohne Flüssigkeit zu sich nehmen kann. Als wir bei einer Familie in der Nähe von Ahero (Distrikt Nyando) zum Essen eingeladen waren, konstatierte ein 92-jähriger Mann bei einem Gespräch über die Einführung und den Konsum von Tee: „When you speak of *mkate*, you also think of tea“.

18 Diese an Deutlichkeit kaum zu übertreffende Aussage fiel im Anschluß an ein gemeinsames Abendessen mit Mitgliedern unserer Gastfamilie in Kadongo während einer Diskussion über gutes Essen. Shipton macht eine ähnliche Beobachtung, wenn er festhält: „Without *kuon*, Luo say, no meal is a meal“ (2007:54; Kursivsetzung im Original).

anstieg und gleichzeitig der Preis von Weizenmehl fiel und obwohl gleichzeitig Liquiditätsprobleme existierten (s. Daily Nation 2009), verzichtete man keineswegs auf die tägliche Zubereitung von Kuon und ein *core* aus Weizenmehl stellte keine Alternative dar. Analog dazu fällt auf, daß Reis in der See-Ebene um Ahero auf den Märkten und in den Läden zwar häufig zu niedrigeren Preisen gehandelt wurde als Mais oder Sorghum, daß sich sein Konsum aber dennoch nicht dem von Kuon annäherte. Auf die Frage nach der letzten Mahlzeit wird man zum Beispiel „Ich habe *apoth* gegessen" („Achiemo apoth") sagen und damit nur den jeweiligen *fringe* erwähnen, während man Kuon voraussetzt.[19] Jede andere *core*-Speise muß dagegen genannt werden und so lautet die Antwort zum Beispiel nach dem Verzehr von *chapat* mit Hühnchen (*gweno*): „Achiemo chapat gi gweno".

Entsprechend der Obligation zum Konsum von Kuon ist die zu seiner Zubereitung notwendige Zutat offenbar das einzige Lebensmittel, das überhaupt bevorratet wird. Die Luo beharren darauf, auf ihren Feldern fast ausschließlich Mais anzupflanzen, obwohl Bodenqualität und klimatische Bedingungen es nahelegen würden, ein anderes, anspruchsloseres und kostengünstigeres stärkehaltiges Nahrungsmittel anzupflanzen.

Lediglich Kuon gilt als *heavy* genug, um dem Magen befriedigend zu füllen beziehungsweise um sich und vor allem die eigenen Kinder angemessen zu ernähren, so daß man nach dem Verzehr Kraft zum Arbeiten hat oder schlafen kann, ohne von Hunger geplagt aufzuwachen.[20] Kuon muß idealerweise zweimal täglich serviert werden, und zwar zum Mittag- und zum Abendessen. Andere Speisen gelten demgegenüber als *light*: Sie seien weniger nahrhaft und könnten unabhängig von der eingenommenen Menge kein ausreichendes Sättigungsgefühl hervorrufen. Kuon erscheint letztlich als Inbegriff von Essen (*food*), so daß die von uns befragten Personen nicht selten mit Ratlosigkeit und Mißtrauen reagierten, wenn wir sie darauf hinwiesen, daß man „bei uns" kein Kuon verzehre. Häufig folgte die Frage: „How do you survive without Kuon?"[21] In einem Restaurant für Touristen in Kisumu, das Nudeln, Pizza, Pommes frites und Salat, aber kein Kuon anbot, kommentierte ein männliches Mitglied unsere Gastfamilie in Kadongo die Speisekarte mit den verblüfften Worten: „Why don't they serve food?"[22]

---

19 Bei *apoth* (Corchorus olitorius) handelt es sich um ein traditionelles Blattgemüse.

20 Unter Bezug auf einen Bericht von Edward B. Reeves und Timothy Frankenberger (1982:75) berichtet Joachim Theis von ähnlichen Evaluierungen bei Bauern in Zentral Kordofan (1999:95).

21 Fortes berichtet dementsprechend von einem befreundeten Tallensi, der die Beschreibung europäischer Ernährungsgewohnheiten mit den Worten kommentiert: „[W]hat no porridge? I call that starvation" (Fortes und Fortes 1936:265).

22 Bei Richards finden sich Beispiele für eine entsprechende Identifikation von „Essen" und *ubwali.* Sie schreibt: „To the Bemba, millet porridge is not only necessary, but it is the only constituent of his diet which actually ranks as food" (1939:46–47). Darüber hinaus heißt es bei Richards explizit, daß „[t]he word ubwali stands for food itself" (1939:47), wohingegen Sauce kein Essen sei (1939:49). Dazu paßt, daß wir häufig trotz größtem Bemühen, bei Mahlzeiten wenigstens keine Reste des *fringe* zurückzulassen, mit Bemerkungen wie „You have not eaten" oder der Frage „Why don't you eat?" konfrontiert wurden.

Analog dazu, daß sich für die Bemba laut Richards ein richtiges Essen respektive eine richtige Mahlzeit aus einer Kombination von *ubwali* und *umunani* zusammensetzt, besteht für die Luo ein richtiges Essen respektive eine richtige Mahlzeit (*chiemo mamit*) aus einer Kombination von Kuon und Dek (einer Beilage im Sinne des Mintz'schen *fringe*).

Bereits diese knappe Illustration verweist auf die orientierungsleitende Rolle des Kuon, das heißt auf seine Verknüpfung mit der kulturellen Erwartungshaltung und dem gesamten alimentären System. Deshalb müssen Veränderungen dieses Systems beziehungsweise Prozesse der Annahme oder Ablehnung neuer Rohstoffe, Speisen und Techniken unter Berücksichtigung des Kuon untersucht und verstanden werden.

IV. Kuon und der Wechsel der Kochtechniken

Blickt man heute in die Töpfe, Getreidespeicher, Felder und Verkaufsläden, besucht man Märkte oder befragt einzelne Personen zu ihrem Konsumverhalten, zeichnet sich eine Dominanz von Mais ab, während man bis zu dessen Einführung Ende des 19. Jahrhunderts ausschließlich Hirse, Sorghum und Fingerhirse zur Herstellung von Kuon anbaute und verwendete.[23] Erst nachdem die Aneignung der neuen Anbaupflanze im Anschluß an eine Hungersnot 1918 kolonial forciert wurde, verlief der Wechsel von Hirse zu Mais je nach Regionen, Schichten und Individuen unterschiedlich schnell. Die Politik der postkolonialen Regierung von Jomo Kenyatta beschleunigte ab 1963 die Marginalisierung des Anbaus und Konsums von Hirse zu Gunsten des Mais. Dabei stellt sich die Frage, wie sich dieser Wechsel nahezu reibungslos vollziehen konnte, obwohl er den ökologischen und klimatischen Gegebenheiten widerspricht[24] und obwohl Mais nur über einen vergleichsweise geringeren Nährwert verfügt.[25]

---

23 Auch in den Großhandelsgeschäften findet sich für die Herstellung von Kuon nur Maismehl, nicht jedoch Hirse, Sorghum, Kassava oder ähnliches.

24 Der für die empfindlichen Maispflanzen folgenreiche Wechsel von extremen Dürre- und Regenperioden würde zusammen mit der starken Bodendegradation aufgrund von periodischer Austrocknung und Auswaschung sowie oftmals auch als Folge von Mißwirtschaft ein anspruchsloseres Anbauprodukt wie etwa Hirse oder Sorghum nahelegen. Zu den klimatischen Verhältnissen und im Speziellen zu dem Problem periodischer Überschwemmungen in der Provinz Nyanza siehe Ochola (2009).

25 Achim von Oppen befaßt sich mit einer analogen Fragestellung in Bezug auf die Einführung von Kassava und die Verdrängung von Hirse als zentralem Anbauprodukt in Teilen des sogenannten „cassava belt", das heißt im Gebiet des nördlichen Angola, des südlichen Teils der Demokratischen Republik Kongo sowie im Nordwesten von Sambia (1999:45). Dabei legt er jedoch den Schwerpunkt auf die Annahme des Motivs individueller Autonomie als Grundlage umfassender Transformationsprozesse. Während von Oppen vor allem rationalökonomische Gründe für die Aneignung neuer Lebensmittel in den Vordergrund rückt, steht für uns die Wahrnehmung solcher Neuheiten vor dem Hintergrund besagter orientierungsleitender Momente im Zentrum des Interesses. Siehe außerdem Moore und Vaughan (1994) über den Wechsel von Hirse zu Mais bei den Bemba sowie Theis (1999) über den Wechsel von Hirse zu Sorghum und Weizenmehl in Zentral-Kordofan.

Zwar ist Kuon der zentrale Bestandteil eines richtigen Essens, doch gilt Kuon allein als ungenießbar und erst recht nicht als Mahlzeit. Dabei gibt es verschmähte und beliebte, unangemessene und angemessene, vor allem aber schlechte und „ideale" Kombinationen von Kuon und Dek. In Bezug auf die der kulturellen Erwartungshaltung gegenüber einer Mahlzeit entsprechende Kombination kann man von so etwas wie einem Paradigmenwechsel sprechen: Galt früher brauner Kuon aus Hirse (Kuon bel) zusammen mit in Wasser gekochtem Dek als ideal, gilt dies heute für die Zusammenstellung von weißem Kuon aus Mais (Kuon bando) und gebratenem Dek. Insofern verknüpft sich der Wechsel von Hirse zu Mais mit dem Wechsel einer Koch- zu einer Anbratküche. Besondere Bedeutung kommt dabei der Verbreitung von Pflanzenfett in den 1940er und 1950er Jahren sowie von Tomaten und Zwiebeln ab der zweiten Hälfte des 20. Jahrhunderts zu. Seit dem Ende des 19. Jahrhunderts ging zudem die Verfügbarkeit von Milch (*chak*) zurück, die für die Zubereitung der vornehmlich aus Blattgemüse (*alot*) bestehenden Dek von zentraler Bedeutung war.[26] Die *alot* wurden zunächst in Wasser gekocht und anschließend gab man Frisch- beziehungsweise Sauermilch (*chak mawach*) hinzu, wodurch sie eine eigentümliche Sämigkeit und einen äußerst intensiven säuerlich-käsigen Geschmack bekamen. Das anschließend wiederholte Aufkochen (*kuogo*) unter der Zugabe weiterer Milch verstärkte diese Qualität, verlieh dem *alot* eine mit Rahmspinat vergleichbare Konsistenz und machte sie für mehrere Tage haltbar.

Für den Verzehr des vergleichsweise grobkörnigen und klebrigen braunen Kuon aus Hirsemehl gilt ein Dek als notwendig, der über ausreichend Flüssigkeit (*soup*) verfügt: In ihn kann man die mit den Händen geformten Kuon-Bällchen (*otunje*) tunken und anschließend schlucken, ohne daß sie im Rachen kratzen oder den Mundraum klebrig auskleiden. So heißt es heute, nachdem bei der Zubereitung der *alot* keine Milch mehr Verwendung findet: „You can't eat *alot* with Kuon bel, you won't get it down your throat".[27] Demgegenüber kann man den weicheren weißen Kuon aus Maismehl mit nahezu jedem Dek, mit Tee oder – außerhalb der alltäglichen Mahlzeit – auch nur für sich essen.

Zu einer Zeit, als Milch zu einem marginalen Bestandteil der alltäglichen Ernährung wurde, eröffnete die Aneignung von Mais als Hirse-Substitut die Möglichkeit, im Alltag weiterhin Speise-Kombinationen zuzubereiten und zu konsumieren, die die kulturelle Erwartungshaltung erfüllten, wodurch sich zugleich eine potentiell in Frage gestellte Normalität beziehungsweise Alltäglichkeit reproduzieren ließ. Gleichzeitig erlaubt das Anbraten der neu eingeführten Tomaten und Zwiebeln in Speiseöl die Zubereitung von Dek, die mit denen der alten Kochküche vergleichbar sind und die mit der Verwendung von Salz zudem eine erhebliche Geschmacksverstärkung erfahren.

---

[26] Die Namen der am meisten verbreiteten *alot* lauten: Apoth, Mito, Boo, Osuga, Atipa, Odod und Dek. Siehe hierzu Kokwaro (1972), Johns und Kokwaro (1991) sowie Opole (1991).

[27] Dementsprechend finden sich bei Richards Äußerungen, nach denen *umunani* das Schlucken leichter mache (1939:49).

Im Verlaufe des 20. Jahrhunderts dürfte die Bedeutung des Kuon für das kulinarische Selbstverständnis der Luo sogar zugenommen haben. So kam es zu einer fatalen Dezimierung der für die Reproduktion und Aufrechterhaltung des normativ-kulinarischen Orientierungsgeflechtes so bedeutenden Rinderbestände. Hauptursachen dafür waren Rinderpestepidemien am Ende des 19. Jahrhunderts sowie zu Beginn des 20. Jahrhunderts durch die Tsetsefliege ausgelöste Nagana-Seuchen und zunehmende Landknappheit, die durch die kolonialadministrative Individualisierung von Land noch eklatant verschärft wurde.[28] Im Zusammenhang damit steht, daß man – insbesondere nach der Einführung und dem industriellen Anbau von Tee und Zucker in Kenia in den 1930er Jahren (Shipton 1989:23) – begann, die eigene Frischmilch zu verkaufen und daß die Einbindung in Lohnarbeitsverhältnisse ebenso wie die Arbeitsmigration die Versorgung und Zucht eigener Rinder erschwerte.[29] Daß auch die Betroffenen selbst diese makroökonomischen Verbindungen wahrnehmen, zeigen die Geschichten, die sie uns erzählten und in denen die Ankunft von Tee, der Beginn der Arbeitsmigration, der Rückgang der Rinderbestände bei gleichzeitigem Rückgang der Verfügbarkeit von Milch zur Zubereitung eines Dek sowie die ökonomische Marginalisierung als synchrone Prozesse dargestellt werden. Darüber hinaus führte die Kommerzialisierung des Fischfangs durch internationale Konzerne, die flächendeckende Verbreitung von Wasserhyazinthen an den Küsten des Winam Golfs und die explosionsartige Vermehrung des in den 1950er Jahren ausgesetzten Nilbarschs (*mbuta*), der die Population der meisten einheimischen Fischarten und vor allem der von den Luo favorisierten Tilapia (*ngege*) nachhaltig gefährdete, zur umfassenden Marginalisierung eines weiteren, für das kulinarische Selbstverständnis der Luo zentralen Bereichs.[30]

Das Wegbrechen von gleich zwei kulinarischen Identifikationsmerkmalen der „herding or fishing people“ (Shipton 2007:40) schafft so gleichsam ein normativ-kulinarisches Vakuum, das scheinbar durch den Kuon gefüllt wird. Im Zusammenhang damit und im Zuge ökonomischer Marginalisierungstendenzen hat sich ein neues kulturelles Selbstverständnis als Ethnie moderner und gebildeter Migranten bei denen herausgebildet, die aufgrund ökonomischer und politischer Marginalisierung in den ruralen Gebieten Nyanzas in die urbanen Zentren gezogen sind.[31] Geschichten über

28 Maßgeblich war in diesem Zusammenhang der sogenannte „Swynnerton Plan“ zur Steigerung der Produktivität ländlicher Ressourcen. Siehe Shipton (1992).

29 Siehe zum Verhältnis von Kolonialadministration, Lohnarbeit und Arbeitsmigration auch Berg-Schlosser (1984:23) und Southall (1975:208).

30 Die Luo werden häufig von sich und von anderen als „Seemenschen“ (*jokanyanam*) bezeichnet. Dennoch konnten während unserer Feldforschung junge Personen meist nur einige wenige Fische mit Namen benennen, während Angehörige der älteren Generation nicht nur bedeutend mehr Arten kannten, sondern auch über ein breiteres Vokabular zur Beschreibung verschieden großer Fische einer Art verfügten. Siehe für eine eingehende Auseinandersetzung mit der Fischerkultur der Luo insbesondere Shipton (2007:57–63).

31 Zur „long-distance migration“ der Luo siehe Berg-Schlosser (1984:23). Ein entsprechendes Narrativ geht davon aus, daß sich die Joluo sich trotz ökonomischer und politischer Marginalisierung zu der

Verwandte, die aus Nairobi kommend, Maissäcke mitbringen und ihre Frauen und Kinder begrüßen, zeigen, daß dieses neue Selbstverständnis mit der Einführung von Mais verknüpft ist. Dabei hängt der Ertrag einer durchschnittlichen Maisernte weitaus stärker von nicht beeinflußbaren Phänomenen wie der Regenmenge ab, als es bei der Hirse der Fall ist, deren Ertrag wiederum stärker an die investierte Arbeitszeit gebunden ist. Diese Arbeitszeit verkürzt sich bei dem Wechsel von Hirse zu Mais und insofern läßt sich der Wechsel von Hirse zu Mais auch als Materialisierung eines Wechsels von „harter Arbeit" (*tich matek*) zu „Bildung" (*elimu*) interpretieren.

Während Mais zum einen die Möglichkeit bot, in einer sich rasant verändernden Lebenswelt, Tradition und Moderne im Kuon zu vereinen und so einer durch schwindende Milch- und Fischvorkommen erzeugten Orientierungslosigkeit entgegen zu wirken, trägt er zum anderen mit seinen ernährungsphysiologischen und biologischen Eigenschaften sowie mit den Umständen seiner Produktion zu einer gewissen Konstanz bei. Insofern haben die beschriebenen Faktoren des Wandels nicht zu einer Auflösung, sondern zu einer Verdichtung der Luo-Küche geführt, die ihren Ort im Kuon als dem für die Mahlzeit konstitutiven Element hat, und in diesem Sinne kann man von Stabilität innerhalb oder gar aufgrund von Veränderung sprechen.[32]

Diese retrospektive Darstellung verdeutlicht die orientierungsleitende Rolle des Kuon und das kreative Potential im Umgang mit Einflüssen oder veränderten äußeren Umständen. Dabei ist der Kuon nicht nur selbst emischen Evaluierungen unterworfen, seine konstitutive Rolle innerhalb des alimentären Systems bietet auch die Möglichkeit, mit Rekurs auf seine Form, Farbe und Beschaffenheit soziale Urteile zu formulieren, Hierarchisierungen zu verfestigen und Abgrenzungsprozesse voranzutreiben.

So wird der Verzehr von braunem Kuon bel in Ahero als „traditionelle" und richtige Art der Ernährung bezeichnet, während man sich mit dem Konsum von weißem Kuon bando dem Vorwurf aussetzt, nicht wirklich hart zu arbeiten oder gar verweiblicht zu sein – gilt Kuon bando doch als typisches Essen für *ladies*. Dabei spielt auch eine Rolle, daß durch die Nähe zum Seeufer der Marktpreis für Fisch verhältnismäßig gering ist und daß eine mit Fisch zubereitete Dek in der Regel ausreichend *soup* hat, um zusammen mit braunem Kuon verzehrt werden zu können. Im ländlichen Mur Malanga dagegen, einem kleinen Markt etwa acht Kilometer südlich von Siaya, zog man in den von uns besuchten Haushalten weißen Kuon vor, und zwar aufgrund seiner *sweetness* und weil er mit „Modernität" beziehungsweise mit der Stadt und einem modernen Lebensstil assoziiert wurde.[33] Brauner Kuon galt hier als Indiz für Rückständigkeit bezie-

---

gebildetsten Ethnie von Kenia entwickeln konnten. Siehe zu einer Dekonstruktion dieses Narrativs Morrison (2007).

32 Demgegenüber stellt Jon Holtzman in seinem Aufsatz „The world is dead and cooking's killed it" (2006) einen Transformationsprozeß dar, bei dem es durch das Wegfallen alter und die Einführung neuer Nahrungsmittel nicht zu einer Verdichtung, sondern zu einem Zusammenbruch kommt, den die Betroffenen selbst als gesamtgesellschaftlich beschreiben.

33 Siehe zur Wahrnehmung von Mais in Siaya auch Cohen und Odhiambo Atieno (1989).

hungsweise als „food for the poorest of us“. So vermied man es sogar, Mühlen für das Mahlen des eigenen Mais zu verwenden, die zuvor für Hirse oder Sorghum verwendet worden waren. Die Reste von braunem Mehl würden, so hieß es, das „reine“ Mehl verfärben und dies könne beim anschließenden Transport auffallen und das Bild eines „poor household“ vermitteln. In Kadongo wiederum, einem etwa siebzig Kilometer von Kisumu entfernt und direkt an einer geteerten Bundesstraße Richtung Kisii liegenden Marktort, findet sich zwar der weiße Kuon bando auf den Tellern der *hoteli* und der meisten Haushalte,[34] dennoch schwärmt man dort von dem braunem Kuon als dem Kuon aus Kindertagen. Einzelne Haushalte bewerten den Verzehr von braunem und weißen Kuon unter Berufung auf ernährungswissenschaftliche Argumente sogar gleich, womit sie sich von „nicht gebildeten“ Haushalten abgrenzen.[35]

Die gegenwärtigen großen regionalen Unterschiede in der Evaluierung des Kuon verweisen zwar auf weiter fortschreitende Transformationsprozesse, jedoch darf auch diese rezente Entwicklung nicht als Zerfall oder Auflösung verstanden werden, denn trotz unterschiedlicher Präferenzen und Evaluierungen, trotz der Einführung neuer Lebensmittel und trotz des Wechsels von einer Kochtechnik zur anderen sowie von Hirse zu Mais ist der Kuon immer noch ein zentraler Bestandteil der Mahlzeit: „Without Kuon it is no food“. Dabei zeigt die Bewertung von weißem und braunem Kuon, daß sich die orientierungsleitende Rolle des Kuon im alimentären System auch über den Umweg der sozialen Differenzierung artikuliert. Dem Kuon kommt maßgebliche Bedeutung für die Integrität eines Luo Haushalts zu. Sein Fehlen beziehungsweise das Fehlen der zu seiner Herstellung benötigten Rohstoffe stellt die Integrität des Gehöfts (*dala*) in Frage und dementsprechend wird Kuon auch als „Essen des Gehöfts“ (*chiemo mar dala*) bezeichnet (vgl. Geissler 201:300). Eine unzureichende Versorgung mit Kuon gefährdet hingegen im Selbstverständnis der Luo die familiäre und damit letztlich auch die gesellschaftliche Reproduktion insgesamt.[36]

Nun sind spezifische Veränderungen der Luo-Küche zwar im Zusammenhang mit äußeren Einflüssen und Umständen erkennbar, doch handelt es sich dabei unserer Ansicht nach eher um Transformationen innerhalb eines Kuon-bezogenen Rahmens von Möglichkeiten. Gleichwohl hat in einigen städtischen Haushalten so etwas wie der Beginn einer Loslösung vom Kuon als dem maßgeblichen Konstituenten von Mahlzeiten stattgefunden, und zwar innerhalb der sich herausbildenden kenianischen Mittelschicht. Diese ließe sich als Träger der durch Kochzeitschriften wie Tupike (Swahili:

---

[34] *Hoteli* sind kleine, vorwiegend einräumige Häuser, Hütten oder schlichte Stände, in oder an denen man warme Speisen kaufen und verzehren kann.

[35] Für die Verbreitung ernährungswissenschaftlicher Konzepte sind vor allem Schulen und NGOs von Bedeutung. Siehe hierzu beispielsweise die Lehrbücher des Faches Home Science für die ersten vier Klassen der kenianischen Secondary School (Chege, Kinuthia und Kioko 2003, 2004a, b; Kioko und Mugambi 2005).

[36] Dazu paßt auch die bei den Luo verbreitete Vorstellung, daß ein während des Servierens zerbrochener Kuon auf den bevorstehenden Tod eines Anwesenden schließen lasse.

Laßt uns kochen) sowie Kochshows vorangetriebenen Etablierung einer die einzelnen regionalen Küchen überspannenden *cuisine* bezeichnen. Vor diesem Hintergrund wiederum ist es verständlich, wenn ein Grundschullehrer aus Kisumu uns gegenüber bei einem gemeinsamen Mittagessen in seinem Haus in Siaya feststellt: „The categories of light and heavy are only in our minds". Solche und ähnliche Äußerungen kommen fast ausschließlich von Luo, die sich nicht primär als Luo, sondern als Kenianer verstehen, und dadurch wird einmal mehr die Verschränkung von Mahlzeit-konstituierendem *core* und ethnischer sowie persönlicher Identität verdeutlicht (s. Appadurai 1988).

In Bezug auf die Frage, wie sich mit Hilfe des CFLM Stabilität und Veränderung spezifischer *food habits* erklären lassen, können wir Folgendes festhalten: Das meist starre Schema kulinarethnologischer Auseinandersetzungen mit der Konstitution alimentärer Systeme, das Stabilität im Zentrum und Veränderung an den Rändern eines Systems verortet, verfehlt das Beispiel der Luo-Küche. Zwar besitzt der Kuon als zentrales Element beziehungsweise als *core* des CFLP der Luo zusammen mit den mit ihm verbundenen Handlungen eine stabilisierende Funktion als Gegenwicht zu potentiellen Transformationen, er eröffnet aber gleichermaßen kreative Kanäle, durch die mögliche Einflüsse auf das alimentäre System selbst in derart zentralen Phänomenen wie den alltäglichen Hauptmahlzeiten zum Tragen kommen können. Legt man nun ein solches Verständnis des *core* im Allgemeinen dem Mintz'schen Modell zugrunde, so lenkt dies den Blick von scheinbar autoritär wirkenden Fremdeinflüssen und Überformungen des Lokalen zu dem kreativen Moment im Umgang mit neuen Gütern sowie zu deren spezifischen Verarbeitungsformen. In diesem Sinne kann die Beschäftigung mit dem CFLM eine dezidiert kulinar-ethnologische Auseinandersetzung mit gesamtgesellschaftlicher Transformation und Stabilität auf einem angemessenen Abstraktionsniveau ermöglichen – und zwar indem sie weder von bloßen ernährungsphysiologischen Kategorien oder biologischen Notwendigkeiten noch von einzelnen kulturellen Inhalten der Kategorien, sondern von der alltäglichen Mahlzeit und deren Konstituenten ausgeht.

Literaturverzeichnis

APPADURAI, Arjun
1988 „How to make a national cuisine: cookbooks in contemporary India", *Comparative Studies in Society and History* 30:3–24

BERG-SCHLOSSER, Dirk
1984 *Tradition and change in Kenya: a comparative analysis of seven major ethnic groups*. Paderborn *et al.*: Ferdinand Schönigh

COHEN, David William und Eisha Stephen ODHIAMBO ATIENO
1989 *Siaya: the historical anthropology of an African landscape.* London: Heinemann Kenya Limited

CHEGE, Jane, Dorca KINUTHIA und Muoka KIOKO
2003 *Home Science: form two.* Nairobi: East African Educational Publishers
2004a *Home science: form one.* Nairobi: East African Educational Publishers
2004b *Home Science: form three.* Nairobi: East African Educational Publishers

DAILY NATION
2009 „North rift farmers protest at lack of markets for wheat“, *Daily Nation* 29. März 2009. http://www.nation.co.ke/News/regional/-/1070/554444/-/738pbq/-/index.html [aufgerufen am 18. Juni 2009]

FORTES, Meyer und Sonia L. FORTES
1936 „Food in the domestic economy of the Tallensi", *Journal of the International African Institute* 9 (2):237–276

GEISSLER, Wenzel und Ruth Jane PRINCE
2010 *The land is dying: contingency, creativity and conflict in Western Kenya.* New York: Berghahn Books

GILLISSEN, Matthias
2008 *Philosophie des Engagements.* Freiburg: Karl Alber

HAHN, Hans Peter
2011 „Antinomien kultureller Aneignung. Einführung“, *Zeitschrift für Ethnologie* 136(1): 11–26

HEIDEGGER, Martin
1967 *Sein und Zeit.* Tübingen: Max Niemeyer

HERSKOVITS, Melville
1926 „The cattle complex in East Africa“, *American Anthropologist* 28:230–272, 361–388, 494–528, 633–664

HOLTZMAN, Jon
2006 „The world is dead and cooking's killed it: food and the gender of memory in Samburu, Northern Kenya“, *Food and Foodways* 14:175–200

JOHNS, Timothy und John O. KOKWARO
1991 „Food plants of the Luo of Siaya district, Kenya“, *Economic Botany* 45(1):103–113

KIOKO, Muoka und Rahab MUGAMBI
2005 *Home science: form four.* Nairobi: East African Educational Publishers

KOKWARO, John O.
1972 *Luo-English botanical dictionary of plant names and uses.* Nairobi: East African Publisher House

MAUSS, Marcel
1990 *Die Gabe.* Form und Funktion des Austauschs in archaischen Gesellschaften. Frankfurt am Main: Suhrkamp

MINTZ, Sidney
1987 *Die süße Macht.* Kulturgeschichte des Zuckers. Frankfurt am Main: Campus
1992 „Die Zusammensetzung der Speise in frühen Agrargesellschaften. Versuch einer Konzeptualisierung", in: Martin Schaffner (Hrsg.): *Brot, Brei und was dazugehört.* Über sozialen Sinn und psychologischen Wert der Nahrung, 13–28. Zürich: Chronos
1994 „Eating and being: what food means", in: Barbara Harriss-White und Sir Raymond Hoffenberg (Hrsg.), *Food: multidisciplinary perspectives*, 102–115. Cambridge: Blackwell
2001 *Food patterns in agrarian societies: the core-fringe-legume „hypothesis".* www.jhsph.edu/clf/events/dietprotein_conference_01/dietprotein_01_Mintz.html. [aufgerufen am 6. Januar 2011]

MINTZ, Sidney und Daniela SCHLETTWEIN-GSELL
2001 „Food patterns in agrarian societies: the core-fringe-legume hypothesis", *Gastronomica* 1(3):41–52

MOORE, Henrietta L. und Megan VAUGHAN
1994 *Cutting down trees: gender, nutrition, and agricultural change in the Northern Province of Zambia, 1890–1990.* Portsmouth: Heinemann

NDISI, John W.
1974 *A study in the economic and social life of the Luo of Kenya.* Lund: Berlingska Boktryckeriet

OCHOLA, Samuel Ogada
2009 *Integrated flood hazard, vulnerability and risk assessment in Nyando River Catchment, Kenya: options for land-use planning.* Göttingen: Sierke

ODHIAMBO ATIENO, Eisha Stephen, T.I. OUSO und J.F.M. WILLIAMS
1977 *A history of East Africa.* London: Longman

OMINDE, Simeon H.
1952 *The Luo girl, from infancy to marriage.* Nairobi: East African Literature Bureau

OPOLE, Monica
1991 „Women's indigenous knowledge based in the translation of nutritional and medicinal values of edible local plants in Western Kenya", in: Kwesi Kwaa Prah (Hrsg.), *Culture, gender, science and technology in Africa*, 81–96. Namibia: Windhoek

REEVES, Edward B. und Timothy FRANKENBERGER
1982 *Farming systems research in North Kordofan, Sudan.* Lexington: University of Kentucky (INTSORMIL Report 2.)

RICHARDS, Audrey
1939 *Land, labor and diet in Northern Rhodesia: an economic study of the Bemba Tribe.* Oxford: Oxford University Press

SCHLETTWEIN-GSELL, Daniela
1992 „Zum Nährwertgehalt von ‚core‘ und ‚fringe‘“, in: Martin Schaffner (Hrsg.), *Brot, Brei und was dazugehört.* Über den sozialen Sinn und physiologischen Wert der Nahrung, 45–66. Zürich: Chronos

SHIPTON, Parker
1989 *Bitter money: cultural economy and some African meanings of forbidden commodities.* New Hampshire: American Anthropological Association
1992 „Debts and trespasses: land, mortgages, and the ancestors in Western Kenya“, *Africa* 62 (3):357–388
2007 *The nature of entrustment: intimacy, exchange, and the sacred in Africa.* New Haven: Yale University Press
2009 *Mortgaging the ancestors: ideologies of attachment in Africa.* New Haven: Yale University Press

SOUTHALL, Aidan William
1952 *Lineage formation among the Luo.* London, New York, Toronto: Oxford University Press
1975 „From segmentary lineage to ethnic association – Luo, Luhya, Ibo, and others“, in: Maxwell Owusu (Hrsg.), *Colonialism and change, essays presented to Lucy Mair*, 203–229. Den Haag: Mouton

SPITTLER, Gerd
1991 „Armut, Mangel und einfache Bedürfnisse“, *Zeitschrift für Ethnologie* 116:65–89
1993 „Lob des einfachen Mahles. Afrikanische und europäische Esskultur im Vergleich“, in: Alois Wierlacher (Hrsg.), *Kulturthema Essen*, 193–210. Berlin: Akademie Verlag

THEIS, Joachim
1999 „Changing patterns of food consumption in Central Kordofan, Sudan“, in: Carola Lentz (Hrsg.), *Changing foodhabits: case studies from Africa, South America and Europe*, 91–109. Amsterdam: Harwood Academic Publisher

VON OPPEN, Achim
1999 „Cassava, ‚the lazy man’s food‘? Indigenous agricultural innovation and dietary change in Northwestern Zambia (ca. 1650–1970)“, in: Carola Lentz (Hrsg.): *Changing foodhabits: case studies from Africa, South America and Europe*, 43–71. Amsterdam: Harwood Academic Publisher

WEISS, Brad
1996 *The making and the unmaking of the Haya lived world: consumption, commoditization and everyday practice.* Durham: Duke University Press

WIEGELMANN, Günter
1971 „Was ist der spezielle Aspekt ethnologischer Nahrungsforschung?", *Ethnologia Scandinavica* 1:6–15

Paideuma 58:135–151 (2012)

GABE, DANKBARKEIT UND ANERKENNUNG
Überlegungen zu Paul Ricoeurs Begriff der Gabe

Heike Kämpf

ABSTRACT. Paul Ricoeur connects the philosophical concept of 'recognition' to the ethnological analysis of ceremonial gift exchange by focusing on the term 'gratitude'. Particularly by means of a content analysis of the French word 'reconnaissance' (recognition) Ricoeur demonstrates that the term 'reconnaissance' is closely linked with the notion of gratitude. Thus Ricoeur broadens the philosophical concept of 'recognition', that is mainly defined in reference to the influential idea of an endless 'struggle for recognition' (*Kampf um Anerkennung*) as Friedrich Hegel puts it. Ricoeur outlines the interesting idea that gratitude binds donor and recipient together and that the ceremonial gift exchange symbolises the mutual recognition of donor and recipient. Hence the experience of the gift should be understood as the experience of being recognised. I wish to pursue these considerations by arguing that the gift exchange can only then be considered as establishing a mutual recognition if the gift itself is also recognised and acknowledged as such. As Marcel Mauss demonstrated this is the case in traditional societies. As soon, however, as the gift loses this special capacity to express recognition, the mutual recognition of donor and recipient will also be lost.

Alle nicht entstellte Beziehung [...] ist ein Schenken
(Theodor W. Adorno).

Der Begriff der Anerkennung, der seit Hegel eine spezifische Intersubjektivitätsbeziehung anspricht, hat in der Moralphilosophie und der politischen Theorie zu fruchtbaren Diskussionen geführt. Insbesondere sind hier die Arbeiten von Axel Honneth (1994, 2005) zu nennen, der mit dem Anerkennungsbegriff eine moralische „Grammatik sozialer Konflikte" (so der Untertitel des entsprechenden Buches) erstellt. Honneth zeigt, wie die Kämpfe um Anerkennung in den verschiedenen Bereichen des gesellschaftlichen Lebens letztlich Kämpfe um das moralische Recht auf Anerkennung und Respekt der Individuen sind. Im englischsprachigen Raum haben sich vor allem Judith Butler und Nancy Fraser um eine Klärung des Anerkennungsbegriffs (*recognition*) bemüht: Butler (2003) hat den Begriff der Anerkennung weiterentwickelt, indem sie betont, daß Anerkennung vor allem Anerkennung der Einzigartigkeit des Anderen bedeutet. Und Fraser stellt in kritischer Auseinandersetzung mit Honneth einen Zusammenhang zwischen ökonomischer Umverteilung, distributiver Gerechtigkeit und Anerkennung her (Fraser u. Honneth 2003). In ihrem gemeinsamen Vorwort zu ihrem Buch „Umverteilung oder Anerkennung?" formulieren Fraser und Honneth ihren Dissens pointiert: Honneth bemüht sich vor allem darum, den Begriff der Anerkennung als fundamentalen, übergreifenden Moralbegriff zu formulieren (Fraser u. Honneth 2003:9). Er geht davon aus, daß auch die Kategorie der „Umverteilung" unter die Kategorie der „Anerkennung" subsumiert werden kann, wohingegen Fraser die Begriffe „Umverteilung" und „Anerkennung" als gleichursprüngliche, nicht aufeinander reduzierbare Dimensionen der Gerechtigkeit versteht (Fraser u. Honneth 2003:9).

In jüngerer Zeit stellt Paul Ricoeur in seinem Buch „Wege der Anerkennung", das zuerst 2004 erschienen ist, eine Verbindung zwischen den Begriffen der Anerkennung (*reconnaissance*), des Tauschs und der Gabe her. Mit dieser Verbindung hat Ricoeur sowohl auf den Begriff der Anerkennung als auch auf den Begriff des Gabentauschs eine ganz neue Perspektive eröffnet. Deshalb ist es besonders lohnenswert, Ricoeurs Überlegungen nachzugehen und diese weiterzuführen. Ricoeurs Ausführungen bereichern den Anerkennungsbegriff um die Dimension der Dankbarkeit. Diesen Zusammenhang zwischen Anerkennung und Dankbarkeit stellt Ricoeur über eine semantische Analyse des Wortes „reconnaissance" her: *Reconnaissance* bedeutet demnach nicht nur Erkennen, Wiedererkennen und Anerkennen, sondern die Wortbedeutung läßt sich, wie Ricoeur ausführt, „bis hin zur letzten Gleichung von *reconnaissance* und Dankbarkeit [verfolgen], die in kaum einer anderen Sprache als dem Französischen vorkommt" (2006:16; Kursivsetzung im Original). So heißt es in den französischen Wörterbüchern, die Ricoeur (2006:26) zu Rate zieht: „Avoir de la reconnaissance pour" (Dankbarkeit empfinden für) oder „témoigner de la reconnaissance" (Dank bezeugen).

In der Tat ist diese schillernde Bedeutung des französischen Wortes nicht leicht zu übersetzen. Das deutsche Wort „Anerkennung" legt kaum einen Bezug zur Dankbarkeit nahe. Vielleicht kommt der Begriff der „Erkenntlichkeit" dem französischen Begriff noch am nächsten: Man zeigt sich erkenntlich, im Sinne von „jemandem Dankbarkeit erweisen", und man ist, etwas umständlich ausgedrückt, „erkenntlich", im Sinne der Erkennbarkeit oder Identifizierbarkeit. Das englische Wort „recognition" hat zwar auch, wie das französische, die Doppelbedeutung von Erkennen und Anerkennen, aber es zeigt keinen Bezug zur Dankbarkeit, die im Sinne Ricoeurs mit „gratitude" zu übersetzen wäre.

Über diese semantischen Analysen hinaus, die Ricoeur anstellt, um in der französischen Sprache einen Zusammenhang zwischen Dankbarkeit und Anerkennung herzustellen, was vielleicht als bloß französische Eigenheit gewertet werden könnte, tritt eine sinnvolle Beziehung beider Begriffe auch in Bezug auf den Gabentausch hervor: In Anlehnung an das zuerst 2002 erschienene Buch „Der Preis der Wahrheit" des Philosophen und Ethnologen Marcel Henaff (2009) vertritt Ricoeur die These, daß der zeremonielle Gabentausch auf der symbolischen Ebene die wechselseitige Anerkennung der Tauschpartner ausdrückt. Daß der Gabentausch die Ökonomie überschreitet und vor allem eine symbolische Bedeutung hat, die darin besteht, Beziehungen zu knüpfen, ist nun kein neuer Gedanke. Aber die These, daß es sich beim Gabentausch gewissermaßen um die Realisierung einer wechselseitigen Anerkennung handelt und daß die Erfahrung der Gabe als „lebendige Erfahrung der Anerkennung" gedeutet werden kann (Ricoeur 2006:304), ist durchaus neu und interessant.

Mit diesen Überlegungen bereichert Ricoeur die Reflexionen auf die Anerkennung um die Frage, welche Gestalt die Anerkennung in Friedenszeiten (*agape*), jenseits des Kampfes, annimmt. Damit kündigt sich eine Überschreitung der Konfliktförmigkeit des Anerkennungsverhältnisses an, die mit dem Begriff des „Kampfes um Anerkennung" (Hegel) einhergeht. Ricoeur geht es nicht um die Analyse des Kampfes um Anerkennung, sondern um die Erfahrung des Anerkanntseins, die bisher vernachlässigt worden ist. Bei Honneth, Fraser und Butler erscheint das Verlangen nach Anerkennung letztlich als unstillbar und der Kampf um Anerkennung als Movens der sozialen und politischen Prozesse. Die neuartige Frage, die Ricoeur sich stellt, lautet demgegenüber, wie und wann sich ein Individuum für anerkannt halten kann. Und Ricoeur findet den Moment der Erfüllung im Moment des zeremoniellen Gabentauschs. Damit überschreitet er nicht nur die konfliktträchtige Auffassung der Anerkennungsbeziehung, sondern auch die antagonistische Deutung des Gabentauschs, die seit Franz Boas insbesondere das Verständnis des Potlatch prägt. Bevor der Zusammenhang von Anerkennung, Dankbarkeit und Gabentausch herzustellen ist, soll im Folgenden zunächst der Anerkennungsbegriff näher erläutert werden.

Vor allem Axel Honneth hat Hegels Gedanken weiterverfolgt, daß über verschiedene Stufen eines Konfliktes, der als Kampf um Anerkennung erscheint, ein moralisches Potential zur Verwirklichung gelangt (1994:107). Honneth geht einer moralischen Logik sozialer Konflikte nach, die von der Erfahrung der Mißachtung ausgehen und zu Kämpfen um Anerkennung führen. Die Einforderung verschiedener Formen der Anerkennung in den Bereichen der Liebe, des Rechts und der Sittlichkeit, sind demnach durch verschiedene Formen der Erfahrung von Mißachtung ausgelöst und gleichzeitig durch sie legitimiert: Honneth unterscheidet analog zu den drei Formen der Anerkennung drei Gruppen von Mißachtungserfahrungen: Die erste berührt die leibliche Integrität der Person und besteht in Erfahrungen physischer Mißhandlung. Diese verletzen „das Vertrauen in die Fähigkeit der autonomen Koordinierung des eigenen Körpers" (Honneth 1994:214). Die zweite Gruppe umfaßt Erfahrungen der Erniedrigung durch den Ausschluß vom Besitz bestimmter Rechte. Diese Erfahrungen beschädigen die moralische Selbstachtung der Betroffenen. Und die dritte Gruppe beinhaltet schließlich Erfahrungen der Beleidigung und Entwürdigung durch die Herabwürdigung von individuellen oder kollektiven Lebensweisen (1994:217) Die verweigerte Anerkennung in diesen drei Formen der Mißachtung verhindert nach Honneth die Ausbildung eines handlungsfähigen Ichs, auf das jedes Individuum einen moralischen Anspruch besitzt. In Anlehnung an Hegel verweist der Anerkennungsbegriff auf eine Struktur von Intersubjektivität, in der die Akteure sich durch eine reziproke, wechselseitige Tat (der Anerkennung) als Subjekte oder Personen konstituieren. Bei Hegel erscheint diese Form der Wechselseitigkeit als Form des „gedoppelten Tuns", indem die Akteure sich „als gegenseitig sich anerkennend" anerkennen (1988:129). Das Anerkennungsverhältnis stellt demnach eine symmetrische Beziehung her, die vor dem Eintritt in das Anerkennungsverhältnis nicht als gegeben vorausgesetzt werden kann.

Das Paradoxe der Anerkennungsbeziehung besteht gewissermaßen darin, daß die Akteure eine Beziehung eingehen, die sie zugleich b i n d e t und zu sich selbst b e f r e i t. Diese Gebundenheit ist von einer (einseitigen) Abhängigkeit zu unterscheiden und führt die Akteure zu einer Selbständigkeit, einer Autonomie, die dennoch nur in der Beziehung zum Anderen und vom Anderen her verwirklicht werden kann. Um diese Struktur kreisen alle anerkennungstheoretischen Überlegungen, die sowohl die Eigentümlichkeit der B e z i e h u n g als auch die des durch diese Beziehung gewährten S e l b s t s e i n s zu klären versuchen.[1] Die Selbstbeziehung der Anerkennung verläuft über den Umweg über den Anderen, wobei dieser Andere weder als nur Anerkannter noch als nur Anerkennender auftritt. Beide Aspekte sind vielmehr nur gemeinsam denkbar. Anders und in Hinblick auf den Begriff der Gabe gesagt: Die Gabe der Anerkennung kann nur dann gegeben und erhalten werden, wenn sie in Verschränkung mit der Anerkennung des Gebers erfolgt. Dieses Anerkanntwerden ist wiederum nicht gewissermaßen als „Leistung“ vom Anerkennenden zu erbringen, sondern bleibt an den Vollzug des Anderen gebunden. Die Anerkennung ist gewissermaßen ein Geschenk, das nur dann als solches sichtbar wird, wenn beide Akteure es wechselseitig bestätigen.

Die Grenzen der Anerkennung und die Anerkennung der Einzigartigkeit

Während klassische Überlegungen zur Anerkennungsbeziehung primär auf die interindividuelle Bestätigung des Subjekt- und Personenstatus der Akteure zielen (vgl. Bedorf 2010), hat Butler demgegenüber die Grenzen der Anerkennung thematisiert. Wie sie in ihrem Buch „Kritik der ethischen Gewalt“ (2003) ausführt, erfordert eine wahrhaft ethische Interaktion die Anerkennung der Grenzen der Anerkennung, wobei sie mit der Doppelbedeutung des Begriffs „recognition“ spielt, der, wie bereits festgestellt, sowohl „Erkennen“ im Sinne von „Identifizieren“ als auch „Anerkennen“ bedeutet. Ihre These lautet, daß die Verweigerung der Erkenntnis, der eindeutigen Identifizierung des Anderen und die Einsicht, daß ich den Anderen nie ganz erkennen und durchschauen kann, die Grundlage einer wahrhaften Anerkennungsbeziehung ist. Für Butler besteht der Sinn interindividueller Interaktionen, die sie als e t h i s c h e kennzeichnet, in der wechselseitigen Bestätigung der Einzigartigkeit, der S i n g u l a r i t ä t der Beteiligten. Diese kann, wie gesagt, nur durch einen Verzicht auf Erkennen (*recognition*) beziehungsweise Identifikation vollzogen werden. Während Butler in Anlehnung an Foucault darauf hinweist, daß Anerkennungsbeziehungen immer in soziale Strukturen eingebettet sind, die auch vorgeben, unter welchen Bedingungen jemand erkennbar und anerkennbar ist, zielt die Form der Interindividualität, die auf einer Anerkennung

---

1 Siehe zur Diskussion des Anerkennungsbegriffs Bedorf (2010).

der Grenzen der Anerkennung (im Sinne der Erkennbarkeit) beruht, darauf, die sozialen, institutionalisierten Bedingungen der Anerkennung zu überschreiten. Die ethische Haltung, die Butler hier einfordert, ist letztlich darauf zurückzuführen, daß wir eingestehen, uns selbst nicht endgültig erkennen und über uns selbst nicht vollständig Rechenschaft ablegen zu können: „[M]eine eigene Undurchsichtigkeit für mich selbst [gibt] mir die Fähigkeit, anderen eine gewisse Art von Anerkennung zu verleihen" (Butler 2003:54).

Diese Art der Anerkennung verzichtet gerade darauf, den Anderen erkennen zu wollen, bevor er anerkannt wird, also etwa zunächst sein Können oder seine Kompetenzen zu erfassen, um ihn erst dann wertzuschätzen. Vielmehr gelangen nur durch den Verzicht auf Erkennen und Identifikation sowohl die eigene Einzigartigkeit wie die Einzigartigkeit des Anderen in den Blick. Das Selbst und der Andere können in dieser Anerkennungsbeziehung, die die Grenzen der Anerkennung akzeptiert, in ihrer Unverwechselbarkeit in Erscheinung treten. Die Wechselseitigkeit dieser Anerkennungsbeziehung, die Form des gedoppelten Tuns, spielt auch hier eine entscheidende Rolle: Über die Struktur der Adressierung werden die Akteure gewissermaßen erst ins Leben gerufen. Nur dadurch, daß ich von jemandem angesprochen werde, kann ich im sozialen Feld sichtbar werden und in Erscheinung treten. In Anlehnung an Hannah Arendt lautet für Butler die initiale Frage, durch die der Andere (gesellschaftlich) sichtbar wird: „Wer bist du?" Wobei die Form dieser Anrede die Möglichkeiten oder Modalitäten des Angesprochenen rahmt, in Erscheinung zu treten.

Damit die Akteure in ihrer Singularität erscheinen können, ist, wie bereits ausgeführt, der vorgegebene soziale Rahmen zu überschreiten, der die Bedingungen der Erkennbarkeit und der sozialen Wertschätzung festlegt. Diese Überschreitung erfolgt, indem die Akteure von der Forderung nach kohärenter Identität und Selbsttransparenz ablassen, und es so sich und dem anderen ermöglichen, ihre Geschichte mit all ihren Brüchen und Widersprüchen zu erzählen. Die initiale Frage „Wer bist du?" kann die Singularität des Anderen also nur dann (an)erkennbar machen, wenn sie nicht als endgültig und eindeutig beantwortbar verstanden wird. Die so ermöglichte narrative Singularität entsteht als Rechenschaftsgabe von sich angesichts des anderen:

> Die Einzigartigkeit des Anderen ist mir ausgesetzt, aber meine ist auch ihm ausgesetzt, und das heißt nicht, daß wir gleich sind, es heißt nur, daß wir durch unsere Unterschiede, d.h. durch unsere Singularität, aneinander gebunden sind (Butler 2003:47).

Damit wendet sich Butler gegen ein Modell wechselseitiger Anerkennung, das auf der Basis der Anerkennung der Gleichheit der Akteure beruht.[2] Nicht die Erkenntnis der Gleichheit ist die Grundlage der Anerkennung, sondern vielmehr das Wissen

---

2 Dieses Verständnis geht unter anderem auf Hegel zurück und läßt sich auch bei Fraser finden, die davon ausgeht, daß Anerkennung „eine ideale reziproke Beziehung zwischen Subjekten bezeichnet, in der jeder den anderen als seinesgleichen und zugleich von sich getrennt sieht" (Fraser 2003:19).

der Akteure um ihre Ungleichheit, ihre unverwechselbare Einzigartigkeit. Diese wechselseitige Anerkennung vollzieht sich jenseits juridischer und gesellschaftlicher beziehungsweise institutionalisierter moralischer Rahmen: Die Anerkennung des Anderen besteht weder in der Anerkennung seines Personenstatus, noch ist Anerkennung gleichbedeutend mit einer Wertschätzung, die auf der Erkenntnis der Vorzüge des Anderen beruht. Vielmehr erfordert Butlers Anerkennungsmodell eine Urteilsenthaltung.[3] Butler formuliert es paradox, wie es die Doppelbedeutung von „recognition" (Erkennen und Erfassen sowie Anerkennen) nahe legt: „Anerkennung verpflichtet uns in der Tat manchmal, Urteile auszusetzen, um den Anderen erst einmal überhaupt zu erfassen" (2003:59).

In dem Anerkennungsverhältnis, für das Butler plädiert, geht es also gerade nicht darum, über den Anderen zu urteilen, ihn zu bestimmen und zu erkennen, sondern darum, ihn in seiner Intransparenz zu akzeptieren und zu respektieren. Insofern nimmt die Formulierung des Anerkennungsverhältnisses eine zentrale Stelle in Butlers Gesamtwerk ein, denn es ist ihr zentrales Anliegen, Prozesse der Subjektwerdung (*subjectivation*) zu klären. Sie will die gesellschaftlichen Bedingungen ausfindig machen, unter denen Menschen als Subjekte erkennbar und anerkennbar werden, um sich dann dem Schicksal der Ausgeschlossenen und Marginaliserten zuzuwenden. Das Anerkennungsverhältnis, das Butler hier herauspräpariert hat, bietet die Möglichkeit, gesellschaftliche Bedingungen der Anerkennung zu unterlaufen und sozialen Verwerfungen damit von Beginn an entgegenzuwirken, so daß Prozesse der Verwerfung und Marginalisierung nicht mehr möglich sind.

Die Erfahrung des Anerkanntseins und die Dankbarkeit

Ricoeur verschiebt den Blick von dem zweifellos konfliktträchtigen Kampf um Anerkennung schließlich auf den Moment, in dem die Anerkennung erfolgt, auf den Moment der Erfüllung, der sich in der Erfahrung der Dankbarkeit zeigt. Erfahrungen der Mißachtung, die Honneth phänomenologisch aufgeklärt hat, oder Erfahrungen der Verkennung, wie sie Butler schildert, sind zweifellos leichter ausfindig zu machen als die Erfahrung der Anerkennung. Diese Erfahrung stellt sich nicht zwangsläufig in den gesellschaftlich dafür vorgesehenen Rahmen (etwa etablierten Ehrungen und der Anerkennung von Verdiensten) ein. Für Ricoeur liegt es vielmehr nahe, die Erfahrung des Annerkanntseins im Moment des Gebens und Empfangens der Gabe zu suchen. Die Gabe kommt dabei als symbolische Vermittlerin der Anerkennungsbeziehung in den Blick: Indem etwas als Gabe (an)erkannt wird, erfüllt sich die Anerkennungsbeziehung der Akteure. Die wechselseitige Anerkennung (*reconnaître mutuelle*) erfolgt über die

[3] Damit ist nicht nur die Enthaltung von Werturteilen gemeint, sondern auch die Enthaltung von „bestimmenden Urteilen" (Kant), das heißt der identifizierenden Bestimmung.

Identifikation der Gabe als Gabe (Ricoeur 2006:287). Indem Ricoeur eine vermittelnde Instanz einführt, ein Ding, eine konkrete Gabe, kann er ein Moment der befriedigenden Erfahrung in einem Anerkennungsverhältnis ausmachen. Die wechselseitige Anerkennung der Akteure kann sich durch etwas zeigen, das die Beziehung transzendiert: die Gabe, die als solche nur durch ein „gedoppeltes Tun" der Beteiligten konstituiert werden kann. Sie ist weder ein Almosen noch eine Ware oder ein Mittel zum Zweck. Und nur, wenn die Beteiligten dies in der Anerkennung der Gabe als Gabe erkennen, wird sie zugleich zum Moment der „befriedigenden Erfahrung wechselseitiger Anerkennung" (Ricoeur 2006:274).

Ricoeurs Ausführen sind vor allem deshalb beeindruckend, weil sie sehr deutlich machen, daß der Kampf um Anerkennung eine Besonderheit aufweist, die die Kampfmetaphorik nicht ausreichend erfassen kann: Der „Kampf" zielt nicht auf eine Ermächtigung oder Herrschaft über den anderen, sondern auf eine Beziehung wechselseitiger Achtung, die durch jedes Dominanz- oder Unterwerfungsbestreben zerstört wird. Dieses Anliegen wird schon in Hegels Ausführungen deutlich – vor allem dort, wo er das Herr-Knecht-Verhältnis als eine gescheiterte Anerkennungsbeziehung schildert. Herr und Knecht anerkennen sich nicht als „gegenseitig sich anerkennend" (Hegel 1988:129), sondern ihr Verhältnis ist „einseitig und ungleich" (Hegel 1988:132). Auch in Honneths Verweis auf die moralische Legitimität des erwähnten „Kampfes" oder in Butlers Kritik der ethischen Gewalt tritt dieser Aspekt hervor. Aber erst mit Ricoeurs Frage nach der Erfahrung der wechselseitigen Anerkennung wird der Aspekt der wechselseitigen Achtung im Anerkennungsverhältnis besonders deutlich hervorgehoben:

> Vielleicht bleibt der Kampf um Anerkennung unendlich: doch die Erfahrung tatsächlicher Anerkennung im Austausch von Gaben, vor allem in seiner festlichen Gestalt, bringen dem Kampf um Anerkennung die Gewissheit, daß seine Motivation, die ihn vom Machthunger unterscheidet und vor der Faszination der Gewalt schützt, weder schein noch eitel ist (Ricoeur 2006:306).

Erst in der Erfüllung der Anerkennung wird demnach die spezifische Reziprozität des Anerkennungsverhältnisses erlebbar und von Herrschaft und Unterwerfung unterscheidbar. Es läßt sich vielleicht sagen, daß die Akteure in dem Gefühl der Dankbarkeit die Anerkennung ihrer selbst und des Anderen erfahren. Die Dankbarkeit bindet Geber und Nehmer aneinander, aber sie bleiben im Akt des Tauschs auch deutlich voneinander unterscheidbare Subjekte. Ricoeur betont, daß im Akt des Empfangens der Gabe und der Dankbarkeit, wie in der Anerkennung, eine „doppelte Alterität" gewahrt bleibt: „[W]er gibt, ist ein anderer als der, der empfängt; und wer empfängt, ein anderer als der, der erwidert" (2006:325).

Gabentausch und Anerkennung

Ricoeurs Begriff der Gabe führt nicht zuletzt deshalb weiter, weil er an Überlegungen zur symbolischen Dimension des Gabentauschs anknüpft, die den ethnologischen Diskurs spätestens seit Marcel Mauss' „Essai sur le don" von 1924 prägen. Der Gabentausch bezeichnet eine spezifische Form der Tauschbeziehung, die sich jenseits ökonomischer Interessen und des ökonomischen Feldes vollzieht und die sich nicht allein mit der Logik der Reziprozität oder des *do ut des* verstehen läßt. Mauss hat darauf aufmerksam gemacht, daß der „homo oeconomicus" eine relativ späte Erfindung unserer Gesellschaft ist: „Erst unsere westlichen Gesellschaften haben, vor relativ kurzer Zeit, den Menschen zu einem ‚ökonomischen Tier' gemacht" (Mauss 1975:135). Bei Mauss erscheint der Gabentausch vor allem als ein institutionalisiertes Phänomen und in Verbindung mit einer Vertragstheorie, die den verpflichtenden Charakter des Gabentauschs stärker in den Vordergrund rückt. Die Verpflichtungen zu geben, zu nehmen und zu erwidern, in die Mauss den Gabentausch einteilt, sind allerdings nicht durch äußere Zwänge auferlegt, was diese Verpflichtungsformen für Mauss zu Vorläufern aller rechtlich und moralisch bindenderen Pflichten macht.

Während es Ricoeur um die erwartungslose Gabe als Appell geht, die sich der Logik des „do ut des" verschließt und während er den Moment der Dankbarkeit erfassen will, versucht Mauss eher, die bindende Kraft der Gabe zu erhellen. Er interessiert sich für das Phänomen der obligatorischen Verpflichtungen zu geben und zu nehmen, die eingehalten werden, obwohl kein übergeordnetes Strafsystem ihre Einhaltung sichert. Vielleicht ließe sich sagen, daß es Ricoeur eher um die Erschließung eines persönlichen oder privaten Moments der Erfahrung der Anerkennung geht, während Mauss stärker die gesellschaftliche Dimension der Anerkennung durch die Gabe betont: Der Respekt, den die Gabe zum Ausdruck bringt, und von dem Mauss spricht, ist immer auch an einen öffentlichen Akt gebunden. Interessanterweise benutzt Mauss den Ausdruck „reconnaissance" um diesen Aspekt des zeremoniellen Gabentauschs am Beispiel des Potlatch hervorzuheben: „Le potlatch, la distribution des biens est l'acte fondamental de la ‚reconnaissance' militaire, juridique, économique, religieuse, dans tous les sens du mot. On ‚reconnait' le chef ou son fils on lui devient ‚reconnaissant'" (Mauss 1968:198).

In der deutschen Ausgabe ist „reconnaissance" treffenderweise mit „Erkenntlichkeit" übersetzt (Mauss 1975:75). Obwohl es Mauss hier eher um die Betonung der öffentlichen Anerkennung auf den verschiedenen gesellschaftlichen Gebieten geht, spielt er doch auch die Wortbedeutung von *reconnaissance* aus und macht deutlich, daß der Häuptling oder sein Sohn durch den Potlatch nicht nur als solcher anerkannt und erkannt, sondern auch mit Dankbarkeit betrachtet wird: Man zeigt sich ihm gegenüber erkenntlich. Der erstgenannte Aspekt geht auf die Deutung von Franz Boas zurück, der die Möglichkeit des Potlatch „for the public announcement of events that are important for the social standing of the individual" betont hat (1970a:537).

Obwohl also der Aspekt der öffentlichen Anerkennung bei Mauss durchaus eine Rolle spielt, wird die individuelle Erfahrung der Dankbarkeit, die nach Ricoeur ein Gefühl des Anerkanntseins vermittelt und die den Kampf um Anerkennung einen Moment lang aussetzt, bei Mauss nicht thematisiert. Vielmehr gelangt bei Mauss auch der antagonistische Charakter des Gabentauschs in den Blick, während Ricoeur den Friedenszustand zu erschließen sucht. Der antagonistische Charakter des Potlatch beispielsweise läßt sich kaum leugnen. Dieser Aspekt des Gabentauschs prägt auch neuere Arbeiten, die die Gabe aus kulturanthropologischer Sicht (z.B. Krafft-Krivanec 2004) und aus soziologischer Perspektive (z.B. Adloff u. Mau 2005) interpretieren.[4] Die entsprechenden Autoren betonen, daß die Gabe auch im Zusammenhang mit dem Begriff der Macht zu verstehen ist und als Ausdruck von Herrschaftsbeziehungen gedeutet werden kann. Demnach strebt man im Gabentausch keine reziproke, gleichberechtigte Beziehung an, sondern baut Statusdifferenzen auf, indem jeder mehr zu geben versucht, als der Empfänger zurückgeben kann.

Dieses Verständnis des Gabentauschs, das sich vor allem an der Interpretation des Potlatch orientiert, geht auf Claude Lévi-Strauss zurück, der in seinem Buch „Die elementaren Strukturen der Verwandtschaft“ von 1949 ausgeführt hat, daß es im Gabentausch insbesondere darum gehe,

> seinen Rivalen an Freigebigkeit zu übertreffen und ihn womöglich mit einer Fülle von Gegenverpflichtungen zu erdrücken, denen er, so hofft man, nicht nachzukommen vermag, so daß man ihm Privilegien, Titel, Rang, Autorität und Prestige entreißen kann (1993:108).

Diese, das Verständnis des Gabentauschs bis heute prägenden Ausführungen bestätigen noch einmal die Originalität der Ricoeur'schen Sichtweise auf die Gabe, die den Anerkennungsbegriff um die Dimension der Dankbarkeit erweitert und die Erfahrung der Anerkennung in der Gabe symbolisiert sieht. Auf der anderen Seite kann der antagonistische Aspekt des Potlatch, der vor allem für die Kwakiutl gut belegt ist, auch als Kampf um Anerkennung interpretiert werden. Der verschwenderische Umgang mit Gaben, der bis hin zur Zerstörung führen kann, bringt möglicherweise ebenso wie das Bemühen um gegenseitige Überbietung das Verlangen zum Ausdruck, Anerkennung zu finden und Dankbarkeit zu empfangen.

Warentausch, Gabentausch und Dankbarkeit

Eine Verbindung zwischen Gabentausch und Dankbarkeit aus soziologischer Perspektive findet sich schon früh bei Georg Simmel, dessen Ausführungen im Rahmen der gegenwärtigen Diskussion um die Gabe als besonders aktuell erscheinen. In seinem 1907

4 Bei dem von Adloff und Mau herausgegebenen Band handelt es sich um eine Zusammenstellung von klassischen und modernen Texten zur Gabe.

erschienenen Artikel „Dankbarkeit. Ein soziologischer Versuch" stellt er eine Beziehung zwischen Dankbarkeit und seiner zentralen These her, daß alle sozialen Prozesse als Wechselwirkung zu verstehen sind. Dankbarkeit erscheint in diesem Zusammenhang als eine Garantin dieser Wechselwirkung, die sich nicht rechtlich einklagen läßt, sondern allein auf dem Verpflichtungsgefühl beruht, das aus der Dankbarkeit erwächst. Die Dankbarkeit ist nach Simmel „jenes Motiv, das die Erwiderung der Wohltat von innen heraus bewirkt, wo von äußerer Notwendigkeit nicht die Rede ist" (1993:310). Die Dankbarkeit klärt nach Simmel also den verpflichtenden Charakter der Gegengabe, aber sie kann die Motivation zur „ersten Gabe" nicht erklären.

Der Tausch erscheint bei Simmel schließlich als „Sachwerdung" der elementaren Wechselwirkung der menschlichen Beziehungen: „Indem der eine eine Sache gibt und der andere eine Sache zurückgibt, welche denselben Wert hat, hat sich die Seelenhaftigkeit der Beziehungen zwischen den Menschen in Gegenstände hinausverlagert" (Simmel 1993:308). Diese Entwicklung bezeichnet Simmel auch als „Versachlichung der Beziehung" (1993:309).

Die Untersuchung der vermittelnden Sphäre, die sich zwischen die Individuen stellt, bringt Simmel auch auf die Differenz zwischen Waren- und Gabentausch. Bekanntermaßen erfolgt Simmel zufolge eine zunehmende Differenzierung der Individuen über die Entpersönlichung der Tauschobjekte, die mehr und mehr eine objektive Sphäre bilden, indem sie sich von den Akteuren lösen. Diese Entwicklung gipfelt darin, daß die Beziehung der Menschen eine „Beziehung der Gegenstände" geworden ist (Simmel 1993:309). Das heißt, diese Entwicklung hat zur Folge, daß sich die Beziehungen zwischen den Individuen innerhalb der Gesellschaft immer mehr versachlichen und daß sie einen immer größeren Personenkreis verbinden. Diese Bindungen betreffen, wie Simmel betont, nicht die ganze Person, sondern deren verschiedene Interessen. Die Vervielfältigung versachlichter Beziehungen bietet dem Einzelnen auf der anderen Seite auch eine Bereicherung, und die sozialen Beziehungen, die über den Warentausch, den Kauf und Verkauf, entstehen, bedingen zumindest eine Anerkennung des Partners als Rechtssubjekt, ohne aber auf einer Anerkennung oder Kenntnis der Person als solcher, ihrer Einzigartigkeit, zu beruhen. Anders als die Gabe und das Geschenk, die immer auch etwas über den Geber und dessen Beziehung zum Nehmer aussagen, weist die Ware keine solchen persönlichen Elemente auf. Vielmehr ist hier die Beziehung der Akteure auf die der Gegenstände reduziert, zu deren auswechselbaren Anhängseln sie werden.

Wiederum anders steht es, wie bereits erwähnt, mit der Gabe: Sie ist weder an der Idee des Preises noch an der Logik des Äquivalents orientiert. Mit der Gabe entsteht daher eine soziale Beziehung besonderer Art. Dieses Phänomen untersucht Simmel mit dem Begriff der Dankbarkeit: Die Dankbarkeit ist zum einen das Motiv, das zur Erwiderung motiviert, also die Gegengabe bedingt, und zum andern das Fundament einer Beziehung, die sich nicht, wie im Warentausch, mit der Gegengabe beenden läßt. Simmel versteht Dankbarkeit vor allem als „Ergänzung der rechtlichen Ordnung", insofern sie eintritt, sobald die Gegenleistung nicht mehr auf juristischem Weg erzwungen werden kann. Er konzentriert sich auf die Frage nach dem Verpflichtungsmoment der Gabe und auf die besondere Beziehung, die sie knüpft:

> Nun bestehen aber unzählige Beziehungen, für die die Rechtsform nicht eintritt, wo das Äquivalent für die Hingabe nicht erzwungen werden kann. Hier wird die Dankbarkeit zur Stellvertreterin des Rechts und spinnt, wenn andere Mächte versagen, ein Band der Wechselwirkung, der Balancierung von Nehmen und Geben (1993:308).

Die Dankbarkeit bewirkt die Erwiderung der Gegengabe „von innen heraus", also ohne äußeren Zwang. Sie schafft Verpflichtungen und Bindungen, die die Gesellschaft jenseits der Jurisdiktion zusammenhalten: „Obgleich die Dankbarkeit ein rein personaler oder, wenn man will, lyrischer Affekt ist, so wird sie, durch ihr tausendfaches Hin- und Herweben innerhalb der Gesellschaft, zu einem ihrer stärksten Bindemittel" (Simmel 1993:310).

Gleichzeitig erlischt aber mit der Gegengabe nicht das Gefühl der Dankbarkeit. Denn die „erste Gabe" ist für Simmel letztlich nicht zu nicht zu vergelten. Das liegt daran, daß die erste Gabe den Charakter der Freiwilligkeit aufweist. Die Gegenleistung büßt diesen Charakter ein, insofern für sie ein moralischer Zwang, ein Gefühl des moralischen Verpflichtetseins – eben in Gestalt der Dankbarkeit – ausschlaggebend ist. Die Freiwilligkeit des ersten Gebens bezeichnet Simmel als eine „spontane Hingebung", als ein „Aufquellen und Hinquellen zum anderen" (1993:314). Diese Besonderheit der ersten Gabe zeichnet sie vor der Erwiderung aus. In der Gabe „lebt eine Freiheit, die die Gegengabe, eben weil sie Gegengabe ist, nicht besitzen kann" (1993:314). Insofern motiviert die Dankbarkeit nicht nur die Gegengabe, sondern auch das Gefühl der Unerwiderbarkeit der Gabe, so daß die Dankbarkeit eine unlösbare Verbindung zwischen Geber und Nehmer begründet. Die Voraussetzung der besonderen Qualität der ersten Gabe ist aber nur dann erfüllt, wenn sie ohne die Erwartung einer Gegengabe überreicht wird. Die erste Gabe muß gewissermaßen als absichtslose Gabe auftreten, um ihren hervorgehobenen Charakter zu rechtfertigen. Bekanntermaßen führt diese Überlegung Jacques Derrida zu dem Schluß, daß eine Gegengabe die Gabe zerstört: „Jedesmal, wenn es eine Rückgabe oder Gegengabe gibt, wird die Gabe annulliert" (1993:23). Indem die Gabe mit einer Gegengabe beantwortet wird, geht ihr Charakter des „reinen" Gebens, der absichtslosen Verausgabung verloren.

Paul Ricoeur stellt sich auch die Frage, ob die Erwiderung die Gabe möglicherweise aufhebt. Er löst die paradoxe Situation der Gegengabe auf, indem er jede Gabe als gewissermaßen erste Gabe versteht. Und in der Tat ist es schwierig, in einem Geflecht von Tauschbeziehungen die „erste" Gabe auszumachen. Außerdem interpretiert Ricoeur, wie schon angesprochen, die Gegengabe nicht als Gegenleistung oder eine Art Rückzahlung, sondern als „Antwort" auf einen „Appell", der von der Großherzigkeit der ersten Gabe ausgeht (2006:302).

Nach Simmel werden die Beziehungen, die durch die Dankbarkeit zustande kommen, durch eine seelische Überfülle in Gang gebracht: eine uneigennützige Freigebigkeit, die gerade weil sie nicht auf Vergeltung spekuliert, unvergolten bleibt und die den Nehmer in einer Weise bindet, die eine gewisse Asymmetrie der Beziehung erzeugt. Gleichzeitig bewegt sich Simmels Untersuchung im Psychologischen, obwohl er die gesellschaftliche Funktion der Dankbarkeit nicht aus dem Blick verliert. Seine Deutung der ersten Gabe geht von einem Ideal von Ungebundenheit, Freiheit und Freiwilligkeit, Freigebigkeit und Verschwendung aus, was sich aus einem Versuch der Abgrenzung zum Warentausch und der Überschreitung der ökonomischen Logik erklärt. Insbesondere George Bataille hat diesen Aspekt der Verschwendung in der „primitiven" Ökonomie herausgestellt (vgl. Kämpf 1999). Dabei wird aber ein unabhängiges, autonomes und selbstgenügsames Individuum konstruiert und an den Anfang einer Tauschbeziehung gestellt, die durch die Gabe initiiert worden ist, aber vom Geber nicht beabsichtigt ist. Diese Art „reinen" Schenkens aus Überfluß und Übermut denkt nicht an den Anderen, aber gerade daraus soll die erste Gabe ihre besondere Würde erhalten. Solche Konstruktionen, die sich nicht nur bei Simmel, sondern, wie angesprochen, etwa auch bei Derrida finden lassen, verlieren mit dem Verpflichtungscharakter der ersten Gabe und einem überzeichneten Begriff der „Freiwilligkeit" auch die unhintergehbare Abhängigkeit des Gebers vom Anderen aus dem Blick. Und sie erzeugen darüber hinaus eine Idee einseitiger Abhängigkeit durch eine untilgbare Schuldenlast.

Dagegen hat beispielsweise Theodor W. Adorno betont, daß „das wirkliche Schenken [...] sein Glück in der Imagination des Glücks des Beschenkten [hat]. Es heißt wählen, Zeit aufwenden, aus seinem Weg gehen, den anderen als Subjekt denken: das Gegenteil von Vergesslichkeit" (2003:47). In diesem Zitat wird deutlich, daß das Denken an den Anderen, seine Anerkennung als Subjekt, die Gabe motiviert. Die Gabe ist demnach durchaus durch den Anderen, durch den Wunsch begründet, ihn anzuerkennen und von ihm anerkannt zu werden. Die „erste" Gabe ist also nicht notwendig als absichtslose und als aus reiner Freiheit gegebene Gabe zu verstehen. Und schließlich läßt sich mit Ricoeur sagen, daß die Gegengabe die Gabe nicht etwa zerstört, sondern viel eher die Anerkennung der Gabe ausdrückt. Erst die Gegengabe macht die wechselseitige Beziehung der Anerkennung als solche erkennbar (Ricoeur 2006:289).

Bei Mauss findet sich eine andere Erklärung der ersten Gabe, die auf den Aspekt der „Freiwilligkeit" als differenzierendem Moment zwischen Gabe und Gegengabe verzichten kann. Zunächst stellt auch Mauss die Besonderheit des Gabentausches fest: „Schließlich vollziehen sich diese Leistungen und Gegenleistungen in einer eher freiwilligen Form, durch Geschenke und Gaben, obwohl sie im Grunde streng obligatorisch sind" (Mauss 1975:16). In den gemeinsamen Geschenkfesten von verschiedenen sozialen Gruppen geht es unter anderem darum, wie Mauss entsprechende Äußerungen der Tlingit und Haida wiedergibt, „einander Respekt zu erweisen" (1975:16). Zudem werden diese Feste – vor allem der Potlatch – vom Prinzip der Rivalität und des Antagonismus, geleitet. Die Gruppen wetteifern mit Geschenken, und sie versuchen, einander mit Gegengaben wechselseitig zu überbieten.[5] Dieser zeremonielle Kampf um Anerkennung schließt zwar deutlich Gewalt aus, verbirgt aber auch nicht seinen kriegerischen Aspekt.

Um den Verpflichtungscharakter der Gabe zu erklären, bedient sich Mauss des Maori-Konzeptes des „hau", das in den Dingen wohne. Dieses Konzept spricht die Überzeugung aus, daß die Dinge gegeben werden m ü s s e n. Die Dinge begründen demnach nicht nur die Verbindlichkeit der Gegengabe, sondern sie erzwingen gewissermaßen auch ihre (erste) Herausgabe: Man kann mit Mauss sagen, „daß den beim Potlatch ausgetauschten Sachen eine bestimmte Kraft innewohnt, die sie zwingt, zu zirkulieren, gegeben und erwidert zu werden" (1975:80). Mit diesem Gedanken, der den Dingen schließlich auch über den Potlatch hinaus eine gewisse Kraft zuspricht, so daß sie gar nicht der Verfügungsgewalt der Tauschpartner unterstehen, verliert der Begriff der „Freiwilligkeit" innerhalb des Gabentausches seine differenzierende Relevanz. Auch die „erste" Gabe m u ß hergegeben werden, nicht etwa, weil dem Geber sein Herz oder seine Seele überquillt, sondern weil die Gabe selbst fortdrängt. Die bedeutsame Stellung, die den Dingen in dieser Interpretation des Gabentausches zukommt, zeugt von einem Denken, dem die Einteilung in Subjekte und Objekte, in Eigentum und Eigentümer, in tote Dinge und Menschen fremd ist. „Daß in dem empfangenen und ausgetauschten Geschenk etwas Verpflichtendes enthalten ist, beruht darauf, daß die empfangene Sache nicht leblos ist. Selbst wenn der Geber sie abgetreten hat, ist darin noch etwas wie ein Stück von ihm" (Mauss 1975:25).

Die Sache hat eine Seele und ist eine Seele. Woraus folgt, daß etwas geben so viel heißt, „wie etwas von sich selbst geben" (Mauss 1975:24). Die Gaben treten gewissermaßen als Akteure in einem Beziehungsgeflecht auf. Auf diese Weise ist die Suche nach „inneren" Motiven des Gebens, die in edle und unedle eingeteilt werden, überflüssig, und der Gabentausch erweist sich als gewissermaßen trianguläre Beziehung. Hier nimmt die Gabe nicht den Status einer bloß symbolischen Vermittlerin ein, das Geben ist nicht auf eine „Geste" reduziert, die der Verfügungsgewalt der Subjekte untersteht, sondern die gegebene Sache selbst drängt zum Tausch, sie nötigt den Akteuren eine Beziehung auf. Dieses Verständnis der Gabe wurde etwa bei den Kwakiutl dadurch deutlich, daß ihre Kupferplatten, die primären Tauschobjekte, eigene Namen und Geschichten hatten (Boas 1970b:344). Und Mauss führt weitere Beispiele der Benennung von Dingen an. Er nimmt dies als Hinweis darauf, daß ihnen eine Persönlichkeit zugedacht wird (Mauss 1975:83) und daß sie gewissermaßen als „beseelte" Dinge gelten (1975:87). Daher kann die Gabe selbst die Verpflichtung begründen, zu geben, zu nehmen und zu erwidern.

Die wechselseitige Anerkennung der Tauschpartner erfolgt über die Gabe, aber nur dann, wenn die Anerkennung auch der gegebenen Sache, der Gabe selbst, gilt. Indem die Sache eine Würdigung erfährt und nicht allein als „Zeichen" der „Intentionen"

---

5 Mauss (1975:17–18). Siehe zum Potlatch und zu weiteren Tauschformen Kämpf (1995).

des Gebers gilt, kann sie das wechselseitige Anerkennungsverhältnis der Tauschpartner zum Ausdruck bringen. Daraus folgt, daß nicht jeder beliebige Gegenstand in der Lage ist, ein Anerkennungsverhältnis zu vermitteln. Wenn die gegebenen Dinge ihre Bedeutung einbüßen, dann verliert auch das Geben seine anerkennungstheoretische Relevanz.

Den Verfall der Bedeutung der Sachen in unserer Gesellschaft hat unter anderem Adorno beobachtet, wenn er darauf hinweist, daß die Menschen das Schenken verlernt haben: „Der Verfall des Schenkens spiegelt sich in der peinlichen Erfindung der Geschenkartikel. [...] Diese Waren sind beziehungslos wie ihre Käufer" (2003:47).

Auch Ricoeur betont die Relevanz der Qualität der Gaben und sucht, wiederum in Anlehnung an Henaff, die Besonderheit der Gaben zu ergründen, die sich dazu eignen, eine Anerkennungsbeziehung auszudrücken. Demnach sind als Gaben solche Dinge denkbar, die keinen Preis haben. Gaben sollen solche Gegenstände werden, die sich nicht für Geld erwerben und veräußern lassen (2006:295), die also von Waren zu unterscheiden sind. Ricoeur nennt als Beispiele solcher Dinge „ohne Preis" vor allem ideelle Güter. Offenbar gibt Ricoeur die nicht ideellen Dinge in unserer Gesellschaft schon verloren.

Vor dem Hintergrund der Überlegungen zur besonderen Qualität der gegebenen Sachen scheint die Frage nach der initialen Gabe und ihrer Motivation beziehungsweise ihrer notwendigen Motivlosigkeit, um als „Gabe" anerkannt zu werden, einem Denken geschuldet, das sich schon zu sehr vom Warentausch leiten läßt und das eine fundamentale Trennung zwischen Personen und Sachen vollzogen hat. Deshalb erscheint mir das Konzept des „hau", der Gabe, das Mauss in Anlehnung an die Vorstellungen sogenannter „primitiver" Gesellschaften entwickelt hat und das das ganze Problem des Gabentauschs zu lösen vermag, als sinnvoll, auch wenn es nicht selten als irrational kritisiert worden ist. Zudem scheint die empirische oder phänomenale Basis der Mauss'schen Überlegungen weggebrochen zu sein: Vielleicht gibt es in modernen Gesellschaften keinen Gabentausch mehr. Dieser Verdacht wird auch durch die Suche nach der Gabe in privaten Nischen verstärkt. – Der Gabentausch scheint im Verschwinden, nicht, weil die „guten" Motive aussterben, sondern weil die „Gaben", die gegebenen Sachen, zu toten Gegenständen geworden sind.

In der Hoffnung, einen Bereich zu etablieren, der sich der ökonomischen Sphäre entzieht, werden daher nicht selten Überlegungen angestellt, die davon ausgehen, es läge in der Macht der Akteure, die „Waren" in „Gaben" zu verwandeln, indem sie diese dem Anderen mit „guten" Motiven überreichen.[6] Bei einem Geschenk zählt in unserer Gesellschaft selten dieses selbst. Eine zu begeisterte Würdigung der Sache würde gar als ungehörig erscheinen. Vielmehr blickt man häufig von diesem weg auf die „Intention" des Gebers. Der Gegensatz zu den wortreichen Würdigungen und Respektsbe-

[6] Für Überlegungen zur „guten Absicht" des Gebers siehe Orjiukwu (2010:163).

kundungen der gegebenen Sachen seitens der Geber und der Nehmer etwa bei den Potlatchfesten der Kwakiutl könnte nicht größer sein.

Im Anschluß an Marcel Henaff geht Ricoeur zwar, wie gesagt, in der gegenwärtigen Gesellschaft auf die Suche nach Gütern „ohne Preis“. Aber er findet als gewissermaßen magere Ausbeute nur ideelle Güter wie „Wissen“ (mit Einschränkungen), „Schönheit“ und „moralische Würde“ (2006:296). Allerdings fällt die Ungegenständlichkeit beziehungsweise – polemisch ausgedrückt – die „Unverpackbarkeit“ dieser „nichtkäuflichen Güter“ auf, so daß sich Ricoeur schließlich auch auf die Dankbarkeit als einem differenzierenden Kriterium bezieht, um zwischen Gabe und Ware zu unterscheiden. Insofern trifft es zu, wenn Honneth in einem anderen Kontext die Verdinglichung als eine „Anerkennungsvergessenheit“ bezeichnet.[7] Diese Anerkennungsvergessenheit hat sich in der Sphäre der bloßen Sachen, der Objekte, so nachhaltig etabliert, daß diese Objekte ihre Kraft, Menschen zu verbinden, unwiederbringlich eingebüßt haben. Und der Versuch, Beliebiges zum „Zeichen der Anerkennung“ zu erheben, mißlingt chronisch. Sogar das ausgetauschte Wort verweigert seinen Dienst, wenn es in die Beliebigkeit der Intention der Sprecher gestellt wird. Auch die verbindende und verpflichtende Kraft des Wortes verweist auf eine ihm eigentümliche Magie, die sich den Sprechern entzieht. Erst diese Magie, die es den Worten ermöglicht, eine spezifische Macht zu entfalten, bindet die Sprecher aneinander.

Der Verlust der Gabe und der damit einhergehende Verlust einer an die Gabe gebundenen Form von wechselseitiger Anerkennung erscheinen als Konsequenz einer primären Anerkennungsvergessenheit, die die Dinge erfahren haben. Indem sie zu bloßen Sachen degradiert werden, verlieren sie ihre Macht, das wechselseitige Anerkennungsverhältnis von Geber und Nehmer zu begründen und zu symbolisieren. Insofern haben wir in unserer Gesellschaft nicht nur das Schenken verlernt, wie es schon Adorno beobachtet hat, sondern wir haben mit dem Verlust des Schenkens auch die Fähigkeit eingebüßt, Beziehungen wechselseitiger Anerkennung zu etablieren. Da diese Anerkennungsverhältnisse, wie es Butler verdeutlicht hat, auch dazu beitragen, die Einzigartigkeit des Anderen zu würdigen und ihn im sozialen Feld sichtbar werden zu lassen, bedeutet dieser Verlust des Gabentauschs auch einen drastischen Einschnitt in das soziale Leben und Erleben.

Aber vielleicht hat Ricoeur Recht mit der Annahme, daß die Anerkennungsbeziehungen in unserer Gesellschaft (nur) noch durch solche Gaben ausgedrückt werden können, die rein ideeller Natur sind. Klassischerweise kommt hier etwa die Gabe des Wissens in Betracht, die im Verständnis von Sokrates (in Abgrenzung zur bezahlten Lehre der Sophisten) „ohne Preis“ ist. Der Austausch von Wissen könnte ein wech-

---

7 Honneth (2005:62–63). Dieser Ausdruck bezieht sich vor allem auf Personen. Auf die ebenfalls von einer Anerkennungsvergessenheit betroffene „physische Umwelt“ geht Honneth nur am Rande ein (2005:74–75).

selseitiges Anerkennungsverhältnis etablieren und eine Erfahrung des Anerkanntseins vermitteln.

LITERATURVERZEICHNIS

ADLOFF, Frank und Steffen MAU (Hrsg.)

2005 *Vom Geben und Nehmen.* Zur Soziologie der Reziprozität. Frankfurt am Main: Suhrkamp

ADORNO, Theodor W.

2003 *Minima moralia.* Reflexionen aus dem beschädigten Leben. Frankfurt am Main: Suhrkamp

BEDORF, Thomas

2010 *Verkennende Anerkennung.* Über Identität und Politik. Frankfurt am Main: Suhrkamp

BOAS, Franz

1970a *Tsimshian mythology.* New York: Johnson Reprint Corp.

1970b *The social organization and the secret societies of the Kwakiutl Indians.* New York: Johnson Reprint Copr.

BUTLER, Judith

2003 *Kritik der ethischen Gewalt.* Übersetzt von Rainer Ansén. Frankfurt am Main: Suhrkamp

DERRIDA, Jaques

1993 *Falschgeld.* Zeit geben I. Aus dem Französischen von Andreas Knop und Michael Wetzel. München: Fink

FRASER, Nancy und Axel HONNETH

2003 *Umverteilung oder Anerkennung.* Eine politisch-philosophische Kontroverse. Frankfurt am Main: Suhrkamp

FRASER, Nancy

2003 „Soziale Gerechtigkeit im Zeitalter der Identitätspolitik. Umverteilung, Anerkennung und Beteiligung“, in: Nancy Fraser und Axel Honneth, *Umverteilung oder Anerkennung,* 13–128. Frankfurt am Main: Suhrkamp

HEGEL, Georg Friedrich

1988 *Phänomenologie des Geistes.* Hamburg: Meiner

HENAFF, Marcel
2009 *Der Preis der Wahrheit.* Gabe, Geld und Philosophie. Übersetzt von Eva Moldenhauer. Frankfurt am Main: Suhrkamp ([1]2002)

HONNETH, Axel
1994 *Kampf um Anerkennung.* Zur Grammatik sozialer Konflikte. Frankfurt am Main: Suhrkamp
2005 *Verdinglichung.* Eine anerkennungstheoretische Studie. Frankfurt am Main: Suhrkamp

KÄMPF, Heike
1995 *Tauschbeziehungen.* Zur anthropologischen Fundierung des Symbolbegriffs. München: Fink
1999 „Die Lust der Verschwendung. Batailles Untersuchung des Potlatsch als Beitrag zur Ethnologie", in: Andreas Hetzel und Peter Wiechens (Hrsg.), *George Bataille.* Vorreden zur Überschreitung, 211–222. Würzburg: Königshausen und Neumann

KRAFFT-KRIVANEC, Johanna
2004 *Der Sinn des Schenkens.* Wien: Passagen

LÉVI-STRAUSS, Claude
1993 *Die elementaren Strukturen der Verwandtschaft.* Übersetzt von Eva Moldenhauer. Frankfurt am Main: Suhrkamp ([1]1949)

MAUSS, Marcel
1968 „Essai sur le don. Forme et raison de échange dans les sociétés archaiques", *Sociologie et anthropologie* 2 (1923–1924):145–279
1975 *Soziologie und Anthropologie.* Band 2: Die Gabe. Form und Funktion des Austauschs in archaischen Gesellschaften. Übersetzt von Eva Moldenhauer, Henning Ritter und Axel Schmalfuß. München: Fischer

ORJIUKWU, Remigius
2010 „Teilen", in: Thomas Gimesi und Werner Hanselitsch (Hrsg.), *Geben, Nehmen, Tauschen,* 151–170. Münster: LIT

RICOEUR, Paul
2006 *Wege der Anerkennung.* Erkennen, Wiedererkennen, Anerkanntsein. Übersetzt von Ulrike Bokelmann und Barbara Heber-Schärer. Frankfurt am Main: Suhrkamp ([1]2004)

SIMMEL, Georg
1993 „Dankbarkeit. Ein soziologischer Versuch", in: Georg Simmel, *Aufsätze und Abhandlungen 1901–1908.* Band 2, 308–316. Frankfurt am Main: Suhrkamp ([1]1907)

Paideuma 58:153–166 (2012)

CULTURAL DIVERSITY IN ETHIOPIA BETWEEN APPRECIATION AND SUPPRESSION

Susanne Epple and Sophia Thubauville

ABSTRACT. The aim of this collection of papers is to contribute to the discussion concerning the compatibility of cultural diversity with the concepts of human rights and development in the light of certain experiences in Ethiopia. Since the overthrow of the military and socialist regime in 1991, Ethiopia has undergone enormous changes with respect to the political process, development efforts and international relations. The introduction of ethnic federalism promises the equality of all of its more than eighty ethnic groups, and cultural diversity is publicly celebrated. However, it appears that the agenda of fast national development has led to apparent conflicts between continuity and change, as well as between tradition and modernity. This collection of papers highlights some contradictions and inconsistencies within Ethiopian laws and policies, as well as clashes between certain policies and particular cultural values and practices at the local level. The implementation of some of these policies caused resistance on the part of the local communities against certain – from their perspective – new developments, and this resistance led in turn to different forms of pressure applied by the government and non-governmental institutions to ensure compliance. The individual papers provide insights into local perspectives, experiences and reactions to perceived pressure and induced cultural change, ranging from smooth transition to new forms of life, to confusion and reluctance or partial involvement, to negotiated compromise and strict legal enforcement.

Introduction

The title of the 2011 meetings of the German Anthropological Association (GAA) was "Wa(h)re Kultur", 'true' or 'commodity culture'.[1] The wordplay between 'wahr' and 'Ware' referred to the increasing popularity of 'local cultures' in a time of expanding globalisation, including the revitalisation of certain traditions as a means of gaining international recognition and appreciation. Internationally, cultural diversity is being promoted as a 'common heritage of humanity' that 'should be cherished and preserved for the benefit of all' (UNESCO 2005). The GAA meetings were designed to investigate whether the new popularity of culture and cultural diversity should be attributed to diversity as a new global norm, or whether it is actually a means of self-marketing for local communities.

The call for papers inspired us to think about current developments in Ethiopia. More specifically, we felt the need to explore the seemingly conflicting projects of upholding cultural diversity and ensuring the continuity of traditions on the one hand,

---

1 See the conference website (http://www.tagung2011.dgv-net.de).

and promoting social transformation, and attaining modernity and a certain level of homogeneity on the other. The various papers in this collection point to the presence of manifest contradictions or inconsistencies in policy and practice. With the aim of providing a broader picture, this introduction sets out with the analysis of the policy context, particularly the relevant provisions in the constitution of Ethiopia and the cultural policy of the country.

Ethiopia's cultural policy: context and dilemmas

After the overthrow of the Derg military regime in 1991, the new democratic government reorganised Ethiopia on the basis of ethnic federalism, giving full recognition to the autonomy of ethnic groups.[2] Following a form of governance that was highly centralised and regimes that tried to emphasise the cultural unity of the country by focusing only on the highland Christian 'great tradition' (Clapham 2002:11), the federal reorganisation brought promising perspectives, especially for the inhabitants of the former periphery. Having been neglected and even exploited by former regimes, now their rights were to be respected and representation was to be granted to all groups in the government.[3]

What constitutes an ethnic group was defined in Article 39,5 of the new constitution of 1995:

> A 'Nation, Nationality or People' for the purpose of this Constitution, is a group of people who have or share large measure of a common culture or similar customs, mutual intelligibility of language, belief in a common or related identities, a common psychological make-up, and who inhabit an identifiable, predominantly contiguous territory (http://www.servat.unibe.ch/icl/et00000_html).

The new constitution grants respect and equality to all nations, nationalities and peoples. In Article 39 the 'Rights of Nations, Nationalities, and Peoples' are declared, fo-

2 The term 'Derg' (literally 'committee' in Ge'ez, an ancient South Semitic language today still used in the liturgy of the Ethiopian Church) is commonly used to refer to the military regime that ruled Ethiopia from 1974 to 1987 under the leadership of Major Mengistu Haile Mariam. He continued in power until in 1991 a coalition of rebel forces, the Ethiopian People's Revolutionary Democratic Front (EPDRF), finally overthrew his regime. The EPRDF, actually an alliance of four parties, is still in power today.

3 For a critical discussion of Ethiopia's ethnic federalism, see, for example, Abbink (1997), Turton (2006b). While ethnic differentiation as a main organising principle has often been criticised for being artificial and fuelling ethnic conflicts, Ethiopia's federalism has also been condemned for placing all power in the executive, while the Council of People's Representatives (one of two chambers of the Federal Parliamentary Assembly, with one representative from each ethnic group) does not have any right of initiative (Abbink 1997). David Turton sees Ethiopia's ethnic federalism at risk of failure 'not because it is too ethnic, but because it is not sufficiently federal' (2006a:29).

cusing mainly on two issues: the 'unconditional right to self-determination, including the right to secession' (Article 39,1) and 'the right [of a nation, nationality or people] to speak, to write and to develop its own language; to express, to develop and to promote its culture; and to preserve its history' (Article 39,2) (http://www.servat.unibe.ch/icl/et00000_html).

In line with Article 39,2, mentioned above, the Ethiopian government designed a 'cultural policy' which was endorsed in 1997. In this policy the government clearly distances itself from previous governments, which had allegedly followed a discriminatory policy by seeding enmity among peoples and promoting the domination of the culture of one nation or nationality at the expense of others.[4]

To overcome the abuse and exploitation of one ethnic group by another, all cultures, defined as 'the modes of life, beliefs, traditions and the whole set of the material and spiritual wealth which characterise a certain society as distinct from others', should be considered equal.[5] This is most clearly expressed in the first objective of the cultural policy, where it is said that the main aim is

> to enable the languages, heritage history, handicraft, fine arts, oral literature, traditional lore, beliefs and other cultural features of the various nations, nationalities and peoples of Ethiopia to receive equal recognition and respect; to preserve and conserve these and pass them over to future generations.[6]

This paragraph gives the impression that all cultural practices deserve preservation. But reading further down, the fifth objective states that the existing cultures in Ethiopia should ideally be developed 'in harmony with modern education, science, and technology', and, according to the seventh objective, 'traditional harmful practices should be eliminated step by step'.[7]

The next section, entitled "Contents of the policy", specifies some of these issues, for example, under number 13, where it is said that any tradition that would 'cause poverty, deter to development, violate human rights by causing physical or psychological harm or defy social values' should be eliminated.[8] In the section "General strategies for the implementation of the policy", point 2.13, it is suggested that research should be carried out to identify 'erroneous conceptions about women and the harmful traditional practices'.[9] In the same section, point 2.15, it is finally stated that 'all studies and research activities in the cultural sector shall be directed to suit the country's develop-

---

4 Cultural policy (cp), Introduction (http://www.ethioembassy.org.uk/fact%20file/a-z/culture.htm)

5 Cp, Introduction (http://www.ethioembassy.org.uk/fact%20file/a-z/culture.htm)

6 Cp, Objective 1 (http://www.ethioembassy.org.uk/fact%20file/a-z/culture.htm)

7 Cp, Objective 5 and 7 (http://www.ethioembassy.org.uk/fact%20file/a-z/culture.htm)

8 Cp, Contents of the policy, 13 (http://www.ethioembassy.org.uk/fact%20file/a-z/culture.htm)

9 Cp, General strategies for the implementation of the policy, 2.13 (http://www.ethioembassy.org.uk/fact%20file/a-z/culture.htm)

ment endeavours and will be supervised to make sure that they are carried out in accordance with professional ethics'.[10]

In day to day life one can witness some of the efforts being made to achieve 'diversity in unity', which is not only proclaimed in the cultural policy: the diverse cultures and their languages, costumes and dances are celebrated daily on Ethiopian Television (ETV), which broadcasts programs not only in Amharic, the national language, but also in the languages of other ethnic groups, such as Oromo, Tigray, Afar and Somali. Increased efforts are made to provide primary schooling in local languages.[11] During 'cultural festivals' people from the remotest areas are brought together to perform and celebrate on stage. During so-called 'cultural days' in kindergartens, schools and institutions of higher learning, children and students dress up in their own or other people's traditional dress to celebrate Ethiopia's cultural diversity. In the same context, a commercialisation of culture can also be observed, especially in the areas of the folklorisation of culture through dances and music being broadcast on television, radio or cultural shows, and in the promotion of 'cultural' tourism.

On the other hand, also clearly stated in the cultural policy, Ethiopia is said to be striving for a rapid development. In its five year "Growth and Transformation Plan", the major goals to be achieved include economic growth and major transformations in the agricultural sector, industrial growth in different areas, investment in infrastructure (telecommunication, roads and railway), renewable energy (mainly hydropower, wind, bio-fuels and geothermal), as well as a focus on extractive industries (gold, oil and others). The plan projects growth in gross domestic product (GDP) of 11 to 15 per cent per year from 2010 to 2015.[12]

These development plans must at least to some extent be understood in the global context, and especially in the context of Ethiopia's efforts to achieve the eight UN millennium goals which are based on the UN millennium declaration as signed in 2000, the major goals of which are to combat poverty, hunger, disease, illiteracy, environmental degradation, and discrimination against women.[13] The economic development being promoted in Ethiopia thus includes social and cultural development as well. This means, for example, that certain traditions or cultural practices that are considered 'backward' or 'harmful' are being fought against, that gender equality and 'education

10 Cp, General strategies for the implementation of the policy, 2.15 (http://www.ethioembassy.org.uk/fact%20file/a-z/culture.htm)

11 See Seidel and Moritz (2009) on the multi-lingual approach to education.

12 For the complete Growth and Transformation Plan, see http://photos.state.gov/libraries/ethiopia/427391/PDF%20files/GTP%20At-A-Glance.pdf.

13 The eight millennium development goals are: '1) to eradicate extreme poverty and hunger; 2) to achieve universal primary education; 3) to promote gender equality and empower women; 4) to reduce child mortality; 5) to improve maternal health; 6) to combat HIV/AIDS, malaria, and other diseases; 7) to ensure environmental sustainability; 8) to develop a global partnership for development' (http://www.who.int/topics/millennium_development_goals/about/en/index.html).

for all' are being highly promoted and that traditional livelihood strategies are being replaced by modern agriculture to achieve local and national food security.

A question that comes up immediately is how development and the preservation of local indigenous cultures can be combined. Related to this is the problem of who should decide which practices are harmful and should be fought against, which are worth keeping and which should be developed 'in harmony with modern science and technology'. And how would that be practically possible? Ethiopia is definitely not the only country that is facing such dilemmas and clashes with reality. Contradictions between the interests of the local people and national economic interests, or between traditional practices, e.g. local cultural ideals, and national law and international human rights can be expected. In their volume "Cultural diversity, heritage and human rights", William Logan, Michele Langfield and Nic Craith point out:

> Human rights are often evoked when claims in favour of cultural diversity and heritage (particularly intangible) are at stake, but such claims are fraught with contradictions and inconsistencies. For instance, often groups claim a cultural practice as a human right, even though others may claim that the practice contravenes laws and or human rights instruments (2009:14).

The idea of 'cultural rights', i.e. the right to live according to one's own traditions, as a form of human right as declared in the 2003 UNESCO "Convention for the safeguarding of intangible heritage" especially clashes with cultural practices that contradict other human rights that protect the rights of less powerful individuals, such as 'women and children, stateless persons and the weak or destitute' (quoted in Logan, Langfield, and Craith 2009:14). The Convention tries to minimise abuses of 'cultural rights' by stating that only cultural heritage that is 'compatible with existing human rights instruments, as well as with the requirements of mutual respect among communities, groups and individuals, and of sustainable development' should be protected (Logan, Langfield, and Craith 2009:14). Nevertheless it has remained an issue for general debate as to how far respecting cultural rights should go. As the case studies edited by Langfield, Logan, and Craith (2009) reveal, since local concepts of what lies at the core of a given culture vary, one can expect that solutions will not be easy.

The research area

The contributions in this collection are all case studies based on research in the Southern Nations, Nationalities and Peoples Region (SNNPR). The SNNPR is one of nine largely ethnicity-based federal states of contemporary Ethiopia. In addition Ethiopia has two autonomous City Administrations (Addis Ababa and Dire Dawa). The SNNPR is unique in that it consists of 56 different ethnic groups brought together based on physical proximity rather than on common ethnic identity.

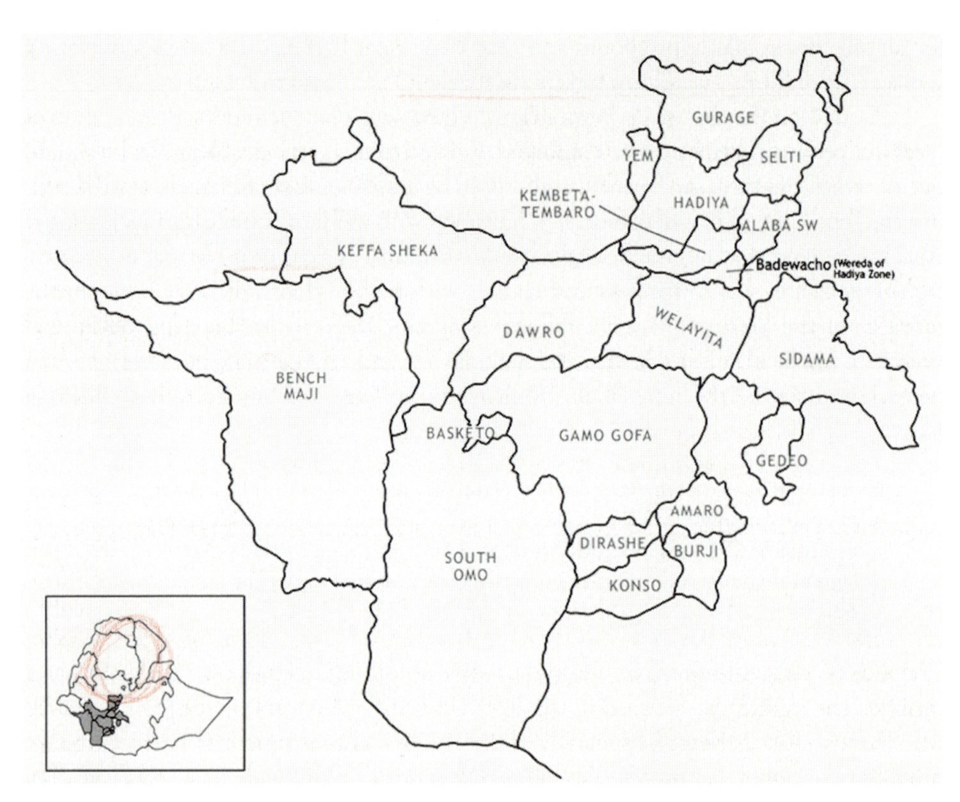

The SNNPR and its zones (http://www.mursi.org/images/map-05.gif/image_view_fullscreen)

Many of the groups in the SNNPR, especially those living in the very south in the South Omo Zone, are known for their 'traditional' lifestyles that have been left unimpeded by globalisation and modernity until very recently. It is only in the last one or two decades that newly built roads, the introduction of markets, electricity, mobile networks, TV, community radio and other traces of modernity have brought formerly remote groups into contact with different forms of life, though until today most members of the officially acknowledged sixteen ethnic groups in South Omo still rely on agro-pastoralism and adhere to their cultural practices and traditional beliefs.

Many tourists are attracted by the cultural diversity of the area, and in the last one or two decades the number of tourists travelling to SNNPR, especially to South Omo Region, has increased significantly.[14] On many web pages of Ethiopian and foreign tour agents the peoples of South Omo are praised for their uniqueness, but the official website of the SNNPR Culture and Tourism Bureau also promises an exceptional expe-

14 According to the homepage of the SNNPR Culture and Tourism Bureau, in 1999 61374 domestic and foreign tourists travelled to the region; in 2008 the number was nearly five times higher, namely 332863 (http://www.southtourism.gov.et/Home/tourism.html).

rience for tourists, claiming that the 'environment is harsh and wild but the people are welcoming and their life styles and tradition is untouched and unmixed for centuries'.[15]

The SNNPR today is also one of the regions in which major national development plans are localised. In the last decade, major investments have been made in the area of infrastructure (asphalt roads, telecommunication, public transport, health services), education (building of new schools and the enrolment of children), and the modernisation of agriculture (for example, through the introduction of fertilisers, irrigation systems and modern forms of cattle breeding). Generally the SNNPR is open for investment, and the official homepage of the SNNPR advertises its land and people, saying that there is a 'chance of getting land within short period'.[16] In South Omo, more investment plans, both national and international, are currently being put into effect. These include pastoral development (ranches, introduction of camels), cash-crop production (sugar cane, cotton, sesame and other crops) and other irrigation projects, mainly along the Omo River. Two other major projects are the construction of the Gibe III dam, which is intended to produce electricity for local use as well as for export, and the exploitation of oil by international companies (Africa Oil, Tullow, and Agriterra), which are at present exploring for oil in the very south of Ethiopia.[17] The plan to transform one of the remotest areas of Ethiopia into a fast developing location was announced by the Ethiopian Prime Minister, Meles Zenawi, on the occasion of the 13th Pastoralist Day celebrated in Jinka, the capital city of South Omo Zone, in January 2011. In his speech, the Prime Minister expressed the determination of the Ethiopian government to develop the remote south, an area, he said, 'known as backward in terms of civilization' (Meles 2011). The investment plans would help to improve the lives of the pastoralist people by mod-

---

15 Http://www.southtourism.gov.et/Home/Destinations/ActualDestinations/Jinka.html. This so-called 'cultural tourism' and its effects on the images of local people in Ethiopia and the world have been critically assessed by Jon Abbink (1999) and Turton (2004). Tourism so far has brought only little profit to the local people who are being paid for photographs and who sell some of their personal items to the tourists.

16 See http://www.debubomozoneti.gov.et/Tourism_Parks&Hotels.htm.

17 See, for example, the official report, "Environmental and social impact assessment executive summary", of the Gibe III hydroelectric power project (http://www.afdb.org/fileadmin/uploads/afdb/Documents/Project-and-Operations/Gibe%20III_EIA_%20Executive%20Summary%20EBJK%2006-08-08.pdf). For information on the planned agricultural investment in South Omo, see the report by the Federal Ministry of Agriculture and Rural Development (http://assets.survivalinternational.org/documents/194/SouthOmoAgrInvestmentAreas.pdf). For information on the exploration of oil, see, for example, the website of Africa Oil (http://www.africaoilcorp.com/s/Ethiopia.asp?ReportID=352253). Such projects have also been widely mentioned in the Ethiopian Press, for example, in articles on planned sugarcane factories in South Omo (http://allafrica.com/stories/201106281072.html), or on oil exploration (http://www.tigraionline.com/articles/article08017.html). For critical views, see, for example, a report published by the Oakland Institute (http://www.oaklandinstitute.org/sites/oaklandinstitute.org/files/Land_Deal_Brief_Ethiopia_Omo_Valley.pdf). Also, see Turton (2010) and websites of activist groups such as Survival International (http://www.survivalinternational.org/tribes/omovalley) for a critical assessment of the impact of the aforementioned dam on the lives of the local people, who depend on flood retreat cultivation.

ernising cattle herding and agriculture. The spirit of his speech was a clear emphasis on development and participation, but he did not mention how this would allow local cultures to continue to exist in their diversity.

The focus of the following papers is to examine the discrepancy between the expressed wish to respect and enhance individual groups, the need to unify them in a nation state with common values and goals (some of which may not even necessarily be of Ethiopian origin but obviously relate to international or global ideas), and the agenda of the rapid development of contemporary Ethiopia.

Local adaptation and resistance to change

As explained above, the people of the SNNPR, especially those living in remote villages, have been experiencing more and more changes in the last two decades. Innovations aiming at fostering local cultures (e.g. cultural festivals, the use of local language as a medium of instruction, the promotion of tourism) have been embraced by local communities, and novel concepts such as formal education have also been partly accepted. But still many people tend to resist change when they suspect that the continuity and integrity of their cultures and lifestyles are being threatened by it. The forms of resistance range from partial acceptance to hidden disagreement, withdrawal, and open rejection.

Presently more and more tension is arising between new laws or policies and the particular customs of local communities. As already noted, with the introduction of ethnic federalism in 1991, equal rights were granted to all ethnic groups in Ethiopia. One of the first steps was to empower the different ethnic groups by de-centralising the state and forming nine regional states with several subunits (zones, districts and wards or peasant associations). According to Article 46 of the constitution, the regional states were delimited 'on the basis of the settlement patterns, language, identity and consent of the peoples concerned' (Federal Democratic Republic of Ethiopia 1995). By redefining ethnic and territorial boundaries and by granting a specific status and certain rights and privileges to individual communities within the Ethiopian context, some groups were granted regional status based on their population or territorial size, while others, though equally numerous, were grouped together and have to share the same region. In Article 47 of the constitution the nine states are listed, SNNPR being the seventh. The same article grants the right of any nation, nationality or people (to be understood as 'ethnic group') to secede at any time and to form its own state following a certain procedure. The inconsistency with which Article 46 has been applied has caused discussion and conflicts, the Sidama being one group that is striving for an independent regional state.[18]

---

18 See the contribution by Ambaye Ogato in this collection.

Other legal interventions include the prohibition of certain practices such as hunting, which has forced societies to seek new livelihood strategies.[19] The labelling of numerous practices as 'harmful' and awareness-raising programs by governmental organisations (GOs) and non-governmental organisations (NGOs) on this issue have been forcing many societies to redefine their concepts of gender and gender relations, aesthetics, and also ritual practices – in some cases affecting core values of their cultural identity.[20]

The intensification of modern education and the increasing pressure to send all children to school leads to different problems. First, children's contributions to the subsistence economy collide with school programs during certain seasons. Secondly, education means that socialisation is to some extent being taken out of the hands of families and local communities, especially when children attend school outside their home communities. This carries the risk that children identify more with the lifestyle and ideals of urban environments than with their original culture and as a consequence give up core cultural values. This may cause a gap between the generations and can lead to conflict between communities and government.[21]

The suspicion and also resistance of local communities to change has led to even more pressure from different sources (such as interventions from government, NGOs and missionaries) and has taken different forms. During awareness-raising programs and continuous meetings organised with government representatives and community elders, as well as in the formal educational system, traditional practices are questioned and at the same time new ideas introduced. Missionary schools in some regions have led to widespread conversions, while protestant missionaries forbid many local practices (Böll, Kaplan, and Martínez d'Alòs-Moner 2005). Finally, there are even cases where adherence to traditional values or practices has subjected individuals to imprisonment.[22]

The case studies

The case studies in this collection provide different examples of how people experience the implementation of national law and policies at the local level and how they react and also resist changes that seem to threaten their cultural continuity.

In his paper "The revival and reconstruction of tradition and ethnic politics in Sidama", Ambaye Ogato shows how the Sidama are trying to revitalise certain traditions in order to underpin their common identity and history. As the most populous ethnic group in the SNNPR, the Sidama have been demanding regional status, i.e. to be given

19 See the contribution by Fabienne Braukmann in this collection.
20 See the contributions by Shauna LaTosky and Kate Nialla Fayers-Kerr in this collection.
21 See the contibutions by Susanne Epple and Sophia Thubauville in this collection.
22 See the contribution by Thubauville in this collection.

their own region based on ethnicity. So far this has been denied. The paper argues that criteria used to draw regional boundaries and to depict certain ethnic groups as 'nations', and others as 'nationalities' or 'peoples', have not been applied consistently and clearly. This has led to confusion, protests and also competition among different groups over rights, privileges and resources, and, as in the case of the Sidama, to an emphasis on ethnic identity and distinctiveness from neighbouring groups. Ogato's paper is therefore an important contemporary document of this cultural revival by a local anthropologist.

Our own papers give examples of how people resist formal education when they feel that their cultural integrity is being threatened. Susanne Epple shows that the Bashada, a small agro-pastoral group living in South Omo Zone, deal with the introduction of formal education actively by discussing and influencing the way in which education is provided to their children. Fearing that their children are not being treated respectfully and taken care of properly in government institutions, the Bashada have long resisted sending any of their children to school. Since conditions have changed and schools have been built closer to their homes in the past one or two decades, they have become more cooperative with the government, and more and more children are being educated. However, when core values of their culture, such as the continuation of their lineages, are under threat, they do not hesitate to take their children out of school again.

The Maale (also Male, Malle) of the South Omo Zone do not generally resist education, but they do experience clashes in culture when married females are not allowed to go into seclusion as brides – a central part of the female rite of passage into adulthood. Sophia Thubauville explains how bride seclusion is recently being disturbed as girls who have been attending school are not allowed to leave for the time of their seclusion. This has lately led to conflicts between families and the police, and might result, on the long run, in a change to this initiation rite, as well as in the loss of important cultural knowledge that is transmitted to brides during their seclusion.

These two papers show that the government's efforts to achieve access to education for all clearly collide with local perceptions of gender roles and safe socialisation, as well as with the felt need to continue certain practices that lie at the core of one's own culture. After a time of confrontational encounters with police and government officials who prevent children from being forcefully taken out of school by their parents, the Bashada seem to have entered a phase of negotiation and compromise with the government, while the Maale are presently experiencing forced police intervention in cases where female students stay away from school to undergo bridal seclusion.

The Haro, a small group of formerly hippopotamus hunters living on Gidicho Island in Lake Abaya, have been under pressure to adapt to new laws for decades. In her paper "Marginalised hunters?", Fabienne Braukmann shows how the Haro have been very inventive in their economic and livelihood strategies since game hunting and the possession of firearms were prohibited and penalised by previous Ethiopian governments. The Haro were greatly affected by these prohibitions and had to develop new livelihood strategies. Their example shows the ability of a small, rather marginalised group to change, but at the same time reveals that adaptation can also mean that cultural practices that lie at the heart of a given society may continue to exist hidden from the public to avoid legal confrontation – as the Haro still secretly hunt hippopotamus on a smaller scale. This also exemplifies the inconsistency with which wildlife issues have been treated: while the local communities were not allowed to hunt anymore, wealthy foreigners were given special licenses to do so.

The papers by Shauna LaTosky and Kate Fayers-Kerr both focus on the Mursi (also Mun), a small agro-pastoral group of the South Omo Zone, which is best known for the clay discs which women insert into their lower lips. Both authors discuss the issue of so-called 'traditional harmful practices', showing the obvious contradictions between local identity and core cultural values on the one hand, and international and national concepts of human rights and development on the other. In "The 'miranda' and the 'cultural archive'", Fayers-Kerr explains the lip-plates of women within the wider context of body painting and the people's generally earth-centred habitus. The labelling of the lip-plates as harmful practice and their prohibition has led to mixed reactions among the Mursi. In her paper "A form of self-harm?", LaTosky provides a detailed insight into the world of Mursi women and the current local discourse on the wearing of lip-plates, which to some extent seems to be marked by confusion. The pressure caused by awareness-raising programs and threats by the government to imprison girls with fresh wounds seems to give rise to mixed feelings, causing some women to cling even more strongly to tradition, while others are deciding to have their lips sewn.

The different case studies in this collection show the variety of possible responses to the various forms of tension between state policy and particular cultures in Ethiopia. They range from the acceptance of innovation, partial adaptation, negotiation or compromise and confusion to open resistance, the emphasis on one's own culture and the revitalisation of cultural practices or symbols that had been given up.

References

ABBINK, Jon

1997 "Ethnicity and constitutionalism in contemporary Ethiopia", *Journal of African Law* 41:159–174

1999 "The production of 'primitiveness' and identity: Surma-tourist interactions", in: Wim van Binsbergen (ed.), *Globalization, consumption and development: modernity on a shoestring*, 341–358. Leiden and London: EIDOS

BÖLL, Verena, Steven KAPLAN, and Andreu MARTÍNEZ D'ALÒS-MONER
2005 *Ethiopia and the missions: historical and anthropological insights.* Münster: LIT

CLAPHAM, Christopher
2002 "Controlling space in Ethiopia", in: Wendy James, Donald D. Donham, Eisei Kurimoto, and Alessandro Triulzi (eds.), *Remapping Ethiopia: socialism & after*, 9–32. Oxford: Currey

FEDERAL DEMOCRATIC REPUBLIC OF ETHIOPIA
1995 *The constitution of the Federal Democratic Republic of Ethiopia.* Addis Ababa

LANGFIELD, Michele, William LOGAN, and Mairéad Nic CRAITH (eds.)
2009 *Cultural diversity, heritage and human rights: intersections in theory and practice.* London: Routledge

LOGAN, William, Michele LANGFIELD, and Mairéad Nic CRAITH
2009 "Intersecting concepts and practices", in: Michele Langfield, William Logan, and Mairéad Nic Craith (eds.), *Cultural diversity, heritage and human rights: intersections in theory and practice*, 3–20. London: Routledge

MELES, Zenawi
2011 *Speech during the 13th Annual Pastoralists' Day celebrations.* www.mursi.org/pdf/Meles%20Jinka%20speech.pdf [last accessed 17 November 2011]

SEIDEL, Katrin and Janine MORITZ
2009 "Changes in Ethiopia's language and education policy – pioneering reforms?", in: Svein Ege, Harald Aspen, Birhanu Teferra, and Bekele Shiferaw (eds.), *Proceedings of the 16th international conference of Ethiopian studies.* http://portal.svt.ntnu.no/sites/ices16/Proceedings/Volume%204/K.%20Seidel%20and%20J.%20Moritz%20-%20Changes%20in%20Ethiopia%E2%80%99s%20Language%20and%20Education%20Policy.pdf [last accessed 20 February 2012]

TURTON, David
2004 "Lip-plates and 'the people who take photographs': uneasy encounters between Mursi and tourists in southern Ethiopia", *Anthropology Today* 20(3):3–8
2006a "Introduction", in: David Turton (ed.), *Ethnic federalism: the Ethiopian experience in comparative perspective*, 9–31. Oxford: Currey
2010 *The downstream impact.* Paper given at the School of Oriental and African Studies, London. www.mursi.org/pdf/RAS%20Talk%20-%20Copy.pdf [last accessed 15 December 2011]

TURTON, David (ed.)
2006b *Ethnic federalism: the Ethiopian experience in comparative perspective.* Oxford: Currey

UNITED NATIONS EDUCATIONAL, SCIENTIFIC AND CULTURAL ORGANIZATION (UNESCO)
2003 *Convention for the safeguarding of intangible heritage.* Paris: UNESCO

2005 *Convention on the protection and promotion of the diversity of cultural expressions.* Paris: UNESCO

Websites

http://www.afdb.org/fileadmin/uploads/afdb/Documents/Project-and-Operations/Gibe%20III_EIA_%20Executive%20Summary%20EBJK%2006-08-08.pdf [last accessed 22 December 2011]
http://www.africaoilcorp.com/s/Ethiopia.asp?ReportID=352253 [last accessed 22 December 2011]
http://www.allafrica.com/stories/201106281072.html [last accessed 22 December 2011]
http://www.assets.survivalinternational.org/documents/194/SouthOmoAgrInvestmentAreas.pdf [last accessed 22 December 2011]
http://www.debubomozoneti.gov.et/Tourism_Parks&Hotels.htm [last accessed 22 December 2011]
http://www.ethioembassy.org.uk/fact%20file/a-z/culture.htm [last accessed 28 September 2011]
http://www.mursi.org/images/map-05.gif/image_view_fullscreen [last accessed 1 March 2012]
http://www.oaklandinstitute.org/sites/oaklandinstitute.org/files/Land_Deal_Brief_Ethiopia_Omo_Valley.pdf [last accessed 22 December 2011]
http://www.photos.state.gov/libraries/ethiopia/427391/PDF%20files/GTP%20At-A-Glance.pdf [last accessed 20 November 2011]
http://www.servat.unibe.ch/icl/et00000_.html [last accessed 20 November 2011]
http://www.southtourism.gov.et/Home/Destinations/ActualDestinations/Jinka.html [last accessed 21 December 2011]
http://www.southtourism.gov.et/Home/tourism.html [last accessed 21 December 2011]
http://www.survivalinternational.org/tribes/omovalley [last accessed 22 December 2011]
http://www.tagung2011.dgv-net.de [last accessed 2 March 2012]
http://www.tigraionline.com/articles/article08017.html [last accessed 22 December 2011]
http://www.who.int/topics/millennium_development_goals/about/en/index.html [last accessed 20 November 2011]

Paideuma 58:167–180 (2012)

THE REVIVAL AND RECONSTRUCTION OF TRADITION AND ETHNIC POLITICS IN SIDAMA

Tradition as an arsenal of contest and negotiation*

Ambaye Ogato

ABSTRACT. This paper considers the revival and reconstruction of tradition and its contribution to the process and the dynamics of ethnic identification among the Sidama in post-1991 Ethiopia. By doing so, the paper engages with different developments that are feeding into Sidama ethnic identity and ethnic markers and examines the different ways in which Sidama present themselves, draw and maintain ethnic boundaries. In other words, the paper sheds light on certain traditions which are being revived and used as vectors for the further fostering of Sidama ethnic consciousness and solidarity in the ethnicised political landscape of post-1991 Ethiopia. The paper also shows how the Sidama use their traditions as a vehicle to make dialogue with contemporary ethnic politics, i.e. to demand, contest and negotiate with contemporary political realities. By employing Günther Schlee's theoretical approach that sets out the premiums of cost and benefit in group formation, the paper probes why the Sidama contest or reject being identified with the Southern Nations Nationalities and Peoples Region (SNNPR).

Introduction

Today, the Sidama live in the north-eastern part of the Southern Nations, Nationalities and Peoples Region (SNNPR) of the Federal Democratic Republic of Ethiopia. Sidamaland was structured as an administrative unit (*awrajja*) within Sidamo Province from the time of its incorporation during the 1890s into the 'modern Ethiopian empire' until 1991.[1] Since the 1991 change of government in Ethiopia, it has become one of the administrative zones in the SNNPR. Internally, the Sidama Zone is further divided into 21 districts (*woreda*) and two city administrations. According to the central statistical abstract of 2009, the Sidama population was 3154659, making them the fifth largest ethnic group in Ethiopia (Central Statistical Authority of Ethiopia 2010). For many years the Sidama have demanded to be given their own regional administrative status separately instead of being reduced to the zonal administrative structure under the umbrella of SNNPR.

---

* This paper is based on data I collected during 2008, 2009 and September 2010 in Garaha Gando village, Tullo village, Hawassa town and its environs, Malga Wondo District, Dobe Village, and Tulla sub-city. The data were primarily collected for my doctoral study, which was supported by the Max Planck Institute for Social Anthropology in Halle/Saale. I have intentionally concealed the identity of my informants because some of the data might appear sensitive and put them in danger.

1 Along with SNNPR, SNNPRS (Southern Nations, Nationalities and Peoples Region State) is also an officially used abbreviation.

The downfall of the Ethiopian military regime in 1991 ushered in the coming to power of a nationalist party called the Tigray People's Liberation Front (TPLF). Soon afterwards, a coalition of ethnic parties, called the Ethiopian People's Revolutionary Democratic Front (EPRDF), was formed and has been in power ever since. Since the downfall of the military regime, ethnic politics, compounded with a revival of tradition, have attracted enormous political interest in government and policy initiatives. At the centre of this revival has been the nationalist impulse against the incorporation of the Sidama into the 'modern empire' since the late nineteenth century. This incorporation did not accommodate local traditions and did not leave any space for the political, cultural and economic autonomy of the Sidama, but rather made them subservient to the system of administration imposed on them by the incorporation. The 'ethno-political' marginalisation of the Sidama by consecutive governments laid the foundation of simmering resentments against different regimes.[2]

Thus the invitation to revive tradition and the celebration of ethnic diversity by the new government in 1991 was applauded as a long-awaited and belated entry of different ethnic groups and their traditions into the political, cultural and economic landscapes of the country. Most ethnic groups, including the Sidama, felt that until the proclamations of the EPRDF they had been denied any sort of representation and had been excluded from national and also regional politics. It was against this background that the revival of tradition came to the fore. One frequently invoked word in many discussions with me while collecting data among the Sidama was the term 'bude', which refers to shared values, beliefs, norms and ways of doing things or not doing things. *Bude* is construed as the body of knowledge through which the Sidama solve their problems, the way they construe their calendar, and the way they initiate and promote their elders in their generation-set or 'luwa'.[3] In a way the conception of *bude* embeds distinctions into the very definition of 'Sidamaness'. In all my discussions the notion of *bude* was intertwined with conceptualisations of the many Sidama ways of perceiving and doing things, which are commonly referred to as a cultural form that is passed-on from one generation to the next. For the sake of clarity I translate this term as 'tradition', using it in a dynamic sense that explains 'the ways in which forms and values are linked together' (Erlmann 1991:10).

2 This paragraph is based on discussions with cross sections of Sidama elders I had during my fieldwork in 2008 and 2009.

3 Anne Beaman's definition of a generation-set also applies to the Sidama case: 'A generation-set is similar to an age-set in that it consists of people who remain members of the same set throughout their lives, two or more sets coexisting, and the life of the sets is linked to the passage of time. But as the name implies, the recruitment principle is not age but genealogical generation, such that no man can belong to the same set as his father. Thus, two sons of any one man (*pater*), regardless of the difference in their ages, could not logically belong to different generation-sets as they are of the same generation. Likewise, members of different generations who are of the same chronological age could not be members of the s a m e generation-set' (1981:374; emphasis in the original).

Revival and reconstruction of tradition

The post-1991 era saw the revival and ascent of a variety of Sidama traditions and traditional institutions. To borrow Igor Kopytoff's (1986:73) term, there were diacritical 'inventories' of Sidama traditions, including music, folk tales, rituals (relating to the promotion of the *luwa* generation-set), the New Year celebration (*fiche*) and many other elements that are conceived as distinctive by the Sidama. *Fiche* is the Sidama's traditional New Year's Day and its celebration. The Sidama have their own calendar, which is based on the movement of the moon. Inter alia, the *fiche* celebration conspicuously became very popular in Sidama after the 1991 change of regime in Ethiopia. Its vibrant revival and public celebration throughout Sidama by officially being recognised as a public holiday is a glaring example of the revival of tradition.[4]

Since 1991, the Sidama Zone Administration has been playing a significant role in organising and performing this festival. The celebration of *fiche* in Hawassa, the Sidama Zone administrative capital and the SNNPR capital, and throughout Sidamaland has inspired and invited youth people to engage in their traditions and traditional institutions. The *fiche* celebration has become one of the forums for all Sidama to collectively perform and display their traditions. The celebration and performance of *fiche* has been formalised by the Sidama Zone Administration through highly choreographed performances which are planned from the beginning to the end. At least in urban areas it seems that the *fiche* celebration has been losing its functional meaning and is gaining in significance as a social event which draws Sidama of all groups and political affiliations.[5] The performances in the celebration seek to promote a prominent image of the Sidama people in the southern part of Ethiopia. They project an image of a distinct group that has existed in the area for a long time with a lot of resources. The quest for an ancient prestigious past is thus at the heart of this celebration. These claims are embraced and projected by Sidama traditional songs which are sung during the celebration. The evocation of ideal Sidama traditions is the focus of the music and the dances that are performed there.

The *fiche* celebration plays a major part in contemporary Sidama ethnic solidarity building and in the search for new regional identities. Despite their disenfranchisement by being incorporated into the 'modern Ethiopian empire', the Sidama carefully draw on the history of having a prominent 'Sidamo' provincial status. The loud celebration of *fiche* and the Sidama's constant mention of their history and emphasis on their various traditions serve to provide what Eric Hobsbawm calls the 'cement of group cohesion' (1993:12). Moreover, Abner Cohen's (1993) analysis of the Notting Hill Carnival and the role of this festival in the emergence of a West Indian identity in Britain could be com-

4 I have been attending *fiche* festivals since the early 1990s and I observed in particular the *fiche* celebrations of 2009 and 2010.

5 This is based on my own observations and on the critical views of some elders.

pared with the celebration of *fiche* and the creation of boundaries. During the 1970s, the carnival became a vehicle to project the common experiences of police harassments, unemployment and poor housing conditions. The carnival became a symbol of West Indian identity. Cohen writes:

> [F]rom the start, during the first few years of the carnival when it was multicultural in its arts and music and multi-ethnic in attendance, and was referred to as a fair, he [the organiser] strove to turn it into an exclusively West Indian celebration, to 'purify' it of the contamination of native British cultural forms [...] there was at the time a sustained, conscious effort to establish cultural and social boundaries, to achieve a distinctiveness that would mark the identity and exclusiveness necessary for the articulation of a corporate West Indian organization (A. Cohen 1993:113–114).

While one could draw similarities with the carnival in Britain and Abner Cohen's analysis, a key element of difference should be noted: since 1991 the celebration of *fiche* among the Sidama has not produced an exclusionary boundary. The boundaries that have been formed by the celebration, as far as I could observe, are boundaries that project the Sidama as an ethnic group distinct from others, but the festivities do not necessarily create an exclusionary wall against other ethnic groups (see Barth 1969).

The very celebration at Hawassa by the state and the coming of all clans to that town has strengthened inter-clan relationships and contributed to the notion of a pan-Sidama nationalism. Different Sidama traditional utensils and cuisines are being displayed which are substantially reinvigorating Sidama nationalism *par excellence.* In a nut shell, since 1991 the celebration of *fiche* and the revival of different institutions have provided the Sidama with the cultural capital and prestige to make them come together and project themselves as a people with distinct and time-honoured traditions. The current political climate, embedded in 'empowering' all ethnic groups, undoubtedly affected the course and direction of discourses, and consequently past history and glorious and splendid traditional institutions are quite frequently mentioned in the reconstruction of ethnic identity.

That the government has sponsored and formalised the celebration of the festival could be seen in line with what Hobsbawm and Ranger call the 'invention of tradition' (1983), yet, I would interpret the post-1991 revival not as an 'invention', but rather as a 'reconstruction' as conceived by Günther Schlee (2004:148), whereby old elements are used as foundations. Indeed, many Sidama traditional social orders and values are reinforced, and, as is well known about festivals and celebrations, reifications of elements of tradition are quite prevalent.[6]

Another relevant element of tradition that has been revived since 1991 are specific sacred places called 'gudumale'. *Gudumale* places are dedicated to the first settlers or ancestors of a clan that occupy a particular territory. In effect, every Sidama clan

6 See Edmonson (1956) and Beals (1964).

has its own *gudumale* place. In most cases they are found adjacent to market places. Throughout Sidama *gudumale* are surrounded by respect and awe. They are places at which sacrifices are made and ancestors venerated and which are therefore considered sacred. Furthermore, discussions about war, peace and many other issues concerning Sidama society are carried out at these places. They have also the following functions concerning the generation-sets: when a new *luwa* is about to be initiated, elders will bring the issue to a 'council of elders' (*songo*) in a *gudumale* place and a thorough discussion follows. This discussion will include choosing the right season, auspicious dates and solving any problems before letting the new *luwa* generation-set commence its formal initiation. Hence, the incoming initiates receive advice and blessings from the clan leader and the elders. Although the significance of *gudumale* places has considerably declined since the incorporation of the Sidama into the 'modern Ethiopian empire' in the late nineteenth century, they are still considered to be sacred sites where the founding fathers are remembered and venerated.

The weight of and narratives concerning the *gudumale* places have tended to change with the arrival of the Ethiopian state, Christian missionaries and 'modern education'. Yet, after 1991 their significance came to the forefront of the revival. For example, the Sidama reconstructed a *gudumale* place in Hawassa city. This place received a new meaning and a new significance after the downfall of the military regime. Before the change of government in 1991 it had been used solely as a public park.[7] After 1991, it assumed its 'new' role of being a *gudumale* place. This vast tract of land is now managed and run by the Sidama Zone, specifically the Sidama Development Association. All *fiche* ceremonies that have been celebrated in Hawassa since the EPRDF was established start there with the slaughtering of a sheep and end here. The place came to be considered one of the Sidama's cultural heritage sites in Hawassa.

By revitalising the area, the Sidama admittedly drew on the symbolic significance of *gudumale* places from the past and gave this area a new meaning, so that it has a new function in a new context. As Anthony Cohen states:

> There is thus a high degree of continuity of symbolic forms, even amid substantial changes in the disposition of power. But their functions within the new political context may be different. This change in function is usually effected through changes in their recombination within a new ideology. In the process they will undergo change in their weighting, when the significance of some forms will be heightened and exaggerated and that of others deemphasized. It is through these subtle changes in symbolic forms, in their restructuring within new ideologies, that a great deal of organizational change is affected, though a few new forms may appear here or there. Thus a great deal of organizational change is often affected through the continuity of old forms (A.P. Cohen 1979:103).

---

7 Some of my informants asserted that the place had formerly been used as a *gudumale* place but was abandoned during the imperial period and then became a public park, while others claimed that the place had never been used as a *gudumale* place by the Sidama.

Following Anthony Cohen's analysis, I argue that the Sidama effectively used the re-instituting of the *gudumale* place in Hawassa in the new political landscape of ethnic federalism. The political saliency that it is charged with also gives us, I think, insights as to how the Sidama are (re)constructing their permanent presence in Hawassa, even though it slipped from their control between their incorporation in the modern Ethiopian Empire and the downfall of the military government in 1991. In addition, Hawassa city became a rallying point for the Sidama in establishing their own political niche among the other fifty-five ethnic groups which fall under the new political arrangements of the SNNPR.

Furthermore, the carving out of different sculptures of Sidama heroes (*ejettos*) who had risen against the different regimes since incorporation shows that the Sidama want permanently to assert their undisputed control over the city. These sculptures were erected in the compound of the Sidama Cultural Hall in 2008. In a casual conversation about the development of Sidama nationalism I initiated with a Sidama, he appreciated the different activities of the government in empowering the Sidama. Thus he welcomed the making of sculptures of Sidama heroes, but he was quite against collecting them in one place. They should rather, he suggested, be put in different corners and squares of the city to make them visible to every-one. In his view, siting all the sculptures in one place makes no sense but makes the area look, to use his words, like a 'Sidama cemetery'. This objection was shared by many young people with whom I had casual discussions.

To summarise, a cursory inspection of developments in Sidama over the past two decades reveals a considerable politicisation of traditions. The concept of tradition itself has been used as a rallying cry. The revitalisation of Sidama traditions has toned down nuances in political orientations and clan differences. It seems that all Sidama have been working in unison in revitalising, (re)constructing and articulating their traditions. As Schlee rightly points out: 'It is a virtual feature of nationalisms that they assume venerability, and always assert their historical roots, which are often driven into the past only through this act of assertion, like a tree drives its root into the soil and does not grow out of its roots' (2008:7). Precisely, the Sidama are using their traditions to swing between the past and the present in order to achieve specific objectives in the contemporary political climate and thus foster their ethnic identity and solidarity. Moreover, since the change of government in 1991, I argue, the revival of tradition in Ethiopia and particularly in Sidama has made evident the conflation and promotion of what John Hutchinson (1987) calls 'cultural nationalism' and 'political nationalism'.

Group formation: the gudumale *place as an arsenal of protest and negotiation?*

Although the Ethiopian state has been in the vanguard of the revival and revitalisation of tradition, it has hardly been able to monopolise the use of tradition in staking claims, because symbols like *gudumale* places, dressing styles and *fiche* ceremonies have been used to oppose the state's decisions, as the following example will show. Cognisant of the government's plan to move the seat of the Sidama Zone from Hawassa to Aleta Wondo town or Yirgalem town, some youth groups in 2002 spontaneously organised themselves and started discussing the rumoured change.[8] The discussion intensified and turned into an increasingly passionate demonstration and protest against the government's plan. This protest was compounded by the quest for a regional status that had been brewing and simmering for a long time. It unleashed a long pent-up resentment at EPRDF for 'denying' the Sidama a regional status under the federal arrangement.

On 23 May 2002, the young people attempted to organise themselves in the *gudumale* place in Hawassa, but their attempt to gather there was prevented by the security forces, and government officials issued warnings not to organise public demonstrations. Undeterred by the warning and being unable to hold a meeting in Hawassa's *gudumale* place, the young people decided to gather the next day, 24 May 2002, in the *gudumale* place of Tullo (also Loqqe), about seven kilometres from the centre of Hawassa city. This is the main *gudumale* place of the Hawella clan of the Sidama. While the young people were at the *gudumale* place in Tullo, thousands of people, including children, women and the elderly, joined them. From there, they returned to Hawassa to demonstrate by denouncing the government's decision. As they approached the city in a place called Dume, the demonstrators, much to their dismay, were faced with the heavy hand of the government's security forces. Many people were killed, jailed or driven into exile.

In this demonstration, the political nuances were toned down and many people from all political backgrounds joined in. Although the demonstration was temporarily halted by the brute force of the state, the issue was again raised during student demonstrations in Hawassa in 2005 and 2006. Following these demonstrations, many people felt the need to come together, to push the issue further in a formal way, and to present their request to the Southern Nations Nationalities and Peoples Regional Government. The Sidama Zone Government took up the regional issue and held a meeting on 13 July 2005. Afterwards the Sidama Zone Council agreed to present the popular demand for a separate regional status, passed a decision on 15 July 2005, and submitted it to the Southern Nations, Nationalities and Peoples Regional State Council on the same day. This request was 'pursuant to Articles 47(3) and 39(6) of a federal constitution and the revised constitution of the SNNPR, respectively' (Yohannis 2008:5), but the expecta-

8 My description is based on personal observations in 2006 and on my discussions with elders in 2008, 2009 and 2010 in Hawassa town and Tullo village.

tion of its passing was thwarted when pressure from the federal government on the Sidama Zone Administration mounted. The Sidama Zone Administration was asked formally to reverse its position and back down from its request. Consequently,

> the ruling party, the Ethiopian Revolutionary Front (EPRDF), began its intervention in the issue on 13 July 2005 [...] the leadership of the EPRDF called the members of the executive body of the Sidama Zone and other senior officials of the Sidama in the Regional state [Sidama officials working in the SNNPR offices] for the meeting on 15 July 2005 in Addis Ababa. The main objective of the meeting was to persuade them [the Sidama officials who were pushing for the regional status] to convince the people to reconsider and give up the demand (Yohannis 2008:5).

Following this, a series of meetings were held with high-ranking EPRDF officials and various Sidama officials, including Sidama elders, to convince the Sidama people not to proceed with their request. In the meetings, the EPRDF rhetorically confirmed that the request of the Sidama people is a constitutional right, but at the same time 'advised' the Sidama that having a regional status would not solve their problems. Those attending the meeting were told that what they needed was good governance and development. Finally, coming under pressure from the federal government, the Sidama Zone wrote an official letter, dated 4 May 2006 (26 August 1998 according to the Ethiopian calendar), declaring that the Sidama Zone Administration was dropping its request for regional status.

After the withdrawal of the demand, different concessions were made, including giving out land to the Sidama in Hawassa town to build houses and granting the Sidama a substantial amount of control over the city. The question of regional status was deferred. In February 2006, the South University in Hawassa was renamed Hawassa University. Although this was acknowledged and welcomed by most Sidama, it was not considered a substitute for their persistent demand for regional status but merely gave a brief respite.

The quest continued to be discussed within the wider public on different occasions, and musical performances were given for this purpose. For example, one of the signature songs by the late singer Zerfu was entitled "Keereho mancho Zalaqash?", literally 'How are you Zalaqash?' Zalaqash is a non-Sidama name and was here used to refer to the 'others' who were conspiring against the Sidama. The lyrics captured the different aspirations of the nationalist ethos of the Sidama people. Moreover, they reenergised and fostered a profound Sidama nationalism, especially among the young people. In doing this, the artist and his song provided a collective evocation of Sidamaness vis-à-vis 'others'. Satirically the singer showed the uneven political and economic 'marriage' of the Sidama with different groups of people in the SNNPR.

One should ask why the Federal Democratic Republic of Ethiopia refused to grant or recognise regional status for the Sidama people, even though this is their constitutional right.[9] In order to answer this question, I will briefly discuss how the Ethiopian state and its policy was established in the southern part of Ethiopia after the collapse of the military regime and then probe the issue using a comprehensive theoretical conception by Schlee (2008) of group formation and the formation of alliances.

Close examination reveals that the Ethiopian government is and has been in the process of constructing a 'meta-narrative' of a collective identity of the Southern Nations and Nationalities and People's Regional State. This collective identity was constructed by the ruling party at the outset of its political odyssey in 1992. This quintessential assemblage of more than fifty-six ethnic groups into the single category of the SNNPR was formed in the early years of the experiment in ethnic federalism in Ethiopia after the change of government in 1991 (figures 1, 2).

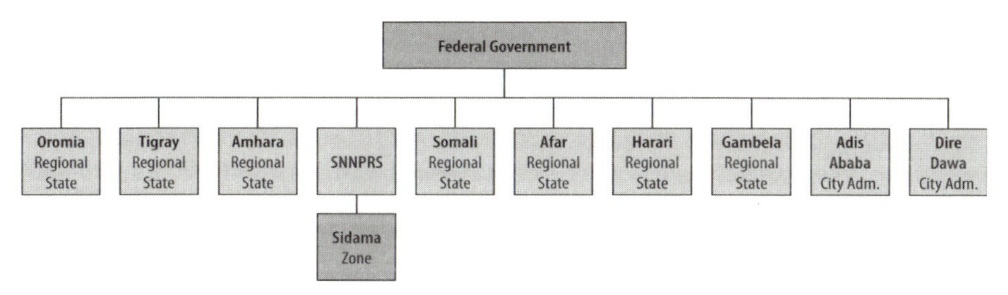

Figure 1: The current structure of government and the position of Sidama under the SNNPR (figures: Ambaye Ogato)

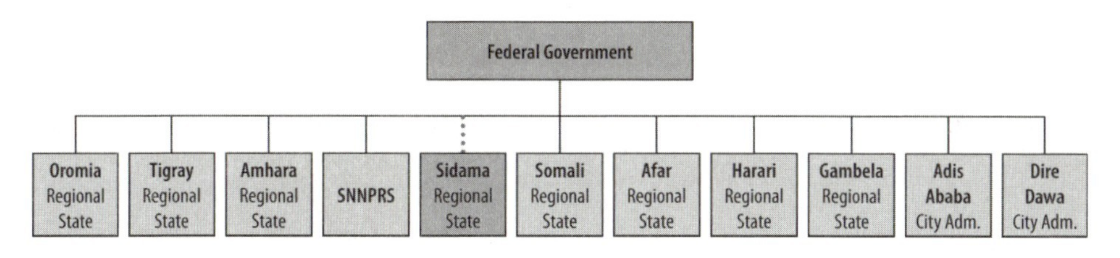

Figure 2: A conceptual chart showing the aspiration of the Sidama to get an independent regional status

The very conception of the SNNPR has been in a constant process of the construction of boundaries. The collective boundary of the SNNPR, I argue, is evident from different perceptions of music and different traditional customs that came to be projected and embraced as 'southern Ethiopian people's traditions' after 1991. This reified conception of traditions served as a boundary that distinguishes the SNNPR's collective identity from the rest of the country's ethnic groups. In other words, despite vast internal variations in the music and folklore of the people found in the southern part of Ethiopia, there is a general tendency to reify or project the folklore or the music as

[9] See Federal Democratic Republic of Ethiopia (1995).

'southern nations' and nationalities' music', mostly dubbed as 'yedebub biher biheresebooch musika' in Amharic.

The newly established category of the SNNPR seems to be at odds with the aspirations of the Sidama and some other ethnic groups in the region. The conception of this larger category has not been welcomed wholeheartedly by the Sidama or the opposition party that has been representing the Sidama, the Sidama Liberation Movement. In my discussion with a Sidama informant who had participated in different political movements, including the May 2002 demonstration, I invoked the term 'southern region'. My intention was to uncover his feelings about being identified with the SNNPR. He appreciated the fact that the SNNPR is now being led by a Sidama president, but he raised a concern that this could cease to be the case at anytime. And he jokingly reminded me that he does not want to be seen or identified as a southerner. He said that the south is a 'direction' and thus does not represent his identity. Besides, he emphasised that the whole idea of merging the Sidama with other ethnic groups is an attempt to blur one's own ethnic identity. He compared the amalgamation of the south to an 'onion': peeling it off and going through all the layers, one would eventually end up with nothing. In the same way, the amalgamation of the Sidama with other ethnic groups would in the long run make them lose their core values, i.e. the qualities that distinguish them from others.

Schlee's (2008) invocation of group size in the process of identification could help probe a related strand of explanation that is frequently mentioned by the Sidama. While explaining the rationale of their demand to have a separate regional status, the Sidama frequently mention their population size. They argue that they are the fifth largest ethnic group in Ethiopia next to the Tigray, but that, unlike the Tigray, they do not have their own region but are rather reduced to the zonal administrative level (see figures 1, 2). This argument is also made with reference to the ethnic group of the Harari: they have their own region, even though, according to the 2007 census report, their population size was only 31 869, while the Sidama population numbered 2 966 474 (Central Statistical Authority Report 2007). As already mentioned, the statistical abstract of 2009 gives the population of the Sidama as 3 154 659 (Central Statistical Authority of Ethiopia 2010).

The invocation of group size also matches the Sidama's aspiration to receive a fair budgetary distribution from the 'national budgetary cake' (see Yohannis 2008). The proponents of this argument say that the Sidama contribute a large share to the national economy by producing cash crops, especially coffee. Although I cannot confirm this claim, the discourse is both relevant and vibrant, as it is argued that the Sidama have the 'economic potential' to give them autonomous regional status.

The arguments put forward by the Sidama, as well as their refusal to identify themselves with the SNNPR, could be linked to Schlee's theory of cost-benefit analysis in group formation. The Sidama see their identification with the SNNPR as disadvantageous. Moreover, the process of merging with the other fifty-five ethnic groups lacks historical credibility and plausibility. Schlee also stresses the different ways in which an in-group ('we') can be emphasised based on different situations and interactions. In his view, the inclusion and exclusion of others is achieved by making a frame of reference wider or narrower (2002). Another way of including or excluding others is to switch from one frame of reference to another (Elwert 2002). In a similar vein, the Sidama refuse to embrace the 'meta category' of the SNNPR, which is underpinned by reference to a supposedly 'common historical experience'. Instead they are playing out or invoking 'primordial' attachments and other aspects that make them different from other peoples in the south. In addition, the Sidama are stressing a part of history that magnifies their position in the past.

The central government, on the other hand, has a vested interest in putting the Sidama under the collective construction of the SNNPR. The merging of the regions in the early 1990s was explained with references to the budget and administrative efficiency. In addition, it is rumoured that, by putting the Sidama under the SNNPR, the government wanted to check the growing Oromo nationalist movement, which was allegedly run by the Oromo Liberation Front (OLF). According to this line of thinking, a unified SNNPR would serve the government as a bulwark against the Oromo nationalist movement that aspires to secede from the rest of Ethiopia (Yohannis 2008). Gudina Merera also refers to the motive of merging fifty-six ethnic groups into the Oromo nationalist movement. He argues that

> [s]ome states have a core nationality, which determines the identity of the given state – Oromia, Tigray, Amhara, Somali and Afar are good examples of this group. [...] the SNNPRS was formed by a political surgery that has lumped together several dozen diverse ethnic groups more for political expediency. Such lumping together of the Southern Ethiopian peoples seems to be motivated both to create a counter-weight to the most populous and vast Oromia region that can cast a shadow across the country and administrative convenience for central control (Merera 2003:139).

To sum up, it is evident from the discussion so far that the formation of the SNNPR and the demand of the Sidama people are best explained using Schlee's model of group formation that anchors itself in a cost-benefit analysis of actors: the plausibility of categories plays a significant role in the process of identification, which is to say that people make calculated decisions about being included in a group or rejecting that inclusion. At the same time, they invoke different emic logics that support their arguments. It is also evident that the revival and reconstruction of tradition is being taken up to pursue claims, negotiate, protest and also reject the decisions of the government.

Conclusion

My contribution has highlighted the revival and reconstruction of tradition in Sidama that has come to the fore since the 1991 change of government in Ethiopia. This revival has primarily taken place under the aegis of the Sidama Zone Government. Many traditions are being revived and recaptured, and their reconstruction is in effect being used by the Sidama as an ideological prop in fostering their solidarity and in navigating in the current political landscape of the country. Tradition has served the Sidama as a focal point in rallying them to the common cause of demanding their own regional status in the country.

My contribution has also provided an example of the invocation of group size in the process of group formation. I maintain that the calculus of cost-benefit analysis is instrumental here: the Sidama are making a rational decision in negotiating their regional status, and, at the same time, the government is also weighing up the advantages and disadvantages in wanting to merge different ethnic groups together in the SNNPR. Yet, there is a fundamental discrepancy between the self-professed policy of the Ethiopian government to empower ethnic groups to practice their traditions and aspire to have their own regional status, and the continuous denial and failure of the government to live up to its promises as enshrined in the constitution.

References

BARTH, Frederik
1969 *Ethnic groups and boundaries: the social organization of culture difference.* Oslo: Universitetsforlaget

BEALS, Alan R.
1964 "Conflict and interlocal festivals in a South Indian region", *The Journal of Asian Studies* 23:99–113

BEAMAN, Anne W.
1981 *The rendille age-set system in ethnographic context: adaptation and integration in a nomadic society.* Boston (PhD dissertation, Boston University Graduate School)

CENTRAL STATISTICAL AUTHORITY OF ETHIOPIA
2010 *Statistical abstract of 2009.* Addis Ababa. Central Statistical Authority

CENTRAL STATISTICAL AUTHORITY REPORT
2007 *Central statistical authority of Ethiopia.* Addis Ababa. Central Statistical Authority

COHEN, Abner
1993 *Masquerade politics: explorations in the structure of urban cultural movements.* Oxford: Berg

COHEN, Anthony P.
1979 "The Whalsay croft: traditional work and customary identity in modern times", in: Sandra Wallman (ed.), *Social anthropology of work*, 249–268. London: Academy Press

EDMONSON, Munro S.
1956 "Carnival in New Orleans", *Caribbean Quarterly* 4(3/4):233–245

ELWERT, Georg
2002 "Switching identity discourses: primordial emotions and the social construction of we-groups", in: Günther Schlee (ed.), *Imagined differences, hatred and the construction of identity*, 33–54 . Hamburg: LIT

ERLMANN, Veit
1991 *African stars: studies in black South African performance.* Chicago: The University of Chicago Press

FEDERAL DEMOCRATIC REPUBLIC OF ETHIOPIA
1995 *The constitution of the Federal Democratic Republic of Ethiopia.* Addis Ababa

HOBSBAWM, Eric
1993 *The new threat to history.* New York: Review

HOBSBAWM, Eric and Terence RANGER
1983 *The invention of tradition.* Cambridge: University Press

HUTCHINSON, John
1987 *The dynamics of cultural nationalism: the Gaelic revival and creation of the Irish nation state.* London: Allen and Unwin

KOPYTOFF, Igor
1986 "The cultural biography of things: commodification as process", in: Arjun Appadurai (ed.), *The social life of things: commodities in cultural perspective*, 64–91. Cambridge: Cambridge University Press

MERERA Gudina
2003 *Ethiopia competing ethnic nationalisms and the quest for democracy, 1960–2000.* The Hague: ISS

SCHLEE, Günther
2002 "Introduction: approaches to 'identity' and 'hatred' (some Somali and other perspectives)", in: Günther Schlee (ed.), *Imagined differences, hatred and the construction of identities*, 3–32. Hamburg: LIT

2004 "Taking sides and constructing identities: reflections on conflict theory", *Journal of the Royal Anthropological Institute* 10(1):135–156

2008 *How enemies are made: towards a theory of ethnic and religious conflicts.* Oxford and New York: Berghahn

YOHANNIS Latamo

2008 *The quest for self-determination in Ethiopia: the law and the practice on the right to statehood with specific reference to the Sidama.* Addis Ababa: Ethiopian Civil Service College Institute of Federalism and Legal Studies

Paideuma 58:181–196 (2012)

MARGINALISED HUNTERS?
Political and cultural challenges among the Haro of Lake Abaya (southern Ethiopia)*

Fabienne Braukmann

ABSTRACT. Having previously lived as hippopotamus hunters on Lake Abaya, the Haro diversified their subsistence strategies through the twentieth century. Their specific geographical situation played a key role regarding their invisibility to urban populations and the nation state. Their integration into Ethiopian society was hardly made possible, which explains how the Haro maintain their strong identity as hippopotamus hunters till this day. The fact that they choose to be located on the periphery of the Ethiopian state demands a differentiated understanding of their marginalised status from a two-fold perspective.

Introduction

This paper draws on the ambivalence of marginalisation, seen from an external and internal perspective, by presenting a case study of the Haro. Part of the argument includes their adaptive skills that have enabled them to sustain their way of life through many decades, as well as an examination of the nation-state policies that have affected them and still subtly influence them.

---

* My research took place within the framework of the Project E3, "Anthropological models: a reconstruction of the first African frontier", in the Collaborative Research Centre 806, "Our way to Europe – culture-environment interaction and human mobility in the late quaternary" (www.sfb806.de) of the University of Cologne and was funded by the German Research Foundation (DFG). All ethnographic data presented here are the results of fieldwork in Haruro (Gidicho Island) with regular visits to Melka, Alge and Mirab Abaya from July to September 2010. The methodology is based on participant observation, an ethnographic census and semi-structured interviews. All conversations and interviews were conducted in the village of Haruro with the linguistic (and nautical) assistance of Nigatu Dubale from Arba Minch experienced in translation work (with the EU election observation mission in Ethiopia 2010). Languages interpreted and employed in the field were English, Amharic, Gamo and sometimes Wolayttina. Because of the limited time for research, I only spoke a little Amharic and Haro, which, however, did not prevent my interaction with Haro elders, women, youngsters and children. A space for tents and gardening inside the compound of the Hulma clan was assigned to me. As a result, a close relationship was established with Alemayehu, the eldest of the clan, who had agreed to my stay at the outset, and with his brother's son's family. Hulma is the first clan of the Haro which had migrated to Gidicho more than seven generations ago. Towards the end of my research I accessed the women's sphere as well. The Bayso and Shigima often visited the Haro and thus I also responded to invitations to visit their villages on Gidicho Island.

Lake Abaya, with Haro settlements: Haruro, Alge, Shingiko and Wajifo

First, the following description of the Haro's economic activities, which have to be understood in relation to those of their ethnic neighbours, provides insights into the local level. Subsequently, in moving to the nation-state level, I show that the growth of the Ethiopian state economy demonstrates impacts on local economies during the past century and is still stimulating economic changes among the Haro today. Thus, a consideration of expanding nation state rule and the Haro community reveals perspectives on marginalisation. Below, I will expand upon the Haro's own positioning regarding their life on the periphery of Ethiopian society to determine whether the term 'marginalisation' is appropriate. The people's own perspectives must be taken into account in order to demonstrate their perceptions regarding themselves, their preservation of anonymity and the cultural significance of hunters and 'killers' in different societies.

The Haro: what makes them different?

The Haro probably originated in different parts of Lake Abaya, especially its eastern shores, as well as Lake Chamo in the Gamo-Gofa Zone of southern Ethiopia and among different groups of hippopotamus hunters.[1] Today, Haro settlements are found in dif-

1 These different places of origin are the lands of the Darassa people (to the east of Lake Abaya), Wollage Island and the Get'eme Islands of Lake Abaya as well as Ganjule Island of Lake Chamo. For further details on the ethno-genesis of the Haro, see Braukmann (n.d.).

ferent localities in and around Lake Abaya, which are not related to their places of origin. Some of the Haro population lives in Haruro, a village on Gidicho Island, while others live in settlements (Wajifo, Shingiko and Alge) on the western shores of Lake Abaya (see map).[2] The Haro perceive Gidicho Island as a base or their homeland, the place where they have fused into one group over the past decades. Movements in boats (*wogollo*) take place from the island to the shores and vice versa at a weekly frequency.[3]

A boat on the lake (photo: Eike Haberland 1954/55 [FoA 27-KB113-11.a])

In terms of political organisation, the Haro are rather egalitarian, but the principle of seniority is important concerning respect and decision-making. The elderly are respected by their families and generally provided with daily supplies and the moral support of their eldest sons, as they share one household. In cases where group or family decisions have to be made, the elders are usually consulted first. Descent is patrilineal, but

2 At 1200 km^2, Lake Abaya is the second biggest lake in the Ethiopian Rift Valley and contains more than twenty-two islands. Apart from Gidicho Island (32 km^2), Wollage Island is the only island in the Lake which is still said to be inhabited.

3 The shape of the boats is quite unique with an open stern and a closed bow two metres high. A *wogollo* is carved out of the smooth wood of the ambatch tree (Aeschoynomene elaphroxylon). Its size is about eight metres long by 1.2 metres wide. Every three months a new boat needs to be built, as water rots the boat by streaming into it while it is being used.

sometimes first-born children grow up with their grandmothers, i.e. their matrilineal family.[4] Boys who grow up in their nuclear family can also move to older male patrikin to help with household work for a certain period of time, e.g., during school holidays. In comparison to neighbouring groups – the Bayso and Shigima on Gidicho Island and other people on the mainland – the Haro are quite few in number: roughly consisting of five hundred individuals scattered over different parts of the lake.[5]

There is close interaction between the Haro, the Bayso and the Shigima, who also reside in two different villages on Gidicho and in different settlements on the western shores of Lake Abaya. The three groups together number about four thousand people (UNPF 2008). While the Haro speak an Omotic language, the language of the Bayso and Shigima is Cushitic. Moreover, the two latter groups claim to have origins as pastoralists. Nowadays they practise agriculture and raise cattle and fish. Their mutual interaction with the Haro is based on intermarriage, common boat construction, trading and common savings clubs. Other trading partners of the Haro are the Gedeo and Darassa agro-pastoralists of the Sidama region (on the northern and eastern shores of Lake Abaya). The Guji pastoralists from the eastern shores and the Otchollo from the west, who are weavers, as well as urban stakeholders (e.g., farmers, restaurant keepers) from Gamo-Gofa District, have become the main trading partners of the Haro today. Due to their trading relations and their employment on state farms on the western shores in the past, many Haro are proficient in their neighbour's languages, though the neighbouring groups do not speak Haro.

The Haro are clearly outnumbered by their surrounding ethnic neighbours, and they greatly differ from them in their economic strategies in which hippopotamus hunting played a central role until recently. Through intense trading contacts, the Haro have adapted to their social environment, i.e. the presence of agro-pastoralist and agriculturalist neighbours, by occupying a different ecological niche. The need to be multilingual and their own small population size both point to domination by the surrounding groups and can be understood as an indicator for the definition of the Haro as a minority group.

4 During my research, this was relevant for one family whose eldest child – a son – was growing up with his mother's family in Shigima. Whether this is only practised for boys still needs to be investigated. – Compare Epple (2010:76, 88) on first-born children among the Bashada in southern Ethiopia who grow up with their grandparents.

5 This figure includes people on the shores and is an estimate, whereas 35 people were consulted in Haruro (Braukmann n.d.). The National Household survey of Ethiopia gives a figure of 3983 for the 'Gidicho' (UNPF 2008).

The changing Haro economy

The case study of the Haro economy provides an example of how-nation state policies have an effect on relatively 'unknown' small societies. The Haro have adapted to their lacustrine habitat and have specialised in the exploitation of animal resources and trading on the shores of Lake Abaya. Until the mid-twentieth century, they extensively hunted hippopotamus, fished and cultivated small plots of maize on Gidicho Island. During the reign of the Emperor Haile Selassie, they used to provide fresh and dried hippopotamus meat to different agricultural groups like the Gedeo and Darassa, as well as to the area of the pastoral Guji. The sites for selling were close to the hunting areas on the north-eastern shores of Lake Abaya and at Melka, a highly frequented local market not far from Gidicho Island. With their earnings from selling meat the Haro bought maize, sorghum or ensete from their geographical neighbours.[6] At around the end of the nineteenth century, royal westerners travelled more and more often to the southern regions of Ethiopia to hunt game, and the Haro took advantage of foreign interests by selling hippopotamus tusks, a source of ivory (Henze 2001:146, 149). The full exploitation of the hippopotamus as a resource, besides selling its meat and tusks, was to manufacture leather products out of its tough skin. This included whips (*alenga*), reins and binding material for agricultural tools which were traded to the Gamo Mountains in the west and the agricultural area of Gedeo to the east of Lake Abaya.[7] Further items manufactured from hippopotamus leather, such as shields, have been documented for areas south of Lake Abaya and Lake Chamo (Amborn 1990:133). These shields were important in preparations for armed conflicts.[8]

Due to massive political upheavals during the twentieth century, the local economy of southern Ethiopia fundamentally changed. Whereas other ethnic groups in southern Ethiopia were confronted much more with the Amhara invasion in the reign of Haile Selassie, the Haro's cultural way of life persisted relatively untouched thanks to the geographically peripheral position of their homelands. Consequently, extensive changes to the Haro economy did not take place until the last decades of Haile Selassie's rule.

The contrast between past and present mentioned in the following statement points to the economic change which began with new laws enacted by Haile Selassie after the Italian invasion,[9] i.e. in the 1950s and 1960s: 'In the previous time [the Haro had] less money [and] much more edible things, but nowadays it is the reverse', said Aminu, one of the Haro elders (18 August 2011). The proclamation of hunting regulations re-

6 Ensete (Ensete ventricosum) or 'false banana' is a staple crop in southern and south-western parts of Ethiopia.

7 For drawings of these goods, see Straube (1963:127–128; figs. 25/1, 25/5a, 25/5b, 26/5).

8 However, it is unclear whether or not all the artefacts documented by Amborn originate from Lake Chamo and were produced by the Haro.

9 This invasion certainly had an influence on the Haro, since the Italians occupied Gidicho Island and built a fortress next to their village.

sulted in the Haro's subsistence strategy becoming illegal together with their trading goods and the criminalisation of their trading partners. Previously, the Haro usually used their guns to killing hippopotamus (see also Haberland 1963:700) and did not obtain licences for these guns.[10] With the introduction of hunting regulations a hunting license was required, which was also needed to acquire ammunition legitimately.[11] In other words, buying ammunition became illegal for the Haro. Additionally, through the prohibition of unlimited hunting, the law restricted a hunt to a certain amount of game that could be killed. Game trophies were forbidden unless one would pay for them. In addition, the sale of hippopotamus leather products was made illegal, making the Haro's particular mode of subsistence riskier. However, seemingly unimpressed by the new regulations and probably out of necessity, the Haro continued hunting. A business agreement between some Haro men and a European investor who was interested in wild animal furs, skins and eggs pushed them into hunting wild game again, such as crocodiles and lions.[12] This underlines the skills of some Haro men as hunters of wild game other than hippopotamus and illustrates their flexibility regarding economic occupations. Not surprisingly, conflicts with the law occurred but bail to get one of the Haro hunters out of the local prison and get him a hunting licence was paid for by the aforementioned European, as Alemayehu told me:

> I was working in Arba Minch when I hunted the crocodile, also I saw the new ship [ferry] when I was working there. Then the police inspector in Mirab Abaya caught me because I had been ordered [by the European] to kill the crocodile by shooting with the gun and he put me in prison. Then [the European] came and he took my responsibility and then I got out of the prison and I brought the dead crocodile. I went to Shashemene to put it there. When I came back, I slept in Sodo; then in the morning I came from there and I gave the report paper to Inspector Birhanu [and] the inspector wanted the gun from my hand but I struggled with him. [...] I had my own licence, for this case I kept my gun off the hand of Inspector Birhanu (16 August 2010).

Here, Alemayehu is indicating his popularity as a hunter among the small urban population of Mirab Abaya, which he underlined again with the following words he said in another interview: 'When I go to Mirab, they used to call me, "This one is the one who finished the hippopotamus from Lake Abaya"' (4 September 2010). Though the hunting regulations did not stop the Haro from hunting hippopotamus, it had indirect implications for them. Trading became more difficult due to the illegality of selling or buying

---

10 In former times, hippopotamus were killed with spears. How and when firearms were introduced is not documented.

11 According to Regulation No. 163/2008, a local hunting licence per annum with a validity of 15 days costs 2000 Ethiopian Birr (ETB), and a hippopotamus hunting licence costs 1200 USD (Federal Negarit Gazeta of the Federal Democratic Republic of Ethiopia 2009:4584, 4586).

12 This was related to me by Alemayehu, an elder (17 July 2010, 16 August 2010). Nowadays, the price for hunting a crocodile is 2000 USD; for one crocodile egg a fee of 1 USD has to be paid (Federal Negarit Gazeta of the Federal Democratic Republic of Ethiopia 2009:4585).

hippopotamus leather products. Alemayehu stated that the people in Alge and Mirab called him a criminal and Tola, a younger Haro man, added that 'killing hippopotamus is illegal. We do not even sell whips in the market' (4 September 2010). Thus, any suspicion about their behaviour, i.e. any mention of hunts, guns, or the sale of hippopotamus resources, has to be avoided. Accordingly, Alemayehu said: 'We should be polite to anyone because we know that we are killers and this is illegal. If we are rude to other friends [e.g., Bayso and Shigima], they will call and tell the legal body that we are killers' (4 September 2010).

In the course of other measures taken by the nation state, such as the national industrial development plans of the 1960s, the Ethiopian state economy started to include the subregional economies of the south in infrastructural and industrial planning and urbanisation programmes. Plans were adopted for a cotton and leather industry, as well as for coffee exports, especially for regions north of Lake Abaya (Donham 1986:32–33), and towns like Wolaiytta Sodo, Awassa, Dilla and Arba Minch emerged. Rapid population growth in Gedeo, Darassa and Sidama areas occurred between 1960 and 1980 which affected ethnic groups of agriculturalists and pastoralists neighbouring the Haro. Through their inclusion in the export and import economy and the establishment of new crops, like the coffee industry (cf. McClellan 1986:176, 179, 181, 183), these groups could be pursued for tax payments. The forced participation of Haro trading partners in a monetary economy finally led to the interruption of trading bonds. At the same time, game decreased and prices for hippopotamus meat increased. Aminu mentioned the following reasons for the decline in trading:

> [T]he first reason is that the Darassa people almost stopped buying the hippo meat. Why? Because costs were increasing. For this reason almost all of the people stop buying hippo meat and turn back to their land to do farming; and the second reason: the people who know how to catch fish, they started eating [it] (18 August 2011).

With fewer clients, the price of hippopotamus meat increased even more so that fewer customers could afford it and less money could be made by the Haro. As a result, they could purchase less grain. It was at this time that the Haro started to diversify their subsistence strategies: starting in the 1950s, the traditional economy of hunting and trading extended to a diverse range of economic activities like petty trade, the salt trade, weaving, wage labour, fishing and cultivation. The female economic domain shows heterogeneity in terms of gardening and petty trade; women and female teenagers offer a wide range of products at the local market in Melka. Each woman specialises differently to avoid competition with others and guarantee an income. The commodities sold are self-made ropes, fruits or spices from one's gardens, maize breads and maize drinks. One Haro woman sells alcohol (*areke*) on Gidicho. Women from all villages also support men in trading salty soil (*bole*), taken from the shores of Gidicho. These goods are further traded by men on a regular basis to agriculturalists on the western shores. For men, weaving became the second major mode of subsistence next to hippopotamus hunting. In addition, scarves (*gabi*) are sold to friends, neighbours and regular trading partners.

The enlargement of infrastructure and urbanisation brought new investors to growing towns. Wage labour became available due to the construction of a fibre factory on the eastern shore, about thirty kilometres south of Dilla in the 1950s and 1960s, and new infrastructure, like a ferry landing stage next to the Haro's eastern local market, was built in the 1960s.[13] At that time, the Haro declined the opportunity to work in the factory or on the ferry, since the earnings from hunting wild game and diverse other economic activities were sufficient. One or two decades later, an investor from Dilla and one from the Arba Minch Fisher's Corporation convinced the Haro to start fishing in order to earn additional income. As salaries did not prove to be satisfactory, the Haro pulled out of the relationship. However, they continued fishing independently and integrated this subsistence strategy into their own economy in the 1980s and 1990s without possessing a licence.[14]

In recent decades, fishing became an important mode of subsistence, and most male teenagers do not hunt hippopotamus anymore. The latter is now more or less done by the older male generation between December and February. Young and older men fish and know how to knit and maintain fishing nets. Consequently, the local economy is mainly based on fishing and trading big catches to urban restaurants or smaller ones to local markets. In order to secure a small supply of grain, married Haro men have been cultivating small rented maize fields (50 m^2) in Alge for the past two decades. Yet, not every man possesses oxen to plough with, and many rent them on a daily basis. The reasons for the change in the economic activities of the Haro were mentioned by Alemayehu when he said: 'Now, you need to have a lot of money to survive. That is why [younger generations] have to do much work. So for them fishing may be the best. So they do not choose, they do all things' (4 September 2010).

The art of hunting

It is remarkable that, despite the Ethiopian government's hunting regulations, the Haro still occupy the same habitat and, at least partly and seasonally, exercise their traditional mode of subsistence. Thanks to the remote location of the island, their pride in being hunters has been able to sustain itself over time. The Haro express this pride in order to differentiate themselves from their neighbours. 'Best shooters' and 'best killers' (*shankawa*) are denominations often used for elders and experienced hunters. The lack

13 The service of the ferry was abandoned in 1979 the latest, since a map published by the Ethiopian Mapping Agency in that year describes the landing stage as 'disused'.

14 Cf. Henze (2001:149–150). Henze reports that in the late 1960s fishers needed a license in Lake Chamo. However, no one mentioned any legal disputes caused by fishing.

of skill in handling a gun is often adduced in ridiculing neighbouring groups and stressing one's own prestige, as in the following statement: '[The Bayso] do not buy weapons, they are not good at shooting' (Aminu, 3 September 2010). There are even situations when the Haro explicitly invoke their independence from the Bayso and Shigima. Thus Alemayehu said, 'Shigima and Bayso, they've got nothing to say about the Haro and about what we are doing because they are farmers and we are hunters' (4 September 2011), while Tefari claimed, 'They used to say we are doing illegal business, but it does not harm their lives, and that is why they did not do anything against us' (4 September 2011). These statements can be understood as an expression of one's own culture as hunters, emphasised here by my informants in a self-confident way.

According to the literature on various cultures in the South Omo Zone, hunting as a means of winning prestige is common in southern Ethiopia, although most societies have never been subsistence hunters and did not specialise in the hunting of only one species.[15] The practice of hunting as an activity after circumcision ceremonies (Epple 2010:104), hunting trophies as markers of maleness and the prestige arising from being a hunter of large game point to a diversity of cultural concepts. Among the Haro, hippopotamus tails put above doors and hippopotamus testicles put on top of the boats were hunting trophies (Vannutelli 1899:242, Haberland 1963:701). The significance of game-killing for feasts as well as for the enhancement of social status have been mentioned in Nicole Poissonnier's studies (2009, 2010). Unfortunately, however, in anthropology, elaborations on the relevance of hunting per se and on the emergence of pride and the social role of hunters without regard for the economic perspective are still rare. More detailed research on these topics is needed for an accurate examination of hunters in Ethiopia and to ask whether one can indeed talk about marginalisation when referring to proud hunters who win great prestige within their communities. Jean Lydall, criticising David Turton's film "The Kwegu", adds an interesting point when she states that the specific agent himself has to be taken into account for a better understanding without unproven assumptions from outside perspectives (Lydall 1982:24). One should not only look at what the minority is lacking, but also at more dominant groups and the goods they desire. In fact, it is only through the existence of a minority group like the Haro that majority groups can have their demands fulfilled and obtain, for example, hippopotamus leather crafts or fish. Thus a one-sided view cannot take into account all the various dimensions of marginalisation. Up until now, even though the Haro have been affected by economic change, they were still able to preserve hippopotamus hunting as an important identity-marker and maintain their role as a group others depend on. I would argue that small marginal groups have agency and that they therefore cannot be exclusively seen as peoples on the periphery.

---

15 See Girke (2009:74–75), Epple (2010:45, 115, 193 fn. 186), and Thubauville (2010:38–39).

PERSPECTIVES ON MARGINALISATION

In order to answer questions of marginalisation, one needs to look at two aspects: on the one hand, there are indicators of marginalisation by external forces, like state-enforced actions and the external views of ethnic neighbours. On the other hand, inherent cultural factors can be traced such as diets, perceptions of wealth and marriage patterns, among others.

The emergence of cultural groups like hunters in Ethiopian society has been explained in terms of remnant models (cf. Pankhurst 2003:9) and the paradigm of castes (Haberland 1962, Pankhurst 2001:10–15). In contrast to these theories, Dena Freeman and Alula Pankhurst have perceived hunters as well as craftsmen like smiths, tanners, potters and weavers as minorities and have elaborated concepts of marginalisation in Ethiopia (Freeman and Pankhurst 2001, Pankhurst 2003:21–25). Five dimensions of marginalisation (Pankhurst 2003:3–8) can be given for south-west Ethiopia. In what follows, I will apply these dimensions to the Haro in order to draw a complete picture of their position among their neighbouring groups.

The spatial dimension

Looking at the spatial positioning of the Haro, separation from dominant societies is present, but not profound. The Haro share the same island with the Bayso and Shigima, with mutual visiting and commensality (meals prepared with ingredients other than hippopotamus meat), and use the same markets without physically keeping themselves apart. Taking a bird's eye view, it is evident that the Haro live on the outskirts of urban settlements (Alge, Wajifo, Shingiko) and far from agricultural settlements. However, the geographical position of the island has always been seen as an advantage by the Haro, granting them refuge, e.g. from tax claims or persecution. In the future, they are likely to stay in their village on Gidicho in order lead a life apart from Ethiopian society.

The economic dimension

Having already elaborated details of the local economy, I will now only mention access to land as an indicator of economic marginalisation (Pankhurst 2003:4). Indeed, the Haro never had sufficient land on Gidicho Island for cultivation or the breeding of livestock. Speaking about wealth and poverty, Tefari once said, that the Guji, through their possession of cattle, are rich, and thus he distanced himself from them as someone who was poorer. Alemayehu summed up the importance of livestock and land as a means of subsistence which the Haro do not possess in Gidicho by saying, 'To have more cattle is to be rich. Plus, it also means to have enough money, to have lots of milk, to have no rain inside your house and to have everything you want from your own compound' (4 September 2010). Only some Haro cultivated cotton near the Wajifo State Farm area in the beginning and middle of the twentieth century.[16] Nowadays some Haro men rent small plots of land in Alge to cultivate maize after consulting national district offices. Hence, they do not face any restriction regarding access to land, and one can hardly speak of marginalisation with regard to this particular agricultural economic strategy.

The political dimension

As the Haro live in a rather remote area, it has been difficult for the government or for dominant populations to contact and include them in political decisions. Nevertheless the Marxist-Leninist Derg government which ruled Ethiopia from 1974 to 1991 reached Gidicho.[17] This account of the past points to the Haro's only experience with a government actively exerting power over them:

> [T]he Derg [...] came until here and [...] brought such life to us, they [the Derg militias] completely stopped us because we had to follow the government here. The militias were arresting us, they even tried me to show their power and they were telling us that no one can have a big land. 'You cannot be the father or the boss of the village' because they want to rule like me. That is why they give also a torture on us. [...] and they were even hovering my home, with their uniform and hat and they hovered my home and screaming to get me out [...] and then even trying to burn my house and finally I get out. In the prison [...] they saw [...] that I am very old [...], and in the court place they punished me for 100 Birr and they let me free (Alemayehu, 24 August 2011).

Similarly, cultural traits like oral history, along with traditional clothing and jewellery, were prohibited and suppressed by the Derg's militias. These days, a political presence is provided by a Gidicho representative, a Bayso man, who works at the district office in Mirab Abaya. It is possible that the Haro have been unable to acquire a nation-state office because they could not find a voice due to their small population and because most of them would not meet the literacy demands for such a position.[18] The nation state seems to offer no space for people who only partially fulfil its requirements, like formal education.

---

16 Further ethno-historical research on Haro mainland settlements might reveal more details about the transformation of land policies during the twentieth century and its impacts.

17 See the case studies edited by Freeman and Pankhurst (2001).

18 The generation of eldest Haro men and women on Gidicho have not followed the system of formal education. However, the average of years of school attendance among the parent's generation of today (whose children have not yet become adults) is from two to six years. While out of six husbands, five visited school when they were young, only one wife out of six had attended school (according to my own census data from 2010). Nowadays, all Haro children from Gidicho start school but do not always finish it, while others are sent to secondary school in Mirab Abaya.

The social dimension

Means of social segregation like the ban of commensality and intermarriage, as mentioned by Freeman (2003), affect the Haro. As hippopotamus hunters, they eat the meat of a game which is taboo for the Bayso and Shigima. Knowing about this food taboo of their Gidicho neighbours, the Haro may have been aware of being judged negatively by other foreign people who were not their immediate trading partners and this may be the reason for them interacting timidly with new visitors (Henze 2001:146). This would confirm the interpretation of their social status being low.[19] Food taboos are among the most pervasive forms of marginalisation (Pankhurst 2003:6–7) and this is also important for the Haro. Yet, the relationship of the Guji and Haro is characterised by a mutual dependency: whereas the Guji supply grain and root crops, the Haro provide meat and dried fish.

The cultural dimension

The cultural dimension involves a discussion of negative stereotyping and perceptions of minority groups by dominant populations. The impurity of minorities is believed to result from a certain diet such as hippopotamus meat or physical contact with certain substances, and this is often explained by myths of origin or other accounts from the past (Pankhurst 2003:7–8). However, I could not find a creation myth revealing any reason for impurity during my research on Gidicho or at market places frequented by the Haro. Even though the Haro practise leather work, this is not the reason for their neighbours to marginalise them as the same is true of other minority groups in Ethiopia. If the Haro are seen negatively from the outside, this is mainly based on their consumption of hippopotamus meat.

Not all of the five dimensions of marginalisation apply to the Haro. They were subjected to a negative stereotyping by others because of their food and their form of economic specialisation, which does not let them own land or cattle. However, pervasive features of minorities, like the restriction on intermarriage, do not apply here, as intermarriage is commonly practised with the other inhabitants of the island. Similarly, the Haro's perspective shows that the spatial dimension offers an advantage rather than an exclusion. The fact that not every dimension fits in the case of the Haro shows that hunters can only be categorised as a minority group if they are assessed from outside perspectives. However, they do lack certain features, like formal education, political

---

19 For a broader perspective and clarification of the status ascribed to the Haro, the point of view of former trading partners would be valuable. Unfortunately, I have no insights into the social meaning of hippopotamus meat or the social or environmental circumstances of its consumption among these former trading partners.

participation, suitable skills for the national industry and a common cultural history which would allow them to integrate into the Ethiopian state.

The nation state missed out

In contrast to the South Omo Zone, where development projects, the tourism economy, religious missionaries and local executives interfere on a daily basis,[20] there are few such external intrusions on Haro cultural domains. However, formal education and the related language policy will cause continual change to the futures of children from Gidicho Island: since a primary school was built in the 1970s next to Haruro, the formal education system has integrated itself more and more into the life-cycle of the Haro, as instructions are given in Amharic and English.[21] However, most Haro do not yet speak either language fluently. Religion is another aspect which could cause cultural change. Neither a church nor a missionary is to be found near the local markets or in Gidicho or Alge. Yet, both Protestant and Orthodox beliefs are practised, especially by women who pray. The reason for the arrival of Christianity might lie in the settlements on the mainland, access to which has always been easier.[22] Furthermore, a tourism economy is absent and hitherto has not altered the 'landscape', as hardly any infrastructure exists in and around Lake Abaya.[23]

Another factor in cultural change is international and local non-governmental organisations (NGOs) who wish to support ethnic groups. Their projects assume that these ethnic groups have a marginal position and thus contribute to creating such a status themselves.[24] Even though associations and NGOs are present around the Gamo-Gofa Highlands (Ch'encha, Arba Minch, Otchollo Lante), none has ever implemented a project on Gidicho, at local markets or in the settlements on the shore.[25] This does not imply that district officers are not aware of the island as a potential spot for development intervention: recently the island has been suggested to a German-Swiss NGO which specialises in solar energy projects.[26] Soon, the unfamiliarity of the Haro, Bayso

---

20 See the contributions by Susanne Epple, Sophia Thubauville, and Shauna LaTosky in this collection.

21 The impact of formal education on Haro culture is a topic which deserves more attention and research. For further details on formal education in South Omo, see also the contributions by Epple and Thubauville in this collection.

22 However, I was not able to observe visits to churches in the area of Alge during my fieldwork, and nor have I heard any accounts of missionaries on Gidicho Island.

23 One can, however, find Gidicho Island as a destination in guide books (e.g. Briggs 2009:501–502).

24 See development interventions such as giving oil as a reward to a families who send their daughters to school in Dimeka/Turmi and Maale (Epple and Thubauville in this collection), and the assumption and creation of a marginal status through the struggle against so-called harmful traditional practices (LaTosky in this collection).

25 On Otchollo Lante, see Tadesse (2003:454–457).

26 Personal communication, Max Pohl, Sahay Solarverein Afrika e.V. (15 October 2011)

and Shigima regarding contacts with missionaries, tourists and nation state- or NGO-induced development projects could belong to the past.

Conclusion

Looking at the Haro economy from a historical perspective shows how a nation state can indirectly affect a small community. At the same time, agency gives rise to the introduction of new economic activities and demonstrates that minorities do not disappear easily nor necessarily migrate and integrate themselves into majority cultures. For at least one century, the Haro have been able to maintain their livelihood on Lake Abaya flexibly adapting to the environment through the exploitation of new resources, learning a variety of languages and secretly continuing hippopotamus hunting. They have developed new and heterogeneous subsistence strategies: men shifted from hippopotamus hunting to weaving, fishing, small-scale agriculture, wage labour and the sale of *bole*, while the women have diversified the range of the commodities they trade in. Furthermore, the Haro extended their mobility patterns to other shores of Lake Abaya and moved to locations like Alge, while still continuing to live on the island. Their spatial situation, food taboos and the nation state's political demands all characterise their marginal position. Although they do not conform to the demands of the Ethiopian state, their culturally specific conception of hunting provides them with self-esteem, even though it is now illegal. The geographical position of the island has preserved the Haro from impacts caused by tourism, development programmes and missionaries and has permitted them to maintain their lives in this remote area and to consolidate their own cultural patterns.

References

AMBORN, Hermann
1990 *Differenzierung und Integration.* Vergleichende Untersuchungen zu Handwerkern und Spezialisten in südäthiopischen Agrargesellschaften. München: Trickster

BRAUKMANN, Fabienne
n.d. *Nilpferdjäger, Weber, Salzhändler.* Wirtschaftliche Strategien und soziale Organisation der Haro Südäthiopiens im Wandel. Köln: KEB (Kölner Ethnologische Beiträge)

BRIGGS, Philip (ed.)
2009 *Ethiopia: the Bradt travel guide.* Guilford, CT: The Globe Pequot Press ([1]1995)

DONHAM, Donald L.
1986 "Old Abyssinia and the new Ethiopian empire: themes in social history", in: Donald L. Donham and Wendy James (eds.), *The southern marches of imperial Ethiopia: essays in history and social anthropology*, 3–50. Cambridge: Cambridge University Press

EPPLE, Susanne
2010 *The Bashada of southern Ethiopia: a study of age, gender and social discourse.* Köln: Rüdiger Köppe

ETHIOPIAN MAPPING AGENCY
1979 *Birbir.* Sheet 0637 D2, Series ETH 4 (DOS 450). Addis Ababa: Ethiopian Mapping Agency

FEDERAL NEGARIT GAZETA OF THE FEDERAL DEMOCRATIC REPUBLIC OF ETHIOPIA
2009 "Regulation No. 163/2008. Council of ministers regulation to provide for wildlife development, conservation and utilization", *Federal Negarit Gazeta* (26):4567–4599

FREEMAN, Dena
2002 *Initiating change in highland Ethiopia: causes and consequences of cultural transformation.* Cambridge: Cambridge University Press
2003 "Conclusion I: understanding marginalisation in Ethiopia", in: Dena Freeman and Alula Pankhurst (eds.), *Peripheral people: the excluded minorities of Ethiopia*, 301–333. Asmara: Red Sea Press

FREEMAN, Dena and Alula PANKHURST (eds.)
2001 *Living on the edge: marginalised minorities of craftworkers and hunters in Southern Ethiopia.* Addis Ababa: Addis Ababa University, Department of Sociology and Social Administration

GIRKE, Felix
2009 *The ädamo of the Kara: rhetoric in social relations on the Lower Omo.* Halle (Dissertation, Martin-Luther-Universität Halle-Wittenberg)

HABERLAND, Eike
1962 "Zum Problem der Jäger und besonderen Kasten in Nordost- und Ost-Afrika", *Paideuma* 8(2):136–155
1963 *Galla Süd-Äthiopiens.* Ergebnisse der Frobenius-Expeditionen 1950–52 und 1954–56, Band 2. Stuttgart: W. Kohlhammer

HENZE, Paul B.
2001 *Ethiopian journeys: travels in Ethiopia, 1969–72.* Addis Ababa: Shama Books ([1]1978)

LYDALL, Jean
1982 "Reviewed work(s): The Kwegu", *Royal Anthropological Institute of Great Britain and Ireland* 50:22–24

MCCLELLAN, Charles W.
1986 "Coffee in centre-periphery relations: Gedeo in the early 20th century", in: Donald L. Donham and Wendy James (eds.), *The southern marches of imperial Ethiopia: essays in history and social anthropology*, 175–195. Cambridge: Cambridge University Press

PANKHURST, Alula
2001 "Dimensions and conceptions of marginalisation", in Dena Freeman and Alula Pankhurst (eds.), *Living on the edge: marginalised minorities of craftworkers and hunters in Southern Ethiopia*, 1–23. Addis Ababa: Addis Ababa University, Department of Sociology and Social Administration
2003 "Introduction", in: Dena Freeman and Alula Pankhurst (eds.), *Peripheral people: the excluded minorities of Ethiopia*, 1–26. Asmara: Red Sea Press

POISSONNIER, Nicole
2009 *Das Erbe der "Helden"*. Grabkult der Konso und kulturverwandter Ethnien in Süd-Äthiopien. Göttingen: Universitätsverlag
2010 "Favourite enemies: the case of the Konso", in: Echi Christina Gabbert and Sophia Thubauville (eds.), *To live with others: essays on cultural neighborhood in southern Ethiopia*, 236–251. Köln: Rüdiger Köppe

STRAUBE, Helmut.
1963 *Westkuschitische Völker Südäthiopiens.* Ergebnisse der Frobenius-Expeditionen 1950–52 und 1954–56. Stuttgart: W. Kohlhammer Verlag

TADESSE, Wolde Gossa
2003 "The postsocialist agrarian situation in southern Ethiopia", in: Chris Hann *et al.* (eds.), *The postsocialist agrarian question: property relations and the rural condition*, 441–460. Münster: Lit

THUBAUVILLE, Sophia
2010 *Die Wandernde ist eine Kuh.* Lebenswege von Frauen in Maale, Südäthiopien. Köln: Rüdiger Köppe

UNITED NATIONS POPULATION FUND (UNPF) (ed.)
2008 *Summary and statistical report of the 2007 population and housing census results: population size by age and sex.* Addis Ababa: Federal Democratic Republic of Ethiopia, Population Census Commission

VANNUTELLI, Lamberto and Carlo CITERNI
1899 *L'Omo.* Viaggio d'Esplorazione nell'Africa Orientale. Milano: Hoepli

Paideuma 58:197–211 (2012)

LOCAL RESPONSES TO EXTERNALLY INDUCED CULTURAL CHANGE
The introduction of formal education in Bashada (southern Ethiopia)

Susanne Epple

ABSTRACT. Like many of their ethnic neighbours, the Bashada are agro-pastoralists and have been living relatively isolated from the modern world until one or two decades ago. Recently more and more changes have been introduced from the outside which are having an increasing impact on the daily lives of the people. One of these transformations is the introduction of formal education. The construction of numerous schools and increasing pressure by the government to enrol more children, especially girls, is forcing the Bashada to respond and react. The paper shows that so far the Bashada have been able to be selective in accepting what they consider useful and in rejecting what seems harmful to their children, as well as to the core values of their culture.

Introduction

The research for this paper was done among the agro-pastoral Bashada, a small group living in South Omo Zone, Southern Nations, Nationalities and People's Region (SNNPR), some 780 km south of Addis Ababa. South Omo, with officially sixteen different ethnic groups, is known for its cultural and linguistic diversity. The Bashada, though they see themselves as distinct in certain respects, are classified as a subgroup of the Hamar, with whom they and the Banna share the same language and a nearly identical culture.[1] South Omo has recently become a region of major development and investment plans in Ethiopia.[2] The effects of these investment plans are not yet felt among the Bashada, but since I began my research in 1994,[3] major changes have taken place

1 The name 'Bashada' is used locally for the region, the people and their language. On the ethnic identity and self-perception of the Bashada, see Epple (2010a, b).

2 See the contribution by myself and Sophia Thubauville in this collection.

3 Since 1994, I have spent more than twenty months in Bashada, the longest period being in 1998 and 1999 (fifteen consecutive months). During my research I lived with a host family in the village of Gunne, but also often visited the village of Argude, where the first Bashada school was built. In my research I focused on age and gender relations (see Epple 2010a), which also included aspects of socialisation. Since the first school opened in Bashada I have been observing and listening to people's reactions, and in 2007 I conducted a short period of research on education and the different steps individual students have to take from the small local schools to Jinka and finally to higher learning institutions in Addis Ababa. All interviews conducted in 2007 with local people and teachers were held in the local language (Bashada/Hamar), filmed, and later transcribed and translated into English. Some interviews with teachers who did not speak Bashada were held in English. I did not formally interview children and parents, but rather enquired about their views during informal conversations.

in the areas of education and employment, access to markets and use of money, tourism, involvement in development, and awareness-raising programs introduced by the government and both local and international non-governmental organisations (NGOs). This paper will focus on the introduction of modern education in Bashada and look especially at the ways in which the local people accept or resist the implementation of the education policies of the new Ethiopian government.

Education in Ethiopia

Until the end of the nineteenth century formal education lay fully in the hands of the Christian Orthodox Church and some Koran schools. Modern education along the lines of the British educational system began in 1908 when, under the Emperor Menelik II, the first school was opened in Addis Ababa. Foreign missionaries also opened schools in the early twentieth century. The trend towards education continued under the rule of the Emperor Haile Selassie, and later under the socialist Derg regime (Zehle 2007:2–7). In 1994, the new government of the Federal Democratic Republic of Ethiopia (FDRE) proclaimed its "Education and training policy" in which it explained its major goals, namely the realisation of universal primary education by 2015. One of the major focuses of the policy is on the expansion of primary education in rural and underserved areas. Other major goals are to improve the quality of education and to promote the education of girls. Ethiopia is following international trends, such as the "Education for all (EFA) initiative", of the Food and Agriculture Organisation of the United Nations (FAO) and UNESCO, launched in 2002.[4]

In Ethiopia today there is eight years of primary school, subdivided into two cycles: Grade 1–4, Basic Education and Grade 5–8, General Education. National exams are held at Grades 8 and 10 to select the best students for the secondary education phase, i.e. the General Secondary Education Grade 9+10 and the Senior Secondary Education Grade 11+12.[5] Besides government schools, there also exist non-governmental public and private schools, in many cases run by missions (Zehle 2007:3).

Formal education in Bashada and Hamar

At the end of the nineteenth century, the south of Ethiopia was forcibly incorporated into the Abyssinian Empire. At this time northern settlers came to the area as administrators and traders. Their descendants became the inhabitants of the emerging small

4 See http://www.fao.org/docs/eims/upload/254098/ERPreport.pdf.

5 See Ministry of Education (MOE), Education and training policy. Addis Ababa 1994 (quoted in Zehle 2007:3).

towns where the first schools were established during the rule of Haile Selassie. These schools were only attended by the settlers' children, not by local children. A few of the children of local dignitaries (such as ritual leaders) were taken to boarding schools in the capital by the Emperor. Under the Derg regime the first schools opened in Dimeka and Turmi (small towns in Hamar), which are now also used by few local people.[6] In the 1960s, the first missionaries, sent by the Sudan Interior Mission (SIM), settled in today's Dimeka (Hamar). They were not engaged in education, but the Catholic mission that established itself during the Derg period in Dimeka is still successfully involved in smaller development projects and educational projects, for example, by building schools and dormitories. Similar activities were undertaken by Redd Barna, the Norwegian branch of the NGO Save the Children, in Turmi (Lydall 2010:324). In the last ten to fifteen years numerous schools have opened in South Omo, even in remote villages. In Hamar most of these were built by Redd Barna.[7]

These local schools only cover the first years of basic education taught in Amharic, the official working language of the FDRE.[8] Students who have successfully completed this are transferred to secondary schools in Turmi, Dimeka or Jinka, where some subjects are taught in English. Recently a boarding school for pastoralists has opened in Arba Minch (250 km north of Jinka). In Dimeka and Turmi students live in government hostels where beds and food are free. Here they mix with students from different ethnic backgrounds (Hamar, Banna, Bashada, Arbore and Kara). Traditional clothes, jewellery and hairstyle must be removed, so that ethnic identity is not visible. The teaching language from the fifth grade on in some subjects is English. After the successful completion of Grade 10 students are transferred to Jinka, where they mix with students from Jinka town and all the other groups in South Omo. For higher education, i.e. college (after Grade 10) or university (after Grade 12), students have to move to Addis Ababa or other towns, as so far only a few training possibilities exist in Jinka.[9]

6 Lydall (2010:324). Turmi was the first administrative centre of Hamar. Today, it has become a small town with a school and a weekly market. Dimeka is a small growing town on the borders of Banna, Bashada and Hamar. It is the seat of the Hamar Woreda (district) administration and also a meeting point during weekly markets.

7 These schools offer an "Alternative Basic Education" (ABE) that is meant to address people who have a critical or negative attitude towards education. ABE has been integrated into the permanent education structure provided by the government and its curricula have been adapted to those of the formal education system. See Save the Children Norway and Save the Children Denmark, Think smart: giving rural children access to basic education. 2007, p. 71, Addis Ababa (quoted in Niebling 2010:49).

8 The constitution allows tuition in local languages, and in some regions this has been put into practice. In South Omo and Bench-Maji Zones it remained Amharic due to the linguistic and cultural diversity of the regions (Niebling 2010:41), while in other parts of the SNNPR classes are held in local languages. See Gideon P.E. Cohen, "Language and ethnic boundaries: perceptions of identity expressed through attitudes towards the use of language education in southern Ethiopia", Northeast African Studies 7(3):190 (2000) (quoted in Niebling 2010:42).

9 For a more detailed description of tuition and the housing situation of students in Dimeka and Jinka, see Niebling (2010).

Local reception of education in Bashada

When I first arrived in 1994, there was no school in Bashada and only very few individuals had been students in Dimeka for some years past. Generally schooling was unpopular at this time, and the Bashada avoided close contact with the town's culture as much as possible. Those who had been at school explained that they had felt discriminated against by their teachers, none of whom had been from the area or could speak the local language. Physical punishment at school was also common during the Derg regime. When in 1976 military service was introduced in Ethiopia, high-school students and graduates were easy to recruit, and many men from the south were taken for military training and also sent to fight in the Ethio-Somalian (1976–1978) and Ethio-Eritrean (1978–1988) wars. Some men and some students had also been taken as soldiers from Bashada, and only two of them returned alive at the end of the wars. It was mainly for these reasons, I was told, that no student from Bashada and very few from Hamar had pursued higher education. The two men who had been in the war and one who had attended school until the fifth grade were the only people in Bashada who could speak fluent Amharic and read and write.

In mid-2000 a primary school, with lessons from the first to fourth grades, was built in Argude (Bashada), and awareness-raising programs were launched to convince people to educate their children. To motivate parents to send their daughters for schooling too, a four-litre jerry-can of oil was given to them every second month. I visited the school in 2007. In contrast to what Lydall (2010:325) reports about a small school built in Dambaiti (Hamar) at the end of 1980s, in Bashada the school-children were allowed to wear traditional clothing and adornments. Some, especially the smaller children, even came naked to the school. The students were mixed, male and female, and very young and older children studied together, according to the level of their education. All of them lived nearby and returned home after class. The teachers were all young and seemed highly motivated, and as they lived in Argude they had learned to speak the local language and claimed to appreciate the local culture. In a recorded interview the teachers explained that they had been trained in Jinka and sent to Bashada two years earlier, a place they came to like, as the people were friendly and the climate less hot than in other places in South Omo. They expected to be moved to another place a few years later.[10]

At the time of the interview (March 2007), about sixty Bashada students from different settlement areas were attending classes, eight of them females. The teachers explained that sometimes children stayed away due to their duties at home, herding cattle and goats or helping in the fields. Their absence affected their learning, and therefore only a few children had been promoted to fifth grade so far. Generally, all children were

---

10 It is common practice that young teachers are sent to remote areas and change their place of work a few years after they start teaching.

accepted at the school regardless of age, though the teachers said they believed that the younger ones learned better and faster.

The atmosphere in the school compound was friendly and seemed to motivate both teachers and children. During the lessons I attended, children were encouraged to participate actively; errors were neither ridiculed nor punished. In their breaks the children played outside and once a day were fed in the school compound under a big shady tree, while not far away the teachers were eating the same food sitting together with their own small children.

Though it is possible that teachers may have exaggerated their positive attitude in the interviews, the impressions I received during my visit to Argude School were confirmed by Bashada parents and children as well. In informal conversations many adults remarked that in the past teachers had attempted to keep a distance from the local community, but the new generation would eat and drink with them and be able to communicate in the local language. The fact that food was provided at school was considered essential, as early breakfast is not common in Bashada. Usually children would eat around 10 a.m., when the cows had been milked and thus, in the past, children had remained hungry at school until they returned home in the early afternoon. Many children remarked that their treatment by the teachers was much friendlier than the past experiences they had heard about from their seniors. Today, instead of punishing those students who were slow in learning, the teachers rather tried to motivate them.

On the way to school (Bashada 2007)
(all photos: Susanne Epple)

Lunch break at Argude school (Bashada 2007)

Shortly before my arrival in March 2007, each of the three greater settlement areas in Bashada had been asked by the government to establish a committee to convince parents to send more children, especially girls, to school. In Gunne village, the committee consisted of four men. Three of them, Belaini, Jammo and Chaka, were brothers and sons of the former spokesman of Bashada; the fourth, Kolle, was the new spokesman, acting as an arbitrator between Bashada and the local administration. I interviewed all four on the formation and aims of the committee:

Chaka: The government sent us the teachers from up there [refers to Jinka], and contacted the *likamamber* [Amharic: chief; points to Kolle]. 'The *gal* [Highland Ethiopians] have their own ways. Form a committee!' [they said], so we formed the committee. [...] In the past we did not know this. 'Give the children [for school]!' [we were told and] simply gave our children. Now, 'Form a committee, people to talk to. Don't choose those people do not listen to. Choose those to whom people would listen, women, men, all. To whom the children would listen'. So the people were picked. [...] In the past we said 'donza' [here: group of adult and respected men]. Now it is called 'committee'. Among the *gal* they say 'committee', we call it 'donza'.

The idea of forming a committee was easily accepted as it could be related to the local institution of *donza* and *zarsi*, i.e. a group of adult competent men of a certain locality made responsible for solving a certain issue.[11] When the community was told to select people whom they trust, they selected those individuals who were already experienced in dealing with the outside world and also respected in handling internal affairs.[12] The way the committee members presented themselves during the interview showed that they felt responsible not only for convincing parents to send their children to school, but also for mediating between teachers and parents, and to make sure that the teachers were doing their job properly:

Chaka: If children are absent for three to four days, a letter will come [from school]. Then we talk to the children and send them again. If five days have passed, we will go and see the children, see whether the teachers have been teaching badly. If they have beaten the children, we will scold them [...].

Susanne: You would scold the teachers?

Chaka: Mmmh [confirms]. 'Teach properly!' – 'I want to beat the children'. 'Why do you want to beat the children? Don't do that. Teach properly!' [...]

---

11 The term 'zarsi' stands for 'the community of competent adult men' who are entitled to participate in politics and decision-making (Epple 2010a:50). The term 'donza' refers to the individual adult, but can also be used as a synonym for *zarsi*. See also Strecker (1976:59) for a more detailed definition of these terms. Depending on the issue at hand the composition of the *zarsi* may vary: a conflict in the neighbourhood can be solved by only few men, while issues concerning the whole settlement area or even all of Bashada would demand the participation of many more adults.

12 These days the Bashada people and also neighbouring groups are frequently asked to form committees to disseminate the interests of the government locally. Felix Girke (2011) discusses the local reception of committees among the neighbouring Kara. They have the institution of the *borkotto-bitti*, a group of selected and respected adult men, who traditionally enjoy the right and trust of the others to make decisions for them and to represent them (Girke 2011), while the composition of the *zarsi* in Hamar and Bashada is determined situationally. Their spokespeople act according to the decision of the community and cannot make decisions by themselves.

Belaini: We will stand behind these children. We, as a committee, we will be there for them. 'Why did you make your child stay behind?', we will ask them [the parents]. 'You are going to town and drinking too much strong liquor, too much honey wine. You have to teach your children properly'. We will be there guarding. The *zarsi* [here: community of adults] have elected us. The committee is there to take care of these children, to scold and advise them.

I was surprised to find people in 2007 so positive about modern education, as their attitude had been very negative in the past. When I asked what had made people change their attitude, Belaini explained:

Belaini: What made us change [...] our country is blank, Bashada is an empty place. [...] Today the Kara have given many [children to school]. The Marle [Arbore] have given many. The Bume [Nyangatom] have given many. The Bume, the Kara, the Galeba [Dassanetch] have been taught by *ferenji* [foreigners]. There are *ferenji* in Bume [refers to missionaries who opened a school in Nyangatom]. The Kara went to Bume to be educated there. Now all of these have studied and become bright. [...]

Medicine, the medicine that is coming here, they give us the old one, they inject us the old medicine, the new one they keep for themselves. [...] We know that! If I have studied, I will know that looking at the papers. 'Why are you doing like that? All people are humans, we are all the same! We are all the government's children. Why are you handling the medicine like that? You have to spill out the old medicine, only the new medicine should be injected!', if you know the paper well you can say that. This is the way we think! [...]

If you know how to read and write, you can travel. If you do not know anything, people simply grab you, put you in prison. 'You are an empty handed person. Where is your paper?' This is why we have thought about it and liked it.

Belaini's appreciation of education is based on two observations he made: members of the neighbouring groups have started educating their children earlier, and so the Bashada somehow lag behind. Secondly, the Bashada depend greatly on highland Ethiopians working in the local clinics, pharmacies, police stations and schools and who often do not treat them fairly in the Bashada's view. Those who cannot read feel at the mercy of those who are in charge of health, education or security, so to be educated, Belaini explains, means to be on the same level as the highlanders. The government is seen here as a responsible father who cares for all his children equally, but whose children do not treat each other fairly. Belaini's rather positive notion of the government and negative image of the townspeople was shared by many others. During previous stays and also in 2007, I had often heard people say that the present government was caring for them much more than previous ones, for example, by building pumps and schools near to the villages, while past governments were only interested in taking taxes or recruiting soldiers.

The fact that education was appreciated does not mean, though, that the Bashada were not critical or careful about the changes it might bring. During the course of our conversation it became very clear that another issue was of central interest to them, namely the preservation of fundamental elements of their culture. These included especially those related to initiation and reproduction. I asked Kolle whether he was concerned that the fact that his two sons were enrolled in school might change their attitude towards their culture. His response was prompt and very definite:

Kolle: Of course they [refers to his sons] will leap [be initiated] and get married here![13] Yes, there are some who do not leap. [...] Those who do not want to leap do not, others will.
Susanne: This is not a big problem for you?
Kolle: Mmmh. But the *djalepha*, the first-born, they will cause a big problem. If they do not leap it is a problem!
Chaka: [...] Those who are not initiated remain *marid* [unmarried adolescents] and simply die. Do you remember the spokesman when you were living here? Now he died. Has his wife [a Highland Ethiopian] not gone to Tigray? Now she is left with nothing. His children are left with nothing. Everything went to his younger brother. We do not claim the children fathered to Highland Ethiopians. Those who have been initiated and become adults, they will later come back [bringing their child] and say, 'This is the one I fathered'. When they [the children] come, their *gali* will be beaten here [a name-giving ceremony will be carried out]. [...]
Susanne: This is what you are concerned about. [...] So, do you continue to advise your first-born sons to make sure they will leap over the cattle, or what do you do?
Chaka: We initiate them early.
Belaini: Initiate early.
Chaka: When they are in seventh or eighth grade, we initiate them.

The 'leap over the cattle', i.e. male initiation, and the proper performance of the marriage sealing and the preconception rites is absolutely necessary for the continuation of a lineage, as uninitiated males are considered adolescents and cannot achieve social fatherhood. As male initiation is individual and as the time of its performance is also determined by the position of a son in his family (first-born sons are initiated first, second-born sons second, and so on) there is another problem: if one son decides not to be initiated, he 'blocks' the way for his younger brothers, as they have to wait for him to be initiated before it is their turn.

To avoid boys deciding against traditional initiation in the course of their educational careers, Chaka says, school boys are initiated at an earlier age than usual, before

13 Male initiation in Bashada (also in Hamar and Banna) involves numerous ritual steps which culminate in the so-called 'leap over the cattle' where an initiate steps on and then runs over the backs of a row of cattle in front of his relatives, neighbours and other initiates. Only after the completion of all related rituals is a male allowed to marry and father children considered his own.

they have distanced themselves from their original culture.[14] In cases where students have not been initiated at an early age, great social pressure by the families is exerted to convince them to undergo the ritual and marry locally 'for the family'.[15] In such cases the family promises to take care of the local wife and children if the son decides to live far away from home and marry there as well. In that way the needs of the lineage are met: it can continue through the wife, who can bear legitimate children in the name of her husband, no matter who the biological father is, and the absent man's younger brothers can be initiated and marry. *Djalepha*, the first-born sons, are the heirs of their fathers and are also responsible for performing the rituals for the family, thus it is especially important that they do not leave the society. If an educated man is not initiated and marries someone from outside, however, his local property (mainly cattle and small stock) will be lost at his death and his lineage will not continue, as his biological children will not be considered legitimate in Bashada.

The education of girls

Besides education, gender equality has been a central issue addressed by government and NGOs in South Omo. During regular workshops to which women from different ethnic backgrounds were invited, topics related to women's rights were discussed, such as practices that are seen as harmful to the body (e.g. female genital mutilation, scarring, lip-plates and whipping) and also social practices such as early and forced marriage, polygamy and levirate.[16] The NGO Save the Children in Dimeka, headed for the last three years by Bazo Morfa, a young Hamar university graduate, has been active in different areas, but in agreement with the local administration it is now focusing on what are considered the most urgent matters in Hamar and Bashada: early and forced marriage, infanticide, and ritual whipping during initiation. The promotion of girls' education is another focus of this NGO's work. Through these interventions marriage and education have become related issues today.

Traditionally, spouses are selected by the parents or by the husband; hardly ever does a girl choose a spouse. In the past two decades, girls have begun to feel encouraged by these programs and to use schools as a refuge if they want to avoid an arranged

14 Whether Chaka is exaggerating here or describing a real change in practice, I cannot say. In general the time of initiation can be determined by a boy's parents, but as the related celebrations can involve more than two hundred guests they are very costly and usually only held after good harvests.

15 Also mentioned in the interview and widely appreciated throughout Hamar, Bashada and Banna is the example of Awoke Aike, the Hamar representative in the national parliament who was initiated at rather late age, having been convinced by his family that his younger brothers and cousins would otherwise not be able to get married. He did that after living in town for many years and having converted to Orthodox Christianity.

16 For allegedly harmful practices, see also the contributions by Shauna LaTosky and Kate Nialla Fayers-Kerr in this collection.

marriage. Well-known in Bashada is the story of the first Hamar girl who escaped in the mid-1990s. Though the girl's courage and determination was locally somehow appreciated (for example, in a popular song telling how she had overcome the resistance of her family and escaped in a government car), at the same time people gossiped about her and nicknamed her 'sharmutsha' (derived from the Amharic term 'sharmuta' for 'prostitute').[17] The decision of this girl (and several others who followed her example) practically to leave her society with the support of the government has been disapproved of since.

> Jammo: Those Hamar girls who ran away to school [...] honey had been eaten on their behalf, goats had been eaten, cattle had been eaten [bride-wealth had already been given for them]. 'We have abandoned your culture/tradition!' [these girls said]. They abandoned the men to whom they were married and left for the *gal* world [here: the world of the townspeople]. They left but they did not study properly. 'What do you want here? You have not learned anything', they were told [in Arba Minch, after finished tenth grade] and returned to Turmi.
>
> Only those males who studied properly got a job. Those girls who do not study properly will not find a job. They go different ways [...] They go on the path of prostitution [*sharmutshamoxa*]. These girls were sent back. Now they are here [in Turmi (Hamar)].

Jammo here reports the local view that these girls had not managed to enter the '*gal*-world' and were now working in bars and shops, without any legitimate husbands, but with children considered illegitimate in Hamar who will have to grow up without an attachment to any lineage – a situation locally rather pitied.[18]

Prior to 2007 no Bashada parent had sent a girl to school, and most of the few Hamar, Kara or Arbore females found in Dimeka or Turmi schools were there against their families' will. People were only slowly convinced by the local authorities to send their daughters and were encouraged to enrol smaller girls who would study seriously and in the future might marry educated males from their own cultural background. Many mothers I talked to were reluctant to give away their daughters as they wanted to keep them to have assistance in daily chores at home. Those who did agree refused to give their oldest daughters. They rather gave a younger one, emphasising that four

---

17 In Bashada the term 'sharmutsha' does not necessarily imply that someone has sexual intercourse for money, but it stands for a woman who, without proper husband and family attachment, lives by herself and possibly 'sleeps around'.

18 This local view is not necessarily shared by the respective educated females themselves. Two of them today live in Turmi, one working as a primary school teacher, the other one for a local NGO. Both live together with a steady partner, but none of them has undergone traditional Hamar marriage rituals. They claim to consider themselves lucky to lead a different and more independent form of life (Selamawit Zigita, 31 March 2012, oral information – Selamawit Zigita is a MA student in Social Anthropology at Addis Ababa University who did research in Dimeka and Turmi in January and February 2012).

years of education would be enough for her. In my interview with the committee it also became clear that sending girls to school did not necessarily mean that their parents wanted them to strive for higher education and become modern:

Susanne: What about females who go to school? Some might become like the Highland Ethiopians.
Chaka: Is there any female who would reach the twelfth class [and be eligible for higher education]? There is none.
Susanne: There are some [...] Gulilat's sister is in Grade 8 or so [refers to a girl going to school in Addis Ababa supported by a private sponsor].
Chaka: Kerri?
Belaini: She [Kerri] has a husband [she is betrothed, bride-wealth gifts have been given, and the union cannot be dissolved].
Chaka: She will become a bride shortly. What would happen to her [...]?
Susanne: Will she later, having studied, return to Hamar ways?
Chaka: She will.
Belaini: She will come back. She will come back [...].
Chaka: [...] her husband is *djalepha* [...] he has no younger brother.
Belaini: [...] because she will want to do the rituals. Someone who has studied and sees a big salary does not come back [to live here], but for the rituals people come back. An educated man will marry here [in Bashada] and there [in town]. Being educated, he will still come to do the rituals here. In the same way, she [Kerri] is married. She will come back only for the rituals. She will not give that up. Our girls simply do not give that up!

In this conversation the two men tried to convince me (and themselves) that they were not worried about their females alienating themselves from their culture. While Chaka said that most probably girls would not achieve a higher education anyway, Belaini expressed his belief that the wish to belong to Bashada society was strong enough in anyone to come back to perform the necessary rituals for socially acceptable reproduction. He added that the proximity of the schools to the children's homes was contributing to their continuous identification with their culture. Having said that, he emphasised that the final word about the future of a girl was with her parents, whether she was educated or not:

Belaini: These little girls who are at school now will know how to write and read. But then, if one of our *tsangaza* [members of marriageable clans] is initiated and says, 'I will marry that girl, the one who has studied', and if I like him, I will give him my daughter!

Recent developments

In 2011 several young men from the area around Dimeka (some from the border areas between Banna and Bashada, and one from Hamar) had completed their higher education in colleges or universities, returned to the south and had taken leading positions in Dimeka as District Administrator, head of the office for Agriculture and Pastoral Development, head of the Youth Association, and head of the NGO Save the Children. These developments were highly appreciated among the Bashada, who now saw their 'own children' working among the *gal*, with the hope and expectation that they would act in their community's interests.

But some developments seemed to point in the other direction: many children enrolled in 2007 dropped out of school in March 2011 and returned to their traditional way of life, i.e. to herding cattle and cultivating. Only five boys and no girls had been promoted to Dimeka, none to Jinka, and the few who had been promoted were not very successful, as many courses were taught in English. The main reason given by both parents and students for why males had dropped out was that regular attendance was difficult during times when work on the fields was intense, or when cattle had to be taken to distant pastures.[19] A sentence I locally heard often in this context was, 'We walk with the cattle' ('Wodi wunga-xa de yaya'), emphasising that first of all the Bashada saw themselves as herders, and implying that only innovations that allowed them to continue living with their cattle would be fully accepted. Many girls had been taken out after fourth grade, as their parents were concerned about their safety if they had to move to a more distant place and live in hostels. Generally, people were concerned as not enough supervision was given to the children living in hostels in Dimeka, Turmi and Jinka. While the children are in the villages, parents, neighbours and senior siblings participate in their socialisation, whereas in Dimeka they are mainly surrounded by their peers, and the influence of those who did not take education seriously and instead hung around and went drinking was considered highly dangerous. Especially dormitories were considered as unsafe, as boys and girls got together easily and some schoolgirls had become pregnant. The threat of spreading HIV was also known.

The Gunne village committee, though still strongly supporting education, now felt more concerned about the well-being of their children. If their children were not safe, why should one send them to school? The following incident reported to me during a group discussion with the committee and Bazo Morfa, the head of Save the Children in Dimeka, clearly shows the varied approaches the local people have towards education:

> While having coffee in Dimeka, Belaini told the story of three adolescent Bashada girls who had recently escaped their families and run to the Dimeka police station, claiming that they wanted to join school. Kolle [the new spokesman and mediator between Bashada and

19 This is a common problem in rural areas. See also the contribution by Thubauville in this collection.

> town people] was called together with some other *donza* [here: adult and respected men] from Bashada. Also, some district officials came, and the representative of the women's affairs office and the local representative of Save the Children were called. The Bashada elders said: 'If you accept these three girls as students at school, we will take our small girls out. These three will become *sharmutsha*, and the small girls will follow their footsteps, i.e. take the three as their example'. After some lengthy discussions, the elders' position was accepted and the three girls returned to their families (field notes, 10 March 2011).

The Bashada men, as Belaini explained, did not believe that these three girls had a genuine interest in studying, but were rather abusing school as a shelter. If they were allowed to go, instead of being educated, these girls would probably end up as *sharmutsha*, like the Hamar girls who had run away in the past. To prevent these girls from spoiling their lives and also from becoming a bad role model for the younger girls enrolled in the school, Belaini and others insisted that the three had to be returned. The threat otherwise to take out all the girls from school must therefore be understood not only as a means to put pressure on the officials, but as a genuine measure to protect younger girls.

Morfa explained the perspective of the local officials by providing some background information. In his view, the number of girls wanting to join school to escape an unwanted marriage was increasing faster than expected. But while the policy to accept and protect any girl who arrives at school or in the police station has been followed strictly in the past,[20] the hostels were becoming overcrowded, and there was not enough in the budget to accept them all. Morfa also confirmed that girls who join school late usually do not study seriously. He expressed the view that the few local people who have assumed important administrative positions today (such as himself) have a better understanding of the problems caused for the girls' families than external government officials. He saw himself as a kind of go-between trying to find solutions mediating between families, girls and government officials. In the past, he said, parents' interests were rejected more easily and strictly.

In this specific case, the position of the locals was finally supported by all the parties involved (except for the girls themselves), and the girls were returned to their families. Whether this is an indication that local perspectives are increasingly being respected, or whether education for all has simply become too costly, I cannot say, but it definitely contributed to the feeling on the part of the local population that they were still in control of their lives. This entails that children and adolescents, and especially females, have to accept their parents' decisions in questions of marriage and spouse selection.[21]

20 See also Masuda's report (n.d.) on similar cases in Key Afer, Banna.

21 It is important to note that the final decision on whether a child is sent to school or not usually lies in the hands of the fathers. Mothers often insist that at least their eldest daughters should stay at home to support them in daily chores – a wish I have seen respected in several families. The interests and individual wishes of the children seem to be widely ignored. Those children who are sent to school against their will may run away repeatedly until their wish to drop out is finally respected, while those

Conclusion

This paper has provided an insight into the history of formal education in South Omo and its local reception among the agro-pastoral Bashada. I showed that the Bashada have been making different choices through time depending on the kind and conditions of education being offered by different governments. Today, strongly supporting the idea of education for males and females, the majority of the Bashada parents show themselves cooperative as long as this allows them to feel in control of their children's lives, as long as central aspects of their culture are not violated, and as long as they see the continuation of their lineages guaranteed. When conditions seem unfavourable for them and for the well-being of their children, they feel empowered enough to confront local officials and, if necessary, withdraw from the system.

References

EPPLE, Susanne

2010a *The Bashada of southern Ethiopia: a study of age, gender and social discourse.* Köln: Köppe

2010b "Culture contact and identity: the multiethnic composition of the Bashada of southern Ethiopia", in: Echi Christina Gabbert and Sophia Thubauville (eds.), *To live with others: essays on cultural neighbourhood in southern Ethiopia*, 47–67. Köln: Köppe

2011 *Unpublished field notes*

GIRKE, Felix

2011 „Plato on the Omo: reflections on decision-making among the Kara of southern Ethiopia", *Journal of Eastern African Studies* 5(1):177–194

LYDALL, Jean

2010 "The paternalistic neighbor: a tale of the demise of cherished traditions", in: Echi Christina Gabbert and Sophia Thubauville (eds.), *To live with others: essays on cultural neighbourhood in southern Ethiopia*, 314–334. Köln: Köppe

MASUDA, Ken

n.d. *Education in cultural conflict: the case of the Banna in southern Ethiopia.* www.homepage.mac.com/lalombe/education_in_conflict.pdf [last accessed 3 January 2011]

NIEBLING, Maria

2010 *Schulbildung bei den Hamar in Südwestäthiopien.* Leipzig (M.A. Thesis, Leipzig University, Institut für Ethnologie)

who want to enrol will do so against the will of their parents and seek protection from the school and government officials in the towns.

STRECKER, Ivo
1976 *Traditional life and prospect for socio-economic development in the Hamar administrative district of southern Gamo Gofa: a report to the relief and rehabilitation commission of the provisional military government of Ethiopia.* http://www.uni-mainz.de/Organisationen/SORC/fileadmin/texts/Traditional%20life%20and%20Prospects.pdf [last accessed 3 January 2012]

ZEHLE, Jana
2007 *Die Entwicklung des Schulsystems in Äthiopien.* http://www.leipzig-addis-abeba.de/medienspiegel/zehle-bildung-aethiopien.pdf [last accessed 25 October 2011]

Paideuma 58:213–228 (2012)

BRIDES BEHIND BARS
Maale women as captives between tradition and development*

Sophia Thubauville

ABSTRACT. The seclusion of brides is an important transition period among the Maale of southern Ethiopia, which is still practised by all Maale today, regardless of the family's religious background. The seclusion of the bride is not only a way to accept a bride with respect and offer her safety during a dangerous period of transition, it also serves as a time of apprenticeship and of a deepening of traditional skills. Recently, brides who have attended school before getting married are taken to prison if they are absent from school while in seclusion, and then forced to carry on with formal education. The seclusion of brides has therefore been disturbed and may even vanish or be radically transformed in the future. The interference with this meaningful tradition for the sake of formal education shows the Ethiopian state's current preference for modernisation and development over cultural practices.

INTRODUCTION

This paper focuses on the seclusion period of brides among the Maale, a period which recently has been often interrupted by the imprisonment of brides who have dropped out of school because of their seclusion. The diversity and uniqueness of Ethiopian cultures has been acknowledged by the Ethiopian government in its constitution and cultural policy, which guarantee each group the right to live according to its traditions.[1] However, in the context of some practices, these rights collide with other interests, and, in the case of bride seclusion in Maale, they seem to be becoming neglected and even endangered at the expense of the government's efforts to modernise. Interference with the seclusion period among the Maale is meaning that not only the seclusion itself, but also several other cultural practices, above all handicrafts and musical skills, which brides usually learn or deepen during that period, are at risk.

First, I will provide an overview of Maale marriage practices and then describe the course and aims of the seclusion of brides and the knowledge that brides attain during

---

* The data presented in this paper are based on field research that I carried out in the Maale villages of Gudo, Baneta and Bunka from June 2006 to May 2007, from October to December 2007, and from February to April 2008. I lived in the compounds of host-families, where I took part in the daily and ritual life of women. Apart from that I recorded interviews with female friends and informants and organised two workshops with female participants at the South Omo Research Center, outside the Maale area. During these workshops women's life histories and abstract life-cycles were discussed at a neutral location without the distractions of women's daily lives.

1 Federal Democratic Republic of Ethiopia (1995, 1997). See also the contribution by Susanne Epple and myself in this collection.

this period. I will then show how and since when formal education among the Maale has been implemented and how the seclusion of brides is being penalised today and banned as interfering with the policy of compulsory education.[2]

The Maale and their marriage practices

With a rapidly increasing population of about 85 000, the agro-pastoralist Maale (also Male, Malle) are the second largest of the many ethnic groups of the South Omo Zone in the far southwest of Ethiopia (Federal Democratic Republic of Ethiopia 2008a:78). The centre of their territory is formed by a mountain chain surrounded by savannah. While agriculture is more important for the inhabitants of the mountainous areas, the economy in the lowlands is mainly defined by pastoralism. Since 2007 the Maale have had their own government district, the Maale Woreda, which exists in parallel to the thirteen traditional ritual and political leaders (*godda*) who are still in office, still carry out important ritual functions and are approached for advice by some inhabitants of their respective sub-districts. However, their power is decreasing. The indigenous belief of the Maale focuses on ancestor worship. Missionaries of the fundamentalist Protestant Sudan Interior Mission (SIM) arrived only as late as the 1960s from North America and Australia (Donham 1999:47–49, Thubauville 2010:50–54).

The Maale are organised patrilineally and patrilocally. The population is divided into more than thirty clans and two moieties (Jensen 1959:276–282). Polygynous marriages are still common among non-converted people, even though about fifty per cent of the population are already Protestants and therefore only tolerate monogamous marriages. For marriage the Maale observe clan exogamy and avoid outcaste craftsmen as marriage partners.[3] Apart from these rules most adolescents choose their spouses according to their own preference. Exceptions are cases of abduction, which were rather common in the past, and exchange marriage between the children of political leaders. Both of these practices are rare today, and as abduction is prosecuted (Thubauville 2010:109–120) it nowadays happens only in remote areas where there is little police presence.

Today, the ordinary age at marriage is between 16 and 18 years for women, for men slightly older. In former times it was difficult for young people to find spouses, and therefore the age at marriage was higher. In addition to following clan exogamy, the Maale married out of their own moiety, so that the circle of possible spouses was limit-

---

2 Regarding formal education in Ethiopia's south, see also the contributions by Fabienne Braukman, Epple as well as by Epple and myself in this collection.

3 Potters (*manni*) and blacksmiths (*gito*) are excluded from the social and economic activities of the other inhabitants of the Maale area. They are not allowed to farm, nor are they permitted to enter the homesteads of others or share their meals. For more details about the special position of craftsmen in Ethiopia, see Freeman and Pankhurst (2003).

ed. Furthermore, opportunities to meet young people from other homesteads were rare. The settlement pattern was not as dense as today and there were no markets. Mourning ceremonies and work parties, during which dances took place, were the main events at which adolescents got together. However, they only happened irregularly (Thubauville 2010:107). Today, many of the villages in the Maale territory are densely populated and have a weekly market. These markets are definitely the most popular meeting places, but couples nowadays also often meet in school or at church.

While in former times lovers would meet for several months or even years regularly at night before they got married,[4] today most couples marry quite quickly, many even without informing their parents beforehand. My host-mother Danjite explained this change during an interview, exaggerating a little:

> When girls today go to a market and a man says 'Let us go to so-and-so's house and have a drink!', they enter, drink together and go [marry]. She doesn't take the clothes from the house [of her father]. She doesn't change the clothes which she wears. She marries on the market way. When she goes to the river, she leaves her water container at the river and marries on the river way. When she collects firewood, she leaves the firewood in the forest and marries on the firewood way. When you observe the children of today, you become scared.[5]

A marriage party usually starts with drinking and singing at the house of the bride or in the bush, the latter being the case when parents have not been informed of the wedding.[6] Friends and relatives are invited to such celebrations. The next morning, the wedding party moves towards the homestead of the groom's parents, singing as it goes. There the bride is welcomed and the party may stay for one day. The bride's guests will leave and give final instructions to the bride and her new in-laws. Finally, after the people have left, the bride will remain behind in seclusion.[7]

---

4 This practice (*gochitsi*) was the favoured way of dating in former times (Thubauville 2010:112–114). It is still practised, especially in the southern parts of the Maale area. The boy visits his girlfriend at night in her homestead, creeping into her house and pulling her hand. The girl, understanding this sign of her boyfriend, follows him outside, where they place two stones to sit on and engage in long conversations. In this way they get to know each other and plan their marriage. Sexual intercourse is strongly forbidden at this time, as brides have to be virgins at marriage (Thubauville 2010:120–121).

5 Danjite (20 August 2008). This interview, as well as the others mentioned in this paper, was semi-structured and conducted by myself in Mallo Mucci, the local language. I recorded interviews with a mini-disc recorder and later transcribed and translated them with the help of my host-brother Abdela Alte Hilo.

6 If the party starts inside the bride's homestead, livestock may be slaughtered for the guests.

7 This is, of course, a very short and simplified version of marriage. For more details, see Thubauville (2010:117–123).

COURSE OF THE SECLUSION OF THE BRIDE

The seclusion of the bride is the first *rite of passage* (van Gennep 1960) for Maale females, and it marks the transition from childhood to adulthood, or, more specifically, from girlhood to womanhood.[8] Until the day of their marriage women are considered girls (*wuduro*) and are addressed as such. On the day of marriage they become brides (*uta*) and, at the end of their seclusion, they finally become women (*lali*). The term for bride, 'uta', as well as the concept of a 'bride time', is common and very similar among many groups in southern Ethiopia like the Aari, Arbore, Bashada, Banna and Hamar (Epple and Brüderlin 2007, Epple 2010).

During the seclusion a bride is locally separated from her in-laws. She either stays behind a partition (*kol'a*) in the residential house of her parents-in-law, in a loft (*k'ubo*) inside the same house, or in a separate house inside the compound.[9] The place of seclusion symbolises her current position of being 'betwixt and between' (Turner 1969), which is generated through the recent separation from her paternal family, as well as her momentary ambiguity, being neither a girl nor a woman and belonging neither to her parental family anymore nor as yet to her in-laws. A bride only leaves this place of seclusion when she needs to relieve herself. She is not allowed to see or speak to her parents-in-law or other older in-laws (Jensen 1959:294), but is allowed to meet her husband and his siblings. They visit her regularly, spend time with her and bring her water, special food and presents. The food and drinks a bride consumes are kept inside special gourds that are ornamented.[10] The bride herself is not expected to do any household chores or physical work. Instead she immerses herself in learning handicrafts such as spinning, burning ornaments on gourds, or playing lyre and in socialisation with her husband and brothers and sisters-in-law.

This period of seclusion typically lasts around three months, but this depends on several factors. As the bride is fed with special food, the duration is limited by the economic resources of the family. Moreover, the food has to be prepared by the mother-in-law, a sister-in-law or a co-wife, who must have sufficient time to spare for such a task. Ilpo, one of my female informants, explained during an interview why her period of seclusion was rather short:

> As he [my husband] married me as a second wife, I stayed as a bride only for one month. You need someone to cook for you to stay a bride for a longer period. It is because my

---

8 Further rites of passage turn women into full members of their husband's lineage. See Thubauville (2010:196–205).

9 Thubauville (2010:129–132). Among the Hamar and Bashada – ethnic neighbours of the Maale – brides also stay in a loft during their seclusion (Epple and Brüderlin 2007:51, Epple 2010:183).

10 The Maale do not decorate gourds with beads or other materials. Only the drinking and eating vessels for brides and bond friends have burnt ornaments, usually lines, circles and semi-circles. The use of these special gourds indicates that brides and bond friends are alike in another respect, namely they are both taking cattle from the homestead (Thubauville 2005:106, 2010:197).

co-wife didn't like me and she no longer cooked for me; that's why I had a short seclusion (Ilpo, 23 January 2007).

Other women must have spare time to prepare special foods for the bride and, furthermore, as long as she stays in seclusion her labour is not yet available. Thus the duration also depends on the agricultural season, as women are needed for the transportation of crops.[11] Moreover, the amount of bride-wealth to be given is discussed during the seclusion of the bride, which cannot end before these discussions are finalised and the bride-wealth has begun to be transferred.

Contrary to many other societies in Africa, the bride and the groom are already allowed to have sexual intercourse during the seclusion period.[12] In rich houses, where families can offer special food to the bride for a long time, the bride's seclusion may end with the birth of the bride's first child. As Danjite explained in an interview, the pregnancy and delivery of a bride may even be welcomed by her in-laws: 'It is our culture for brides to become pregnant. If she becomes pregnant during the bride seclusion, it is good for her. Then the family feels as if she had stayed already for a long time together with them' (Danjite, 12 May 2007).

The seclusion has both advantages and disadvantages for the bride. The Maale have a proverb that says, 'To marry again [and have a bride time again] is to a woman like being a king' ('Lammi le'itsi laliko katako ke'), which implies that women appreciate the special food and care they receive as brides. Eating and gaining weight is seen as such a central element of the seclusion period among the Maale, that in former times grooms whipped their brides playfully when they didn't eat as much as was expected of them. A special leather whip (*chalakko*) was used only for this purpose (Thubauville 2010:131). Many of my informants stressed the importance given to the visibly increased weight of the bride. Zeleketch, an elderly woman, explained that this showed that the groom's family treated the bride well:

> She [the bride] gains weight. She doesn't work, she doesn't grind grain, the water for washing her body is brought to the house for her. If she lives in a rich household, one slaughters livestock for her and feeds her with the meat. Once she has become beautiful and plump, she gets out. Then people say: 'They have treated her as an *utasenne* [bride] very well' (Zeleketch, 2 May 2007).

The increase in the bride's weight also illustrates the wealth of the family:

---

11 Women transport crops on their backs in backpacks made of goat's leather or in baskets made of bamboo.

12 However, as already mentioned, women in Maale are supposed to stay virgins until the day of their marriage. If they do not, they are not considered to be 'full' (*kummutsi*) brides, and their relatives and friends are only offered a part of the usual wedding meal by the groom's family (Thubauville 2010:120–121).

> They [the brides] hide from the parents of the husband for three or four months and eat everything. People even bring water to them for washing. The reason for all of that is to show the wealth of the husband. If the bride[s] become[s] fat, the[ir] husband[s] will be well respected' (Zeleketch, 11 May 2007).

But apart from the pleasant treatment one receives as a bride, many women also recall the boredom of not being able to leave the seclusion room and their grief over their separation from their paternal family and childhood friends. One woman told me that during her seclusion she even missed grinding grain, a task that women usually complain about. She said that she ground it secretly to help out her sister-in-law when no one else was around (Thubauville 2010:131).

When the in-laws decide that the seclusion should come to an end, a feast (*uta kedenne*) is organised during which the bride is symbolically returned to the community. During this ceremony the bride is supposed to kiss the chests of all old in-laws who are present and they bless her in return. Often a sister-in-law accompanies and introduces the shy bride to the family members and neighbours of her husband. The feast is organised in the compound of the parents-in-law and only family members and friends of the groom participate. If the homestead of the bride's parents is not too far away or if she has other family members in the area, she can go with a small group of youngsters to see them on that day. The group will move around singing and dancing to inform people in the neighbourhood that the bride's seclusion has ended (Thubauville 2010:132–133), after which she starts to join the everyday activities of the husband's family. However, even after their seclusion women may still be addressed as 'brides' until they give birth.

Purposes of the bride's seclusion

The central implication of the bride's seclusion is the transition from girl to woman. Not a girl anymore nor yet a woman, a bride is in a state of in-between and is therefore seen as endangered.[13] Another meaning of the seclusion is to make a display of respect towards the bride and her natal family. By offering special food to the new family member and by sparing her drudgery, the new in-laws welcome the bride as a special and honoured guest. While the bride-wealth is actually paid in return for the bride's labour, the bride is welcomed by not doing what she actually came for: hard physical work.[14]

13 For a detailed description of the connection between times of seclusion and ideas of danger and pollution, see Thubauville (2010:176–209), also Blystad, Rekdal, and Malleyeck (2007:331).

14 Among the Maale the main tasks of women besides preparing meals and taking care of the compound are collecting firewood, fetching water – often from faraway rivers – and carrying grain, pulses and pumpkins at harvest time. The work done by a woman is also the main reason that enters discussions about a back payment of the bride-wealth when there is an early divorce. In such cases the bride-price may be returned with the argument that the bride has not stayed with and worked long enough for

The seclusion is therefore a period of reversal. Danjite verbalised this fact as follows: 'After marriage you will always grind. But in a house that respects you, you will not be allowed to grind for four months. They put you inside a house and give you the prepared food and you eat it together with your husband only' (6 August 2006).

As is common in rites of passage, bride seclusion in Maale not only means a new social status for the bride, it also aims to create new relationships and linked obligations between people (Davies 1994:8–9). The bride is expected to return the respect she enjoys during this period to her in-laws later. Furthermore, she has to return the labour these people did for her. Once I was told by a woman that her seclusion ended when her mother-in-law told her to look after herself again by saying 'Bride! Get out! Now eat after having ground yourself! Now eat after having cooked yourself!' (Thubauville 2010:132). During her seclusion the bride is taken care of and cooked for like a child, but afterwards she is considered a full woman who is able to look after herself, as well as other family members.[15]

In addition the seclusion can be seen as a mental and emotional preparation. Brides move away from their own family to their in-laws, with whom they will live and for whom they will work in the future. The many weeks of their seclusion get them gently used to their new social environment. They have enough time to become accustomed to their closest allies and age-mates: their husbands and siblings-in-law. If they do not live too far away from their paternal family, childhood friends and relatives also visit them frequently to overcome the separation from home. Another advantage of the seclusion is of a physiological nature: brides, who are often very young, are given especially nutritious food during their seclusion. The combination of eating nutritious food and not doing bodily work lets them gain weight, which may help them to get through their first delivery in good health.

Knowledge consolidation

Providing the brides with enough time to deepen their knowledge of traditional manual and musical skills, the seclusion period among the Maale is also – as among many other cultures – a period of apprenticeship (van Gennep 1960:136). While elsewhere this time is designated to instructions and teaching (Lydall n.d.:4), brides in Maale are free to do anything that is not physically demanding. Most brides therefore spend their time learning and consolidating skills such as spinning cotton or decorating gourd bowls. Brides

the husband, or it may be kept by her paternal family if the bride has stayed and worked hard for more than a year.

15 Among neighbouring groups, e.g. the Hamar, the treatment of the bride is even more similar to that of a small child. Mothers-in-law among the Hamar say that at the beginning of the seclusion period they give birth to a bride anew and, as with a new-born baby, they rub the brides with butter and feed them with milk and good food (Lydall 2005).

who enjoy music may improve their skills in playing lyre and composing song lyrics. They may engage in these tasks either alone or collectively with visitors to overcome loneliness and boredom.

Below I will briefly introduce three skills that, according to my interviews and observations, were the most popular amongst brides in the villages I stayed in.

Spinning

All over the Maale area people grow cotton in their gardens. Different kinds and sizes of cotton blankets and shawls are used daily by both men and women (Thubauville 2005:101). Spinning is done manually with small spindles made of a bamboo stick and a top of clay (Thubauville 2005:117) and constitutes a very time-consuming activity for which one needs a lot of exercise. In Maale both the preparation of cotton for spinning and spinning itself is done only by women. I was able to observe that girls often start learning to spin in their teens, but as adolescents they do not take the task seriously and are also not expected to spin large amounts. While it does not take long to learn the basics of spinning, it needs a lot of exercise to spin equal threads. During the seclusion period brides have an opportunity to deepen their knowledge and to bring their skills to perfection. In former times they were expected to spin enough cotton for at least one large blanket (*bulukko*) and one shawl (*natzalla*) before their seclusion ended. During seclusion women also attend their first spinning groups, when sisters-in-law or other female friends come to accompany the bride. Spinning groups (*mol'a*) aim to finish enough spindles for a certain product in one or two days.[16]

Ornamenting of gourds

The Maale use gourds to carry water and beer, to store drinks and foods and as drinking and eating vessels. Usually they leave their gourds undecorated but, as stated above, special gourds are made for brides and bond friends which are decorated with burned ornaments (Thubauville 2010:130). Women make them with small wooden sticks that must be kept glowing throughout the process. The women burn circles, semi-circles and lines into the gourds and later anoint them with butter. This needs many hours of patience.

Playing the lyre

The five-string lyre of the Maale is played by women and men, usually within the homestead to entertain guests and family who gather to drink tea or sorghum beer. Men

16 A blanket is made of forty spindles of cotton string (*shallo*), a shawl of only six spindles. While the cotton is spun by women, the weaving is done afterwards by professional weavers who are male.

usually pluck the strings of the lyre with a small wooden disc, while women pick the strings with their fingers. A song usually consists of a sequence of not more than ten notes which is repeated several times with minor variations. Depending on their interests children may start playing a simple melody at about twelve years of age, but usually adults do not have the patience to teach children and to listen to their experiments. Thus children are most of the time confined to listening to older peoples' music and may only be allowed to practice when they stay with their age-mates.[17] Most women I asked told me that they had learned to play lyre during their seclusion. Then, they explained, they had the time not only to practise playing the melodies, but also to develop their skills in composing songs, which have a fixed core, while the rest can be improvised. The skill of improvisation needs many idle hours to develop, and the seclusion period provides sufficient time for that.[18]

Formal education among the Maale

In the 1970s the first school was built in Maale by Protestant missionaries. At that time all children who enrolled had to convert to Protestantism. Only under the socialist regime did schools become more widely spread and were controlled by the government instead of Protestant missions.[19] Today Maale District has schools in all of its villages; in 2008 they were seventeen in number, all of which were primary schools. In 2009 the first secondary school opened in the Maale village of Lemo Gento. According to the Maale District education office, in 2008 33.88 per cent of all children of school age were enrolled in schools.[20]

Nowadays, most of the schools in the Maale area are government run. Teachers usually come from other areas, being assigned by the government and not having any knowledge of the local language and culture. The government schools adhere to the official Ethiopian curriculum, use Amharic as a first language of instruction and keep to standard times for tuition.[21] Only a few schools in the Maale area are today non-governmental and run by non-governmental organisations (NGOs) or the Catholic Church. Those alternative schools employ teachers without a certificate from a teacher training institute (TTI). Teachers are usually Maale themselves and can teach the children in

17 Children usually do not own lyres themselves. But as most families have a lyre which is mostly kept in the main house, they may be able to smuggle them out or practice with age-mates when the house is left unattended by adults.

18 For more details on women's songs, see Thubauville (2010:141–142).

19 See Donham (1997:339), Lydall (2010:323), Tekeste (2011:20–22).

20 I received these figures in March 2008 from Akna Akatta, who was then Chief Administrator of the capacity building office in Maale District.

21 In other areas of Ethiopia local languages have been broadly introduced as languages of instruction since the Ethiopian Peoples' Revolutionary Democratic Front (EPRDF) took power in 1991 (Poluha 2004:32).

their local language. Furthermore, many of the alternative schools have shorter instruction times and thus enable students to help their parents in their agricultural or pastoral activities for most of the day (Thubauville 2010:47).

Whether children are sent to school or not depends on various factors. First of all it is easier to send a child to a nearby school, as it then needs no additional time to walk there and can easier be supplied with food and water. Furthermore, children of school-going age are needed on the farms and to tend their parents' cattle.[22] Luckily, in Maale the main harvest in July and August coincides with the school vacations so that labour for that harvest is secured even within families that send most of their children to school. But there are, of course, many tasks such as herding or guarding fields for which children are needed throughout the year.

The situation for girls concerning formal education is a peculiar one. As the Maale are patrilocal, girls will move to their husbands once they marry. Currently the main motive for parents in sending their children to school is the hope that they may find well-paid government jobs afterwards. While boys are expected to stay with their parents or at least support them once they have grown up, girls move away and are thought to be mainly of benefit to their in-laws. Furthermore, as the Maale marry exogamously and make bride-wealth payments, they have an interest in letting their girls appear as attractive as possible for potential husbands. Being skilful in traditional women's tasks is still seen as very useful in this rural community, as most families still live from subsistence farming and herding. Abilities such as reading and writing are not yet considered necessary for women. As a result, until recently far more boys than girls were sent to school. If girls are sent, according to my observations this is not always until the age of six or seven years, and more often when they are already far into their teens. The aim of school enrolment is thus mostly not to complete primary or secondary education, but to attend until one has learnt enough to read and write rudimentary Amharic.

Since 2005 the World Food Program has been trying to increase the enrolment of female students by distributing vegetable oil to families who send their daughters to school on a regular basis in southern Maale.[23] Since vegetable oil is a luxury in the region, the free offer persuaded many families to send their girls to school. As a consequence, since 2007 the enrolment rate for girls has been even higher than that for boys.[24]

Generally, primary education is today free and compulsory in Ethiopia, i.e. people must send their children to school but do not have to pay for it. As universal primary

22 Compare the contribution by Epple in this collection. Tekeste Negash also mentions the high student-teacher ratio as a demotivating factor for students (2011:28–29). In my conversations with pupils and their parents, however, this problem was never addressed directly.

23 In 2009 the oil was distributed in the villages of Baneta, Koybe, Balla and Boshkoro, as well as in parts of Gongode. See also the contribution by Epple in this collection in which she mentions a similar program among the neighbouring Bashada.

24 Thubauville (2010:48). However, according to the countrywide statistic, the enrolment rate for girls in primary schools had increased between 1997/1998 and 2007/2008, while the enrolment rate for girls in secondary schools had decreased (Federal Democratic Republic of Ethiopia 2008b:6).

education as well as gender parity in both primary and secondary education are believed to be closely linked with social development and poverty reduction (World Bank 2004:xxviii), they have been formalised as aims in the 2000 United Nations Millennium Development Goals.[25] However, even though school enrolment rates have more than tripled under the current government from a countrywide figure in primary schools in 1990/1991 of 2 871 325 to 9 343 428 in 2003/2004 (World Bank 2004:26), the prospects of Ethiopia being able to meet its aims until 2015 are low.

Formal education in Ethiopia currently faces several challenges. Due to budget restrictions in the education sector, the student-teacher ratio has increased immensely and is among the highest worldwide (Tekeste 2011:29). But it is not only teachers, but also textbooks and other teaching materials that are in short supply, while teaching methods are reminiscent of those used in the Ethiopian Orthodox Church, which are based primarily on hierarchy and memorisation.[26] Despite these problems, the Ethiopian state continues to offer as broad a schooling as possible in trying to meet the Millennium Development Goals and because of global pressure, as well as the demands of its growing economy for educated workers.[27]

Current transformations

To achieve gender equality in education, the government is enforcing girls' regular attendance at school. Besides incentives such as the gifts of oil mentioned above, repressive measures have been resorted to. For example, for the past few years the Federal Police have been imprisoning brides who attend school before their marriage and are suddenly staying away from school during their seclusion. I was told of many imprisonments of brides in recent years. Especially Danjite kept me up-to-date when she heard of new incidents. When I arrived back in Maale after many months abroad, she told me of two current cases:

> In Gudo [a village to the north of Maale] they [the police] have recently arrested two brides. One was in Grade 3, one in Grade 2. They had married and dropped out of school. After they had been arrested their husbands and their fathers-in-law came [to the police station] and paid 22 Ethiopian Birr.[28] Then they were released. The police said they [the

25 World Bank (2004:2). See also the contribution by Epple and myself in this collection.

26 Poluha (2004). The Ethiopian Orthodox Church is one of few pre-colonial Christian churches in Africa. It traces its origin back to the conversion of the Aksumite king Ezana in about 330 A.D. Until the overthrow of Haile Selassie in 1974, Orthodox Christianity was Ethiopia's state religion (Zanetti 2003:717–728).

27 For details of the economic changes and future plans of the Ethiopian state, see the contribution by Epple and myself in this collection.

28 In March 2008, 15 Ethiopian Birr (ETB) were approximately equivalent to 1 euro.

men] should let them attend school. Now both of them go to school again (Danjite, 28 March 2008).

In March 2008, I myself witnessed the imprisonment of a bride in my neighbourhood in Gudo. The in-laws of this bride were quite 'progressive' people, as they lived in a house directly at the village's busy market place, and the father-in-law had been teaching adult literacy classes at the Protestant Church in the village. However, the family found it important to keep their daughter-in-law in seclusion for some time after the wedding and thereby demonstrate their respect for her. One evening, only few days after I had visited the bride in her seclusion room, her father-in-law came and asked my host-father to lend him the bamboo mat that I had brought with me from town.[29] He said that his daughter-in-law had just been arrested by the police after her teacher had reported her as having been absent from school for several days. The bride had to stay at the police station overnight, and her in-laws would have to pay a fine the next day. Then they were allowed to take her home under the condition that she would attend school again (Thubauville 2010:134). The same bride became pregnant shortly afterwards, so that after attending school for a few months, she finally dropped out again when she was close to delivery. During my last stay in Gudo in January 2011, she had become a mother for the second time.

My host-mother Danjite told me, that after I had left the village in 2009, the government had become stricter regarding bride school drop-outs and were even following brides who had married into another village. According to her, two brides who had come from Boshkoro, a neighbouring village three hours' walk from Gudo, were forced to stop their seclusion and return to their home village to sit their exams, and only then were allowed to move to their husbands under the condition that they directly enrolled in school at their new place of residence (Thubauville 2011).

Regarding the central purpose of the seclusion of brides, the imprisonment of a bride is a complete reversal: instead of being transformed from childhood to adulthood in a gentle and respectful manner, the interruption of the ritual means that the bride is marched off by the police and squeezed into a shabby cell together with several other women, whom she does not know and who may have been imprisoned because of violent felonies. Her husband and his siblings as well as her childhood friends, who would usually keep her company, are not allowed in the police station. Once she has been brought back to her new home, she has to attend school regularly.[30] The few hours a day that she is able to spend in seclusion afterwards trivialise the important transition

29 As such mats are not produced locally, it is hard to find a house that has a spare mat.

30 The handling of brides after they have been released from prison differs from village to village: in some villages (like Baneta) they are not forced to attend school again so that the transfer money paid at the prison simultaneously frees them from further duties (Zeleketch, 29 March 2008). In other villages (like Gudo) they have to go to school after they leave prison.

from girlhood to womanhood and do not leave sufficient time for the other aims of the seclusion period, such as learning specific skills.

Apart from the law of compulsory education there seems to be no other reason to bring brides forcibly back to school. Bride seclusion is not on the list of so-called harmful traditional practices (HTP) of the Maale District, although it is on the list of other districts.[31] In Maale District, this list only denounces not sending girls to school in general. The penalisation of brides who drop out of school can therefore only be interpreted as the protection of schoolchildren by the government. Once a girl and her parents have decided that she should attend school, the government seems to want to make sure that she is able to finish primary education. This control may be in the interests of some girls, who would like to continue their education despite their parents' reluctance, but it is above all in the interests of the government, which does not have the means to enforce compulsory education fully and in this way at least makes sure that the seclusion of brides is no longer a cause of additional dropping out. Unlike brides, young mothers who quit school as well as girls who never enrol in school at all are not penalised. The exclusive punishment of brides thus does not represent a consistent implementation of compulsory education.[32]

Prospects

As I explained above, the seclusion of brides is a very important ritual of transition that has several aims ranging from the respectful incorporation of the bride into the new family and the creation of relationships and mutual obligations between new relatives to the training of traditional handicrafts and music. Furthermore, this period prepares brides emotionally and mentally for their coming role as a wife and mother. This important traditional form of education, which does not harm the bride but acts mainly to her benefit, is increasingly being disrupted by the imprisonment of brides and their subsequent return to formal education. Therefore, I argue that a unique and traditional way

---

31 Regarding policies towards so-called harmful traditional practices in Ethiopia, see also the contributions by Shauna LaTosky and Kate Nialla Fayers-Kerr in this collection. In 2009, the Women's Affairs Office of the South Omo Zone listed the following customs as harmful traditional practices in Maale District: polygyny, abduction, early marriage, rape, abortion by massage, exclusion of women from inheritance, exaggerated mourning celebrations, ban on women fetching water after childbirth, post-partum seclusion of women, homicide, banning people who have died with swollen stomachs from the usual burial sites, outcasting of blacksmiths, outcasting of potters, drunkenness, infanticide (*duuni*), burials three days after a death has occurred, tabooing of the fields of those who have died childless, not sending girls to school, and exclusion of women from sawing (Women's Affairs Office of the South Omo Zone 2009).

32 Still today, the birth of a child is often only registered by local health professionals. Furthermore most citizens of Ethiopia's south are not officially registered, nor do they have identity cards. Therefore, complete implementation of the law of compulsory education is just not possible, as is apparent from the data on school enrolment rates mentioned above.

of instruction is being endangered for the sake of a uniform and modern formal education. As more and more girls attend school, it is foreseeable that the seclusion of brides in Maale will either disappear or have to be adjusted to the school curriculum. This growing disruption of an important rite of passage and a period involving the transfer of traditions is only one example of the ambiguous ways the Ethiopian government deals with cultural practices.[33] In my view, the Ethiopian government gives no consideration to the loss of traditional practices or to the possibility of reconciling tradition and development, but clearly privileges modernisation, in this case formal education. The loss of the seclusion of brides will imply for the Maale the loss of certain local and social skills, and of ethical values, which lie at the core of Maale culture and should rather be protected in accordance with Ethiopian cultural policy.

References

BLYSTAD, Astrid, Ole Bjørn REKDAL, and Herman MALLEYECK
2007 "Seclusion, protection and avoidance: exploring the metida complex among the Dagota of northern Tanzania", *Africa* 77(3):331–350

DAVIES, Douglas
1994 "Introduction: raising the issues", in: Jean Holm and John Bowker (eds.), *Rites of passage*, 1–9. London and New York: Pinter

DONHAM, Donald
1997 "The increasing penetration of the revolutionary state in Maale life, 1977–1987", in: Katsuyoshi Fukui *et. al.* (eds.), *Ethiopia in broader perspective: papers of the XIIIth international conference of Ethiopian studies.* Volume 2, 327–341. Kyoto: Shokado
1999 *Marxist modern: an ethnographic history of the Ethiopian revolution.* Berkeley: University of California Press

EPPLE, Susanne
2010 *The Bashada of southern Ethiopia: a study of age, gender and social discourse.* Köln: Köppe

EPPLE, Susanne and Tina BRÜDERLIN
2007 *The pride and social worthiness of women in South Omo: the transcriptions of the intercultural women's workshop held at the South Omo Research Center Jinka, Ethiopia, October 4th–8th 2002.* Mainz (Arbeitspapiere des Instituts für Ethnologie und Afrikastudien der Johannes Gutenberg-Universität Mainz 78.). http://www.ifeas.uni-mainz.de/workingpapers/AP78.pdf [last accessed 18 February 2012]

[33] For further examples, see the contribution by Epple and myself in this collection.

FEDERAL DEMOCRATIC REPUBLIC OF ETHIOPIA
1995 *Constitution of the Federal Democratic Republic of Ethiopia.* Addis Ababa
1997 *The Federal Democratic Republic of Ethiopia cultural policy.* http://www.ethioembassy.org.uk/fact%20file/a-z/culture.htm [last accessed 8 March 2012]
2008a *Summary and statistical report of the 2007 population and housing census.* Addis Ababa: United Nations Population Fund
2008b *National statistics: education.* www.csa.gov.et/National%20 Statistics%202008.htm [last accessed 9 October 2011]

FREEMAN, Dena and Alula PANKHURST (eds.)
2003 *Peripheral people: the excluded minorities of Ethiopia.* London: Hurst

JENSEN, Adolf Ellegard
1959 "Die Male", in: Adolf Ellegard Jensen (ed.), *Altvölker Südäthiopiens.* Ergebnisse der Frobenius-Expeditionen 1950–52 und 1954–56, 263–301. Stuttgart: Kohlhammer

LYDALL, Jean
n.d. *Notes to the film Two girls go hunting.* http://southomoresearch.org/ [last accessed 9 March 2011]
2005 "The power of women in an ostensibly male-dominated agro-pastoral society", in: Thomas Widlok and Tadesse Wolde Gosssa (eds.), *Property and equality: encapsulation, commercialization, discrimination*, 152–172. New York: Berghahn
2010 "The paternalistic neighbor: a tale of the demise of cherished traditions", in: Echi Christina Gabbert and Sophia Thubauville (eds.), *To live with others: essays on cultural neighborhood in southern Ethiopia,* 314–333. Köln: Köppe

POLUHA, Eva
2004 *The power of continuity: Ethiopia through the eyes of its children.* Stockholm: Nordiska Afrikainstitutet

TEKESTE Negash
2011 *Education in Ethiopia: from crises to the brink of collapse.* Uppsala: NAI

THUBAUVILLE, Sophia
2005 *Maale material objects in their social and ritual context.* Mainz (Arbeitspapiere des Instituts für Ethnologie und Afrikastudien der Johannes Gutenberg-Universität Mainz 56.)
2010 *Die Wandernde ist eine Kuh.* Lebenswege von Frauen in Maale, Südäthiopien. Köln: Köppe
2011 *Unpublished fieldnotes from Maale, village Gudo*

TURNER, Victor Witter
1969 "Betwixt and between: the liminal period in rites and passages", in: Victor Turner (ed.), *The ritual process*, 95–97. Ithaca: Cornell University Press

VAN GENNEP, Arnold
1960 *The rites of passage.* London: Routledge and Kegan Paul

WOMEN'S AFFAIRS OFFICE OF THE SOUTH OMO ZONE
2009 *List of traditional harmful practices subdivided into districts.* Women's Affairs Office of the South Omo Zone: Jinka (translation from Amharic)

WORLD BANK
2004 *Education in Ethiopia: strengthening the foundation for sustainable progress.* AFTH3. World Bank: Human Development Department, Africa Region

ZANETTI, Ugo
2003 "Christianity", in: Siegbert Uhlig (ed.), *Encyclopaedia Aethiopica.* Volume 1. Wiesbaden: Harrassowitz

Paideuma 58:229–244 (2012)

A FORM OF SELF-HARM?
Opening the dialogue on 'harmful cultural practices' in southern Ethiopia*

Shauna LaTosky

ABSTRACT. In this paper, I question whether gender equality can be attained if those trying to uphold human rights do not consider the varied experiences of people who practice so-called 'harmful cultural practices'. I use the example of lip-plates, worn by Mursi girls and women, to show how campaigns to eradicate harmful cultural practices in southern Ethiopia often send contradictory and confusing messages that may do more harm than good.

Introduction

In Mursi (also Mun), lip-plates are rhetorically praised as a symbol of strength, beauty and womanliness.[1] When describing the conventions of courtly advances, for example, Mursi women will playfully discuss the subordinate position that men find themselves in when courting girls, especially ones with brass bracelets (*lalanga*) and lip-plates (*dhebinya tugoiny*, singular *dhebi-a-tugoiny*), since such 'mature girls' (*bansanaanya*, singular *bansaanai*) are said to have the power to grant or deny their suitors' requests (LaTosky 2010). Lip-plates are more frequently worn by unmarried girls and newly wed women than by older married women with children.[2] Girls and women insert their lip-plates on three main occasions: when serving men food, when milking cows, and during important ritual events (such as weddings, stick-duelling competitions, or dances). Unmarried girls, especially those with large labrets, might wear them whenever they are in public (e.g. when fetching water or visiting friends).[3] The lip-plate not only symbolises beauty, it is also a commitment to one's husband and is worn with great pride when serving one's husband food. If the husband dies the lip-plate is removed, since a woman's external beauty is said to fade after her husband's death.

---

* Special thanks go to Ngadhôle Dhedheb and Ngarora Tula for their unfailing generosity in sharing information about their life experiences with me. I would also like to thank the reviewers of Paideuma for their thoughtful comments and Patrick Berg and Romina Kochius for reading a final draft of this paper.

1 'Mun' (singular Muni) is a self-designation, whereas 'Mursi' is the term given to them by outsiders. The latter is increasingly used by the Mun in representations of themselves to the outside world.

2 In the past, both unmarried girls and married women with children frequently wore them.

3 It is expected that a boyfriend or husband will not sleep with his girlfriend or his bride until her lip has been pierced and fully healed. However, nowadays more and more men sleep with their girlfriends or brides even before they have pierced their lips.

> When my husband died, I threw my *sarnyogi* [leather cord fastened to the women's front skirt] into the fire. I threw my lip-plate into the bushes and removed all of my [arm and ankle] bracelets. If you are [a widow] like this [holding her bare arms in front of her], you are eternally bare [*gidhangi dhog*];[4] you are no longer beautiful (Bikalumi Sabakoro, Mako, 12 April 2009, recorded interview).

Today, fewer and fewer girls are piercing their lips at puberty, a painful process which can take up to one year.[5] This has mainly to do with the fact that the lip-plate has come under close scrutiny, particularly by outsiders, as something harmful to girls and women.

Harmful traditional practices (HTPs), also referred to as 'harmful cultural practices', are identified in United Nations (UN) terms as being harmful to the health of women and girls, as arising from the material differences of power between the sexes, as being for the benefit of men and as creating stereotyped images of masculinity and femininity which damages the opportunities of women and girls and which are being justified as tradition.[6] According to UN Fact Sheet No. 23,

> [e]very social grouping in the world has specific traditional cultural practices and beliefs, some of which are beneficial to all members, while others are harmful to a specific group, such as women […]. Despite their harmful nature and their violation of international human rights laws, such practices persist because they are not questioned and take on an aura of morality in the eyes of those practising them (UN 1995).

In Ethiopia, the reasons for labelling certain cultural practices as 'harmful' are often unclear and ambiguous. For instance, claims that lip-plates are harmful to women's health or that they mark girls and women as subordinate remain unsubstantiated.[7]

I argue that attempts to intervene in women's bodily practices in southern Ethiopia, particularly the labelling of lip-plates as a 'harmful cultural practice', do not always promote the interests, well-being and lived experiences of women, but instead make them hostage to contingent ideas about what best promotes 'gender justice'. In addition

---

4 This is similar to the way in which the Bodi perceive widows. See Buffavand (2008:79).

5 Mursi girls pierce their lips when they reach puberty and gradually stretch the bottom lip with small wooden and clay plugs in order ulimately to be able to fit a large pottery labret.

6 See UN (1995) and Jeffreys (2005). This definition of HTP targets mainly, though not exclusively, women and children. One common critique of the UN definition is that there is no recognition of practices that fit people into gender-stereotypical categories in the West, such as genital cutting, labiaplasty, or gender reassignment. See especially Jeffreys (2005) and Wynter, Thompson and Jeffreys (2002).

7 In a recent announcement at an international seminar on "Harmful practices and human rights", organised by the International Institute for the Rights of the Child (IDE), lip-plates are included as an example of a harmful traditional practice, though it remains unclear why they are considered 'harmful' (see IDE 2010). In the announcement it is written that, 'there are many forms of HTPs in the world, and a high prevalence of certain forms. We can mention: female genital mutilations (FGM), early or child marriages, forced marriages, honour killings, children's witchcraft, scarification, infants' giraffes, lip-plates, force-feeding' (IDE 2010).

to the rhetoric generated about the harmfulness of lip-plates, myths about their origin continue to be perpetuated. The central aim of this paper is to open up a much-needed dialogue on 'harmful traditional practices' in southern Ethiopia. In this case, I explore the practice of wearing pottery lip-plates as a starting point. Some of the questions I explore are: Why are women's lip-plates considered harmful? Whose right is it to decide or impose the idea that wearing a lip-plate is an example of self-harm? How and by whom are the Mursi being consulted about the harmfulness of this practice? Do Mursi girls and women perceive this cultural practice as harmful? Finally, I suggest that empowering girls and women to make decisions about their own bodies can also be seen as a basic human right that should be respected and understood by giving women the opportunity to discuss their own views and experiences of such practices.

Labelling lip-plates as 'primitive'

In 2011, I met a Mursi friend, Ngadhôle Dhedheb, whom I have known since 2003. Two photos that I took of her were included in my doctoral thesis: the first photo showed her wearing a large pottery lip-plate in 2004 (figure 1); the second was taken in 2009 (figure 2), after she stopped wearing her lip-plate (see LaTosky 2010:161). The predicament that she faced at that time was that she wanted to go to school outside Mursiland, but feared that the townspeople would tease her because of her long, stretched bottom lip. When I met Ngadhôle again in 2011, she had finally sewn her bottom lip back so that no one could tell that she has once worn a six-inch lip-plate (figure 3). Below she explains why she decided to abandon the traditional practice of wearing the lip-plate and her subsequent experience:

Shauna: Why did you sew up your lip?
Ngadhôle: I wanted to go to school.
Shauna: Did the people in Mako [Mursi] talk about you?
Ngadhôle: Yes, they asked: 'Why did you sew up [your lip]? This is our tradition! Why did you abandon your culture?' Many of the elders said that what I did was bad, but a few agreed that it was good to go to school.
Shauna: Was this your decision?
Ngadhôle: It was my decision. It's my story. I went to the tall foreign doctor in Jinka and paid with my own money: 400 ETB![8] Nobody told me to do this. It's the same if a girl wants a lip-plate; that's her decision. I didn't want the clay [lip-plate] anymore. I am glad I did this. People treat me differently than those with lip-plates. Now I can walk tall and proud through town. My ear plates still show that I am Mursi (Ngadhôle Dhedheb, Jinka, 8 March 2012, recorded interview).

8 400 Ethiopian Birr (ETB) are approximately equivalent to 24 USD.

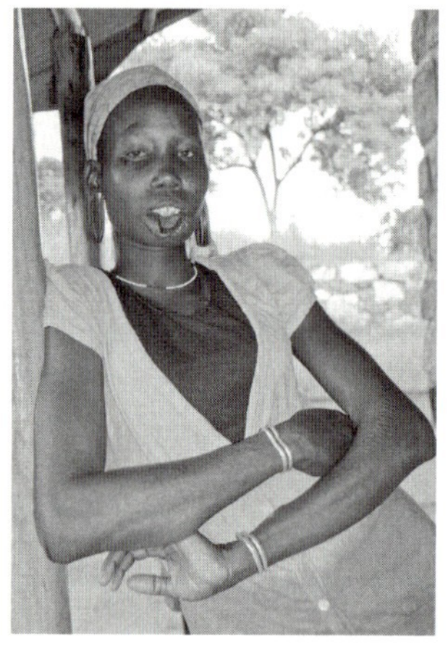

Fig. 1: Ngadhôle Dhedheb (2004) (all photos: Shauna LaTosky) Fig. 2: Ngadhôle Dhedheb (2009) Fig. 3: Ngadhôle Dhedheb (2012)

Today, lip-plates are perceived by many outsiders and some individual Mursi as harmful, though their reasons often differ considerably. As Ngadhhôle's response above indicates, Mursi schoolgirls regard lip-plates as harmful in so far as they can restrict access to resources (e.g. formal education) and damage ones self-esteem and sense of pride, especially when worn outside Mursiland, where lip-plates are highly stigmatised (see LaTosky 2006). As one Mursi girl explained:

> Now some of the younger girls are no longer piercing their lips so they can go to school. I have already pierced mine. I want to start school here in Jinka – Grade 4.[9] The people from the school and in town tell me to sew up my lip. Even the policemen pester me and say: 'Sew, sew, sew up your lip!' I tell them: 'If I do that my lip will look bad. I don't want to. I want to look like this. I am a Mursi. This is our culture!' (Ngarora Tula, Jinka, 27 December 2011, recorded interview).

Outside pressure to eliminate lip-plates has to do with common perceptions that they are a sign of being 'uneducated' and 'backwards'. In certain non-governmental organisations (NGOs) and government circles they are also considered to be against women's rights and harmful to the health of girls and women. As one schoolgirl from Arba Minch described it:

> Lip-plates are worn for the purpose of beauty. It is when our breasts get big that we start to pierce our lips. If we did not go to school, we would all have pierced our lips by now. We will not do it, though. It is bad enough that we have long earlobes. Here [in Arba Minch]

9 Jinka is a town in southern Ethiopia, approximately forty kilometres from Mursiland.

> we are teased by people in the town because of our ears.[10] The teachers also tell us not to continue with this. They say we should teach our children not to do this, not to continue with this bad practice. The teacher told you it is because of HIV. I don't know what it has to do with HIV; we only use a small knife once to pierce the lip (Lalabo Kalamederi, Arba Minch, 12 January 2012, recorded interview).

The labelling of lip-plates as primitive first began at the hands of explorers. The published account of the Italian Geographical Society expedition to the Lower Omo Valley in 1896, which was led by Vittorio Bottego, gives the following description of the Mursi:

> The women are ugly and dirty, completely naked except for their sides, which they cover with a straight piece of leather. We met some who had large holes in the ears and in their bottom lips, in which they inserted wooden discs, with a circumference of five to six centimetres. This primitive tribe has despicable tendencies and bestial habits [...] (Vannutelli and Citerni 2006:323; translation Federico Guzzoni).

Labelling the Mursi as 'primitive' continues. Such images are found especially in the exotic portrayals of women with lip-plates, as demonstrated in everything from travel blogs and websites to travelogues (e.g. Cropp 1990) and travel guidebooks (e.g. Briggs 2006). David Turton, who has carried out ethnographic research in Mursi for over four decades, identifies lip-plates as one of the most exoticised features among the Mursi that give strength to such primitivist labels:

> Judging by its ubiquitous appearance in travel brochures, advertisements and on postcards, the lip-plate has become, for those organizing tours to the Omo lowlands, a symbol which encapsulates the quintessentially 'tribal' and 'untouched' existence of the Mursi (Turton 2005:274).

In southern Ethiopia 'Mursi woman' have become objects of foreign desire. This is not only apparent in the ways in which Mursi are described in tour brochures, but also in exotic stories told by many non-Mursi tour guides.[11] For instance, in December 2011 a group of Belgian tourists visited the museum at the South Omo Research Center in Jinka, where I began to work shortly after completing my dissertation on the "Predicaments of Mursi women in a changing world" (LaTosky 2010). One couple asked if it was true that the lip-plates of Mursi women were originally a way to disfigure them so that slave traders would find them despicable – a myth which Turton (2004) debunked years ago. When I asked where they learned this, they responded: 'Our tour guide from Addis'. Without a doubt the continuing widespread appeal of the 'noble savage' rhetoric, or what anthropologist Serge Tornay refers to as the revival of the 'primitivist myth'

---

[10] In 2012, sixteen Mursi students (six girls and ten boys) were enrolled at the Arba Minch Adult Boarding School. Arba Minch, the largest town in southern Ethiopia, is a two-day drive from Mursiland.

[11] In early 2012, there was still no 'certified' Mursi tour guide.

(quoted in Abbink 2009:894), is exploited today primarily by the tourist market and the popular media.[12] That primitivist depictions of the Mursi continue to have power and vitality is also evidenced in the ways in which several government agencies and NGOs endeavouring to work with Mursi communities portray and interpret images of Mursi women with lip-plates as a kind of 'imposed disability' (cf. Russell 2010:18).

The lip-plate has come under close scrutiny as a symbol of female disfigurement, oppression, and even poor health.[13] It is important to emphasise that over the last decade, efforts to eliminate so-called 'harmful' practices have also been supported by NGOs currently working in southern Ethiopia, such as Save the Children and AMREF. As one spokesperson for AMREF explains, changing Mursi attitudes about lip-plates has been an important achievement:

> In the neighbouring Moyzo village, AMREF has catalysed a process to get the conservative Mursi community to stop the cultural practice of lip lengthening. Women in the community traditionally have their lower incisors removed and lower lips pierced and stretched until they are hanging way below their chins, putting them at risk of infection and denying them the use of their lower lips. At a meeting organised by AMREF and the Department of Women's Affairs in June this year, community leaders agreed to stop lip piercing but insisted that they would continue to pull out the [lower] incisors as it was the only way they could feed sick people who were unable to eat.[14]
>
> 'Getting them to agree to change the practice was a very big accomplishment. It takes time to change attitude and behaviour, particularly if [it] has to do with culture. But we always listen to the community so that decisions are made based on their needs and priorities', says Ibrahim [AMREF representative] (AMREF 2010a).

AMREF's claim that women's lip-plates are a threat to women's health because they put them at risk of infection and deny them the use of their lower lips is similar to claims that they impair women's speech or their ability to eat. However, since lip-plates are something that girls today have the liberty to choose for themselves, such claims run the risk of denying women agency over their own bodies and of ignoring Mursi knowledge of traditional medicine and treatments used to prevent the infections of wounds. This also appears to contradict one of AMREF's goals in South Omo, which is 'to exam-

12 The spectacular ways in which Mursi women 'dress up' for tourists feed the desires of the increasing number of tourists and photographers who travel to Ethiopia. Freelance photographer Ingetje Tadros' exotic images of Mursi girls and women are another good example (Tadros 2010).

13 In 2011, for example, the German travel agency Studiosus was planning to cancel all of its tours to Mursiland after its board members decided that women's lip-plates were a form of female disfigurement and oppression (Ruth Hopfer-Kubsch, personal communication, Munich, 9 May 2011). In 2007, the African Medical and Research Foundation (AMREF) identified lip-plates as harmful to women's health and began a campaign to stop 'lip lengthening' (AMREF 2010a). This helps explain why the reconstructive lip surgery of three Mursi women was included in one of AMREF's annual performance reports (Nigatu 2008:9).

14 Having the lower incisors removed does not help a sick person to eat, but rather to drink, since water can still be poured through the hole created by the missing lower incisors.

ine the possibility of using traditional healing techniques alongside modern treatment methods' (AMREF 2010b). Here the medical gaze clashes with women's experiences: not only is the lip-plate removed to eat, drink, and talk (though all three are still possible while wearing a lip-plate), but lip and earlobe infections are effectively treated using local remedies.

What has not been considered is the constant care with which Mursi women treat infected wounds. In fact, how one takes care of a freshly pierced lip is rhetorically articulated by Mursi women (and men) as revealing a girl's commitment and courage to follow through with her choice to become a 'mature girl'. One can frequently observe women and girls carefully applying to a freshly pierced bottom lip or earlobes a tree- and plant-based substance (*lômmai*) that, when made into a white (or black) paste, is used to heal wounds.[15] Since a fully healed bottom lip and fully stretched earlobes embody a sense of well-being, beauty and womanliness, women and girls take great care to ensure that both remain healthy and intact (figure 4). The claim, then, that lip-plates are harmful to women's health suggests that few efforts have been made to bring Mursi women together to share and extend their knowledge of the healing methods involved, not to mention their understanding of what it means to wear a lip-plate. Furthermore, at a time when lip and especially ear piercings and labrets are becoming a more and more common component of beauty in the West, arguments that depict the lip-plates of Mursi women as posing a risk of self-harm expose the arbitrariness and thus inadequacy of constructing Mursi women's rights within a space dominated by notions of harmful cultural or traditional practices.[16]

Fig. 4: Ngonta Biochaga inserting her lip-plate (2009)

15 According to Turton (1995:24), the *lômmai* tree (Ximenia Americana L. Olacaeae) is also used to treat the feet of animals with foot and mouth disease (*baga*). Once a lip has been stretched to fit a clay lip-plate, *lômmai* is prepared by roasting it in the fire to prepare a black ointment to apply to the lip (Olikorro Dumalo, Jinka, 23 December 2011).

16 Lip-piercing and stretching do not cause any more physical harm than body piercing and branding, yet the latter forms of body modification have become common place and socially acceptable in the West (cf. Donohue 2000:18).

Harmful traditional practices, or paternalistic prohibitions?

The concept of harmful traditional or cultural practices originates within the UN's concerns to identify and eliminate forms of harm to women and children that do not easily fit into a human rights framework (UN 1995). In Article 2 of the "UN declaration on the elimination of violence against women", it is stated that:

> Violence against women shall be understood to encompass, but not be limited to, the following: (a) Physical, sexual and psychological violence occurring in the family, including battering, sexual abuse of female children in the household, dowry-related violence, marital rape, female genital mutilation and other traditional practices harmful to women, non-spousal violence and violence related to exploitation [...] (UN 1993).

The survey on harmful traditional practices was commissioned in 1989 by the Inter-African Committee on Traditional Practices Affecting the Health of Women and Children (IAC 1987). In 1993, in Ethiopia, a National Policy on Women was adopted to introduce and implement gender-sensitive policies on harmful customs and practices (Haile Gabriel 2010:7). By 1997, a national baseline survey to assess the prevalence of all harmful traditional practices was being undertaken by the National Committee on Traditional Practices in Ethiopia (NCTPE). This survey and the government policies on harmful cultural practices have since been adopted by several ministries, including the Ministry of Women's Affairs, the Ministry of Justice, Health, Police and Courts, and the Ministry of Labour and Social Affairs, as well as NGOs leading support efforts (Haile Gabriel 2010:7). In Sala-Mago Woreda, an administrative district which includes Mursi, Dime, Bodi and Konso resettled in Bodi territory, the list of traditional harmful practices includes abduction into marriage, the seclusion of mothers after childbirth, cutting of women's lips (Mursi and Bodi), and cutting a woman's stomach if a child is born through a breech birth. Although government campaigns to eliminate harmful traditional practices have been in place since the 1970s, over the last decade renewed attempts have been made to enforce such programs. It remains unclear, however, which traditional practices are being targeted and why. Cutting a woman's stomach in a breech birth is especially puzzling since caesarean sections are not performed locally in Mursi.

In October 2011, a meeting was organised by the Ministry of Women's Affairs in Jinka with the aim of educating the Bodi about why women and men should stop piercing their ears and women their bottom lips to fit a small lip plug (called a *kongu* in Bodi). One Bodi man explained that the main reason why he chose not to attend was because he had already been to such a meeting and found that such campaigns were filled with contradictory messages. He stated that,

> [i]t's not only the Mursi who are being told to stop piercing their lips; they [government] are telling the Bodi to do the same. There was a meeting about such things in Jinka yesterday. We have had meetings like this in Bodi too. When they came to our place I asked

> why the *kochumbai* [Ethiopians from central and northern Ethiopia] cut [circumcise] their penises. I then asked: 'Has a Bodi woman ever died from having her lip pierced?' 'No!' 'But what about those [*kochumbai*] who cut their penises?' If we are told to stop piercing our women's lips, then they should stop cutting their penises.[17]

In southern Ethiopia, a relatively new priority for state and non-state parties is the management of women's bodies through education and public health. This is the case not only in Mursiland but also in other areas, such as Dime and Bodi, and especially Nyangatom, Hamar, Bashada, Banna and Karo, where the Ministry of Women's Affairs, in cooperation with Save the Children, are campaigning against dozens of traditional practices. The emergence of such campaigns have confused many people as to why certain practices, such as 'wearing necklaces' in Nyangatom (an important way of displaying one's female identity) or 'post-partum seclusion' in Mursi and Bodi (an essential period of bonding between mother and child), have been labelled 'harmful'. Since, in the case of lip-plates, Mursi women do not label them as such, there is a general perception that their freedom to continue to choose to wear lip-plates is being severely compromised. This is indicated in conversations, like the one below, between two senior Mursi women, Nyabisse and Ngadogomi, and a schoolgirl called Ngarora:

> Nyabisse: The schoolgirls come and tell stories. The *mengisi* [government] says that if the girls continue to pierce their lips they will be thrown in jail.
> Ngarora: Yes, the woman who does the piercing and the girl with a fresh wound will be thrown in jail. That's what the *mengisi* say. Those who already have lip-plates will not [be imprisoned], only those with a fresh wound.
> Shauna: Is this true?
> Ngadogomi: We don't know if it is true or not. If it is true, let them come. I will tell them that these are the ways of our ancestors. I will tell them that the lip-plate is very powerful! (Mursi women, Mako, 19 September 2008, recorded interview)

To pierce or not to pierce girls' lips?

The choice of girls and women to continue or abandon this practice remains a contested issue in Mursi. While the parents of schoolchildren discourage their children from continuing it so that they will not be teased at boarding schools outside Mursiland, some people feel that a stretched lip without a lip-plate is meaningless and even inappropri-

17 Bodi man, Jinka, 29 October 2011, recorded conversation. I am grateful to the anthropologist Lucie Buffavand for initiating this discussion in the Bodi language and for her comments on a draft of this paper. She explained that in Bodi women with more than one child wear a small wooden lip-plug. Unlike in Mursi, where a lip-plate is worn by unmarried girls and married women and thrown away after the death of one's husband, a *kongu* is typically worn at all times, even after the death of one's husband (Lucie Buffavand, Jinka, 1 November 2011).

ate. During a workshop on "Mursi youth's perspectives on change" in 2008, several young men commented that girls should not continue the practice if they cannot live up to its specific aesthetic intention.[18] One young man even expressed disgust at the thought of a woman's drool dripping into the flour she grinds for the porridge that he will eat. Similar comments are made by senior men as well:

> It was better when they pierced their lips in the past. They would wear the clay [lip-plate] forever. They always served their husband with it. The clay [*dhebi*] was only removed if the husband died. Now they get married and the women just stop [wearing them]. Even the girls will pierce their lips and after two days they will just stop like that. Now the drool comes and comes and we don't like this. The women didn't drool like this in the past because they always wore their big beautiful lip-plates. I told [my daughter] Luke to just leave it. Now they just let their lips dangle like that. I don't know why that is (Kirinomeri Tokô, Mako, 17 April 2009, recorded conversation).

To what extent the size and shape, as well as specific aesthetic intentions, have changed over time is linked to both internal and external cultural pressures. For example, more recently, people have begun to talk about two broad categories of lip-plates: 'lip-plates for tourists' (*dhebinya turusinyawng*) and 'real Mursi lip-plates' (*dhebinya Munuiny*) worn by girls and women.[19] While tourism has created a demand for lip-plates, thus changing their aesthetic look, other outsiders are said to be having a more negative impact. As one Mursi man explained:

> The people from the towns dislike our custom. They tell us to wear clothes, to not kill animals for skins, and some even say that the government will throw us in jail if we keep piercing our lips. I don't know if this is true. This is our custom; these are the ways of our ancestors. I want my daughter to pierce her ears and lip, but if she is afraid of the pain I will tell her to leave it (Oliholi Tula, Belamer, 14 April 2009, recorded interview).

Although it is still too early to determine the extent to which external pressures are influencing the practice of wearing lip-plates, especially given the fact that outsiders working with the Mursi tend to vary in their support of traditional practices, education appears to be having the greatest impact. Evidence of this is found in the increasing number of schoolgirls in Arba Minch, Jinka and Mako who are choosing not to pierce their lips.[20]

---

18 I would like to thank the South Omo Research Center for supporting this workshop.

19 'Lip-plates for tourists' are also referred to as 'dhebinya katalcha turrussi' (literally 'lip-plates tourists buy'). Lip-plates sold to tourists are typically not polished (e.g. using pumpkin seeds or milk) and do not reflect the present size of 'real Mursi lip-plates', which tend to be smaller and have a smoother texture than those sold to tourists.

20 On 7 November 2011, I visited Mursi students at an adult boarding school in Arba Minch. Within the first years of going to school, many Mursi girls are now replicating the hairstyles and dress of highland Ethiopians and foreigners. This includes not piercing and stretching one's bottom lip. From my own

While the public discourse in Mursi would have us believe that the pressure for women to have lip-plates comes from men and that piercing and stretching a Mursi girl's bottom lip at puberty marks her as subordinate, my research shows that lip-plates are considered to be a personal choice, an aesthetic symbol of beauty, as well as a material and social resource that can earn women social respectability, self-esteem and the right to move confidently and freely within their own environment (LaTosky 2010). This is not to say that women with lip-plates necessarily have wealthier husbands or healthier cattle – just as 'rhetoric does not always succeed' (Carrithers 2009) – but that in the grounded experiences and social practices of the Mursi, strength is commonly expressed as providing social and material advantages (LaTosky 2010:171).

Fig. 5: Ngarora Tulla (2011)

A Mursi girl who chooses to endure the painful procedure of stretching her lip is believed to be 'doing the right thing'. This is not because of the glorification of bodily pain, but because of the social consequences that such physically and emotionally demanding practices can have. A fully stretched lip means that a girl is competent, sexually mature and can walk proudly when she enters her husband's cattle compound or serves his guests food. She will be admired by everyone for everything that the lip-plate symbolises: a sense of beauty, a good disposition, fertility, diligence, commitment and virtuous behaviour. Lip-plates, then, have a double force, for not only is a girl with a lip-plate considered brave and competent, but from the outset she is destined to marry a good man, since the lip-plate is a kind of guarantor of strength. Conceptually, strength is tightly bound with goodness, pride, and well-being (LaTosky 2010:171). As Ngarora

observations, I have noticed that Mursi girls are using these new style markers not only to distinguish themselves from their peers, but also to seek acceptance by outsiders.

Tula (figure 5), a schoolgirl from Jinka, explained, sewing her lip back would run the risk of infection and disfigurement and the fear that she would no longer be beautiful:

> If I sewed my lip back, who [in Mursi] would find this attractive? Remember Ngabio? She sewed her lip back. It was very painful and the surgery was bad. Now her lip looks like this [pulling her lip sideways to indicate that it did not heal well]. She has had many problems. That's why I refuse to sew back mine. Ask Olijerholi [a schoolboy sitting next to her] if a [sewn] lip like this is beautiful. If I go back to Makki, who will find me beautiful [with such a lip]? Even if the government offered me 5000 Birr to sew back my lip,[21] I would tell them 'No way! This is my body! I will not do it!' Nobody can force me to do this! If someone tried to, I am not afraid to die (Ngarora Tula, Jinka, 27 December 2011, recorded conversation).

Mursi women and men still admire the physical beauty and virtues of strength and competence associated with the lip-plate, despite external pressures to ban the practice. This is evident in the rhetorical prescription that a man should marry a woman with a lip-plate, as expressed by the taunts he will receive from his age-mates if he fails to do so. Olitula Sabakoro, a young Mursi man from Makki, explained his own experience of this:

> My first wife did not have a lip-plate so my friends would tease me, and this really upset my stomach. I always told you that I would eventually marry a girl with a lip-plate, and now I have.[22] Her name is Ngatuaholi. She is tall and has a beautiful lip-plate out to here [stretching his arms in front of him as he would to indicate the shaped horns of a bull]. Eeh, now my stomach is cool and my friends have stopped bothering me (Olitula Sabakoro, Mako, 20 April 2009, recorded conversation).

Although today many Mursi girls, especially schoolgirls, are experimenting with new looks, including growing their hair or choosing not to wear lip-plates, it is also expected that when they finish school, they will go back to looking and behaving like Mursi.[23] From my observations, however, it is unlikely that girls, especially those who attend boarding schools outside Mursiland, will continue with the practice of wearing lip-plates. One Mursi student explained that peer pressure and government pressure are the two main reasons why girls are abandoning the practice:

> There are only two of us at school with stretched lips. We are constantly told by others to sew up our lips. Today, we are told that if we pierce girls' lips, both the woman doing the piercing and the girls will be thrown in jail. We are also told that we should sew up our earlobes and lips and wear only gold [earrings]. The government wants us to look like *kochumbai*. They don't like the way we look. They want us to change, but this is not a good

21 5000 ETB are approximately equivalent to 300 USD.

22 The Mursi are polygamous. A wealthy man will have up to five or six wives.

23 The Mursi usually shave their heads, making decorative designs with razor blades.

> way. What do we get in return? Nothing! At least a lip-plate can bring a salary for women – tourists like our lip-plates! Will the government pay us a salary if we sew up our lips? No! Mursi girls should be able to choose to pierce or not to pierce their lips (Ngalu Tula, Jinka, 27 December 2011, recorded conversation).

Many Mursi see lip-plates as a way to earn a small income from tourists, especially girls and women who wear or sell them. One lip-plate is sold for approximately 20 ETB (ca. 1 USD), and every photo fetches roughly 3 ETB (ca. 20 cents).

Concluding remarks

One of the truths obfuscated by exotic images of Mursi women is the extent to which women's bodies are being controlled. A troubling example of this is found in campaigns in southern Ethiopia to eliminate so-called harmful traditional practices such as wearing lip-plates. As practices aimed at adorning, beautifying and modifying women's (and increasingly men's) bodies become normalised in the West, and this includes everything from labreitifry (i.e. wearing labrets) to labiaplasty (i.e. labial surgery), the elimination of lip-plates (and ear-plates) among the Mursi in southern Ethiopia remains ambiguous.[24] Martha Nussbaum, however, provides a likely rationale for understanding why habits such as the wearing of lip-plates are being singled out as posing a risk of self-harm, namely, disgust and shame (2004:339; cf. LaTosky 2006). As Nussbaum explains, 'there are types of "self-harm" that are only called that because of phobic reactions based on disgust and shame' and 'without the backing of such emotions the claim of harm falls to the ground' (2004:338). This applies in particular to government agencies and NGOs, as well as to non-Mursi in the more urban areas that shame the Mursi into believing that lip-plates are a form of self-harm. As one Mursi elder exclaimed:

> The reason we are being told to stop piercing our lips and ears is because the people from the towns don't like it. They tell us it's bad! But the Bodi man is right when he says: 'If the *kochumbai* are allowed to cut their penises, then our girls should be allowed to pierce their lips!' (Bio-i-tungia Komoru, Jinka, 31 October 2011, recorded interview)

The elimination of harmful traditional practices in southern Ethiopia, especially the lip-plates worn by Mursi women, appears more like a paternalistic prohibition than an example of gender justice and equality. This paternalism stems from UN policies to encourage human rights, especially the rights of women and children, and cultural rights, but which, on the other hand, do not fully take into consideration the experiences and multiple views of girls and women in Mursi and South Omo in general. In this paper

---

24 The same also applies to Suri women who live to the west of the Mursi and wear large pottery lip-plates, as well as to Bodi women who wear small wooden lip-plugs.

I have suggested that more credible evidence should be provided before the practice of piercing and stretching one's bottom lip is labelled as harmful, especially since no such evidence can be found in the stories and experiences of Mursi women and men themselves. For Mursi women today, the perceived risk of piercing one's lip (or ears) has to do less with health issues than with fears of imprisonment, which, at the time of writing, were circulating throughout Mursiland.[25] The harm is thus not in the act of wearing lip-plates, but rather in the way in which Mursi women are being made hostage to a universal rights-based discourse that does not include their own voices and lived experiences. One of the practical implications of this paper thus lies in my suggestion to broaden the dialogue on 'harmful traditional practices' in South Omo, which has yet to reflect critically on different definitions and understandings of self-harm from the perspectives of those engaging in or encouraging such practices. This can only be made possible if policy-makers begin to listen to those most affected by the eradication of HTPs, namely girls and women. It should be asked how they perceive the mechanisms by which the international community, the Ethiopian state, NGOs and individuals are imposing their will on the bodies of women in South Omo and how women are experiencing and, in some cases, resisting such impositions. Thus Ngarora Tula disagrees that she should have to sew back her bottom lip in order to go to school, while others, like Ngadhôle Dhedhep, argue that by sewing up her bottom lip, but not her stretched earlobes, she will be accepted by outsiders, yet still be identified as 'Mursi'. These are choices that Mursi girls and women are making and should be able to continue to make for themselves in the future.

References

ABBINK, Jon
2009 "Suri images: the return of exoticism and the commodification of an Ethiopian 'tribe'", *Cahiers d'Études Africaines* 196(4):893–924

AFRICAN MEDICAL AND RESEARCH FOUNDATION (AMREF)
2010a *Betty's story.* www.amref.org/personal-stories/bettys-story [last accessed 19 June 2010]
2010b *South Omo pastoralist health programme, Ethiopia.* www.amref.org/what-we-do/south-omo-pastoralist-health-programme-ethiopia/ [last accessed 19 June 2010]

---

[25] Further research is needed in order to determine the extent to which such fears of imprisonment are in fact linked to Article 569 of the Ethiopian Criminal Code, which states that participation in harmful traditional practices 'are punishable with imprisonment not exceeding three months or a fine not exceeding Birr 500 [ca. 45 USD]' (see Haile Gabriel 2010: 6).

BRIGGS, Philip (ed.)
2006[4] *The Bradt travel guide.* Guilford, CT: The Globe Pequot Press

CARRITHERS, Michael (ed.)
2009 *Culture, rhetoric, and the vicissitudes of life.* Oxford: Berghahn Books (Studies in Rhetoric and Culture 2.)

BUFFAVAND, Lucie
2008 *Fury of war and glory of killers: a study of funeral rites in Bodi (Ethiopia).* Lyon (M.A. thesis, Universite Lumiere Lyon II)

CROPP, Wolf-Ulrich
1990 *Äthiopien.* Im Land der Mursi. Stuttgart: Pietsch Verlag

DONOHUE, Maureen
2000 "Body piercing and branding are the latest fads", *Family Practice News* 30(4):18

HAILE GABRIEL, Dagne
2010 *Ethiopia: social dynamics of abandonment of harmful practices – experiences in four locations.* Florence: UNICEF Innocenti Research Centre (Special Series on Social Norms and Harmful Practices. Innocenti Working Paper 2009–07.)

INTER-AFRICAN COMMITTEE ON TRADITIONAL PRACTICES AFFECTING THE HEALTH OF WOMEN AND CHILDREN (IAC)
1987 *Report on the regional seminar on traditional practices affecting the health of women and children in Africa, 6–10 April 1987.* Addis Ababa

INTERNATIONAL INSTITUTE FOR RIGHTS OF THE CHILD (IDE)
2010 *Harmful practices and human rights.* International Seminar, Institut international des Droits de l'Enfant, Oct. 10–13th, 2010. Bramois (Switzerland). www.childsrights.org/html/documents/formations/sem2010_Programme_E.pdf [last accessed 14 August 2011]

JEFFREYS, Sheila
2005 *Beauty and misogyny: harmful cultural practices in the West.* New York: Routledge

LATOSKY, Shauna
2006 "Mursi women's lip plates as a source of stigma and self-esteem", in: Ivo Strecker and Jean Lydall (eds.), *Perils of face: essays on cultural contact, respect and self-esteem in southern Ethiopia,* 371–386. Berlin: Lit
2010 *Predicaments of Mursi women in a changing world.* Mainz (PhD dissertation, Johannes Gutenberg University)

NIGATU, Tilahun
2008 *Annual programme performance synopsis.* AMREF Ethiopia. www.amrefetmer.wikispaces.com/file/.../Annual+Programme+synopsis.ppt [last accessed March 8, 2012]

NUSSBAUM, Martha

2004 *Hiding from the law: disgust, shame and the law.* Princeton: Princeton University Press

RUSSELL, Rebecca R.

2010 *Gender and jewellery: a feminist analysis.* USA: Createspace

TADROS, Ingetje

2010 *Mursi tribe.*
http://ingetjetadros.photoshelter.com/gallery/Mursi-tribe/G0000gWlkpodDHHc/P0000wHpMNNJyHc4 [last accessed 4 August 2010]

TURTON, David

2004 "Lip plates and 'the people who take photographs': uneasy encounters between Mursi and tourists in southern Ethiopia", *Anthropology Today* 20(3):3–8

2005 "The meaning of place in a world of movement: lessons from long term field research in southern Ethiopia", *Journal of Refugee Studies* 18(3):258–280

UNITED NATIONS (UN)

1993 *UN declaration on the elimination of violence against women (DEVAW).* Geneva: United Nations

1995 *Fact sheet no. 23 on harmful traditional practices affecting the health of women and children.* Geneva: United Nations

VANNUTELLI, Lamberto and Carlo CITERNI

2006 *L'Omo Viaggio d'esplorazione nell'Africa Orientale.* Seconda spedizione Bòttego. Milano (USA): Hoepli (Adamant Media Corporation) ([1]1899)

WYNTER, Bonwyn, Denise THOMPSON, and Sheila JEFFREYS

2002 "The UN approach to harmful traditional practices: some conceptual problems", *International Feminist Journal of Politics* 4(1):72–94

Paideuma 58:245–259 (2012)

THE 'MIRANDA' AND THE 'CULTURAL ARCHIVE'
From Mun (Mursi) lip-plates, to body painting and back again

Kate Nialla Fayers-Kerr

ABSTRACT. The Mun, better known as the Mursi, live between the Omo and Mago Rivers in southwest Ethiopia. They depend on cattle herding and cultivating for their livelihood. They have a rich and complex cultural tradition that involves unique ways of engaging with their environment; yet their culture is best recognised by the women's practice of wearing plates in their lower lip, and by the male practice of ceremonial duelling or stick fighting. These well-known practices have been labelled 'harmful traditional practices' in a government campaign, and there is growing pressure for the Mun to abandon them. This paper aims to review this campaign by focusing on the lip-plates' position within the wider cultural practice of body painting. Here, focusing particularly on the materials of clay and earth, body painting is discussed as a unique way of engaging with the environment, for the Mun have an earth-centred habitus which helps to explain the practice of wearing lip-plates, as well as the medicinal role they attribute to the process of body painting. Without understanding this habitus, efforts to force the Mun to modernise by abandoning their 'harmful traditional practices' will have repercussions that are unknown and potentially more damaging than the 'harmful' practices themselves.

Introduction

The Mun are a community of under 10000 people (Turton 2011), who speak togo-a-Mun or Mursi, a Surmic language of the Nilo-Saharan language group.[1] They are also known as 'Taama to the Bodi, Ngi-kaalabong to the Nyangatom, Murso to the Kara, Mun to the Chai, Muruz to the Daasanach and Mursi to highland agriculturalists, the government and the world at large' (Turton and Jordomo n.d.). Based on twelve months of fieldwork living with southern Mun communities, I argue that to target Mun practices as 'harmful' or 'backward' without fully contextualising them will certainly have effects on other aspects of their traditional culture, which may end up being more harmful than the practices that are being targeted in the first place.[2] To illustrate this, I will examine the connection between the Mun practice of wearing clay lip-plates and body painting, building on earlier scholarly work concerning the role of Mun lip-plates,[3]

---

1 See Bender (1976), Bender and Turton (1976), Dimmendaal (1998).

2 My fieldwork was spread over eighteen months from August 2009 until November 2010, during which time I lived mainly in the village of Ulum Holi in the Biogolokare territorial section, but also in Dargush (Moizo) in the Mugjo section, and later at Gowa on the Omo River.

3 See Turton (1973, 2004) and LaTosky (2006, 2010), as well as the latter's contribution in this collection.

and also drawing on my own research which explores the healing uses of clays and other earthy substance.

The miranda effect and cultural archives

To begin to explain the connection between the earth, lip-plates, and the art of body painting, I must first introduce two seemingly opposite concepts taken from two anthropologists working in Northeast Africa who have been hugely influential in shaping my own work: David Turton's term 'miranda' and Wendy James's term 'cultural archives'.

Turton (1973), who has been working with the Mun since 1968, explained that there are some unifying practices, such as the male practice of ceremonial duelling (*donga*) and also the female practice of wearing lip-plates (plural *dhebinya tugoiny*, singular *dhebi-a-tugoiny*), which have both become emblematic of the Mun. He described these aspects of Mun life as a 'miranda', meaning something readily visible, something to be admired and 'believed', something people are articulate about. Such things are emblematic of a group.

Turton (e.g. 1973, 1979) showed that Mun socio-political organisation is based on territorial groups and can be partially understood as based on the rules surrounding who one duels with. The significance of the *donga* along with the *dhebinya tugoiny* is their role in identity formation and the construction of solidarity. They are part of the Mun 'miranda' or political myth, following Harold Lasswell and Abraham Kaplan's definition, according to which 'miranda' are,

> the symbols of sentiment and identification in the political myth. They are those [symbols] whose function is to arouse admiration and enthusiasm, setting forth and strengthening faiths and loyalties. They not only arouse emotions indulgent to the social structure, but also heighten awareness of the sharing of these emotions by others, thereby promoting mutual identification and providing a basis for solidarity (Lasswell and Kaplan 1952:119; quoted in Turton 1973:53).

In the case of Mun communities, duelling is pivotal in creating the 'unreal permanence' of the 'ethnic group', in the eyes of both the Mun themselves and of anthropologists and outsiders (Turton 1979).

Just as Turton chose to focus his preliminary research on Mun political organisation and ceremonial duelling, the next anthropologist to conduct long-term fieldwork among the Mun, Shauna LaTosky, chose to focus on gender relations and lip-plates (Latosky 2006, 2010). Turton's and LaTosky's work has illustrated with great subtlety that both practices are key to the Mun's own sense of forging a shared identity, as well as to outsiders identifying the group.

Then there is the notion of 'cultural archives' (James 1988), which refers to something rarely expressed in discourse, largely hidden, and often only periodically apparent. James coined this term in the process of understanding the Uduk from the Blue Nile Province in southeast Sudan. She wanted to explain the fact that despite the

> fluidity of social relations, 'personhood', and religious change [...] beneath the flux there are nevertheless continuities, especially of 'archival' ideas about human life which are rooted in a longer history and shared across a wider region than is immediately apparent (James 1988:xvi).

James goes on to say that,

> [i]n different ways, the evidence suggests that sets of vernacular cultural elements, whether or not embodied in a surviving language, can persist at a partly hidden level to a surprising degree, while the visible features of social practice and cultural discourse can accommodate themselves to a prevailing lingua franca, dominant religion, and the regional demands of political and economic life (James 1988:5).

In order to illustrate her point, James differentiates *connaissance* from *savoir.* While the term 'connaissance' is a noun, meaning knowledge of the sort that can be verbalised easily, 'savoir' can be used as a verb and means knowing as well as a form of wisdom, 'a fundamental knowledge of the world and the self which lies partly hidden in the "archive" of their [the Uduk's] culture' (James 1988:3).

It is this difference between *connaissance* and *savoir* that I would like to highlight to help understand the relationship between different Mun practices. One can see lip-plates from the perspective of *connaissance* or the 'miranda', yet the wearing of lip-plates also ties into a rich tapestry of shared and differentiated cultural practices, including body painting, that are less easily verbalised and expressed in the sense of *savoir.* I now turn to these 'archival' practices.

Beyond the social skin

The Mun have complex medical practices involving earthy substances. Their medical tradition predominantly centres on the application of clays, rather than the ingesting of medicines. I became interested in body painting because of ethnographic clues that revealed how people who paint themselves around the world appreciate the health benefits of body art. Yet, the relationship between body painting and its healing properties remains largely un-remarked upon, or unelaborated in the anthropological literature.[4]

4 See, however, Faris (1972), Munn (1973), McCallum (1996).

Therefore, I seek to understand the connection between Mun body painting and health in order to provide a medical ethnography of body art.

As I quickly learned, the Mun *do* practise body art for the treatment and prevention of illness. Upon arriving among the Mun, I was told, 'Huli bhaka dhebi, muttan garrasso, engerresso', meaning that when one anoints with clay, disease will end, for disease is afraid of clay. However, while explanations of the healing uses of clays generally state that people use clays to heal because they are potent (*barari*) and that it is customary (*a dami*) to do so, my questioning did not reveal *how* body art made people healthy. As Michael O'Hanlon (1992) notes, one must also examine practice and materially informed discourse, rather solely relying on what is verbalised. Focusing on the Mun practice and materially informed body art involves assessing the relationship between the environment, earthy substances and bodily health. This requires an ecologically grounded approach to health. Such an approach provides the necessary framework to go beyond the concept of the 'social skin' (Turner 1980), i.e. to go beyond the purely socio-cultural aspects of body painting to examine instead body painting within a wider ecological context.

This ecological context ties in to approaches such as that of David Wengrow, who suggests that body decoration among the Neolithic pastoralists of central Sudan provides a 'mobile, body-centred *habitus* [...] accounting for the concomitant lack of investment in static, bounded environments for dwelling and socialisation' (2003:133; italics in the original). Pierre Bourdieu clearly appreciated that 'the structures constitutive of one's particular type of environment [...] produce [one's] *habitus*' (1977:72; italics in the original). The notion of habitus is useful for explaining how socio-cultural practices and bodily ways of knowing develop through an interaction with one's environment. Medical anthropology, human ecology and epidemiology recognise that how one interacts with one's environment has huge implications for one's health and well-being, as does Mary Douglas in her seminal anthropological book "Purity and danger" (1966). While Bourdieu examined the environment of built structures, particularly the house and material conditions relating to class, I will explore the daily and ritual engagements with earth. The knowledge of the materiality and distribution of certain earths and clays in the environment form what I call a 'healing habitus', which draws on the concept of the 'body ecologic' from medical anthropology.[5] This habitus involves 'dispositions' and 'principles of regulated improvisation' through which the Mun learn to look after their bodies, protect them from the sun and protect them from malignant forces in the environment, including diseases. Much as Bourdieu suggests that one's habitus is 'laid down in each agent by his earliest upbringing' (1977:81), my own reflections on an earth-centred healing habitus among the Mun grew out of observations made among Mun children, who were learning to deal with earth.

[5] See Hsu (1999, 2007, 2009) and Rittersmith (2009).

First impressions: daily experiences with earthy substances

In my first few weeks of fieldwork a three-year-old boy asked me to escort him into the bushes so that he could defecate. While the boy was behind a bush he called out to me many times. He was afraid I would leave him in the bushes, and he wanted to make sure that I was still waiting for him. When he had finished, I wondered how he would clean himself; usually adults used a soft leaf. He jumped on to the path, pleased to see me still waiting. I turned to walk back to the village. 'Wait!' he exclaimed. He had remembered something. He sat on the dusty path, legs horizontal in front of him, and then dragged his bare bottom across the earth. Subsequently I have seen many mothers doing the same thing with the more robust babies, and toddlers. The earth and the immediate surroundings are immensely malleable and cleansing for those who know how to use it in this way. By focusing on the daily relationship with earth it became clear that earth is being engaged with everywhere: in childhood play, in daily cleansing of the body, in agricultural processes, and in body decoration. Daily intimacy with all forms of earth is central in the Mun's everyday life.

Spending much of my early fieldwork with small children, I observed the multiple and ingenious ways in which they played and learnt to deal with the earth and other earth-like substances around them. Much as Edward Evans-Pritchard made famous the way Nuer boys moulded mud into bulls and oxen, Mun children similarly use mud for child's play. It is a common sight to come across a group of children playing with ash, mud or dung, either becoming coated in the substances accidentally, or through experimental anointing. Groups of boys, while out with their cattle, may come across an area bountiful in red ochre (*hugê*) or a chalky outcrop (*bulkai*), which they then sample by anointing themselves and each other. It is common when walking along a path to see traces of people's handling of earthy substances; one may find a rock covered with ochre rubbings, or lumps of chalk strewn across a path where some boys had gathered to anoint themselves.

In other cases, adults deliberately teach children to anoint. It is common to observe adults telling young boys to do so with moistened mud. The boys anoint themselves with mud on the torso, back and legs, and then drag their fingers through the mud to form vertical stripes to prevent the mud from cracking as it dries. The reason given for this is usually that they want to protect themselves from the sun while they are out with the cattle all day.

Similarly it is common to find little children wandering around with thoughtfully applied patterns of dung on their body; this is typically an indication that a parent, grandparent or sibling has applied it for them. After a child has defecated in a messy way his or her mother usually cleans the child with a semi-dried dung ball; if she feels inspired, she may elaborate with decorative patterns and sit back and enjoy watching her pretty child. These examples seem to illustrate the loving, thoughtful and playful attentions through which children are integrated into and accustomed to an earth-centred habitus. This habitus also has healing implications, since it is expressed in the multiplicity and complexity of Mun healing rituals, as I shall now examine.

Earth in preventive and curative healing practices

Individual healing rites are carried out by healing women (plural *ngerrêa*, singular *ngerrê*) who are sought out in the evenings to treat people with symptoms of poor health.[6] 'Shhh! Shhh! Shhh!' is the sound a *ngerrê* makes as she runs her hands over the body, an act which the Mun say removes anything problematic. 'Pat! Pat! Pat!' go her hands on the earth as she coaxes what she seems to have pulled from the body into a little pile of earth in front of her. For the *ngerrê*, earth, ash and dung are key substances which absorb and disperse malevolent forces that have gathered in the body.

Thus the earth is believed to absorb malevolent forces, but earthy substances can also disguise. Once a young girl returned from the water with dung around her mouth and a layer of ash on top of this. When I asked her why she had done this she said she had eaten meat, so before going to fetch water she needed to paint herself or else *kido* would 'hit' her.[7] Since there are particularly dangerous times and situations when water sites should be avoided,[8] the young girl had taken the precaution of disguising the smell of the meat, fearing the *kido* would be attracted to this smell. On another occasion, an elderly Juhai man, thought to be suffering from the effects of *kido*, held a healing ceremony at which he anointed his family, neighbours and himself with white clay and then with the blood of a sacrificed cow. His sister's son then took a bowlful of this blood to the river, and after an invocation to all the local rivers he threw the bowl of blood into the riverbed. The case of *kido* is very much in line with Edward Green's ideas on "Indigenous theories of contagion" (1999), since water is a place of contamination and the spreading of infections, particularly through open wounds and fresh blood. The Mun believe that clay, dung, earth and ash can clean, absorb and disguise. Similarly Western science is beginning to publish data on the therapeutic qualities of certain clays as an alternative to antibiotics, highlighting their antibacterial potential.[9]

Things are perhaps less clear when it comes to the spirit world. It is routine for a kinsman who has returned from a long journey to anoint the forehead of a relative. This is done to prevent potentially malevolent spirits of the dead ancestors (*mênênga*)

---

6 In addition, surgery on wounds and injuries is by performed by men called 'nani'.

7 The term 'kido' literally means stream or small river, but it is also used to refer to something that hides in the water and causes illness. *Ngerrêa* usually treat *kido* by applying only pink and green clays, since these are thought to be the colours of *kido*. The *kido* are allegedly coaxed out of the body with the help of these clays and then thrown back into the riverbed.

8 For example, one should not visit the water during menstruation, with an open wound, or after giving birth.

9 See Williams and Haydel (2010), Williams, Haydel, and Ferrell (2009), Williams *et al.* (2008), and Williams *et al.* (2011).

from 'hitting' loved ones and making them ill. A grandmother, for example, visiting her daughter and grandchildren, will collect ash from the hearth, throw a little to the *mênênga*, then anoint herself by dragging her ash-coated fingertips vertically down her forehead, and then repeat the action on the forehead of her relative. What is important is not the aesthetic product but the act of anointing, the process of touching even if it leaves no visible trace. Evans-Pritchard notes a similar practice among the Nuer:

> [W]hen ashes are ritually rubbed on persons the meaning which fits the action best is unity, solidarity, or identification, the expression of the idea of 'I am with you', as when, for example, before initiation a boy's father, maternal uncle, and family's master of ceremonies rubs (*buk*) his forehead with ashes, uttering invocation, or when a man returns from a long journey and his father rubs ashes on his forehead (Evans-Pritchard 1956:262).

This idea of enacting unity, identification, or solidarity between people, via the medium of ash, illustrates the centrality of earthy substances in Mun daily and ritual practices.

There are also concealed clay pits that are so sacred that only 'owners' or 'custodians (*e'wu*) have the right to visit them. On one occasion, I was invited to such a site, but my host was concerned that the clay might not recognise him as an *e'wu*, 'hit' him and make him ill as a result. Therefore, he prepared for the visit by bringing along some clay from a previous visit, and told me that the clay in the ground would recognise the clay in his pocket and would therefore not strike us. The notion of clay recognising itself is an indication of the consubstantiality between earth and people that the Mun understand, and which is at the heart of their medical system.

This consubstantiality with and knowledge of the environment is part of the healing habitus that younger men and boys engage in as they move regularly over the land. They can hardly pass a clay pit or outcrop of pigmented soil without applying these substances to their skin. Indeed, throughout the landscape there are places where the clay or pigments in the earth appeal to the Mun in unique ways. When a Westerner visits a place of beauty or religious significance it may inspire a reflection or prayer, or perhaps one simply takes a photograph. However, the Mun get their hands into the site itself, and rub and anoint themselves with its content, literally embodying the earth and the sacred site and thus in a way blurring the boundary between themselves and the land.

Clay is also central at an important communal healing ceremony, called 'rounding up the people' (*zuo lama*), or, more broadly, 'rounding up the cattle' (*bio lama*). This is a ceremony led by a member of the family of the ritual priest (*kômoru*) to protect and heal the community and cattle from disease. At such ceremonies taking place at Ulum Holi, in which I participated many times, the Biogolokare community use grey or brown clay (*dhebi-a-gidanga*), which they say protects those anointed from diseases. The word 'gidanga' can also be translated as 'dirty' or 'contaminated'; however, in certain families it is also said to be the favourite colour of *tummo*, a larger force which Turton translates as 'the sky' or 'God' (1973:252). This 'dirty' clay, if applied to the skin, is said to frighten away existing diseases or prevent them from striking the persons anointed. Perhaps it is because of the value placed on 'dirt' that the member of the priestly family presiding over this ceremony does not wash with water for the duration of the *bio lama*. During the ceremony, the 'dirty' clay is applied to the entire community for three days, morning and evening. On the fourth and final day, the entire community 'wash' (*tonyo*) their bodies by anointing themselves with white clay. This ceremony is intended to be both preventive and curative: healthy people reinforce their vitality, and any sickness in the community is carried away 'downstream' or 'underground'. People are concerned that everyone should take part, with friends and loved ones waking each other up before sunrise to make sure they have the time to be anointed. These collective painting ceremonies left me with the impression of a mass inoculation.

Much painting occurs for health reasons when people annually migrate to the Omo River to cultivate lands exposed by the retreating floods. The Mun see this as vital for their survival,[10] yet the Omo is historically also associated with disease and epidemics, both human and bovine. Ritually powerful families attempt to cleanse the Omo of disease and predators such as crocodiles by throwing clay into the water along with the faeces of hyenas, lions and leopards. At Gowa, a place on the Omo, a ritually potent clan called Juhai also performs protective ceremonies in order to prevent diseases and epidemics from entering the village. One such ceremony, like the *bio lama*, involved three nights of anointing with black clay in the morning and evening, and then, on the fourth day, anointing with white clay to 'wash' (*tonyo*) the community. In the tradition of the Juhai family all the villagers anointed themselves on top of the black clay with a red stripe of ochre down the right side of the face and arm.[11] On the first few nights of this ceremony, after all the men, women and children in the village had been anointed, the master of the ceremony took the black clay and poured it over key pathways leading out of the village to prevent diseases from entering the community along these routes. This idea of infection being brought into the village by new arrivals and along paths recalls the work of Harriet Ngubane (1977). Clay is seen by the Mun as offering a vital avenue for negotiating external threats by channelling the positive qualities that they connect with the earth and by using these qualities for the benefit of the entire community.

Historical and regional contextualisation of earth

Turton makes several references to the significance of the soil in Mun religious practices. Discussing the Mun priesthood, he writes, that 'their role is [...] characterised by the performance of public rituals to bring rain, to protect men, cattle and crops from disease, to ward off threatened attacks from other tribes, to safeguard the fertil-

10 Cf. Turton (1973, 1975, 1978, 1980a, b, 1986, 1987, 2005, 2011).

11 Certain clays and styles of applying these clays to the body are family or clan specific. Since the ceremony described occurred in a Juhai area, all members of the community followed the Juhai anointing style, even non-Juhai families.

ity of the soil, of men and of the cattle' (1973:252; emphasis added). In all of this Turton illustrates that the *kômoru* has a mediating role between the Mun and the larger force of *tummo* (1973:252).

Turton's work on the role of the *kômoru* ties in with Evans-Pritchard's (1940, 1956) account of the leopard-skin priest (*kuaar twac*). However, less well-known is the fact that the Nuer priest is more typically referred to by the Nuer as, '*kuaar moun*, priest of the earth, the word *mun* (gen. *moun*) meaning "earth" in the sense of "soil"' (Evans-Pritchard 1956:291; italics in the original). The leopard-skin title is taken only from his 'badge' whereas the earth title is derived from his symbolic association with the earth. Douglas Johnson, writing about the institution of Nuer priests years later, refers to the leopard-skin priest as 'the earth-master' (1995), and, building on the work of Turton, my own research on the role of the *kômoru* suggests that the same title could apply to the Mun priesthood. The fact that in a related Nilo-Saharan language, such as Nuer, 'mun' or 'moun' refers to earth, is intriguing since this is also the name currently used by the Mun to refer to themselves.

Earth plays a major role in a Mun foundation myth or 'fairy-tale':

> Initially in Bha Munoiny there were no men, only women.[12] One day a woman found a boy in a boat or honey barrel floating on a river. She hid the boy in her house and when he was older he made her pregnant. The pregnancy she could not hide, and when the baby arrived the other women started to ask her many questions. They wanted to know how she got such a thing growing in her stomach. She answered that she had eaten the mud of a *bangadhi* [termite mound] and inserted *gususi* [type of biting ants] into her vagina. The neighbouring women all tried to reproduce the same effects using the mud of a termite mound and ants, but to no avail. So, one day while the woman was away from her hut, the other women decided to investigate, and they found a man. In exchange for food, the man agreed to give each woman a baby.[13]

Earth-eating or geophagy was not the ultimate cause of pregnancy in this story, but the association between earth and fertility is so strong that the women believed eating earth could give them a child. Indeed the relationship between fertility and geophagy is common throughout the world.[14] However, the Mun today give a more conventional account of procreation occurring between man and woman, and they do not take this story literally. Taken as part of their 'cultural archive', however, this story can be appreciated in terms of the links it makes between earth and fertility.

Such links between earth and fertility resurface in the practice of wearing lip-plates, which are inserted into a woman's pierced and stretched lower lip. Called 'clay of

---

12 Bha Munoiny is the name with which the Mun refer to the area they live in.

13 Turton first informed me of this 'fairy-tale', as he refers to it, during the Christmas of 2009. During my 2010 fieldwork, my informants recounted this story with much humour. For comparable tales from the closely related Murle group in South Sudan, see Arensen (1992) and James (1979).

14 See Abrahams and Parsons (1996), Wiley and Katz (1998), Knudsen (2002), and Clack (2007).

the mouth' (*dhebi-a-tugoiny*), they are usually made of a specific soil (*bawadai*), although occasionally a woman may wear a wooden plate. Traditionally a Mun girl begins to stretch her lip at puberty, wearing her lip-plate to dances. Once her lip is fully stretched, a girl is defined as 'sexually mature' (LaTosky 2006:385). The lip-plate is a symbol of womanhood, '[t]ied tightly to fertility and eligibility for marriage' (LaTosky 2006:385), and worn particularly while serving food to one's husband and milking the cattle. Because of their association with fertility the clay lip-plates can be seen as a continuation of the complex relationship between the Mun and the earth. The lip-plates embody, in a sense, the fertility of womanhood and the earth, as well as the connection between the two. The women, by wearing 'earth' in their lips, literally wear their fertility where it is most visible.

Taking all of this into consideration, it is little wonder that the Mun words for 'to eat' (*ama*, *bhaka*) have also been translated as 'to anoint' (Turton, Yigezu, and Olibui 2008:25, 35). Thus a more accurate and literal translation of the sentence 'I anoint with clay' would be 'I eat clay'. The word 'bhaka' also means 'to live' and can be used as a transitive verb (Turton, June 2011, personal communication). A literal translation of 'kabhaga Alaka' would therefore not be 'I live at Alaka' but 'I eat Alaka' – much as one might say 'kabhaga achuck' or 'I eat meat'. Therefore, linguistically the Mun also appear to be acknowledging their consubstantiality with earth and with place.

With this in mind, it is striking what Evans-Pritchard noted with respect to the Nuer:

> [S]ometimes men who intend to leave the tribe of their birth to settle permanently in another tribe take with them some earth of their country and drink it in a solution of water, slowly adding to each dose a greater amount of soil from their new country, thus gently breaking mythical ties with the old and building up mythical ties with the new (Evans-Pritchard 1956:120).

Considering the references in Mun myth to geophagy and the way that the Mun call anointing themselves with clay 'eating' clay, I find the practice mentioned by Evans-Pritchard highly evocative. It supports the idea that, in order to understand Mun conceptions of personhood, health and wellness, one must examine the way they use earth to reinforce, rebuild, and repair their bodies.

Conclusion

All the aforementioned links between earth and health, earth and fertility, and earth and cosmology have hopefully shown that body-painting is about more than just aesthetics or 'backward' traditions. I have suggested that the practice of body-painting is linked to other traditional customs, such as the role of the ritual priest, the wearing of lip-plates and the power that is associated with the earth and the land. Therefore, one cannot view government efforts to ban 'harmful traditional practices' in isolation from related, inter-connected practices such as body painting. The Mun custom of piercing the lower lip is deeply embedded in their mythology, religion and cosmology, as well as in their notions of well-being and fertility.

Forced modernisation, either by well-meaning national or international non governmental organisations (NGOs) or by the current Ethiopian government, in the form of lists of 'harmful' or 'backward' traditional practices will not transform the Mun in accordance with the state's ideals of modernity without causing more problems than are solved. As Turton has noted, the Mun 'have been "localised", by being drawn into the "spatial practices" of the Ethiopian state, and "marginalised", by becoming dependent on values, norms and technologies which lie beyond their own means of production and control' (2005:258). This is not to say that the Mun should remain culturally 'untouched' by modernity or constitute a living museum for anthropologists or tourists.[15] Local authorities need not worry that people like the Mun will fail to change and keep pace with a modernising Ethiopia. Change and transformation are a part of all cultures, and the Mun are, in their own way, learning to integrate into the Ethiopian state, but this must happen on their own terms, for how change occurs is culturally, historically and contextually specific. As LaTosky notes, Mun women 'connect their dangling lips to everything from aesthetics and ethnicity to a world of expanding capitalism and change' (2006:384). The Mun have always been 'modernising' themselves, adding to their traditions, borrowing from neighbours and incorporating other people and ideas into their culture.

To understand the significance of lip-plates requires an appreciation of the fact that they are part of the 'miranda' features of Mun culture, and are aspects of *connaissance*. Yet their meaning is also deeply rooted in a vital reservoir of 'cultural archives', or aspects of *savoir*. James' concept of 'cultural archives' (1988) illustrates how deep levels of continuity persist in many cultures despite seemingly dramatic adoptions of new and different traditions. A similar point is made in the contributions to the edited volume "Body arts and modernity" (Ewart and O'Hanlon 2007), which show that there are multiple ways in which people with rich body-painting traditions can integrate into a modern context. Beth Conklin (2007) explains that, while body-paint and feathers may be worn in Amazonia, this does not guarantee the continuity of 'tradition' any more than if an Amazonian wears a flamboyant and markedly Western ski-mask. It is w h y people wear what they wear, and h o w they wear it that marks an internal cultural continuity.

In short, visible changes that people have voluntarily made can actually be underpinned by much 'archival' continuity, while the appearance of continuity of the 'miranda' can equally hide fundamental cultural changes that lie beneath. If the Mun are allowed to interact with the Ethiopian state on their own terms, visible changes in their

15 See the speech by Meles Zenawi (2011), cited by Epple and Thubauville in their contribution in this collection.

culture will occur organically and with less disturbance of the 'archival' knowledge. I am thus not arguing against change, but I suggest that responsible efforts to modernise the Mun must appreciate that their own efforts to modernise will be more informed and longer lasting than any that outsiders may make.

References

ABRAHAMS, Peter W. and Julia A. PARSONS
1996 "Geophagy in the tropics: a literature review", *Geographical Journal* 162:63–72

ARENSEN, Jonathan. E.
1992 *Mice are men: language and society among the Murle of Sudan*. Dallas: International Museum of Cultures

BENDER, M. Lionel
1976 "Introduction", in: M. Lionel Bender (ed.), *The non-semitic languages of Ethiopia*, 1–24. East Lansing: Michigan State University

BENDER, M. Lionel and David TURTON
1976 "Mursi", in M. Lionel Bender (ed.), *The non-semitic languages of Ethiopia*, 533–561. East Lansing: Michigan State University

BOURDIEU, Pierre
1977 *Outline of a theory of practice.* Cambridge: Cambridge University Press

CLACK, Timothy
2007 *Memory and the mountain: environmental relations of the Wachagga of Kilimanjaro and implications for landscape archaeology.* Oxford: Archaeopress

CONKLIN, Beth
2007 "Ski masks, veils, nose-rings and feathers: identity on the frontlines of modernity", in: Elizabeth Ewart and Michael O'Hanlon (eds.), *Body arts and modernity*, 18–35. Wantage: Sean Kingston

DIMMENDAAL, Gerrit J.
1998 "Surmic languages and cultures: an introduction", in: Gerrit J. Dimmendaal and Marco Last (eds.), *Surmic languages and cultures*, 3–33. Köln: Rüdiger Köppe.

DOUGLAS, Mary
1966 *Purity and danger: an analysis of concepts of pollution and taboo.* London: Routledge

EVANS-PRITCHARD, Edward E.
1940 *The Nuer: a description of the modes of livelihood and political institutions of a Nilotic people.* Oxford: Clarendon Press
1956 *Nuer religion.* Oxford: Oxford University Press

EWART, Elizabeth and Michael O'HANLON (eds.)
2007 *Body arts and modernity.* Wantage: Sean Kingston

FARIS, James
1972 *Nuba personal art.* London: Duckworth

GREEN, Edward C.
1999 *Indigenous theories of contagious disease.* Walnut Creek and London: Altamira Press

HSU, Elisabeth
1999 *The transmission of Chinese medicine.* Cambridge: Cambridge University Press
2007 "The biological in the culture: the five agents and the body ecologic in Chinese medicine", in: David Parkin and Stanley Ulijaszek (eds.), *Holistic anthropology: emergence and convergence*, 91–126. New York and Oxford: Berghahn
2009 "Experiences of personhood, health and disease in China: some reflections", *Cambridge Anthropology* 29:69–84

JAMES, Wendy
1979 *'Kwanim Pa: the making of the Uduk people: an ethnographic study of survival in the Sudan-Ethiopian borderlands.* Oxford: Clarendon Press
1988 *The listening ebony: moral knowledge, religion, and power among the Uduk of Sudan.* New York: Oxford University Press

JOHNSON, Douglas
1995 "The prophet Ngundeng and the battle of padding: prophecy, symbolism and historical evidence", in: Douglas Johnson and David Anderson (eds.), *Revealing prophets: prophecy in Eastern Africa*, 196–220. London: James Currey

KNUDSEN, Jane W.
2002 "Akula Udongo (earth eating habit): a social and cultural practice among Chagga women of the slopes of Mount Kilimanjaro", *Indilinga: African Journal of Indigenous Knowledge Systems* 1:19–26

LASSWELL, Harold D. and Abraham KAPLAN
1952 *Power and society: a framework for political inquiry.* London: Routledge & Kegan Paul

LATOSKY, Shauna
2006 "Mursi women's lip-plates as a source of stigma and self-esteem", in: Ivo Strecker and Jean Lydall (eds.), *Perils of face: essays on cultural contact, respect and self-esteem in southern Ethiopia*, 382–397. Berlin: Lit

2010 *The predicaments of Mursi women in a changing world.* Mainz (PhD dissertation, Johannes Gutenberg University)

MCCALLUM, Cecilia
1996 "The body that knows: from Cashinahua epistemology to a medical anthropology of Lowland South America", *Medical Anthropology Quarterly* 10:347–372

MUNN, Nancy D.
1973 *Walbiri iconography: graphic representation and cultural symbolism in a central Australian society.* Ithaca, London: Cornell University Press

NGUBANE, Harriet
1977 *Body and mind in Zulu medicine: an ethnography of health and disease in Nyuswa-Zulu thought and practice.* London: Academic Press

O'HANLON, Michael
1992 "Unstable images and second skins: artefacts, exegesis and assessments in the New Guinea Highlands", *Man* 27:587–608

RITTERSMITH, Ariel
2009 "Contextualizing Chinese medicine in Singapore: microcosm and macrocosm", *Journal of the Anthropological Society of Oxford-Online* 1:1–24

TURNER, Terence
1980 "The social skin", in: Jeremy Cherfas and Rodger Lewin (eds.), *Not work alone: a cross-cultural view of activities superfluous to survival*, 112–140. London: Temple Smith

TURTON, David
1973 *The social organisation of the Mursi: a pastoral tribe of the Lower Omo Valley, South West Ethiopia.* London (PhD dissertation, University of London, LSE)
1975 "The relationship between oratory and the exercise of influence among the Mursi", in: Maurice Bloch (ed.), *Political language and oratory in traditional societies*, 163–184. London, New York: Academic Press
1978 "Territorial organisation and age among the Mursi", in: Paul T.W. Baxter and Uri Almagor (eds.), *Age, generation and time: some features of East African age organisations*, 95–130. London: Hurst
1979 "A journey made them: territorial segmentation and ethnic identity among the Mursi", in: Ladislav Holy (ed.), *Segmentary lineage systems reconsidered*, 67–92. Belfast: Queen's University
1980a "The economics of Mursi brideswealth: a comparative perspective", in: Jean Comaroff (ed.), *The meaning of marriage payments*, 67–92. London and New York: Academic Press
1980b "There's no such beast: cattle colour and naming among the Mursi", *Man* 15:320–338
1986 "A problem of domination at the periphery: the Kwegu and the Mursi", in: Donald D. Donham and Wendy James (eds.), *The southern marches of imperial Ethiopia: essays in history and social anthropology*, 18–172. Cambridge: Cambridge University Press

1987 "The Mursi and National Park development in the Lower Omo Valley", in: David Anderson and Richard Groves (eds.), *Conservation in Africa, peoples, policies and practice*, 169–186. Cambridge: Cambridge University Press

2004 "Lip-plates and 'the people who take photographs': uneasy encounters between Mursi and tourists in southern Ethiopia", *Anthropology Today* 20:3–8

2005 "The meaning of place in a world of movement: lessons from long term field research in southern Ethiopia", *Journal of Refugee Studies* 18:358–380

2011 "Wilderness, wasteland or home? Three ways of imagining the Lower Omo Valley", *Journal of Eastern African Studies* 5(1):158–176

TURTON, David and Lugulointheno JORDOMO
n.d. "Who are the Mursi?", in: Marcus Brittain and Timothy Clack (eds.), *Mursi in the making: migrations, monuments and museums*. Oxford: South Omo Research Centre

TURTON, David, Moges YIGEZU, and Olisarali OLIBUI
2008 *Mursi-English-Amharic dictionary*. Addis Ababa: Culture and Arts Society of Ethiopia (CASE) and Ermias Advertising

WENGROW, David
2003 "Landscapes of knowledge, ideoms of power: the African foundations of ancient Egyptian civilization reconsidered", in: Andrew Reid and David B. O'Connor (eds.), *Ancient Egypt in Africa*, 121–134. Philadelphia: University of Pennsylvania Press

WILEY, Andrea S. and Solomon H. KATZ
1998 "Geophagy in pregnancy: a test of a hypothesis", *Current Anthropology* 39:532–545

WILLIAMS, Lynda B. and Shelley E. HAYDEL
2010 "Evaluation of the medicinal use of clay minerals as antibacterial agents", *International Geology Review* 52:745–770

WILLIAMS, Lynda B., Shelley E. HAYDEL, and Ray E. FERRELL
2009 "Bentonite, bandaids, and borborygmi", *Elements* 5:99–104

WILLIAMS, Lynda B., Shelley E. HAYDEL, Rosseman F. GIESE, and Dennis D. EBERL
2008 "Chemical and mineralogical characteristics of French green clays used for healing", *Clays and Clay Minerals* 56:437–452

WILLIAMS, Lynda B., David W. METGE, Dennis D. EBERL, Ronald W. HARVEY, Amanda G. TURNER, Panjai PRAPAIPONG, and Amisha T. PORET-PETERSON
2011 "What makes a natural clay antibacterial?", *Environmental Science & Technology* 45:3768–3773

Paideuma 58:261–282 (2012)

DURKHEIM UND DIE ETHNOLOGIE
Schlaglichter auf ein schwieriges Verhältnis

Hans Peter Hahn

ABSTRACT. Durkheim's work constitutes a shared heritage for anthropologists and sociologists. In the context of the increasing interest in his legacy, this essay highlights some aspects of his thinking that are of current relevance in social and cultural anthropology. Although Durkheim contributed substantially to the development of anthropology in France, it is difficult to claim that he was an anthropologist, because the discipline did not exist as such at the time he was writing. A proper evaluation of his contribution to anthropology is further challenged by the fact that his work on religion was exposed to intense criticism, in particular from British social anthropologists. Instead of a futile defense against the arguments of this criticism, I suggest a more generalising approach to some of Durkheim's core concepts, in particular to his concept of culture. Although Durkheim was not quite explicit about this term, the profoundly anthropological character of his understanding of 'culture' is obvious. In his perspective on culture, and, more specifically, in his conviction that culture is something 'made by people' and as such is a universal for mankind, he can be considered a precursor of constructivist trends in anthropology.

> Das übergeordnete Ziel der Ethnologie war es schon immer,
> die Diversität kultureller Ausdrucksformen in Beziehung zu den
> grundlegenden materiellen Bedingungen des körperlichen
> und sozialen Lebens zu setzen
> (Wendy James 2003:5; Übersetzung HPH).

Einleitung

Der folgende Beitrag geht auf einen Eröffnungsvortrag zu einer von der René-König-Gesellschaft geförderten Konferenz zurück, den ich im am 18. Juni 2010 an der Humboldt-Universität in Berlin gehalten habe. Das Ziel der Konferenz und des Vortrags war die Klärung der gegenwärtigen Rolle Durkheims in den beteiligten Fächern – hier also aus der Sicht der Ethnologie.

Nach der umfassenden intellektuellen Biographie von Steven Lukes (1972) und im Anschluß an die von wichtigen Durkheim-Experten (wie unter anderem Anne Rawls, Wendy James und Jeffrey Alexander) in den letzten Jahren artikulierten methodischen Forderungen kann es im Folgenden nicht darum gehen, noch einmal die Stationen von Durkheims wissenschaftlicher Entwicklung nachzuzeichnen oder eine Chronologie seiner Werke zu präsentieren. Anstelle dessen vertrete ich die These einer signifikanten Aktualität von Durkheims Perspektive gerade auch in der Ethnologie.

Allerdings wird der ethnologische Zugang zu Durkheim heute dadurch erschwert, daß es insbesondere gegenüber seinen späten Werken sehr deutliche Kritik von Ethnologen gab. Zudem ist die Bezugnahme auf Durkheim in der gegenwärtigen ethnologischen Forschung in der Regel implizit, das heißt, seine Perspektive wird genutzt, ohne auf ihn zu verweisen. Dieser Beitrag hat noch ein drittes Handicap zu berücksichtigen: In der Schaffensperiode von Durkheim existierten noch keine allgemein anerkannten Konturen der Fächer Ethnologie und Soziologie. Insofern ist es zunächst naheliegend, von einem gemeinsamen Erbe auszugehen, das sich heute beide Fächer zu eigen gemacht haben. Durkheim konnte also kaum ein Ethnologe im Sinne des heutigen Fachverständnisses sein, und er kam sehr gut ohne eine Definition grundlegender Fachbegriffe aus. Deshalb ist es grundsätzlich sinnvoll, Durkheim nicht disziplinär zu vereinnahmen. Eine Stärke seines Werkes besteht darin, nicht von Grenzen der Fächer auszugehen, sondern von zentralen Fragen nach den Grundlagen der Gesellschaft. Dennoch bleibt es ein Desiderat, Durkheims Relevanz für die Ethnologie heute herauszustellen.

Aufgrund dieser Schwierigkeiten wähle ich in diesem Beitrag ein eher essayistisches Vorgehen. Dabei wird Durkheims Werk insgesamt in den Kontext bestimmter ethnologischer Kernaussagen gestellt. Um dies noch mehr zu pointieren, werde ich im letzten Abschnitt dieses Essays zu einem von Mary Douglas inspirierten Gedankenexperiment greifen, in dessen Mittelpunkt die Frage steht, wie Durkheim den Begriff der Kultur verwendet hätte, wenn er dieses Konzept je hätte explizit darlegen müssen.

Der Beitrag schließt mit der These, daß Durkheim trotz der Kritik an ihm und seiner während mehr als fünfzig Jahre dominierenden Ablehnung heute zu Recht wieder größere Aufmerksamkeit erfährt. Die Ethnologie ist dazu aufgerufen, sich wieder intensiver mit Durkheim zu befassen und eine eigene Sicht auf diesen Klassiker des Faches zu vertreten. Dabei sollte es nicht bei einer Rekonstruktion der alten Argumente und Begriffe bleiben; vielmehr ist im Lichte der erwähnten Kritik herauszustellen, wie viel an Durkheims Denken sich dennoch als paradigmatisch für die Ethnologie und insbesondere für die postmoderne Ethnologie erwiesen hat. Aus diesen Gründen steht am Anfang dieses Beitrags eine kurze Skizze der kritischen Perspektiven, um anschließend näher auf die aktuelle Renaissance einzugehen.

Durkheim unter „Belagerung“

Émile Durkheim wird belagert. Auch in den Biographien (u.a. Lukes 1972, Thompson 1982) ist die Kritik an Durkheim ein beständiges Thema, und sie betrifft eigentlich sein gesamtes Schaffen. Die Metapher der „Belagerung“ gilt für lange Jahrzehnte, beginnend schon zu seinen Lebzeiten. Sie erweist sich als zutreffend gerade im Kontext der sehr akzentuierten Artikulation kritischer Positionen in der zeitgenössischen Rezeption Durkheims, aber auch in deutlich jüngeren Texten (Evans-Pritchard 1981, Tilly 1981).

Inhaltlich könnte dies auf den wissenschaftsgeschichtlich fundamentalen Unterschied zwischen französischen und britischen Perspektiven auf die Sozialanthropologie zurückzuführen sein, aber, wie zu zeigen sein wird, ist die Kritik umfassender. Wenigstens in einer frühen Zeit wurde sie auch innerhalb Frankreichs geäußert.

Die Intensität dieser Kritik an Durkheim und seinem Werk ist sicher auch durch seine spezifische Situation als Pionier einer zuvor nicht existierenden Disziplin zu erklären. Schon im Moment seiner Berufung in Bordeaux im Jahre 1882 stand Durkheim zwei im Grunde widersprüchlichen Aufgaben gegenüber: Einerseits hatte er ein wissenschaftliches Anliegen, das damals in der Pädagogik und nicht in der Soziologie angesiedelt war. Andererseits verknüpften seine Förderer mit der von ihm entworfenen Wissenschaft die Aufgabe, zur Wiedererrichtung der französischen Gesellschaft beizutragen. Diese beiden Aufgaben waren kaum miteinander in Einklang zu bringen und haben wesentlich zur verhängnisvollen Überbetonung der „moralischen Dimension" in seinen Schriften beigetragen.[1] Tatsächlich betonten Kritiker mehrfach die Widersprüche zwischen der von Durkheim selbst erklärten „wissenschaftlichen Objektivität" und seinen impliziten Vorannahmen. Wie im Verlauf dieses Beitrags zu erläutern sein wird, hat Durkheim seine gesellschaftliche Position und die Normen seiner Zeit kaum in Frage gestellt.

Eine Dekade später war es der Konflikt mit dem Soziologen Gabriel Tarde, der wenigstens aus der Sicht Durkheims eine bedrohliche Dimension hatte.[2] Während Durkheim die Vorstellung vertrat, gesellschaftliche Arbeitsteilung sei das notwendige Ergebnis der zunehmenden Größe und Komplexität sozialer Strukturen, orientierte Tarde sich an der Idee der „Erfindung" und der sich anschließenden Diffusion neuer Formen der Arbeitsteilung. Tardes Interesse galt den Fragen der Rolle von Ähnlichkeit in einer Gesellschaft; im Gegensatz dazu lautete Durkheims – aus heutiger Sicht überraschend aktuelle – Fragestellung: Wie können Gesellschaften trotz zunehmender Heterogenität als solche weiterhin bestehen?

Nochmals gut zehn Jahre später, nach der Jahrhundertwende, war es der bekannteste Schüler und Mitarbeiter Durkheims, Marcel Mauss, der gegenüber dem Religionstheoretiker und führenden Pragmatisten William James zum Mittel der scharfen Kritik griff. William James' Hauptwerk über die „Vielfalt der religiösen Erfahrung" (1997) wurde von Mauss zu einer „Psychologie individualistischer Religionen" herabgewürdigt (Hubert u. Mauss 1968:58–65). Auch wenn Durkheims „Elementare Formen des religiösen Lebens" erst 1912 veröffentlicht wurde, hatte er schon zur Zeit von Mauss' Rezension eine eigene Position im Hinblick auf Religionen, die letzterer klar zum Ausdruck brachte: Mauss und Durkheim interessierten sich weniger für das religiöse Empfinden des Einzelnen; vielmehr wollten sie die gesellschaftliche Bedeutung der Religion

---

1 Siehe Müller (2009) und Thompson (1982:50).

2 Vergleiche Gephart (1982:5) und Vargas *et al.* (2003).

und ihr Potential der Generierung sozialer Bindungen verstehen.[3] Durkheims kritische Einstellung gegenüber der Rolle des Individuums ist auch in der posthum veröffentlichten „Soziologie der Erkenntnis" nachzulesen.[4]

Der Widerspruch zwischen den Sichtweisen liegt offen zutage, auch wenn aus heutiger Perspektive hervorzuheben ist, daß die Unterschiede zwischen James und Durkheim viel geringer sind, als es damals scheinen mochte: Letztlich stehen beide für die Aufwertung des Empirischen. Wie Hans Joas (1987:278) zu Recht bemerkt, hatte Durkheim trotz aller Kritik eine differenzierte Position gegenüber dem Pragmatismus: Dieser sei nützlich als Korrektiv von Konzepten, die das Denken zu hoch bewerten.

Ein letzter Konflikt ist hier zu erwähnen, der bei Durkheim selbst so etwas wie einen Eindruck der Belagerung ausgelöst haben mag: Dabei handelt es sich um den Vorwurf, seine Soziologie beruhe letztlich auf Ideen deutscher Philosophen wie Georg Simmel, Wilhelm Wundt und anderen. Am Vorabend des Ersten Weltkrieges traf diese Kritik schwer, und Durkheim beeilte sich, das Gegenteil nachzuweisen. Tatsächlich muß es sich um ein Mißverständnis handeln, wenn Simon Deploige 1911 behauptete, Durkheim habe sich bei Simmel und anderen Soziologien seiner Zeit „bedient" (Deploige u. Durkheim 1907:608). Das Konzept der *représentation collective* unterscheidet sich zu grundlegend von dem bei Wundt noch nachklingenden Begriff des Herder'schen Volksgeistes (vgl. Stocking 1996), als daß eine direkte Beziehung plausibel erschiene (Firsching 1995).

Damit sollen inhaltliche Bezüge zwischen Durkheim und zeitgenössischen deutschsprachigen Ethnologen (z.B. Wundt), Ökonomen (z.B. Schmoller) und Soziologen (z.B. Simmel) nicht in Abrede gestellt werden. Grundsätzlich kämpfte Durkheim wie Simmel und auch Max Weber um die Anerkennung eines Faches, das schon längst öffentliche Aufmerksamkeit erlangt, aber im universitären Fächerkanon noch lange nicht den ihm zustehenden Platz erhalten hatte. Hinzu kam für Durkheim und Simmel, daß ihnen ihre jüdische Identität im Hinblick auf ihre berufliche Laufbahn besondere Vorsicht abverlangte (Birnbaum 2003:188).

Kritische Stimmen in der Durkheim-Rezeption

Durkheim starb früh, einige seiner begabtesten Schüler wie beispielsweise Robert Hertz wurden Opfer des Ersten Weltkrieges. Dieser Umstand hat dazu beigetragen, daß die Rezeption seiner Werke zunächst nicht sehr intensiv war. Eine frühe Lektüre, die eher als eine freundliche Übernahme denn als eine Fortführung der Durkheim'schen Ge-

---

3 Vergleiche dazu Coser (1977:136) und Meier (1995).

4 Dieses Werk (Durkheim 1987) geht auf eine Vorlesung über „Pragmatismus und Soziologie" zurück. Auch wenn Durkheim darin die Bedeutung der individuellen Wahrnehmung und der individuellen Interessen würdigt, so sieht er doch den Fehler des Pragmatismus darin, den Nutzen des Einzelnen zu hoch zu bewerten.

danken zu verstehen ist, stellt „The structure of social action" von Talcott Parsons (1949) dar. Durkheim steht jedoch gerade nicht für die Akteurszentrierung in der Sozialforschung, die einer der Ausgangspunkte Parsons' ist und mit seinem Namen verbunden wird (Cohen, Parsons u. Pope 1975).

Eine freundliche Übernahme stellt auch die explizite Anleihe im Titel des im Jahr 1949 erschienenen Hauptwerks von Claude Lévi-Strauss „Die elementaren Strukturen der Verwandtschaft" (1981) dar. Indem Lévi-Strauss den Anspruch artikuliert, die „elementaren" Formen beziehungsweise Strukturen einer gesellschaftlichen Domäne zu behandeln, tritt er demonstrativ die intellektuelle Nachfolge Durkheims an. Allerdings ist die Vermutung nicht ganz abwegig, daß er diese Erbschaft antritt, um sie zu überwinden oder zu vereinnahmen (Peacock 1981:1003). Lévi-Strauss macht an anderer Stelle klar, wie wenig er zum Beispiel von den Perspektiven Durkheims auf den Totemismus hält (Lévi-Strauss 1965). Lévi-Strauss folgt hier viel eher einer britischen Tradition, und damit einer stärker an pragmatistischen Perspektiven orientierten Sicht der Dinge, die schon früher als Kritik an Durkheim artikuliert worden war (z.B. Goldenweiser 1915). Lévi-Strauss verneint die Idee vom Totemismus als „universellem Phänomen" und auch dessen Verknüpfung mit frühen Formen der Religion. Anstelle dessen sieht er im Totemismus ein universelles Prinzip der Abgrenzung zwischen sozialen Gruppen.[5]

Dramatischer in der radikalen Ablehnung Durkheims, wenigstens für die Rezeption im deutschsprachigen Raum, ist die im Jahr 1967 veröffentlichte Einleitung von Theodor W. Adorno zur deutschen Übersetzung von Durkheims „Soziologie und Philosophie". Hier wird Durkheim als geistiger Wegbereiter des Nationalsozialismus gegeißelt, und seiner Methode wird – zumindest, was die Versuche der Klassifizierung von sozialen Phänomenen angeht – gründlich widersprochen. Adorno sieht bei Durkheim den Gestus der bürgerlichen „Pedanterie". Letztlich gehe ihm die Fähigkeit zu gesellschaftlich verantwortbaren Urteilen ab und er arbeite mit inakzeptablen Kategorien (Adorno 1967:34–36). Die Idee, die „Moral" einer Gesellschaft zum Prinzip für deren Fortbestand zu machen, war für Adorno nach den Erfahrungen von 1933 bis 1945 unerträglich. Tatsächlich fehlt im Werk Durkheims die Vorstellung, daß auch Kritik an bestehenden Verhältnissen für den Bestand einer Gesellschaft unabdingbar sein könne.

Eine gewisse kritische Distanzierung ist auch in der vielzitierten Durkheim-Biographie von Steven Lukcs (1972) spürbar. Sie wird insbesondere in verschiedenen Besprechungen zu dieser Biographie hervorgehoben. Dabei geht es nicht um Lücken oder um eine mangelnde Sorgfalt im Umgang mit (den) Primärquellen. Was diese Besprechungen hervorheben, ist Lukes' eher implizite Kritik am Werk Durkheims. Dem Geist der Zeit der 1960er und 1970er entsprechend, waren die Rezensenten offenbar mehr daran interessiert, kritische Aspekte herauszustellen, als die eigentlichen Leistungen dieser intellektuellen Biographie zu würdigen. Während zum Beispiel eine französische

5 Genau diesen Gedanken hatte zuvor schon der US-amerikanische Anthropologe Alexander Goldenweiser formuliert. Vergleiche dazu Goldenweiser (1918) und Shapiro (1991).

Rezension kausale Zusammenhänge in Lukes Werk vermißt, die aus der Biographie heraus eine Erklärung für Durkheims Interesse an der Soziologie liefern könnten (Lacroix 1974), stellen sich die anglophonen Besprechungen die Frage, warum Durkheim „heute" – das heißt, in der Zeit nach 1968 – noch gelesen werden sollte, da dessen Beitrag zur Gesellschaftskritik so gering sei (Alpert 1974, Bierstedt 1974).

Der britische Sozialanthropologe Maurice Bloch (1974) unterstellt dem Biographen Lukes sogar, er sei unwillig, die wirklichen Konsequenzen aus Durkheims Konservativismus und aus den Widersprüchen in dessen Werk zu ziehen: Durkheim stand, wie eingangs erwähnt, vor der Aufgabe, mit seiner neuen Wissenschaft dem Zerfall der Gesellschaft des 19. Jahrhunderts entgegenzuwirken. Zugleich verstand er seine Arbeit als genuin wissenschaftlich, dem Prinzip der Objektivität verpflichtet, und geriet somit immer wieder in den Konflikt zwischen Begründung einer Moral und objektiver Beschreibung der Gesellschaft. Bloch fragt sich, ob diese immanenten Widersprüche im Denken Durkheims nicht ein Grund für dessen Bewunderung für Jean-Jacques Rousseau gewesen sei, und schließlich auch, warum Lukes als Biograph auf die Suche nach Gründen für diese Affinität verzichtet.

Lukes' Position ist in den erwähnten Rezensionen durchaus richtig eingeschätzt worden, zumal er sich kurze Zeit später selbst gegen die sogenannten „Neo-Durkheimianer" stellte (Lukes 1975:305). Er verwendet diese Bezeichnung unter anderem für Kollegen wie Murray Edelman und John Beattie. Lukes' Kritik bezieht sich darauf, daß von den „Neo-Durkheimianern" Rituale nur als affirmative Gesten der Machthaber verstanden werden. Lukes sieht das als unzulässige Verkürzung; die Verwendung machtvoller Symbole darf nicht nur als Bestätigung existierender Strukturen interpretiert werden.

In ihrer Schärfe kaum zu übertreffen ist die Durkheim-Kritik des britischen Sozialanthropologen Edward E. Evans-Pritchard: Durkheim habe in den „Elementaren Formen des religiösen Lebens" „falsche Kategorien" verwendet, er habe das Phänomen des Totemismus nicht verstanden und letztlich den eigenen Anspruch, elementare Formen der Religion zu erklären, nicht eingelöst (Evans-Pritchard 1981:157). Durkheim, so Evans-Pritchard, lehne „Halluzination" als Quelle des Religiösen ab, sei aber selbst einer Wahnvorstellung aufgesessen, indem er das Kollektiv mystifiziere (1981:163). Durkheims Werk sei zudem unwissenschaftlich, weil er mit unhaltbaren Klassifikationen arbeite und sich für den Vergleich nur die Fälle aussuche, die zu seinen Schemata passen. Allerdings ist die Position von Evans-Pritchard wenig überraschend, wenn sie im Kontext früherer kritischer Besprechungen zum Spätwerk Durkheims gesehen wird – wie zum Beispiel derjenigen von Bronislaw Malinowski.

Malinowski (1913) kritisiert Durkheim in einer Rezension mit dem Vorwurf, widersprüchlich zu argumentieren: Durkheim präsentiere die „Gesellschaft" als Grundelement der Religion, behaupte aber zugleich, das Handeln der Mitglieder der Gesellschaft mache Religion überhaupt erst sichtbar. Malinowski zeigt sich irritiert und fragt, ob Gesellschaft die Voraussetzung von Religion oder Religion die Voraussetzung von

Gesellschaft sei (1913:529). Während Durkheim auf eine strukturelle Entsprechung hinwies, äußerte Malinowski sein Unbehagen darüber, daß der zugehörige soziale Prozess unklar geblieben ist.

Die anglophone Kritik kulminiert in einem polemischen Aufsatz von Charles Tilly, der 1981 mit dem Titel „Useless Durkheim" erschienen ist. Aus der Sicht eines an historischen Veränderungen interessierten Soziologen diskutiert Tilly die Mängel der Durkheim'schen Perspektive im Hinblick auf das Verständnis von Protestbewegungen und Widerspruch in einer Gesellschaft, für die Durkheim „nutzlos" sei. Diese Kritik ist möglicherweise berechtigt, jedenfalls aber wohlfeil; sie ist nämlich dem Zeitgeist geschuldet: Nachdem die Revolution von 1968 auf der Ebene der etablierten Kultur- und Sozialwissenschaften angekommen war, entdeckten die Protagonisten bei ihren Versuchen, gesellschaftliche Veränderungen durch „Kritik von unten" zu erklären, die Defizite der Sozialwissenschaften (Coser 1974). Eine solche Kritik enthüllt allerdings nichts Neues: Hier geht es um ein Defizit der Soziologie insgesamt, das in ähnlicher Weise für das Werk Pierre Bourdieus und – innerhalb der Ethnologie – für das von Claude Lévi-Strauss gelten könnte. Obwohl sich sowohl Bourdieu als auch Lévi-Strauss politisch links engagierten, war der historische Wandel von Gesellschaften in ihren grundlegenden Studien kaum ein Thema. Damit erweist sich die Kritik von Tilly als ein Argument, das mit mindestens gleicher Berechtigung auch auf zahlreiche andere Ethnologen und Soziologen anzuwenden gewesen wäre. Dadurch wird die schon im Titel geäußerte Stoßrichtung (also: gegen Durkheim) deutlich abgeschwächt.

In der Summe ist festzustellen: Offensichtlich dauerte zur Zeit von Tillys Veröffentlichung die eingangs mit der Metapher der „Belagerung" gekennzeichnete, systematische Suche nach Schwachstellen bei Durkheim noch an. Angesichts der überwältigenden, fächerübergreifenden Kritik ist allein die Tatsache, daß dennoch das Interesse an Durkheim nie ganz zum Erliegen kam, eine nähere Betrachtung wert.

Die Renaissance Durkheims

Eine Schilderung der Rezeption Durkheims ist jedoch nicht vollständig ohne den Hinweis auf einen entgegengesetzten, in den letzten zwanzig Jahren immer deutlicher werdenden Trend: Seit etwa 1990 gibt es eine internationale Renaissance Durkheims. Das zeigt sich beispielsweise an dem im Jahr 2005 publizierten „Cambridge companion to Durkheim" (Alexander u. Smith 2004). Ein Anzeichen für das wieder erwachte Interesse ist auch die im Jahr 2008 an der Universität Oxford durchgeführte Konferenz mit dem Titel „In search of solidarity: 150 years after the birth of Émile Durkheim". Weitere Indizien für eine Wiederentdeckung sind ein Themenheft zu Durkheim im Journal of Classical Sociology (Ramp 2008) sowie die seit 1994 bestehende Zeitschrift Durkheimian Studies (Berghahn, Oxford). – Vor diesem Hintergrund ist zu fragen, worin die Gründe für den aktuellen Boom liegen.

Tatsächlich stand Durkheim nicht immer unter „Belagerung" und in der Kritik. Durkheim wurde weit mehr genutzt, als es auf den ersten Blick den Anschein hat, wenn die durchaus problematische, aber weit verbreitete Praxis berücksichtigt wird, der zufolge man sich seiner Konzepte bediente, ohne sich mit seiner Sichtweise auseinanderzusetzen. Diese implizite Verwendung könnte als Wegbereiter der Renaissance aufgefaßt werden. Beispiele dafür finden sich bei Sozial- und Kulturwissenschaftlern, die sich im Rahmen des *cultural turn* für die Bedeutungen von Symbolen interessierten. So nutzt etwa Ralf Konersmann das Durkheim'sche Konzept des *fait social* als Ausgangspunkt einer Symboldefinition (2003:121), ohne sich jedoch mit Durkheim näher auseinanderzusetzen. Auch der erwähnte Murray Edelman, dessen Arbeit über politische Dimensionen von Ritualen (Edelman 1964) große Resonanz gefunden hat, nutzt im Grunde Ideen Durkheims, ohne diesen auch nur zu nennen.

Wie Mustafa Emirbayer in einer direkten Gegenthese zu Tillys Durkheim-Kritik hervorhebt, ist der in jüngerer Zeit zu verzeichnende Erfolg von historisch-vergleichenden Ansätzen ohne Durkheims Konzepte nicht denkbar. Stets arbeiten Ansätze dieser Art mit der Idee einer strukturierten Umwelt, die bestimmte Gesellschaften charakterisiert; Handlungen machen nur Sinn, wenn sie in diese soziale und kulturelle Umwelt eingebettet sind. Indem solche Strukturen geeignet sind, bestimmte historische Momente zu kennzeichnen, erweist sich das Durkheim'sche Konzept als tragfähiger als andere soziologische Zugänge, auch wenn die betreffenden Autoren oftmals nicht direkt auf Durkheim verweisen (Emirbayer 1996:115).

Auf der Grundlage einer kritischen Revision der gegenwärtigen Nutzung von Durkheim gibt Jeffrey Alexander (2004) zwei methodologische Hinweise, die bei jedem Versuch einer Annäherung an Durkheims Arbeiten berücksichtigt werden sollten:

- Die Rezeption der Konzepte Durkheims sollte sich nicht auf die Perspektiven von dessen Schülern oder von denen, die dafür gehalten werden, beschränken. Da es unterschiedliche „Schulen" gibt, und – wie erwähnt – auch Vereinnahmungen stattgefunden haben, ist es problematisch, sich Durkheims Position nur durch die Brille des ungeheuren Korpus an existierenden Schriften über ihn anzunähern (Smith u. Alexander 2004:1).
- Der zweite Hinweis bezieht sich auf die Notwendigkeit, das Werk Durkheims insgesamt zu konsultieren: Es reicht nicht aus, nur ein Buch oder eine Begriffsbestimmung von Durkheim zu Rate zu ziehen, denn Durkheims Œuvre ist nicht frei von Widersprüchen. Wie mehrfach festgestellt wurde, gibt es darin Entwicklungen und inhaltliche Verschiebungen, die bei jeder Interpretation zu berücksichtigen sind (Alexander 2004:141).

Aus diesen Gründen ist es eine Herausforderung, heute einen unverstellten Zugang zu Durkheim zu entwickeln. Bei manchen wichtigen Fragen läßt sich aus heutiger Perspektive kaum noch erkennen, was den „originalen" Durkheim kennzeichnet und welche neuen Bedeutungen durch die Debatten über seine Schriften hinzugekommen sind. Das gilt zum Beispiel für die „elementaren Formen des religiösen Lebens". Dieses Werk wurde, wie hier ansatzweise gezeigt, einer solch intensiven Kritik, intellektuellen Aneignung und nicht zuletzt entstellenden Interpretation unterzogen, daß auch die direkte Lektüre einer spezifischen Anstrengung bedarf, um ein unverfälschtes Bild zu erhalten – etwa im Hinblick auf die Frage, ob Durkheim im Totemismus wirklich ein universelles Phänomen erkannte und wie seine Sichtweise auf die Verbindung von Religion und Entstehung der Gesellschaft war. Schließlich ist eine weitere Herausforderung zu erwähnen. Dabei geht es um die Tatsache, daß sich – nach der frühen Ablehnung von Durkheims Werk durch bekannte Ethnologen – in der jüngeren Zeit nur wenige Ethnologen intensiv mit Durkheims Erbe beschäftigt haben.[6]

Zusammenfassend ist festzustellen, daß die zahlreichen Vereinnahmungen, die Praxis der impliziten Nutzung und die im Vergleich zu Soziologen geringe Zahl von intensiv mit Durkheim befaßten Ethnologen zu der besonderen Schwierigkeit beitragen, Durkheims Relevanz für die Ethnologie heute zu klären.

Durkheim als Ethnologe: ein Gedankenexperiment

Auf den ersten Blick steht es im Widerspruch zu jeder Intuition, Durkheim, der in seinem Leben so sehr danach gestrebt hat, Soziologie als eine „moralische Wissenschaft der Gesellschaft" zu begründen, als Ethnologen zu bezeichnen. Dennoch werde ich im Folgenden ein Experiment wagen, indem er als solcher angesprochen wird. Das Ziel dieses Experiments ist es, bei Durkheim und seinem Werk konzeptuelle Grundlagen zu finden, die aus heutiger Sicht insbesondere in der Ethnologie anschlußfähig sind. Dieses Gedankenexperiment ist überhaupt nur möglich, weil Durkheims Schaffen historisch einem frühen Zeithorizont zuzuordnen ist, in dem die heute vertrauten Konturen der Fächer Soziologie und Ethnologie erst begannen sich herauszubilden (Godelier 2000:306). Dieser Hinweis ist wichtig, weil manche Kritiker Durkheims dessen Defizite im Hinblick auf fehlende ethnologische Grundkonzepte hervorgehoben haben. Im Kontext seines Zeithorizontes ist dieser Vorwurf jedoch nicht berechtigt.

Hier sollen die ethnologischen Positionen Durkheims in der Form dreier schlaglichtartiger Aussagen dargestellt werden, die zugleich Eckpunkte seines spezifischen Kulturbegriffes markieren. Sie lassen Durkheim an erster Stelle als einen Ethnologen des 19. Jahrhunderts erkennen. In diesen Zusammenhang gehört auch der Hinweis auf den von Durkheim vertretenen Evolutionismus. Für die Zeit vor 1900 ist dieser aber in der Ethnologie so verbreitet, daß sich daraus kaum ein Eckpunkt des Kulturbegriffs von Durkheim ableiten läßt. Abgesehen davon sind die folgenden Punkte zu nennen:

---

6 Dazu zählen unter anderem Emmanuel Desveaux, Mary Douglas und Wendy James.

1.

Durkheim war der festen Überzeugung, daß soziale Phänomene eine eigenständige Sphäre von Erscheinungen, Korrelationen und Kausalbezügen darstellen. Nicht anders als andere Ethnologen seiner Zeit, wie etwa Adolf Bastian oder Edward B. Tylor, war er von der Notwendigkeit einer Wissenschaft überzeugt, die „Kultur" als weltweites Prinzip der Vergesellschaftung des Menschen untersucht. Es geht hier um die fundamentale Idee, eine „universelle Wissenschaft des Menschen" zu schaffen. Implizit gehört zu dieser Selbsteinschätzung auch die Anerkennung des naturwissenschaftlichen Denkens als Leitbild von Wissenschaftlichkeit überhaupt. Seine Studie über den Selbstmord sei, wie Durkheim selbst sagt, nicht aufgrund seines Interesses an diesem Phänomen entstanden, sondern weil in genau diesem Feld die Datenlage hinreichend war, um den genannten Anspruch an Wissenschaftlichkeit zu erfüllen (Durkheim 1973:23–37). Wenigstens in diesem einen Werk ist bei dem ansonsten eher am Kollektiv orientierten Durkheim auch der Mensch als Individuum von Bedeutung (vgl. Müller 2009): Gesellschaften existieren nicht nur als einheitliche Strukturen, sondern auch und gerade wegen der Unterschiedlichkeit ihrer Angehörigen.

In dieser Hinsicht unterscheidet sich Durkheim fundamental von Wilhelm Wundt, dessen ethnologisch-psychologische Wissenschaft damals große Erfolge feierte und auch von Durkheim sehr früh rezipiert wurde (vgl. Farr 1983). Wenn Durkheim heute ein Thema und Wundt eigentlich vergessen ist, dann deshalb, weil er in einem Aspekt über Wundt hinausgegangen war: Durkheim stellte mit der Abgrenzung von einem zur „Völkerpsychologie" verkürzten Zugang zur Psychologie und der Anerkennung von divergenten sozialen Rollen als Grundlage der Gesellschaft die Weichen für das zukünftige Profil seines Faches, das es auf den Weg nachhaltiger Forschung führen sollte. Der erste Eckpunkt ist also die uneingeschränkte Überzeugung der wissenschaftlichen, empirischen Erklärbarkeit der Sphäre des Sozialen. Durkheim bezog sich damit auf Phänomene des gesellschaftlichen Kollektivs, ohne jedoch das individuelle Handeln aus der Betrachtung auszuschließen.

2.

Übereinstimmend mit britischen Anthropologen des 19. Jahrhunderts, wie beispielsweise Edward Tylor, verstand Durkheim „Kultur" als ein universelles Phänomen der Menschheit. Keine Gesellschaft kann ohne Regeln existieren; jedes Individuum ist dazu „verdammt", in einer Kultur und Gesellschaft zu leben. Die Idee von „Kultur als Grundlage der *conditio humana*" war schon in der Phase der Entstehung der Ethnologie in der ersten Hälfte des 19. Jahrhunderts ein Leitbild. Im 20. Jahrhundert spielte es eigentlich keine Rolle mehr, da – wenigstens in der Ethnologie – Differenzen zwischen den Kulturen als Forschungsthema wichtiger wurden.[7] Erst im 21. Jahrhundert, mit der Durchsetzung der Globalisierung, hat diese alte, grundlegende Idee der Ethnologie als Teil einer allgemeinen Anthropologie wieder neue Aktualität erhalten (Hahn 2008b).

Für Durkheim ist diese Sichtweise hauptsächlich in der Abgrenzung gegenüber dem jüngeren Kollegen Lucien Lévi-Bruhl wichtig.[8] Zu Durkheims Grundannahmen gehört die Universalität der Rationalität: Alle Menschen sind zu rationalem Handeln und Denken befähigt. Nur deshalb sind Kultur und die Sphäre des Sozialen der wissenschaftlichen Beschreibung zugänglich. Aus heutiger Sicht wäre zu ergänzen, daß Lévi-Bruhls mehr oder weniger rassistisches Konzept einer *mentalité primitive* schon als Anzeichen des Verlustes des Leitbildes des 19. Jahrhunderts gesehen werden kann. Möglicherweise läßt sich das auch über Malinowski und dessen Kulturrelativismus sagen: Die Auflösung des Anspruchs auf Universalität in den ersten Jahrzehnten des 20. Jahrhunderts stellt den Verzicht auf das erwähnte Leitbild der Ethnologie dar.

Wie unverzichtbar die Einheit aller menschlichen Gesellschaften und damit der Idee von Kultur für Durkheim ist, zeigt sich auch an seiner Studie über die Arbeitsteilung (Durkheim 1988). Ohne den Kulturvergleich ist die spezifische Leistung dieser Studie kaum erkennbar; dahinter steht die Überzeugung, daß alle Kulturen aus der gleichen Rationalität heraus entstehen und deshalb vergleichbar sind. In „Die elementaren Formen des religiösen Lebens“ (Durkheim 1981) wird die Relevanz des Leitbildes von Universalität noch deutlicher. Religionsstudien sind nach Durkheim nicht ohne Rückgriff auf die Aranda und zahllose andere Kulturen der Welt denkbar. Durkheim untersucht die Aranda nicht etwa, weil sie „anders“ sind, sondern weil er glaubt, daß dort die gleichen Grundlagen wirksam sind wie in allen Gesellschaften. Die Breite und die Selbstverständlichkeit der Inanspruchnahme von Phänomenen aus verschiedenen Kulturen sind Hinweise darauf, wie Durkheim als Ethnologe dachte.[9]

3.

Durkheim teilt mit den britischen Anthropologen seiner Zeit, zu denen beispielsweise Edward Tylor und James Frazer zählen, ein außerordentliches Interesse an Religion. Er ist weiterhin mit ihnen durch die Auffassung verbunden, daß die im Entstehen begriffene, neue Wissenschaft der Aufklärung den Phänomenen der sozialen Sphäre gewidmet sein sollte. Nur weil sich diese neue Wissenschaft als eine radikale Form der Aufklärung begreift, hat sie das Potential, besondere Einsichten über die Religion zu gewinnen. Im Hinblick auf Durkheim wurde herausgestellt, wie sehr seine Religionsso-

---

7 Vergleiche dazu unter anderem Hahn (2000, 2008a).

8 Vergleiche zu dieser Distanzierung zum Beispiel Durkheim (1981:321).

9 Aus soziologischer Perspektive kann die unmittelbare Verknüpfung verschiedener Kulturen als „Anomalie“ (Vogt 1981) bezeichnet werden. Im Kontext der Ethnologie des 19. Jahrhunderts ist dies jedoch der Königsweg, um zu wissenschaftlichen Aussagen über Kulturen und Gesellschaften zu kommen.

ziologie auf den in Frankreich herrschenden Katholizismus abgerichtet sei und zudem Merkmale der jüdischen Religionspraxis, die Durkheim in seiner Kindheit kennengelernt hatte, aufweise (Lukes 1972:39–41). Allerdings geht dieser Vorwurf am intellektuellen Anliegen Durkheims vorbei. Durkheim nutzt seine vergleichende Perspektive, um spezifische Leistungen der Religion aufzuzeigen, die sie in die Nähe der Wissenschaft rücken. Diese Nähe wurde verschiedentlich damit erklärt, daß Durkheim dem Saint-Simonismus nahegestanden habe.[10] Allerdings interessierte sich Durkheim nicht für Religion, weil er sie für die bessere Grundlage der Gesellschaft hielt, sondern weil er durch den Vergleich mit der zeitgenössischen, weniger deutlich religiös geprägten Gesellschaft herausfinden wollte, was die spezifischen gesellschaftskonstituierenden Leistungen der Religion seien (vgl. Coser 1977:137).

Offensichtlich war am Ende des 19. Jahrhunderts die Auffassung weit verbreitet, Religion sei durch Wissenschaft obsolet geworden. Diese aufklärerische Überzeugung teilt Durkheim unter anderem mit James Frazer, der ebenfalls die Funktionen der Religion – gewissermaßen von höherer Warte aus – untersuchte. Frazer und Durkheim teilten die Überzeugung, von den Inhalten der Religion und der Frage ihres „Wahrheitsanspruchs“ abstrahieren zu können. Das Wesentliche einer Religion sei demzufolge aus den spezifischen religiösen Praktiken abzulesen. Nicht der Glaubensinhalt, sondern das „religiöse Leben“ war von Bedeutung.

Auch hier ist ein Vergleich angebracht, diesmal, um die Unterschiede deutlich zu machen: Während etwa Max Weber die Rolle der Religion nur noch in der Vergangenheit sah und ihre Transformation in ein spezifisches ökonomisches Ethos der Lebensführung mit der Moderne gleichsetzte, blieb Durkheim bei seiner Reflexion über religiöse Phänomene als Grundlage von Gesellschaft (vgl. Joas 2004). Die Position Durkheims, Religion als Grundlage und basales Modell gesellschaftlicher Kohäsion aufzufassen, gewinnt weiter an Kontur, wenn sie in den Kontext des Selbstbildes einiger Nachfolger wider Willen gestellt wird.

Ein Beispiel dafür ist Victor Turner. Seine Konzepte des Rituals, der „Liminalität“ und der „Communitas“ stehen ganz offensichtlich in der geistigen Tradition der Durkheim'schen Begriffe der „kollektiven Repräsentation“ und „Efferveszenz“.[11] Turner bezeichnet mit „Liminalität“ und „Communitas“ bestimmte Aspekte von Ritualen mit transzendentem Bezug, in denen eine besondere Schwelle – nämlich die der Gültigkeit alltäglicher sozialer Differenzierungen – aufgehoben und vorübergehend durch eine ganz andere Gemeinschaft ersetzt wird (Turner 1969). Ab einem bestimmten Moment

---

10 Prochasson (2003). Grundsätzlich bezeichnet der Saint-Simonismus eine geistige Strömung, die auf Henri de Saint-Simon zurückgeht. Eines der Fundamente ist die Vorstellung, moderne Wissenschaft könne die gesellschaftlichen Funktionen von Religion übernehmen. Saint-Simon verfaßte ein Werk mit dem Titel „Le nouveau Christianisme“ und wird als christlicher Frühsozialist bezeichnet.

11 Paradoxerweise ist Turner wesentlich inspiriert durch die Theorie der Initiationsriten von van Gennep, der seinerseits gerade wegen der Rolle des Individuums und der Frage individueller Interessen an Ritualen im Dissens mit Durkheim stand (Zumwalt 1982:304).

glaubte Turner – wie Evans-Pritchard im Übrigen auch –, seine Studien nur dann weiter betreiben zu können, wenn er selbst zum Katholizismus übertrete und die Bedeutung der Rituale am eigenen Leib erfahre (vgl. Engelke 2002). Turner sah sich selbst einerseits als geistiger Nachfolger eines Durkheim-Kritikers, nämlich van Gennep. Seine Begriffe zeigen aber andererseits klare Übereinstimmungen mit Durkheims Position. Dennoch gibt es kleine, aber substantielle Unterschiede im Selbstbild: Während Durkheim tatsächlich mit „Modellen" von Gesellschaft arbeitete, hatte Turner einen sehr viel engeren Blick auf Religion; er sah in Religion weniger ein Modell, sondern vielmehr einen Modus der Empfindung. Damit sind auch die Konsequenzen für Turner selbst zu erklären: Er konvertierte zum Katholizismus, um so seine wissenschaftliche Perspektive am eigenen Leib erfahrbar zu machen.

Komplexität und Kategorisierung

Mit den drei hier präsentierten Schlaglichtern auf eine Durkheim'sche Idee von Kultur – (1) wissenschaftliche Erschließbarkeit, (2) Universalität von Kultur im Sinne einer *conditio humana* und (3) Betrachtung der Religion – ist sicher keine erschöpfende Aussage über Durkheim als Ethnologen möglich. Überhaupt stellt es ein gewagtes Experiment dar, Durkheim so etwas wie einen Begriff von „Kultur" zu unterstellen. Er selbst hat eher von *société* (Gesellschaft) gesprochen, da er der Vorstellung einer durch „Kultur" strukturierten Gemeinschaft skeptisch gegenüber stand (vgl. Tcherkézoff 1995). Dennoch ist es möglich, im Lichte des hier durchgeführten Experimentes und mit Hilfe des auf diese Weise durch Eckpunkte markierten Begriffs von „Kultur" einige übergreifende Aspekte in Durkheims Werk deutlich zu machen.

Durch die Bezugnahme auf den Kulturbegriff kann zunächst die Kritik an Mängeln der Empirie umgangen werden. Die von den erwähnten Kritikern herausgestellten inneren Widersprüche im Werk Durkheims können bei dem erwähnten Experiment ebenfalls unbeachtet bleiben, da der angenommene Begriff von Kultur nur einzelne Aspekte aus dem Denken Durkheims aufgreift.[12] Auch wenn mit diesem Begriff nicht der Anspruch verbunden ist, eine systematische Darstellung vorzulegen, so wurde dennoch klar, daß bestimmte grundlegende Positionen in Durkheims Werk als eine Leistung zu verstehen sind.

Keiner der im ersten Abschnitt erläuterten Kritiker hat Durkheim in dieser Breite gesehen. Im Gegenteil, die Kritiker haben durchweg den „ganzen Durkheim" in Stücke geschnitten, um dann die Mängel einzelner Werke aufzuzeigen. So weist Evans-

12 James Peacock (1981) unternimmt den Versuch, einen sozialanthropologischen Kulturbegriff bei Durkheim zu identifizieren. Die Problematik dieses Versuches liegt in der zeitlichen Verschiebung: Durkheims Kulturbegriff wird nicht in seiner Zeit gesehen, sondern dem ethnologischen Kulturbegriff des 20. Jahrhunderts gegenübergestellt. Das bedeutet, Durkheim wird an Konzepten gemessen, die er nicht kennen konnte.

Pritchard die Durkheim'schen Kategorien des Profanen und des Sakralen zurück. Adorno kritisiert Durkheims Kategorien von Selbstmordmotiven („altruistischer" Selbstmord vs. Selbstmord im Zustand der Anomie). Evans-Pritchard und Adorno greifen jeder eine Studie aus dem Schaffen Durkheims heraus und kritisieren in diesem speziellen Kontext dessen Kategorien. Aber sie unternehmen nicht den Versuch Durkheims Anliegen im weiteren Zusammenhang darzustellen.

Einen Ethnologen des 19. Jahrhunderts zu kritisieren, ist zudem eine einfache Übung, wenn ihm, wie etwa Evans-Pritchard es tat, nichts weiter vorgehalten wird als die bei fast allen Wissenschaftlern jener Zeit vorhandene evolutionäre Perspektive und Mängel in der Methode. Tatsächlich war Durkheim ein typischer *armchair anthropologist*. Er beherrschte nicht die Sprache der Aranda, von denen er so ausführlich berichtet, und er berief sich auf vollkommen mangelhafte Quellen. Kritik auf dieser Ebene bleibt aber an der Oberfläche.

Die eigentliche Mission Durkheims, die hier in drei Punkten erläutert wurde, ist nur im Zusammenhang seines Schaffens zu erkennen. Gerade im Hinblick auf die kritisierten Mängel und Widersprüche der Kategorien wäre zu fragen, ob nicht überhaupt erst durch die Zuspitzungen Durkheims das Problem der Kategorien zum Thema geworden ist. Durkheim orientierte sein Werk an der Möglichkeit, Kategorien zu bilden. Dies sah er zugleich als Grundlage und Leistung des sozialen Lebens an (Durkheim u. Mauss 1987). Seine Kategorien sind heute sicher fragwürdig. Aber die Frage, ob solche analytischen Kategorien zur Analyse der gesellschaftlichen Sphäre sinnvoll sind, und wie sie aussehen könnten, beschäftigen Ethnologen und Soziologen bis heute. Durkheim war von der außerordentlichen Bedeutung einer Kategorisierung überzeugt, sein Anliegen war es, auf diese Bedeutung hinzuweisen.

Nachdem die Rolle der Religion und insbesondere des Totemismus in diesem Beitrag schon mehrfach erwähnt wurde, soll diese Domäne nochmals als Beispiel für die grundsätzliche Bedeutung der Kategorienbildung herangezogen werden. Durkheims Kategorie des Totemismus als einer Grundform des Religiösen ist aus heutiger Sicht sicher genauso falsch wie seine Kategorien „profan" und „sakral". Seine Idee aber, daß durch bestimmte Handlungen soziale Kategorien „verkörpert" und schließlich als gesellschaftlich allgemein gültig ausgedrückt werden, besitzt bis heute Gültigkeit. Anne Rawls hat dies als „Durkheim's epistemology" bezeichnet (1996). Sie will damit hervorheben, wie sehr für Durkheim die Bedingungen der Genese von Bedeutung waren. Nicht die einzelne Kategorie ist wichtig, sondern der gesellschaftliche Zusammenhang, der zur ihrer Bildung und Aufrechterhaltung führt.

Die Frage nach der Entstehung von Einstellungen, zum Beispiel durch deren „Verkörperung", wurde bereits in den 1960er Jahren mit der Ethnomethodologie von Harold Garfinkel (2002) aufgegriffen: Es geht um die „Verkörperung" bestimmter Einstellungen als Vorbedingung für deren soziale und kulturelle Realität. Rawls stellt diese spezifische Epistemologie als das eigentliche Erbe Durkheims heraus. Zugleich ist diese Epistemologie („Wahrheit entsteht durch körperliche Praktiken") in der Gegenwart mehr denn je eine Herausforderung, weil die Bildung solcher Kategorien im globalen Maßstab und im Kontext der Diversität der Kulturen der Welt besonders komplex ist (vgl. Friedman 2004).

Sicherlich war es nie das Anliegen Durkheims, Kategorien im Sinne „universeller" Kategorien zu bilden. Ihm solches zu unterstellen, bedeutet, seine Methode falsch zu verstehen. Wie Nicholas Allen (2000:53) betont, ging es bei den Durkheim'schen Kategorien nicht um deren universale Gültigkeit, sondern um ein besseres Verständnis der jeweils untersuchten Fälle. Der Universalismus der deutschen und anglophonen Anthropologen war diesen Kategorien fremd. Durkheims Arbeitsweise orientierte sich viel mehr am Grundprinzip des Holismus, demzufolge ein verstehender Zugang zuerst von der Gesamtheit der Praktiken und Normen innerhalb einer Kultur auszugehen habe (Lenclud 1987:83). – Diese Klarstellung kann die Frage beantworten, warum Durkheims Werk einerseits so viel Widerspruch hervorrief (falsche Kategorien, veraltete Methoden), er aber andererseits viel vom *cultural turn* vorwegnahm. Eine Folge ist, daß zahlreiche neuere Autoren als Nachfolger Durkheims wider Willen zu bezeichnen sind.

Die von Durkheim präsentierten, durchweg angreifbaren Kategorien (profan, sakral, religiöses Leben, Efferveszenz, Anomie etc.) spiegeln die beinahe verwirrende Komplexität seiner Themen wider und erzeugen ein Feld, in dem sowohl Religion als auch Selbstmord ihren Platz finden. Die Relation dieser beiden, von Durkheim umfassend berücksichtigten Phänomene könnte sogar als eine Bipolarität aufgefaßt werden: Während Religion die Entstehung des Sozialen beschreibt, steht der Selbstmord als Phänomen im Kontext der Anomie, also des Verlustes von sozialem Sinn. Beide Phänomene sind von den auf das Individuum ausgeübten Zwängen und von der Macht des Kollektiven geprägt, das die Ordnung der Menschen und der Dinge bestimmt.

Aber die einzelnen Kategorien und deren Bestand im Kontext kritischer Revisionen sind nicht wesentlich für das grundlegende Konzept von Durkheim. Durkheims Konzeption von „Kultur" legt es vielmehr nahe, nach universellen Bedingungen der Entstehung von solchen Kategorien zu fragen. Die spannende und bis heute nicht ausreichend diskutierte Frage lautet also: Wie gehen unterschiedliche Individuen in einer Gesellschaft mit geteilten Symbolen, Bedeutungen oder „kollektiven Repräsentationen" um? Was bewirken diese kulturellen Kategorien auf der Ebene des Individuums. Mit den Worten von Gillian Gillison (1999): Wie sieht das Innere des Symbolischen aus?

Schluss

Für einen Moment soll das begonnene Gedankenexperiment noch weiter geführt werden und die These eines Kulturbegriffs im Werk Durkheims als Grundlage für weitere Interpretationen gelten: Im Kern dieses Konzeptes von „Kultur" stünde die Prägung der Gesellschaften und ihrer Individuen durch die Macht der kollektiven Repräsentationen. Das ist ein erstaunlich moderner Durkheim, der sich ohne weiteres in einen unmittelbaren Zusammenhang mit der kognitiven Soziologie im Sinne von Karl Mannheim stellen läßt (Breytspraak 1982). In der Fortführung dieser Interpretation von Durkheim ist es nicht abwegig, Michel Foucaults Konzept von der Macht der Diskurse in einen Zusammenhang mit Durkheims Vorstellung über die Begründung von Symbolen zu stellen (Kron und Reddig 2003).

„Durkheim als Konstruktivist" ist die Rolle, in der er auch als vielfach unerkannter Stichwortgeber für den *cultural turn* heute zu überragender Bedeutung gelangt. Allerdings gibt es einen Widerspruch in Durkheims Werk, der diese Assoziation als problematisch erscheinen läßt. Es geht dabei um das spezifische, seltsam eingeengte Bild von dem, was die „Primitiven" seien. Zwar glaubte Durkheim an die Einheit des Menschen auf der Grundlage von Kultur als Grundlage der *conditio humana.* Aber er ging methodisch davon aus, bestimmte soziale Tatsachen nur bei den „Primitiven" beobachten zu können, nicht aber in der eigenen, europäischen Gesellschaft des 20. Jahrhunderts.

Wahrscheinlich hätte es, wie Mary Douglas betont, nicht mehr als einer Woche Aufenthalt bei den sogenannten „Primitiven" bedurft, um Durkheim zu zeigen, wie wenig gerechtfertigt solche Vorannahmen sind (Douglas 1975:xix). Douglas schildert mit einer wunderschönen, fiktiven Szene einen Ausweg aus diesem Dilemma: Sie stellt sich vor, Durkheim und Wittgenstein hätten einen Abend miteinander verbracht (Douglas 1975:xix). Durkheim hätte das Gespräch eröffnet, indem er voller Eifer von der Macht der kollektiven Repräsentation bei den „Primitiven" berichtete. Es hätte daran anschließend nicht mehr als einiger Sätze bedurft, mit denen Wittgenstein seinen Gesprächspartner davon überzeugt hätte, daß dessen Sicht auf die Produktion kultureller Wahrheit (d.h., kollektive Repräsentation) nicht nur für die „primitiven Gesellschaften", sondern genauso für dessen eigene wissenschaftliche Produktion gelte. Die Diversität der Gesellschaften (einschließlich der scheinbar vom Rationalismus durchdrungenen Welt Frankreichs im ausgehenden 19. Jahrhundert), die verschiedenen historischen Erfahrungshorizonte und die in verschiedenen Begriffssystemen zum Ausdruck kommenden kulturellen Unterschiede insgesamt sind alle gleichberechtigt als Möglichkeiten der Gesellschaftsbildung zu verstehen. Wäre Durkheim zu dieser Einsicht gelangt, so Douglas, dann hätte er der Entwicklung der „humanities" ein halbes Jahrhundert an Reflexionen ersparen können (1975:xix).

Durkheim fehlte diese Einsicht jedoch, und er lebte mit zwei getrennten Welten im Kopf: der der sogenannten „Primitiven" einerseits und der seiner eigenen, wissenschaftlich durchdrungenen Welt als einer Ausnahmeerscheinung andererseits. Das war die grundlegende, von den meisten Ethnologen jener Zeit geteilte Denkfigur. Als Mitglieder einer neuen, aufgeklärten Epoche glaubten Durkheim und Frazer, aus der rationalen Gegenwart auf die Manifestation eines anderen Zeitalters zu schauen. Diese in Durkheims Werk unmißverständlich ausgedrückte Position ist der Grund für den unüberbrückbaren Konflikt mit Evans-Pritchard und all den anderen Wissenschaftlern, die glaubten, durch ihr eigenes Bekenntnis zur Religiosität, wie zum Beispiel dem

Katholizismus, ihrem wissenschaftlichen Erkenntnisziel näherzukommen. Sie versuchten, die Religion aus Empathie heraus zu verstehen. Durkheim hingegen wollte Religion aus der Sicht des „unbeugsamen Rationalisten" erklären und nahm den Standpunkt einer maximalen Distanz zu den religiös geprägten Gesellschaften ein. Während Evans-Pritchard und Turner ab einem bestimmten Moment in ihrer intellektuellen Entwicklung glaubten, selbst zu „Primitiven" werden zu müssen, blieb Durkheim seinem Ziel treu, aus dem Geist der Aufklärung einen theoretischen Beitrag zur Schaffung einer besseren Gesellschaft zu leisten.

Literaturverzeichnis

ADORNO, Theodor W.
1967 „Einleitung", in: Émile Durkheim, *Soziologie und Philosophie*, 7–44. Frankfurt am Main: Suhrkamp

ALEXANDER, Jeffrey C.
2004 „The inner development of Durkheim's sociological theory: from early writings to maturity", in: Jeffrey C. Alexander und P. Smith (Hrsg.), *The Cambridge companion to Durkheim*, 136–159. Cambridge: Cambridge University

ALEXANDER, Jeffrey C. und Philip SMITH (Hrsg.)
2004 *The Cambridge companion to Durkheim.* Cambridge: Cambridge University

ALLEN, Nicholas J.
2000 *Categories and classifications: Maussian reflections on the social.* Oxford: Berghahn Books

ALPERT, Harry
1974 Buchbesprechung „Steven Lukes: Émile Durkheim: his life and work. New York 1972", *Contemporary Sociology* 3(3):198–200

BIERSTEDT, Robert
1974 Buchbesprechung „Steven Lukes: Émile Durkheim: his life and work. New York 1972", *Journal for the Scientific Study of Religion* 13(1):99–100

BIRNBAUM, Pierre
2003 „In the academic sphere: the cases of Émile Durkheim and Georg Simmel", in: Michael Brenner, Vicki Caron und Uri R. Kaufmann (Hrsg.), *Jewish emancipation reconsidered: French and German models*, 169–198. Tübingen: Mohr Siebeck

BLOCH, Maurice
1974 Buchbesprechung „Steven Lukes: Émile Durkheim: his life and work. New York 1972", *MAN New Series* 8(4):645

BREYTSPRAAK, Willi
1982 *Toward a post-critical sociology of knowledge: a study of Durkheim, Mannheim, Berger and Polanyi.* Ann Arbour: UMI

COHEN, Jere, Talcott PARSONS und Jeremy POPE
1975 „Moral freedom through understanding in Durkheim“, *American Sociological Review* 40(1):104–115

COSER, Lewis A.
1974 Buchbesprechung „Steven Lukes: Émile Durkheim: his life and work. New York 1972“, *American Anthropologist* 76(4):852–857
1977 „Émile Durkheim“, in: Lewis A Coser (Hrsg.), *Masters of sociological thought: ideas in historical and social context*, 139–174. New York: Harcourt

DEPLOIGE, Simon und Émile DURKHEIM
1907 „A propos du conflit de la morale et de la sociologie. Lettres de M. Durkheim et réponses de S. Deploige“, *Revue néo-scolastique* 14(56):606–621

DOUGLAS, Mary
1975 „Preface“, in: Mary Douglas (Hrsg.), *Implicit meanings: essays in anthropology*, ix–xxi. London: Routledge & Kegan Paul

DURKHEIM, Émile
1973 *Der Selbstmord.* Frankfurt am Main: Suhrkamp ([1]1897)
1981 *Die elementaren Formen des religiösen Lebens.* Frankfurt am Main: Suhrkamp ([1]1912)
1987 „Pragmatismus und Soziologie“, in: Émile Durkheim, *Schriften zur Soziologie der Erkenntnis*, 9–169. Frankfurt am Main: Suhrkamp ([1]1914/15)
1988 *Über die soziale Arbeitsteilung.* Studie über die Organisation höherer Gesellschaften. Frankfurt am Main: Suhrkamp ([1]1893)

DURKHEIM, Émile und Marcel MAUSS
1987 „Über einige primitive Formen der Klassifikation“, in: Émile Durkheim, *Schriften zur Soziologie der Erkenntnis*, 169–256. Frankfurt am Main: Suhrkamp ([1]1903)

EDELMAN, Murray
1964 *The symbolic uses of politics.* Urbana: University of Illinois

EMIRBAYER, Mustafa
1996 „Useful Durkheim“, *Sociological Theory* 14(2):109–130

ENGELKE, Matthew
2002 „The problem of belief: Evans-Pritchard and Victor Turner on ‚The inner life‘“, *Anthropology Today* 18(6):3–8

EVANS-PRITCHARD, Edward E.
1981 „Durkheim (1858–1917)“, *Journal of the Anthropological Society of Oxford* 12(3):150–164

FARR, Robert M.
1983 „Wilhelm Wundt (1832–1920) and the origins of psychology as an experimental and social science“, *British Journal of Social Psychology* 22(4):289–311

FIRSCHING, Horst
1995 „Émile Durkheims Religionssoziologie – made in Germany? Zu einer These von Simon Deploige“, in: Volker Krech und Tyrell Hartmann (Hrsg.), *Religionssoziologie um 1900*, 351–361. Würzburg: Ergon

FRIEDMAN, Jonathan
2004 „Culture et politique de la culture. Une dynamique durkheimienne“, *Anthropologie et Sociétés* 28(1):23–43

GARFINKEL, Harold
2002 *Ethnomethodology's program: working out Durkheim's aphorism.* Introduction by Anne Warfield Rawls. London: Rowman & Littlefield

GEPHART, Werner
1982 „Soziologie im Aufbruch. Zur Wechselwirkung von Durkheim, Schäffle, Tönnies und Simmel“, *Kölner Zeitschrift für Soziologie und Sozialpsychologie* 34:1–25

GILLISON, Gillian
1999 „L'anthropologie psychanalytique. Un paradigme marginal“, *L'Homme.* Revue française d'anthropologie 39(149):43–52

GODELIER, Maurice
2000 „Is social anthropology still worth the trouble? A response to some echoes from America“, *Ethnos* 65(3):301–316

GOLDENWEISER, Alexander A.
1915 Buchbesprechung „Émile Durkheim: Les formes élémentaires de la vie religieuse. Le système totémique en Australie. Paris 1912“, *American Anthropologist* 1:719–735
1918 „Form and content in totemism“, *American Anthropologist* 20:280–295

HAHN, Hans P.
2000 „Zum Begriff der Kultur in der Ethnologie“, in: Siegfried Fröhlich (Hrsg.), *Kultur.* Ein interdisziplinäres Kolloquium zur Begrifflichkeit, 149–164. Halle: Landesamt für Archäologie
2008a „Diffusionism, appropriation and globalization: some remarks on current debates in anthropology“, *Anthropos* 103:191–202
2008b „Appropriation, alienation and syncretization: lessons from the field“, in: Afe Adogame, Magnus Echtler und Ulf Vierke (Hrsg.), *Unpacking the new: critical perspectives on cultural syncretization in Africa and beyond*, 71–92. Münster: Lit (Beiträge zur Afrikaforschung 36.)

HUBERT, Henri und Marcel MAUSS

1968 „Introduction à l'analyse de quelques phénomènes religieux", in: Marcel Mauss, *Œuvres*, 3–38. Paris: Édition de Minuit ([1]1906)

JAMES, Wendy

2003 *The ceremonial animal: a new portrait of anthropology.* Oxford: Oxford University

JAMES, William

1997 *Die Vielfalt religiöser Erfahrung.* Eine Studie über die menschliche Natur. Frankfurt am Main: Insel ([1]1904)

JOAS, Hans

1987 „Durkheim und der Pragmatismus", in: Émile Durkheim (Hrsg.), *Schriften zur Soziologie der Erkenntnis*, 257–288. Frankfurt am Main, Suhrkamp

2004 „Die Logik der Gabe und das Postulat der Menschenwürde", in: Christof Gestrich (Hrsg.), *Gott, Geld und Gabe.* Zur Geldförmigkeit des Denkens in Religion und Gesellschaft, 16–31. Berlin: Wichern

KONERSMANN, Ralf

2003 *Kulturphilosophie zur Einführung.* Hamburg: Junius

KRON, Thomas und Melanie REDDIG

2003 „Der Zwang zur Moral und die Dimension moralischer Autonomie bei Durkheim", in: Matthias Junge (Hrsg.), *Macht und Moral.* Beiträge zur Dekonstruktion von Moral, 165–192. Wiesbaden: Westdeutscher Verlag

LACROIX, Bernard

1974 Buchbesprechung „Steven Lukes: Émile Durkheim: his life and work. London 1973", *Revue Française de Sociologie* 15(3):422–427

LENCLUD, Gérard

1987 „Anthropologie und Geschichtswissenschaft in Frankreich", in: Isac Chiva und Ulrike Bokelmann (Hrsg.), *Deutsche Volkskunde – französische Ethnologie.* Zwei Standortbestimmungen, 68–104. Frankfurt am Main: Campus

LÉVI-STRAUSS, Claude

1965 *Das Ende des Totemismus.* Frankfurt am Main: Suhrkamp ([1]1962)

1981 *Die elementaren Strukturen der Verwandtschaft.* Frankfurt am Main: Suhrkamp ([1]1949)

LUKES, Steven

1972 *Émile Durkheim: his life and work: a historical and critical study.* New York: Harper & Row

1975 „Political ritual and social integration", *Sociology* 9:289–308

MALINOWSKI, Bronislaw

1913 Buchbesprechung „Émile Durkheim: Les formes élémentaires de la vie religieuse. Le système totémique en Australie. Paris 1912", *Folklore* 24:252–531

MEIER, Kurt
1995 „Gibt es einen ‚Bruch in Durkheims früher Religionssoziologie?'", in: Volker Krech und Tyrell Hartmann (Hrsg.), *Religionssoziologie um 1900*, 129–157. Würzburg: Ergon

MÜLLER, Hans-Peter
2009 „Émile Durkheims Moralpolitik des Individualismus", *Berliner Journal für Soziologie* 19:227–247

PARSONS, Talcott
1949 *The structure of social action*. Glencoe, Ill.: Free Press

PEACOCK, James L.
1981 „Durkheim and the social anthropology of culture", *Social Forces* 59(4):996–1008

PROCHASSON, Christophe
2003 „Durkheim et Mauss lecteurs du comte de Saint-Simon: une voie française pour le socialisme", *Archives Juives* 3(2):86–10

RAMP, William
2008 „Introduction: Durkheim redux", *Journal of Classical Sociology* 8(2):147–157

RAWLS, Anne W.
1996 „Durkheim's epistemology: the neglected argument", *American Journal of Sociology* 102(2):430–482

SHAPIRO, Warren
1991 „Claude Lévi-Strauss meets Alexander Goldenweiser: Boasian anthropology and the study of totemism", *American Anthropologist* 93(3):599–610

SMITH, Philip und Jeffrey C. ALEXANDER,
2004 „Introduction: the new Durkheim", in: Jeffrey C. Alexander und P. Smith (Hrsg.), *The Cambridge companion to Durkheim,* 1–37. Cambridge: Cambridge University

STOCKING, George W.
1996 *Volksgeist as method and ethic: essays in Boasian ethnography and the German anthropological tradition.* Madison: University of Wisconsin

TCHERKÉZOFF, Serge
1995 „La totalité durkheimienne (Émile Durkheim et Robert Hertz) – Un modèle holiste du raport sacré/profane", *L'Ethnographie* 91(1):53–68

THOMPSON, Kenneth
1982 *Émile Durkheim (key sociologists)*. London: Horwood

TILLY, Charles
1981 „Useless Durkheim", in: Charles Tilly (Hrsg.), *As sociology meets history*, 95–108. New York: Academic Press

TURNER, Victor W.
1969 *The ritual process, structure and anti-structure.* London: Routledge

VARGAS, Eduardo V., Bruno LATOUR, Bruno KARSENTI und Louise SALMON
2003 „The debate between Tarde and Durkheim", *Environment and Planning D: Society and Space* 26:761–777

VOGT, W. Paul
1981 „Über den Nutzen des Studiums primitiver Gesellschaften. Eine Anmerkung zur Durkheim-Schule 1890–1940", in: Wolf Lepenies (Hrsg.), *Geschichte der Soziologie.* Studien zur kognitiven, sozialen und historischen Identität einer Disziplin, Band 3: Kontinuität und Diskontinuität in der empirischen Sozialforschung, 276–297. Frankfurt am Main: Suhrkamp ([1]1976)

ZUMWALT, Rosemary
1982 „Arnold van Gennep: the hermit of Bourg-la-Reine", *American Anthropologist* 84(2):299–313

BUCHBESPRECHUNGEN

Oliver Herbert: Todeszauber und Mikroben: Krankheitskonzepte auf Karkar Island, Papua-Neuguinea. Berlin: Reimer 2011. 342 S., 14 Farbabb. m. 12 Tab.

Mit diesem Werk legt Oliver Herbert seine im Jahr 2007 am Institut für Ethnologie der Universität München eingereichte, für den Druck überarbeitete und erweiterte Doktorarbeit vor. Ziel der Arbeit ist es, das Krankheitsverständnis der Leute der Insel Karkar und den soziokulturellen Kontext zu beleuchten (3). Zwei zentrale Fragen beziehen sich (erstens) auf die Erklärungsmodelle zu Gesundheit, Krankheit und Tod „in einer traditionellen Gesellschaft, die seit einem Jahrhundert in Kontakt mit dem ‚westlichen' Denken steht" (3) und (zweitens) auf die Auswirkungen der „Präsenz der ‚europäischen Medizin'" auf eine „wesentlich von Transzendenz und Magie" geprägte Kultur (3). Nach einem ersten einleitenden Teil (1–146) zu Weltbild und allgemeinen Krankheitskonzepten (wenig emisch mit in westlichen Konzepten gedachten Einteilungen von „natürlich" und „übernatürlich") folgen im zweiten Hauptteil (147–306) vertiefende Ausführungen über „Zauberei". In vielen, jeweils in weitere Abschnitte unterteilten Kapiteln entsprechen diese Ausführungen einer etischen Klassifikation (zum Beispiel mit der Unterscheidung von „Ingestions-" und „Insertionsmagie").

Der Autor, so kann der Leser aus verschiedenen kleinen Hinweisen und Bemerkungen schlußfolgern, war vermutlich Mitte der 1990er Jahre als Arzt am Gaubin-Krankenhaus auf Karkar in Papua-Neuguinea tätig und besuchte wohl die Insel erneut für kürzere Besuche in den Jahren 2001 und 2009. Genauere Informationen zu seiner Feldforschungssituation und seiner Rolle, also darüber, wo, wie und wann er dort lebte – alles unverzichtbare Angaben für eine moderne Ethnographie – werden dem Leser leider vorenthalten. Die Interviews wurden in verschiedenen Dörfern der zwei (kulturell unterschiedlichen) Sprachgruppen Takia (eine austronesische Sprache) und Waskia (eine nichtaustronesische Sprache) auf Tok Pisin (Pidgin-Englisch), der Lingua Franca in Papua-Neuguinea, durchgeführt – ein Vorgehen, das bei dem vom Autor betonten emischen Ansatz („wo auch immer möglich sollen d i e K a r k a r in dieser Arbeit für sich selbst sprechen", 17, Hervorhebung V.K.) und gerade bei der Untersuchung von Krankheitsursachen wie „Todeszauber", dem Schwerpunkt der Arbeit, ethnologisch viele Fragen aufwirft.

Um zunächst bei der methodischen Kritik zu bleiben: Die Daten wurden, wie Herbert schreibt, bei dem „Versuch, sich an eine emische Sichtweise anzunähern" in einer „für die Menschen möglichst ‚natürlichen Lebenssituation'" (17) erhoben, das heißt in Heimatdörfern der Informanten oder Schulen. Diejenigen, die die vier für die Untersuchung herangezogenen Schulen – unter anderem die Karkar High School – besuchen, zählen jedoch keinesfalls alle zu der Gruppe der Waskia oder Takia. Sie stammen vielmehr – und das wird vom Autor nicht problematisiert – teilweise aus unterschiedlichen ethnischen Gruppen mit je eigenen Erklärungsmodellen zum Komplex Krankheit beziehungsweise Kranksein. Sie halten sich nur zum Besuch der High School in Karkar auf und sind deshalb mit den dortigen Erklärungsmodellen nicht oder nur eingeschränkt vertraut.[1] Daneben wurden – einer epidemiologischen Arbeitsweise verpflichtet – 356 standardisierte Interviews mit je 42 Einzelfragen und vier Einzeldaten (Angaben zu Person und Ort des Interviews) durchgeführt und die insgesamt

13528 Antworten (22) wurden statistisch ausgewertet. Von diesen 356 Interviews führte der Autor 283 in schriftlicher Form an den vier Schulen durch, wobei der Altersdurchschnitt der Schüler bei 16,5 Jahren lag. Daß diese Methode keine emische Perspektive erlaubt, sondern eher dem Motto „die Masse macht's" folgt und daß damit auch keine validen Aussagen insbesondere zum Thema „Zauberei" gewonnen werden können, ist für jeden Ethnologen einsichtig. Gerade bei dem Komplex „Magie" und „Zauberei" geht es ja um geheimes Wissen, das sich meist im Besitz älterer oder zumindest erwachsener Männer befindet. Mit den erwähnten Methoden läßt sich bestenfalls eine pan-neuguineische, populäre und oberflächliche Version von Wissen zu „Todeszauber" abfragen, über die vermutlich auch Frauen, Kinder, und nicht-Spezialisten verfügen. Als naiv erscheint darüber hinaus die fehlende Reflexion des Autors über seine eigene Rolle als praktizierender Mediziner bei Interviews außerhalb des Krankenhauskontextes – auch angesichts seiner Bemerkung, daß die Menschen bei der langen biomedizinisch-missionarischen Präsenz auf Karkar die Erfahrung gemacht hätten, daß europäische Ärzte dem Komplex „Magie" und „Zauberei" eher negativ gegenüber stünden (66). Aspekte oder Varianten des indigenen Krankheitsverständnisses der (keinesfalls homogenen) Bevölkerung von Karkar können so nicht untersucht werden.

Aussagen zu Körpervorstellungen oder Konzepten der Person (ein umfassend bearbeitetes Thema in der Ethnologie Melanesiens) und ihren spirituellen Komponenten in den beiden Sprachen der Waskia und Takia fehlen völlig – gerade solche Vorstellungen oder Konzepte lassen sich mit den doch eher vergröbernden Tok Pisin-Begriffen „masalai" (Buschgeist), „tambaran" (Ahnengeist) oder „devel" (Geist, seelische Dimension eines Menschen) nicht adäquat fassen. Eine Auseinandersetzung mit der rezenteren theoretischen medizinethnologischen Literatur fehlt völlig – viele der angeführten Werke stammen aus den 1970er und 1980er Jahren und sind heute überholt. Dasselbe gilt zum Beispiel für die 35 Jahre alte Definition, mit der Luís Alberto Vargas im Jahre 1976 das Feld der Medizinethnologie bestimmt hat sowie für Allan Youngs 1982, also vor dreißig Jahren formulierte Bemerkung zu dem enormen Anstieg der Medical Anthropology (3). Gerade mal acht Arbeiten stammen aus den letzten elf Jahren, davon sind vier medizinische Beiträge beziehungsweise sie wenden sich als Artikel im Deutschen Ärzteblatt an ein medizinisches Publikum (Koch *et al.* 2007, Herbert 2009, Koka *et al.* 2004, Schott 2005), zwei stellen ethnologische Arbeiten dar (Burton-Bradley 2000, Eves 2000), eine ist ein juristisches Werk zu deutschen Gesetzen (Schoenfelder 2002) und bei einer handelt es sich um einen nicht näher einzuordnenden Artikel mit dem Titel „Season of the witch" (Ware 2001). Auch wurden neuere medizinethnologische regionale Studien wie zum Beispiel die von Gilbert Lewis (2000) zu den Gnau am Sepik oder die von mir über das Medizinsystem der Yupno in der Madang Province (Keck 2007) nicht rezipiert. Der Autor verweist unverständlicherweise weder auf die heutigen gesundheitlichen und gesellschaftlichen Herausforderungen durch die in Papua-Neuguinea enorm hohe Anzahl von HIV/AIDS-Erkrankten noch auf die entsprechende, inzwischen umfangreiche medizinisch-ethnologische Literatur zu indigenen Erklärungsmodellen dieser Epidemie.[2] So deutet die von Herbert zitierte Aussage zweier Mediziner, sie hätten zum Thema Krankheitskonzepte in Papua-Neuguinea „nichts auftreiben können" (67, Fußnote 66) eher auf fehlende Fähigkeiten zur wissenschaftlichen Literaturrecherche als auf tatsächlich nicht vorhandene Studien hin, wobei Herbert mit dieser Aussage offenbar den Eindruck erwecken will, als eigne sich seine Arbeit für eine kulturell sensible Vorbereitung von in Papua-Neuguinea tätigem medizinischen Personal.

Bei nahezu jedem der Themen, die in diesem Buch (einer – es sei hier wiederholt – ethnologischen Dissertation) behandelt werden, ist eine biomedizinische Referenzbasis zu konstatieren, von der aus der Autor seine Fragen formuliert und die seine Interpretation stark prägt. Ein Beispiel hierfür soll genügen: Vor jedem Interview zu indigenen Krankheitskonzepten wurde (in einem nicht sehr klaren und schlecht formulierten Tok Pisin) nach dem Verständnis von Krankheit und Gesundheit gefragt: „Inap long yu mekim klia helt em i wanem samting long tingting bilong yu?“ (74). Ein indigenes Verständnis von Gesundheit ist jedoch neben dem von der Biomedizin betonten körperlichen Aspekt der Abwesenheit von Krankheit oft viel weiter gefaßt und muß nicht notwendigerweise mit der WHO-Definition korrelieren. Es beinhaltet beispielsweise sozial befriedigende Beziehungen, die Möglichkeit zu einem Einkommen und einem Schulbesuch der Kinder, den Zugang zu sauberem Wasser oder spirituelle Komponenten. Mit der von einem Arzt gestellten Frage „Kannst Du erklären, was Deiner Meinung nach Gesundheit ist“ wird dieser Komplex nicht erfaßbar – ein Faktum, das jedoch von Herbert nicht erkannt oder reflektiert wird.

Im Aufbau entspricht das Werk ganz der „traditionellen“ (und hoffentlich bald überholten) Gliederung einer deutschen Dissertation (mit fünf Unterebenen). Die am Ende angefügten Farbabbildungen sind zum Teil sehr unglücklich und für die Betreffenden fast würdelos zusammengestellt,[3] andere Abbildungen sind medizinische Aufnahmen großer Schwellungen sowie ethnologisch nicht sehr aussagekräftige Aufnahmen einer weggeworfenen Betelnussschale oder eines roten Betelsputums auf einem Weg und sie tragen insgesamt nicht zu einem vertieften Verständnis der Menschen auf Karkar bei. Statt dessen verstärken sie eher den Eindruck einer ethnologisch wenig fundierten, distanzierten, aus einer biomedizinischen Perspektive verfaßten Studie im Stil der 1970er Jahre – ein Gesamteindruck, an dem auch die rund 500 (!) in der Danksagung angeführten Namen der Informanten nichts ändern können.

Für Ethnologen ist dieses Buch (wenn man dem Autor positive Intentionen zugute hält) bestenfalls unerheblich, eher jedoch ein Ärgernis. Daß es sich für die Vorbereitung von in Melanesien tätigem medizinischem Personal eignet (von dem man ja auch erwarten dürfte, daß es die durchaus vorhandene englische Literatur lesen könnte), muß angesichts der erwähnten Kritikpunkte stark bezweifelt werden; eine kritische Auseinandersetzung mit diesem Werk durch die Beschriebenen, Menschen in Karkar oder anderen Papua-Neuguineeren, ist wegen seiner in deutsch verfaßten Form leider auch nicht zu erwarten.

1 So besuchten beispielsweise in den 1980er und 1990er Jahren mehrere Jugendliche aus dem Yupno-Gebiet, Finisterre Range (Madang Province), meiner eigenen Forschungsregion, die Karkar High-School.

2 Siehe zum Beispiel die Monographie „Sin, sex and stigma: a Pacific response to HIV and AIDS“, von Lawrence Hammar (2010), um nur ein Werk zu nennen.

3 So finden sich auf Seite 349 Aufnahmen des Oberköpers einer auf dem Rücken liegenden Frau (obere Seitenhäfte) und direkt darunter – durch ein blaues Tuch verbunden – des nackten Unterkörpers eines Jungen, der mit gespreizten Beinen daliegt (untere Seitenhäfte).

Literaturverzeichnis

BURTON-BRADLEY, Burton G.
2000 „Traditional medicine in Papua New Guinea“, *Australian Folklore* 15:75–78

EVES, Richard
2000 „Socery's the curse: modernity, envy and the flow of sociality in a Melanesian society", *Journal of the Royal Anthropological Institute* 6(3):453–469

HAMMAR, Lawrence J.
2010 *Sin, sex and stigma: a Pacific response to HIV and AIDS.* Wantage: Sean Kingston

HERBERT, Oliver
2009 *Traditionelle Lebensweise als Schutz vor Allergien?* Berlin: Verlag für Wissenschaft und Bildung

KECK, Verena
2005 *Social discord and bodily disorders: healing among the Yupno of Papua New Guinea.* Durham: Carolina Academic Press

KOCH, Klaus, Ulrich GEHRMANN und Peter SAWICKI
2007 „Primärärztliche Versorgung in Deutschland im internationalen Vergleich", *Deutsches Ärzteblatt* 104(38):2584–2591

KOKA, Bettie E., Frank P. DEANE und Gordon LAMBERT
2004 „Health worker confidence in diagnosing and treating mental health problems in Papua New Guinea", *South Pacific Journal of Psychology* 15(1):29–42

LEWIS, Gilbert
2000 *A failure of treatment.* Oxford: Oxford University Press

SCHÖNFELDER, Heinrich
2002 *Deutsche Gesetze.* Sammlung des Zivil-, Straf-, und Verfahrensrechts. München: C.H. Beck Verlag

SCHOTT, H.
2005 „Hexenverfolgung. Aufklärung durch Ärzte", *Deutsches Ärzteblatt* 102(31/32):2177

VARGAS, Luís Alberto.
1976 „Reflections", in: Francis Grollig und Harold B. Haley (Hrsg.), *Medical anthropology*, 441–443. Paris: Mouton Publishers

WARE, Michael
2001 „Season of the witch", *Time*, May 7, http://www.time.com/time/world/article/0,8599,2056082,00.html

YOUNG, Allan
1982 „The anthropologies of illness and sickness", *Annual Review of Anthropology* 11:257–285

Verena Keck

* * *

Volker M. Langbehn (Hrsg.): German colonialism, visual culture, and modern memory. New York und London: Routledge 2010. 316 S., 54 Abb.

Seit den 1990er Jahren befaßt sich die Forschung zum deutschen Kolonialismus mit der Frage nach einer kolonialen Kultur. Ein Anliegen der von postkolonialen und neueren kulturwissenschaftlichen Ansätzen inspirierten Studien ist es, den Aus- und Nachwirkungen des Kolonialismus auf die deutsche Gesellschaft und Kultur nachzuspüren und dessen Verhältnis zu nationaler Identität auszuloten. Dabei ist neben der Literatur inzwischen auch die visuelle Kultur in das Interesse der Forschung gerückt.[1]

Den visuellen Aspekten des deutschen (Post)Kolonialismus widmet sich auch der interdisziplinär ausgerichtete Sammelband „German colonialism, visual culture, and modern memory". Bezug nehmend auf den *visual turn* in den Kulturwissenschaften fordert der Herausgeber Volker Langbehn in seiner programmatischen Einleitung, Bilder zum Gegenstand der Analyse zu erklären, statt sie – wie es noch immer oft der Fall ist – schriftlichen Quellen nachzuordnen oder allein zu illustrativen Zwecken zu verwenden.[2] Daß eine Analyse von Bildern für das Verständnis des Kolonialismus relevant ist, wird, wie Langbehn betont, nicht zuletzt an der engen Verflechtung zwischen der im Zuge von Urbanisierung, technologischer Innovation und kapitalistischer Warengesellschaft im 19. Jahrhundert entstehenden visuellen Massenkultur und dem sich zeitgleich etablierenden wissenschaftlichen Rassismus in Europa deutlich. Bereits in der Aufklärung dienten Bilder dazu, rationale „Wahrheiten" über den Menschen zu untermauern. Im 19. Jahrhundert wurden die massenhaft in Umlauf gebrachten Bilder „rassisch" Anderer zu wirkungsmächtigen Komplizen des europäischen Kolonialismus, indem sie koloniale Machtverhältnisse visuell herstellten, bekräftigten und legitimierten. Eine genaue Analyse zeigt zugleich, daß das Feld der kolonialen visuellen Kultur immer auch von Ambivalenzen und Widersprüchen durchzogen war. Es gelte, die Bilder auf ihre Strategien im Umgang mit Irritationen des kolonialen Verhältnisses, auf Sicht- und Sagbarkeiten und Leerstellen hin zu befragen. Zugleich seien sie nicht allein „in terms of their original context" zu lesen, sondern auch „in terms of their relevance for the present" (21). Ein Anliegen des Bandes bestehe deshalb darin, nach Kontinuitäten sowie nach heute vergessenen beziehungsweise vergessen gemachten Bildern zu fragen.

Die zeitliche Spanne der Aufsätze reicht dementsprechend vom Beginn der deutschen Kolonialära bis in die Gegenwart – so auch bei den Beiträgen zum Medium des Films. Wolfgang Fuhrmann zeigt anhand von zwei frühen Reisefilmen, wie durch die Anordnung der Filmszenen unterschiedliche Narrative von Differenz und Hierarchie hervorgebracht wurden.[3] Der Film „Südwest-Afrika" (1907) segregiert Kolonisierende und Kolonisierte, indem er Szenen aus einem Kriegsgefangenenlager mit Bildern kolonialer Infrastruktur rahmt. „Leben und Treiben in Tanga" (1909) etabliert dagegen ein Entwicklungsnarrativ, das ein friedliches Nebeneinander von Kolonisierenden und Kolonisierten und zugleich ein Ähnlichkeitsverhältnis zwischen Kolonie und Metropole inszeniert. Dabei verweist die Darstellung exerzierender Askari auch auf die Ambivalenz „kolonialer Mimikry" (Homi K. Bhaba), die aus dem Spannungsverhältnis zwischen dem Begehren nach Angleichung des kolonialen Anderen bei gleichzeitiger Bekräftigung seiner Differenz entsteht. Die Ambivalenz der Figur des Askari thematisiert auch Christian Rogowski in seinem Beitrag zu Spielfilmen der Weimarer Zeit.[4] Vor der Folie des Kolonialrevisionismus können die Askari in „Ich hatt' einen Kameraden" (1926) zu Beginn des Ersten Weltkrieges von sich behaupten, deutsch zu sein, während den Kolonisierten die deutsche Staatsbürgerschaft tatsächlich vorenthalten wurde. Im Gegensatz zur explizit kolonialrevisionistischen Botschaft dieses Films inszenieren andere Kolonial- und Abenteuerfilme der Weimarer Jahre Fantasien von erotischer Versuchung und deren Abwehr, während ihre kolonialen Subtexte allein vor dem Hintergrund des Kolonialismus ohne Kolonien entzifferbar werden. Wolfgang Struck problematisiert am Beispiel des Fernsehfilms „Africa mon amour" (2007) die vermeintlich authentische Nachstellung des Kolonialismus und zeigt, daß der koloniale Raum auch in aktuellen Produktionen als ein Raum der Fantasie und des Abenteuers für Europäerinnen und Europäer fungiert, während afrikanische Akteure wie auch koloniale Gewalt weitgehend ausgeblendet werden.[5]

Wie kolonialer Raum über die Verknüpfung von Kolonie und Metropole visuell konstruiert wurde, beleuchtet Itohan Osayimweses Untersuchung von Handbüchern für den kolonialen Hausbau.[6] Der Gefahr der „Rassenmischung", die mit der Adaption lokaler Bauweisen und der räumlichen Nähe zwischen Kolonisierenden und Kolonisierten assoziiert wurde, begegneten die Anleitungen, indem sie den Einsatz „deutscher" Baumaterialien und -techniken sowie eine klare räumliche Trennung von Kolonisierenden und Kolonisierten propagierten. Oliver Simons bringt die Erzählweise des Romans „Volk ohne Raum" (1926) mit kartographischen Verfahren und den damit verbundenen kolonialen Raumpolitiken in Verbindung.[7] Der Roman stellt die abstrahierende Kartographie der konkreten Aneignung und Umwandlung von Raum zu Boden gegenüber und schließt an geopolitische Vorstellungen an. In seiner Untersuchung von Postkarten, die ein deutscher Schutztruppensoldat während des Krieges gegen die Herero und Nama von Deutsch-Südwestafrika nach Deutschland schickte, arbeitet Felix Axster heraus, daß die postalische Verbindung von Metropole und Kolonie ebenso wie das junge Medium der Bildpostkarte der nationalen Vergemeinschaftung diente, mit Modernität und Fortschritt assoziiert wurde und eine Differenz zwischen Zivilisierten und noch nicht Zivilisierten herstellte.[8] Koloniale Bilder, darunter Motive kolonialer Gewalt, und letztlich auch der Kolonialkrieg selbst wurden durch diese neue Praxis medialer Kommunikation privatisiert und normalisiert.

Ein weiterer zentraler Aspekt des Bandes ist die visuelle Herstellung von ethnischer Alterität. Joachim Zellers Untersuchung von Sammelbildern mit kolonialen und exotisierenden Motiven kommt zu dem Ergebnis, daß die massenhaft in Umlauf gebrachten Bilder, in denen sich Erziehungsanspruch und Konsum verbanden, mit ihren stereotypisierenden Motiven und der Inszenierung eines friedlichen kolonialen Verhältnisses zu einer ikonographischen Domestizierung des Kolonialen beitrugen.[9] Ausgehend von der aktuellen Debatte um die dänischen Mohamed-Karikaturen geht Volker Langbehn dem Verhältnis zwischen Karikaturen mit kolonialen Motiven in Satirezeitschriften der Kaiserzeit und den Lehren von Physiognomie und Phrenologie nach.[10] Er arbeitet heraus, daß selbst kolonialkritische Karikaturen an die Vorstellung einer Verbindung von physischen Merkmalen und Charakter beziehungsweise Moral anknüpften und rassistische Bilder der Kolonisierten (re) produzierten. David Ciarlo befragt Visualisierungen des ethnisch Anderen in der Bildwerbung der Kaiserzeit auf ihre Funktionsweise.[11] Er argumentiert, daß der Einsatz schwarzer Figuren nicht zuletzt den Anforderungen der Werbung entsprochen habe, Aufmerksamkeit zu erzeugen. Zudem seien menschliche Figuren in der Werbung oft in ein untergeordnetes Verhältnis zu den beworbenen Produkten gesetzt worden. Indem man sie zugleich als Kolonisierte markiert und mit kolonialen Orten und Ereignissen verbunden habe, habe man die angesprochenen Konsumentinnen und Konsumenten in die Rolle von Kolonisierenden versetzt. Birgit Haehnel befaßt sich mit den Vor- wie Nachbildern der bekannten nationalsozialistischen Karikatur des schwarzen Jazzmusikers mit „Judenstern".[12] Als Bestandteile des „Bildschirms", vor dem das Stereotyp des „schwarzen Juden" zu einer Verkörperung des „jüdisch-amerikanischen Kapitalismus" wurde, identifiziert sie rassenwissenschaftliche „Belege" für eine biologische Verwandtschaft von Juden und Schwarzen, Karikaturen der Kaiserzeit, die sowohl jüdischen als auch schwarzen Menschen die Zugehörigkeit zur bürgerlichen Gesellschaft absprachen, sowie koloniale „Werbeträger", die eine koloniale Ordnung bekräftigten.

Interessant sind insbesondere die Beiträge, die das visuelle Material auf Ambivalenzen und Konflikte hin befragen und die Vergangenheit und Gegenwart analytisch miteinander in Bezug setzen. Mit der Ambivalenz von Begehren und Abwehr befaßt sich Thomas Schwarz' Beitrag.[13] Anhand von Kolonialromanen aus der Kaiserzeit und deren Titelbildern analysiert er die „koloniale Abscheu", in der sich anthropologische und tropenhygienische Diskurse verdichteten. In den Romanen signalisierten Attribute von Hybridität sowie Verweise auf Schmutz und Geruch eine unvereinbare „rassische" Differenz, die zu einer naturalisierten Abwehrreaktion der weißen Figuren gegen das erotische Begehren des Anderen führten. Brett M. van Hoesen analysiert das komplexe Verhältnis zwischen Dokumentarfotografie und Fotomontage der Weimarer Zeit.[14] Der Verklärung der Kolonialvergangenheit in der illustrierten Presse setzt sie Fotomontagen von Lázló Moholy-Nagy und Hanna Höch entgegen, die die normative Ästhetik in Frage stellten und Kolonialismus und Rassismus kritisch reflektierten. Astrid Kusser nimmt anhand von Motiven des afroamerikanischen Tanzes Cakewalk auf Postkarten des frühen 20. Jahrhunderts Begegnungen, Konflikte, Aneignungen und Umdeutungen im Spannungsfeld von Kolonialismus, Sklaverei und Schwarzem Atlantik in den Blick.[15] Sie argumentiert auf überzeugende Weise, daß sich in der Entstehung und Rezeption des Tanzes zweierlei Lachen äußerte: das selbstreflexive Lachen des Aufbegehrens gegen rassistische Verhältnisse und gesellschaftliche Normen auf der einen und das rassistische Lachen, das die in Frage gestellte Ordnung sichern sollte, auf der anderen Seite. Deniz Göktürk untersucht am Beispiel der Ausstellung „Projekt Migration" (2005), zweier Videos des antirassistischen Netzwerks „Kanak Attak" (2001, 2005) und des Films „Tabu: a story of the South Sea" (1931) ebenfalls Prozesse von Aneignung und Vergessen.[16] Auf kreative Weise setzt sie dabei das Archiv der (post)kolonialen Geschichte in ein Verhältnis zu künstlerischen, aktivistischen und wissenschaftlichen Interventionen in aktuelle Debatten um Migration.

Insgesamt versammelt der Band lesenswerte, zum Teil anspruchsvolle und innovative Analysen von teils bekanntem, teils unbekanntem visuellem Material. Die in den Beiträgen zu Tage geförderten Erkenntnisse sind zwar zum Teil wenig überraschend, dennoch liefert der Band einen wichtigen Beitrag zur Erforschung der Bedeutung visueller Kultur im deutschen (Post)Kolonialismus. Interessant wäre es allerdings gewesen, die Aufsätze nicht chronologisch, sondern thematisch zu gliedern, um zeitliche Vergleiche anzuregen – zumal mehrere Texte selbst eine vergleichende Perspektive eröffnen.

1 Siehe beispielsweise die Sammelbände von Friedrichsmeyer, Lennox und Zantop (1998), Honold und Simons (2002), Kundrus (2003), Honold und Scherpe (2004) sowie Ames, Klotz und Wildenthal (2005). Siehe für eine Studie zum Weimarer Film Nagl (2009); zur Werbung der Kaiserzeit siehe die Monographie von David Ciarlo (2011), der auch mit einem Beitrag im besprochenen Band vertreten ist.

2 Volker Langbehn, „Introduction: picturing race: visuality and German colonialism" (1–36)

3 Wolfgang Fuhrmann, „Patriotism, spectacle and reverie: colonialism in early cinema" (148–161)

4 Christian Rogowski, „The ‚colonial idea' in Weimar cinema" (220–238)

5 Wolfgang Struck, „Reenacting colonialism: Germany and its former colonies in recent TV productions" (260–277)

6 Itohan Osayimwese, „Demystifying colonial settlement: building handbooks for settlers, 1904–1930" (124–147)

7 Oliver Simons, „Persuasive maps and a suggestive novel: Hans Grimm's *Volk ohne Raum* and German cartography in Southwest Africa" (165–181)

8 Felix Axster, „‚...will try to send you the best views from here': postcards from the colonial war in Namibia (1904–1908)" (55–70)

9 Joachim Zeller, „Harmless ‚*Kolonialbiedermeier*'? Colonial and exotic trading cards" (71–86)

10 Volker Langbehn, „Satire magazines and racial politics" (105–123)

11 David Ciarlo, „Advertising and the optics of colonial power at the fin de siècle" (37–54)

12 Birgit Haehnel, „‚The black jew': an afterimage of German colonialism" (239–259)

13 Thomas Schwarz, „Colonial disgust: the colonial master's emotion of superiority" (182–196)

14 Brett M. van Hoesen, „Weimar revisions of Germany's colonial past: the photomontages of Hannah Höch and László Moholy-Nagy" (197–219)

15 Astrid Kusser, „Cakewalking the anarchy of empire around 1900" (87–104)

16 Deniz Göktürk, „Postcolonial amnesia? Taboo memories and kanaks with cameras" (278–301)

Literaturverzeichnis

AMES, Eric, Marcia KLOTZ und Lora WILDENTHAL (Hrsg.)
2005 *Germany's colonial pasts.* Lincoln, NE und London: University of Nebraska Press

CIARLO, David
2011 *Advertising empire: race and visual culture in Imperial Germany.* Cambridge, MA und London: Harvard University Press

FRIEDRICHSMEYER, Sara LENNOX und Susanne ZANTOP (Hrsg.)
1998 *The imperialist imagination: German colonialism and its legacy.* Ann Arbor, MI: University of Michigan Press

HONOLD, Alexander und Klaus R. SCHERPE (Hrsg.)
2004 *Mit Deutschland um die Welt.* Eine Kulturgeschichte des Fremden in der Kolonialzeit. Stuttgart: Metzler

HONOLD, Alexander und Oliver SIMONS (Hrsg.)
2002 *Kolonialismus als Kultur.* Literatur, Medien, Wissenschaft in der deutschen Gründerzeit des Fremden. Tübingen und Basel: Francke

KUNDRUS, Birthe (Hrsg.)
2003 *Phantasiereiche.* Zur Kulturgeschichte des deutschen Kolonialismus. Frankfurt am Main und New York: Campus

NAGL, Tobias
2009 *Die unheimliche Maschine.* Rasse und Repräsentation im Weimarer Kino. München: Edition Text + Kritik

Susann Lewerenz

* * *

Uwe Wolfradt: Ethnologie und Psychologie. Die Leipziger Schule der Völkerpsychologie. Berlin: Reimer 2011. 258 S.

Die aus einer Dissertation am Leipziger Institut für Ethnologie hervorgegangene Arbeit von Uwe Wolfradt widmet sich einem lange vernachlässigten Kapitel der Wissenschaftsgeschichte: der engen Verwobenheit von Ethnologie und Psychologie in der Gründerzeit beider Disziplinen zu Beginn des 20. Jahrhunderts. Auf die Leipziger Verhältnisse fokussiert, führt die Untersuchung in insgesamt sechs Kapiteln in die umfangreiche Materie ein. In der Einleitung (9–19) erläutert der Autor seinen Zugang zum Thema, wobei er für die Vorstellung der behandelten Wissenschaftler sowie ihrer Ideen und Beziehungen auf Ludwik Flecks (1896–1961) Lehre vom Denkstil und Denkkollektiv zurückgreift. Das Schlußkapitel (183–189) bringt eine sehr ausführliche Zusammenfassung. Diese ist auch notwendig, denn in den dazwischen liegenden vier Hauptkapiteln nimmt Wolfradt eine Standortbestimmung des Verhältnisses von Ethnologie und Psychologie vor und er bezieht mehr als zwanzig Wissenschaftler ein. Dabei geht er auf ihre Biographien ebenso ein wie auf ihr jeweiliges Werk, auf ihre Theorien und auf das sie verbindende wissenschaftliche Netzwerk.

Im zweiten Kapitel (20–65) wird das Verhältnis von Ethnologie und Psychologie anhand dreier Gründungsfiguren untersucht: der Psychologe Wilhelm Wundt (1832–1920), der Leipziger Geograph Friedrich Ratzel (1844–1904) und – als Berliner Ausnahme – Adolf Bastian (1826–1905). Das dritte Kapitel (66–131) ist am umfangreichsten und auch inhaltlich am ergiebigsten, da Wolfradt in ihm die beiden Hauptprotagonisten, Felix Krueger (1874–1948) und Fritz Krause (1881–1963), ihre Arbeiten und das Leipziger universitäre Umfeld vorstellt. Das folgende vierte Kapitel (132–168) ist den Schülern von Krueger und Krause gewidmet und im fünften Kapitel (169–182) beschäftigt sich der Autor mit der Wirkungsgeschichte der Verbindung von Ethnologie und Psychologie. Dieses Verhältnis hat nach vielversprechenden Anfängen in Leipzig und Berlin in der deutschsprachigen Ethnologie anders als in der amerikanischen Kulturanthropologie der Boas-Schule und in der englischen Social Anthropology nur eine marginale Rolle gespielt und kaum Spuren hinterlassen. Wolfradt macht dafür sowohl persönliche Gründe (fehlendes Charisma bei wichtigen Vertretern des psychologischen Ansatzes) und konkrete historische Bedingungen (Isolation von Fachvertretern in der DDR) verantwortlich (176).

Daß die Verbindung von Ethnologie und Psychologie gerade in Leipzig einsetzte, lag an den Gründungsfiguren beider Wissenschaften. Insbesondere der Wegbereiter der Psychologie, Wilhelm Wundt, war ein wichtiger Impulsgeber, der weit über sein eigentliches Fachgebiet hinaus wirkte und in der Ethnologie auch Bronislaw Malinowski (1884–1942) beeinflußte. Ähnliches gilt für den Leipziger Geographen und Völkerkundler Friedrich Ratzel. Allerdings bestand zwischen den beiden ein grundlegender Unterschied: Während für Ratzel die psychologische Dimension in seinen Überlegungen zur Völkerkunde keine Rolle spielte, er beschäftigte sich mit der materiellen Kultur und deren Verbreitung, waren für Wundt Fragen nach der geistigen Entwicklung der Menschheit Kernbestand seines Theoriegebäudes. Wundt blieb hier evolutionären Vorstellungen verhaftet und die Beschäftigung mit dem „primitiven Menschen“ nimmt in seiner Arbeit breiten Raum ein, was sein großes Interesse an der Ethnologie erklärt (27).

In der Ethnologie war Adolf Bastian einem psychologischen Ansatz verpflichtet. Er wirkte zwar vornehmlich in Berlin, wird aber in die Darstellung Wolfradts aufgenommen, da er zu den „Wegbereitern einer psychologischen Ausrichtung in der Völkerkunde“ zählte und da seine Ideen in Leipzig auf fruchtbaren Boden fielen (24).

Die Grundannahmen von Wundt, Ratzel und Bastian beeinflußten das Verhältnis von Ethnologie und Psychologie in der nachfolgenden Generation von Wissenschaftlern, die jeweils eigene Forschungsansätze entwickelten und das Verhältnis der beiden Disziplinen jeweils unterschiedlich gewichteten. Zu dieser Generation gehören Karl Weule (1864–1926), der versuchte, die Interessen seines Doktorvaters Ratzel mit den psychologischen Ideen Bastians zu verbinden und für die sich etablierende Völkerkunde nutzbar zu machen. Mit der Berufung von Weule auf den ersten ethnologischen Universitätslehrstuhl in Leipzig im Jahre 1914 konnten seine Vorstellungen umgesetzt werden, obwohl er der Leipziger Psychologie gegenüber kritisch eingestellt war (39).

Alfred Vierkandt (1867–1953) wiederum verband in seinem Werk entwicklungspsychologische und soziologische Fragestellungen, wandte sich jedoch im Laufe seines Lebens mehr und mehr der Soziologie zu (48). Eine ähnliche Entwicklung nahm Richard Thurnwald (1869–1954), für den zwar psychologische Gesichtspunkte weiterhin wichtig blieben, der sich aber zunehmend für soziologische Phänomene des Kulturwandels begeisterte (62). Willy Hellpach (1877–1955) blieb den Vorgaben seines Lehrers Wundt Zeit seines wissenschaftlichen Wirkens treu. Zwar arbeitete er schon früh als klinischer Psychologe, doch entwickelte er als einziger die Wundt'sche Völkerpsychologie zu einer „Volkscharakterologie“ weiter, der es um die Untersuchung der seelischen Kräfte ging, die „Menschengruppen zu Völkern“ machte (65).

In der nachfolgenden dritten Wissenschaftlergeneration setzte sich die Ausdifferenzierung von Psychologie und Ethnologie fort. So konnte sich insbesondere die Völkerkunde als ein unabhängiges Fach etablieren, obwohl sie weiterhin in enger Nähe zur Psychologie stand. In der Psychologie kam es in

Leipzig nach dem Ausscheiden von Wundt zur Bildung einer neue Schule: der Ganzheitspsychologie, die sich um den Wundt-Schüler Felix Krueger bildete. Diese Richtung bestimmte zwischen 1920 und 1950 die Theoriebildung und wurde erst durch das Aufkommen des amerikanischen Behaviorismus in den 1960er Jahren abgelöst (169). Wolfradt legt sein Hauptaugenmerk auf diese wichtige Phase, denn in ihr entstanden bei gegenseitiger Befruchtung von Psychologie und Ethnologie wichtige Arbeiten und mit Krauses ethnologischer Strukturlehre bildete sich ein eigenständiger ethnologischer Theorieansatz.

Der Ganzheits- und Strukturgedanke, der sich an der Leipziger Universität in den 1920er Jahren etablierte, richtete sich in der Psychologie insbesondere gegen die Experimentalpsychologie, wie sie auch von Wundt betrieben worden war (71, 76), während sich die ethnologische Strukturlehre vor allem der kulturhistorischen Ethnologie mit ihrem Beharren auf der materiellen Kultur sowie später der Übermacht biologisch-anthropologischer Ansätze widersetzte, zumal weder in diesen Ansätzen noch in der kulturhistorischen Ethnologie Platz für (individual)psychologische Gesichtspunkte war (100).

Krueger ging davon aus, daß sich die Psychologie nicht mit einzelnen Elementen des Erlebens zu beschäftigen habe, sondern daß sie das Lebendige in seiner Gesamtheit erfassen solle. Er betrachtete zum Beispiel Gefühle als Ganzheiten, die zwar erlebt würden, dabei aber bestimmten Strukturen folgten, die der Psychologe durch Vergleiche aufdecken könne (82). Daraus ergibt sich eine Verbindung zur Ethnologie, da auch Völker und Kulturen nach Krueger eigene psychische Strukturen besitzen (84). Kruegers Interesse an der Ethnologie zeigte sich in seiner Zusammenarbeit mit dem Ostafrikamissionar Bruno Guttmann (1876–1966), dessen Monographien über die bis heute im Kilimandscharo-Gebiet siedelnden Dschagga er herausgab (93).

Ebenso wie Krueger ging auch Fritz Krause von einem holistischen Ansatz aus. Er argumentiert sehr ähnlich, wenn er davon spricht, daß Kultur nicht aus der bloßen Addition ihrer einzelnen Bausteine bestehe, sondern daß es auf die Verknüpfung der einzelnen Elemente ankomme. Weil die einzelnen Elemente in einem System verwoben seien, könnten sie nur in ihrem Zusammenhang gedeutet werden und nicht für sich stehen. Diese Verwobenheit benennt Krause mit dem Begriff der Struktur (110), wobei er die gesamte Kultur als etwas „Gewordenes" betrachtet und dadurch eine historische Perspektive berücksichtigt (111).

Leider scheiterte Krause bei dem Bemühen, sein Theoriegebäude in der Ethnologie zu verankern. Er konnte keine umfassende Gesamtdarstellung seiner Ideen entwerfen: Als Parteigänger der Nationalsozialisten galt er nach 1945 als belastet, so daß er nicht mehr in seinen Beruf zurückkehrte und bis zum seinem Tod 1963 Privatgelehrter blieb, dabei aber in der DDR isoliert war (176). Zu den bekanntesten seiner wenigen Schüler zählt wohl Paul Kirchhoff (1900–1972), der in seiner 1931 publizierten Leipziger Dissertation viele Anregungen von Krause aufnahm. Auch die späteren Arbeiten Kirchhoffs lassen den Einfluß seines Lehrers erkennen (163).

Es fällt auf, wie sehr Krauses Strukturlehre einem weitaus erfolgreicheren Modell ethnologischer Theoriebildung ähnelt, geht Malinowskis Funktionalismus doch von vergleichbaren Prämissen aus. Dies mag daran liegen, daß Malinowski in Leipzig bei Wundt studierte und Teil des von Wolfradt beschriebenen Denkkollektivs war, bevor er sich 1910 nach England aufmachte (30). Daß Malinowski bei der Etablierung seiner Methode größeren Erfolg hatte, lag nicht zuletzt daran, daß es ihm gelang, sie – auch mit Hilfe seiner Schüler – in Feldforschungen umzusetzen.

Wolfradts Arbeit hätte eine etwas breiter angelegte Perspektive gut getan, denn gerade der Erfolg der psychologisch ausgerichteten

Ethnologie in den angelsächsischen Ländern – mit ihren teilweise engen Verbindungen nach Leipzig – macht deutlich, daß die Gedanken von Krause und Krueger auf der Höhe der Zeit waren und international wahrgenommen wurden (121). Vor allem Malinowskis Wertschätzung für Krause, die in dessen Einbindung in internationalen Gremien und Publikationsorganen zum Ausdruck kam, kann hier als Beleg gelten. Einmal mehr zeigt sich der deutsche Sonderweg in der Ethnologie darin, daß international erfolgreiche Theorieansätze zwar auch in Deutschland „gedacht" wurden, sich aber in der polyzentrischen Struktur der deutschen Ethnologie nicht durchsetzen konnten.

Vielleicht hätten sich die Verhältnisse anhand des von Wolfradt nur sporadisch genannten Julius Lips (1895–1950) besser verdeutlichen lassen: ein Leipziger Völkerkundler, der wie viele der hier vorgestellten Forscher Schüler von Wundt war und Ethnologiekurse bei Weule besuchte. Lips promovierte 1919 in Psychologie (226), ging dann jedoch eigene Wege, indem er sich der von Krueger, Krause und Weule abgelehnten historischen Ethnologie zuwandte, der er Zeit seines Lebens treu bleiben sollte.

Leider fehlt dem Band ein Personen- und Stichwortregister: bei einer wissenschaftsgeschichtlichen Arbeit dieses Umfangs und Informationsgehalts mehr als eine läßliche Sünde.

Udo Mischek

* * *

Volker Gottowik (Hrsg.): Die Ethnographen des letzten Paradieses. Victor von Plessen und Walter Spies in Indonesien. Bielefeld: Transcript 2010. 359 S., 64 s/w-Abb., 1 CD

Imaginationsfreiräume, die sich um den Begriff Paradies ranken, beinhalten ferne Sehnsuchtsorte absoluter Glückseligkeit, an denen man den grauen und problembeladenen Alltag im Tausch für ein rauschhaftes Leben in üppiger exotischer Umwelt hinter sich lassen kann. Von solchen oder ähnlichen Vorstellungen waren viele Künstlerinnen und Künstler und Wissenschaftlerinnen und Wissenschaftler um die Wende zum 20. Jahrhundert und in den darauffolgenden Jahrzehnten erfüllt. Ihnen erschien die westliche Welt in Folge von rascher Industrialisierung, Erstem Weltkrieg, Massenarbeitslosigkeit und Weltwirtschaftskrise als unselig und damit wenig inspirierend. Ihre Sehnsucht nach scheinbar friedlicheren Lebensformen, fern der eigenen *müden* Zivilisation, trieb viele zum Auszug aus Europa, um ihr privates Glück woanders zu finden.

Die Dokumentationen, die aus solchen Reisen in Form von Fotografien, Gemälden oder Reiseberichten entstanden, lockten weitere Suchende vor allem auch nach Indonesien und dort auf die Insel Bali, die in der Folge zur *Insel der Götter und Dämonen* und zu einem der *letzten Paradiese* stilisiert wurde. Zu den Begeisterten gehörten auch die beiden Deutschen Baron Victor von Plessen (1900–1980) und Walter Spies (1895–1942), die sich etwa zeitgleich ab den 1920er Jahren im indonesischen Archipel bewegten und dabei tiefe Spuren hinterließen. Diesen beiden vielschichtigen Persönlichkeiten wurde nicht nur eine Tagung an der Goethe-Universität Frankfurt im Jahre 2006 gewidmet, sondern auch die vorliegende Publikation mit wissenschaftlichen Texten, persönlichen Niederschriften, Fotografien sowie einer Musik-CD.

Der von Volker Gottowik herausgegebene Band gliedert sich in drei Abschnitte. Im ersten werden die beiden Protagonisten Baron Victor von Plessen und Walter Spies mit ihrem vielfältigen Schaffen und ihrer Beziehung zueinander vorgestellt. Daniel Börsch zeichnet die einzelnen Lebensstationen von Plessens im Kontext seines künstlerischen Schaffens nach.[1] Eindrücklich schildert er dessen Zugewandtheit zur lokalen Bevölkerung während der Dreharbeiten zu den beiden Filmen „Insel der Dämonen“ (1930/31) und „Die Kopfjäger von Borneo“ (1935/36), bei denen von Plessen sich als Produzent (Bali) beziehungsweise als Regisseur (Borneo) eingehend mit den Gegebenheiten vor Ort auseinandersetzte und nicht mit einem fertigen Drehbuch ankam, es umsetzte und wieder ging (16).[2]

Auszüge aus von Plessens „Malaiischem Tagebuch“ werden hier zum ersten Mal veröffentlicht.[3] Wie zu seiner Zeit üblich, beschrieb er dokumentarisch, was er sah und wem er begegnete, nicht jedoch, was er fühlte oder wonach ihm persönlich der Sinn stand (35). So zeigt sich der Mensch von Plessen leider nicht in diesen Notizen. Trotz des Versuchs der Wahrung einer persönlichen Distanz, romantisierte auch von Plessen die Anderen, die er zu den „anständigsten Menschen der Welt“ erklärte (37). Dabei vermittelt dieses Kapitel einen sehr schönen Eindruck seiner Beobachtungen und seines lebendigen Schreibstils.

In seiner „Hommage à Walter Spies“ konzentriert sich Steffen Schleiermacher vor allem auf Spies und dessen musikalisches Oeuvre, das in der Literatur beinahe gegenüber Spies als Ethnograph und Maler in Vergessenheit geraten ist.[4] Bali war die letzte Station von Spies auf der Suche nach seinem Paradies mit den „schrankenlos Glücklichen“ (58). Dort wurde er zum Moderator zwischen den Kulturen und pflegte einen internationalen Treffpunkt von Wissenschaftlern und Kunstschaffenden, die er vielseitig beriet und begleitete. Spies teilte viele Begabungen und Interessen mit seinem jahrzehntelangen Freund und Kollegen von Plessen. Die Höhen und Tiefen dieser Verbindung werden von Horst Jordt mittels bisher unveröffentlichter Briefe dargelegt.[5]

Volker Gottowik stellt Spies in eine Reihe von vielen Suchenden, die vom Orient bis zur Südsee unterwegs waren, um ihr „exotisches Verlangen“ zu stillen (85).[6] Spies wirkte von 1927 bis 1942 als *cultural broker* (89) und prägte das Bild der Insel Bali gegenüber den ihn Besuchenden. Gottowik folgt in seinem Text unter anderem den Fragen, warum die Masken-Figuren des Barong zu einem „Signum und Emblem“ (91) balinesischer Kultur wurden, wie unter dem Einfluß von Spies das Maskendrama Calonarang in den 1930er Jahren entstand und welche Rolle die biographischen Lebenssituationen von Margaret Mead und Gregory Bateson bei ihrer Interpretation kultureller Praktiken aus psychoanalytisch-ethnographischer Sicht spielten.

Im Mittelpunkt des zweiten Abschnitts steht das Werk von Plessens und die visuelle Anthropologie am Beispiel von Film, Theater und Tanz. Wolfgang Fuhrmann unternimmt innerhalb der Dokumentarfilmgeschichte eine erste filmhistorische und filmästhetische Untersuchung der beiden Filme von Plessens.[7] Laut Fuhrmann stellen diese Filme ein Mittelding dar zwischen den erzählenden nicht-fiktionalen Filmen, wie sie seit den 1920er Jahren vermehrt gedreht wurden und einem Kulturfilm, der zugleich wissenschaftlich, belehrend und unterhaltend sein sollte (123).

Die Suche nach dem einfachen Leben mit ihrem Niederschlag in Presse, Kunst, Literatur sowie auch in Indonesien gedrehten Filmen thematisiert Gerlinde Waz.[8] Annette Hornbacher würdigt in ihrem Beitrag Antonin Artaud mit seinem avantgardistischen Theaterkonzept (147), welches bisher weitgehend ignoriert wurde.[9] Auf seiner Suche nach einer authentischen Form des Theaters als Alternative zum abendländischen Illusionstheater (153) glaubte Artaud, dies im balinesischen Tanzdrama – als einem Ritual mit unmittelbarer kathartischer Wirkung auf die Gesellschaft – gefunden zu haben. Das balinesische Tanzdrama wurde für Artaud zum Inbegriff des Körpertheaters überhaupt und sein Ansatz beeinflußte weltweit Generationen von Theaterschaffenden. Durch einen transkulturellen Vergleich mit dem japanischen Tanz Butoh betont Hornbacher die kritische Auseinandersetzung dieser Theaterschaffenden mit dem „herrschenden westlichen Menschen- und Weltbild" (165).

Gerhard Dressel stellt im Kapitel „Plessen factory" zunächst Umgangsformen und Schaffensbedingungen im Umfeld der damaligen Filmproduktionen vor, die von flachen Hierarchien, einer interdisziplinären Teamarbeit und effizientem Wirtschaften gekennzeichnet waren (179), um im Anschluß daran den Verlauf zweier studentischer Theaterproduktionen zu schildern, die Impulse aus Leben und Werk von Spies und von Plessen verarbeiteten.[10]

Nach den flüchtigen Medien wie Tanz und Theater widmen sich die ersten drei Kapitel des dritten Abschnitt dem Bemühen um Dokumentation und eine dauerhafte Fixierung des Mediums Musik. Susanne Ziegler setzt sich mit der Geschichte und Technik von historischen Tonaufnahmen in Indonesien im Berliner Phonogramm-Archiv, in der heutigen Abteilung Musikethnologie im Ethnologischen Museum Berlin, auseinander.[11]

Die Geschichte eines westlichen Aneignungsprozesses in Form eines musikalischen Ereignisses stellt Werner Kraus am Beispiel des javanischen Gamelan dar.[12] Kraus weist darauf hin, daß im 19. Jahrhundert die Möglichkeiten zur Dokumentation fürstlicher Musik noch beschränkt waren, da erst mit der Zeit eine Notenschrift für das eigene javanische Tonsystem entwickelt werden mußte. Es war die javanische Elite, die die Fixierung der Musik als eine politische Überlebensstrategie zur Anerkennung der Gleichwertigkeit ihrer klassischen Tradition mit europäischen Musiktraditionen (250, 256–257) förderte. In diesem Kontext tritt Walter Spies in die zweite Reihe hinter die österreichische und auf Java sozialisierte Musikerin und Komponistin Linda Bandaras (1881–1960) mit ihren frühen Bemühungen um die Dokumentation und Publizierung javanischer Musik. Ihre Arbeit diente der „javanischen Kultur in ihrem eigenen Kontext" (256) und war nicht für Europa gedacht.

Ausgehend von den Tonaufnahmen balinesischer Musik auf Wachszylindern von Friedrich Dalsheim im Phonogramm-Archiv verfolgt Kendra Stepputat die Entwicklungsgeschichte des Tanzes Kecak von den 1920er Jahren als Teil des Films „Insel der Dämonen" bis in die Gegenwart als Touristenattraktion.[13]

In den beiden letzten Beiträgen des dritten Abschnitts werden unterschiedliche Perspektiven zum Thema Kopfjagd behandelt. Beide Texte behandeln im weitesten Sinne Dokumentation, Aneignungsprozesse und Wandel von Traditionen. Den Topos Kannibalismus bei den Batak analysiert Dirk Lang nicht nur aus historischer und zeitgenössischer Perspektive, sondern auch aus westlichen, innerindonesischen und indigen batakischen Blickwinkeln.[14] Dabei geht es ihm in erster Linie um die emblematische Nutzung des Topos „zur Konstruktion von Differenz zwischen Eigenem und Fremden und zum innovativem Spiel im Kontakt der Kulturen" (288).

Hiltrud Cordes begab sich mit ihrem Team, den Spuren des von Plessen'schen Tagebuchs folgend, in den Jahren 2000 und 2002 auf die Insel Borneo, um noch Enkel beziehungsweise Zeitzeugen der damals am Film „Kopfjäger von Borneo" Mitwirkenden zu befragen.[15] Unter ihrem Hauptthema „Kontinuität und Wandel" (340) beschreibt Cordes nicht nur Reaktionen auf den von ihr vorgeführten Film von Plessens, sondern zitiert auch unterschiedliche indigene Bewertungen von Veränderungen von Traditionen.

Es wäre wünschenswert gewesen, den vorliegenden Band mit einer grafischen Darstellung der Lebensläufe der beiden Protagonisten Spies und von Plessen mit ihren verschiedenen Projekten und ihren vielfältigen Begegnungen und Kooperationen zu ergänzen. Darüber hinaus hätte eine Karte mit den Stationen der Handelnden in Indonesien das Nachschlagen einzelner Namen und Orte erleichtert und die sich kreuzenden Bewegungen in Zeit und Raum visualisiert; eine gemeinsame Bibliographie aller Beiträge hätte einen besseren Überblick unter anderem über die Schriften von Spies und von Plessen gegeben.

Im Hinblick auf die vielfältigen Begabungen von Spies ist es zu begrüßen, daß dem Buch eine Musik-CD beiliegt, die wie Schleiermachers Textbeitrag den Titel „Hommage à Walter Spies" trägt. Wie Gottowik schreibt, sollte dadurch der multimediale Charakter des Symposiums im Buch gewahrt werden (12). Bedauerlicherweise fehlen jedoch inhaltliche Erläuterungen zu dieser CD, die bereits 2003 produziert wurde. Eine kurze Einführung über die Auswahl der beteiligten Komponisten, die gespielten Stücke und ihren speziellen Bezug zu Bali und Walter Spies hätte diese CD sicher nicht nur Musik-Interessierten näher gebracht.

Obgleich das Buch laut den Kapitelüberschriften aus drei Abschnitten besteht, unterliegt es inhaltlich einer Zweiteilung: Von den 13 Autorinnen und Autoren haben sechs nicht an der Tagung gleichen Titels teilgenommen und ihre Beiträge speziell für diesen Band verfaßt. Daß es keinen direkten Zusammenhang zwischen den Autorinnen und Autoren der Tagungsbeiträge und den neu hinzu gebetenen gibt, ist daran erkennbar, daß letztere weder die beiden Personen Spies und von Plessen noch „das letzte Paradies" zum Hauptthema ihrer jeweiligen Texte machen. Sie erwähnen die beiden Namen zum Teil nur am Rande, um ihre eigene Forschungsprojekte zu Indonesien vorzustellen (so zum Beispiel Dirk Lang).

Daß Bali trotz der dort zu Beginn des 20. Jahrhunderts herrschenden Unterdrückung von westlicher Seite zum Paradies erklärt wurde, spielt vor allem in der Einleitung eine Rolle.[16] In ihr schreibt Gottowik, daß die Paradiesvorstellung der luxuriös Reisenden, die keine Berührung mit den alltäglichen Nöten der Lokalbevölkerung hatten, aufgrund von „Eifersucht" und „Konkurrenz" (11) vor Ort keine Erfüllung fand. Insofern verweist der Titel des Buches meiner Meinung nach nur unvollständig auf den komplexen Inhalt und führt den Leser beziehungsweise die Leserin zunächst auf eine falsche Fährte. Zutreffender wäre es gewesen, sich auf die von Gottowik in der Einleitung benannten „transkulturelle[n] Austausch- und Aneignungsprozesse" zwischen Europa, Nordamerika und der indonesischen Inselwelt (12) zu beziehen.

Insgesamt informiert der Band auf vielfältige Weise. Ich empfehle ihn als ein spannendes und sehr gut lesbares, ethnologisches Lesebuch zu interdisziplinären, historischen und aktuellen Projekten über die indonesische Inselwelt.

1 Daniel Börsch, „Maler, Ethnograph, Ornithologe, Filmemacher und Schriftsteller. Aus dem Leben des Baron Victor von Plessen" (21–37)

2 Dies geht aus dem „Grußwort" der Baronin Victoria von Plessen hervor (15–18).

3 Baron Victor von Plessen, „Malaiisches Tagebuch. Auszüge aus dem unveröffentlichten Manuskript" (39–53)

4 Steffen Schleiermacher, „Hommage à Walter Spies" (55–61)

5 Horst Jordt, „Zeugnisse einer Freundschaft zwischen Spies und von Plessen. Ein Blick in unveröffentlichte Briefe" (63–84)

6 Volker Gottowik, „Ein Ritual ohne Höhepunkt? Der Kreis um Walter Spies und die Deutung des *Calonarang*" (85–112)

7 Wolfgang Fuhrmann, „Optische Gemälde. Vorläufige Überlegungen zur Geschichte und Ästhetik des ethnographischen Films" (115–128)

8 Gerlinde Waz, „Zwischen Ethnographie und Poesie. Victor von Plessens ‚Südeseefilme' im Spiegel seiner Zeit" (129–145)

9 Annette Hornbacher „‚Ein Zustand vor der Sprache'. Artauds experimentelles Theater als transkultureller Entwurf zwischen baline-

sischem Tanzdrama und japanischen *Butoh*" (147–178)

[10] Gerhard Dressel, „*Plessen Factory*. Visuelle Anthropologie und multimediales Theater" (179–212)

[11] Susanne Ziegler, „Mit dem Phonographen unterwegs. Historische Tonaufnahmen indonesischer Musik im Berliner Phonogramm-Archiv" (215–240)

[12] Werner Kraus, „Benevolenter Orientalismus? Linda Bandaras Bemühen um die javanische Musik" (241–266)

[13] Kendra Stepputat, „The genensis of a dance-genre: Walter Spies and the *Kecak*" (267–285)

[14] Dirk Lang, „Von eigenen und fremden Kannibalen. Imagination und Projektion am Beispiel des Kannibalismus-Topos bei den Batak auf Sumatra" (287–318)

[15] Hiltrud Cordes, „Die Enkel der Kopfjäger. Zur Entstehungsgeschichte eines Dokumentarfilms" (319–347)

[16] Volker Gottowik, „Einleitung" (9–14)

Anette Rein

* * *

Adrienne Kaeppler: Holophusicon: the Leverian Museum: an eighteenth-century English institution of science, curiosity, and art. Altenstadt: ZKF Publishers 2011. 308 S., 916 Abb.

Im Jahre 1806 wurden die Sammlungen des Leverian Museum versteigert – die Auktion dauerte 65 Tage – und die 7733 Lose an 140 Käufer abgegeben. Darunter befand sich auch eine Panflöte aus Vanuatu (Neue Hebriden, Melanesien), die mit der Inventarnummer 1 in die spätere Sammlung des Museums für Völkerkunde in Wien aufgenommen wurde und zusammen mit 250 anderen Objekten den Grundstock der ethnographischen Sammlung innerhalb des Kaiserlichen Kabinetts des Naturhistorischen Museums in Wien bildete. Christian Feest hat die vorliegende Publikation als Direktor des Museums für Völkerkunde Wien unterstützt und gibt damit den auf die Cook-Reisen zurückgehenden Ethnographica des Wiener Museums für Völkerkunde eine ganz neue historische Dimension. Die dieser Publikation zugrundeliegende Recherche-Arbeit stellt aber in gewisser Weise auch das Lebenswerk von Adrienne Kaeppler dar, die vierzig Jahre lang die Geschichte der ethnographischen Objekte der Reisen von James Cook verfolgt hat. Daß das Wiener Museum für Völkerkunde eine hervorragende Cook-Sammlung besitzt, ist spätestens seit den Publikationen von Irmgard Moschner (1955, 1957) bekannt, und so war Wien auch eine der Stationen der letzten großen James Cook-Ausstellung, die außerdem in Bonn und Bern gezeigt wurde. Kaeppler hat seit ihrem ersten Besuch in Wien 1971 in minutiöser Kleinarbeit versucht, das Puzzle der über die ganze Welt verstreuten Cook-Sammlung zusammenzufügen und dabei oft manche Kuratoren in den verschiedenen Museen mit hartnäckigen Anfragen geplagt. Wer sie bei der Recherche-Arbeit in den Magazinen erlebte, konnte beobachten, welche Freude es ihr machte, eine weitere Nummer aufzuspüren. Daß sie dabei manchmal sehr spekulativ vorging und wegen mangelnder Sprachkenntnis, zum Beispiel des Deutschen, die Archive nicht überall nutzen konnte, sei hier nur am Rande erwähnt.

Das Buch ist in zwei Teile gegliedert: In einem ersten, hundert Seiten umfassenden Abschnitt stellt Kaeppler die Geschichte des Leverian Museum und der damit verbundenen Personen dar; der zweite, größere Abschnitt ist der Geschichte der Einzelobjekte gewidmet, die fast immer mit allerdings kleinen Abbildungen wiedergegeben werden. Ein Appendix und ein Index ergänzen das umfangreiche Werk.

Der ursprüngliche Name des Leverian Museum, Holophusicon, sollte darauf hinweisen, daß in ihm die Gesamtheit des „Natürlichen" gezeigt wurde. Sir Ashton Lever (1729–1788), ein Repräsentant der Aufklärung, hatte seine eigene Sammlung schon 1771 einer allgemeinen Öffentlichkeit zugänglich gemacht und 1775 das Holophusicon in London eröffnet. Es stand in Konkurrenz zum damals schon etablierten British Museum, hatte jedoch als eine private Einrichtung nicht die Unterstützung des wissenschaftlichen Establishments. Kaeppler weist mehrmals darauf hin, daß vor allem Sir Joseph Banks als Gegenspieler von Lever auftrat, so daß schon 1786 die ersten finanziellen Probleme auftraten.[1] Der größte Teil des Holophusicon bestand aus naturwissenschaftlichen Exponaten, die ethnographischen Objekte, die vor allem auf die zweite (1772–1775) und dritte (1776–1780) Reise von Cook zurückgingen, waren in der Minderheit. Dabei läßt sich ihre Geschichte nach der Auflösung des Leverian Museum 1908 relativ gut verfolgen, weil sie in ihrer Einzigartigkeit unverwechselbar sind. Im Gegensatz dazu erlangten die naturhistorischen Exponate zwar eine besondere Bedeutung als Typen, weil sie oft für eine erste Beschreibung und damit als Referenzobjekte für Klassifikationen dienten, sie lassen sich jedoch heute meist nicht mehr auffinden.

Als die Objekte des Holophusicon 1786 verlost wurden, war James Parkinson, nach dem die Parkinson-Krankheit benannt ist, der Gewinner der ca. 8000 Lose. Das Museum, das von nun an den Namen „Leverian" trug, zog nochmals innerhalb von London um, und die ethnographische Sammlung erhielt mehr Gewicht, weil die ersten Räume Gegenstände von den Sandwich-Islands (Hawai'i) zeigten. Zu diesem Bedeutungsgewinn trugen der Tod von James Cook und die darauf folgende Verherrlichung seiner Person bei. Es erschienen nun mehrere Publikationen über die Bestände des Museums,[2] noch wichtiger aber sollten die zahlreichen Zeichnungen beziehungsweise Aquarelle werden, die Sarah Stone von einzelnen Exponaten anfertigte. Es waren vor allem diese Zeichnungen – allein 348 Ethnographica aus dem Pazifik wurden abgebildet –, die eine Rekonstruktion der Sammlung ermöglichten. Eine andere wichtige Quelle für die Biographie der Objekte bilden die Auktionskataloge und annotierte Kopien von ihnen. Beim Holophusicon handelte es sich nicht mehr um ein Kuriositätenkabinett, obgleich es auch in ihm noch einen so genannten Monster-Raum gab: „The inventory of the Monster Room included 61 articles in spirits and 29 dried subjects" (47). Die Exponate hatten genaue Beschriftungen und Lever betrachtete sie als gleichwertig. Der Andrang des Publikums war sehr groß, teilweise kamen zwischen 1000 und 3000 Besucher pro Tag.

Kaeppler behandelt in einem eigenen Kapitel auch die naturhistorischen Gegenstände, bei denen besonders die Fossilien im Vordergrund standen. Das Museum war nicht nur für die Wissenschaftler, sondern für eine breite Öffentlichkeit gedacht und so ist der Einfluß des Holophusicon, beziehungsweise ab 1786 des Leverian Museum für die damalige Zeit gar nicht zu überschätzen, stand man doch an der Schwelle von einem immer noch vorhandenen stark religiösen zu einem naturwissenschaftlichen Weltbild, das in den Evolutionismus des 19. Jahrhunderts münden sollte. Hervorzuheben sind die Sammlungen von – angeblich mehr als 5000 – Präparaten von Vögeln, die für zahlreiche Publikationen der Zeit die Vorlage lieferten, und von größtenteils aus dem Pazifik stammenden Präparaten von Fischen, die Leopold von Fichtel ebenso für Wien angekauft hat wie die von 79 Säugetieren.

Insgesamt müssen unter den ca. 27000 Objekten des Leverian Museum etwa 3000 Ethnographica gewesen sein, von denen fast zwei Drittel aus der Südsee kamen. Kaeppler hat versucht, die Abnehmer der Auktion von 1806 sowie den heutigen Aufenthaltsort der Objekte zu identifizieren. Dies ist ihr in vielen Fällen gelungen, in anderen aber auch nicht. Kompliziert ist die Quellenlage auch deshalb, weil sich die Käufer der Auktion von 1806 zum Teil abgesprochen hatten und weil sie Gegenstände untereinander verkauften oder tauschten. Zahlreiche Objekte wurden 1819 bei einer berühmten Auktion des Museums Bullock weiter verkauft. William Bullock hatte um 1789 mit seiner Sammlung begonnen, die nach 1795 öffentlich und seit 1809 in London war; Bullocks Museum ist als eine Art Nachfolger des Leverian Museum zu sehen. Zu diesem Zeitpunkt war das Interesse an den Objekten von Cook in England schon geringer geworden, so daß 1819 auch ein großer Teil nach Deutschland verkauft wurde. Damals konnte der Zoologe Martin Hinrich Lichtenstein einige wenige Cook-Objekte für Berlin erwerben. Eine weitere Person jener Zeit ist George Humphrey, einer der damals wichtigsten Händler. Er besaß auch ein eigenes Museum, das nach ihm benannte und 1779 verkaufte Museum Humfredianum. Über Humphrey kam eine wichtige Cook-Sammlung nach Göttingen. Von dem Leverian Museum befinden sich heute Ethnographica vor allem in Wien, aber auch in Berlin, Leipzig, Neuseeland und USA. Kaeppler hofft, mit ihrem Buch dazu beizutragen, daß weitere Stücke lokalisiert werden können.

Im zweiten Teil des Bandes finden sich Kurzbiographien zu den einzelnen Objekten, basierend auf Verkaufskatalogen, Begleitpublikationen des Leverian Museum und Zeichnungen. In der Mehrheit handelt es sich um Ethnographica aus Hawai'i. Sofern möglich gibt Kaeppler zu jedem Objekt die Beschreibung des Leverian Museum; sie nennt die Los-Nummer; sie verweist auf den Ort, an dem es abgebildet wurde; sie schreibt, wer es zu welchem Preis gekauft hat und sie nennt die Maße sowie den heutigen Aufenthaltsort. Angaben zu den kulturellen Zusammenhängen der einzelnen Ethnographica macht Kaeppler jedoch nicht, aber das ist auch nicht das Ziel der vorliegenden Publikation. Zu den vielen Ergebnissen, die hier nicht alle aufgeführt werden können, zählt auch die noch weiter zu analysierende eigenartige regionale Streuung bei den Objekten aus dem Pazifik, von denen zum Beispiel ein großer Teil aus Tonga stammt. Darüber hinaus muß erwähnt werden, daß Kaeppler auch Gegenstände von der Nordwest-Küste Amerikas, vor allem vom Nootka Sound, behandelt, wo Cook einen ganzen Monat verbrachte. Dagegen ließ sich nur ein einziges Objekt aus Feuerland dem Leverian Museum zuordnen. Die Herkunft zahlreicher Ethnographica aus Nord-, aber auch aus Mittel- und Südamerika ist unbekannt. Lever besaß außerdem Exponate aus der Antike sowie aus Indien, Persien, der Türkei, Ägypten, China und Malaysia, aber auch europäische Objekte wie zum Beispiel Waffen. Von den aus der Türkei stammenden Gegenständen wie Kleidungsstücken und Waffen möchte ich hier nur die hervorheben, die auf den Reisenden Edward Wortley Montague, eine äußerst romanhafte Figur des 18. Jahrhunderts, zurückgehen.

Das vorliegende Buch ist eine Fundgrube für alle, die an der Geschichte von Museen arbeiten, für Ozeanisten und für an Hawai'i Interessierte. Manche der historischen und auch wissenschaftsgeschichtlichen Zusammenhänge werden von Kaeppler nur skizziert oder angedeutet, was allein schon wegen des Umfanges der Publikation nicht anders möglich war, aber gerade daraus ergeben sich Ansatzpunkte für viele weitere Fragestellungen und Detailuntersuchungen. Darüber hinaus wäre zu wünschen, daß Kuratoren und andere an den Sammlungen arbeitende Wissenschaftler – ganz im Stile von Adrienne Kaeppler und auch von Christian Feest – in Zukunft die Sammlungen der Museen viel häufiger als bisher zu vergleichenden Studien aufsuchen. Dazu müßten diese Museen ihre Depots allerdings in einem weitaus größeren Maße zugänglich machen.

1 Banks hatte als Naturwissenschaftler an Cooks erster Reise (1768–1771) teilgenommen, doch seine überhöhten Forderungen führten dazu,

daß er bei Cooks zweiter Reise kurzfristig durch Johann Reinhold Forster und dessen Sohn Georg ersetzt wurde.

[2] Von den verschiedenen Publikationen sei hier nur auf die von Anthony Ella verwiesen (o.J.).

LITERATURVERZEICHNIS

ELLA, Anthony

o.J. *Visits to the Leverian Museum; containing an account of several of its principal curiosities, both of nature and art: intended for the instruction of young persons in the first principles of natural history.* London: Tabart and Co (1800?)

MOSCHNER, Irmgard

1955 „Die Wiener Cook-Sammlung, Südsee-Teil", *Archiv für Völkerkunde* 10:136–253

1957 „Die Rindenstoffe der Wiener Cook-Sammlung", *Archiv für Völkerkunde* 12:144–171

Markus Schindlbeck

* * *

Larissa Förster: Postkoloniale Erinnerungslandschaften. Wie Deutsche und Herero in Namibia des Krieges von 1904 gedenken. Frankfurt am Main: Campus 2010. 392 S., 45 Abb.

Mit ihrer Dissertation „Postkoloniale Erinnerungslandschaften", die auf mehreren ethnographischen Feldforschungen im Zeitraum von 1999 bis 2004 beruht, gibt Larissa Förster einen Einblick in die Erinnerungskultur von herero- und deutschsprachigen Namibiern in Bezug auf den Kolonialkrieg von 1904. Sie schildert nicht nur die jeweiligen Erinnerungspraktiken von herero- und deutschsprachigen Namibiern, sondern untersucht auch Berührungspunkte und Verflechtungen zwischen den entsprechenden Erinnerungskulturen.

Regionaler Schwerpunkt der Forschung ist die Waterberg-Region, in der 1904 die militärischen Auseinandersetzungen zwischen deutschen Kolonialisten und Herero stattfanden. Hauptgründe des Krieges waren koloniale Gewalt und ungerechte Behandlung der Afrikaner in nahezu allen sozialen und wirtschaftlichen Bereichen sowie deren Benachteiligung in Bezug auf Landrechte, welche zentral für Försters Untersuchungen ist. Auch nach der Landreform läßt sich eine recht eindeutige Tendenz in der Landverteilung feststellen, die sich seit hundert Jahren praktisch nicht verändert hat: Im Westen der Waterbergregion befindet sich kommerzielles Farmland, welches vor 1904 im Besitz von Herero, Damara und Afrikaanern war – heute wohnen dort fast ausschließlich deutschsprachige Namibier, im östlichen Gebiet hingegen leben hauptsächlich farbige Namibier. Auch noch nach hundert Jahren sind die beiden Gemeinschaften praktisch getrennt voneinander, wobei es aber eine geringe Anzahl von „Grenzgängern" gibt, die sich in beiden Regionen gleichermaßen bewegen. Diese „Grenzgänger" ermöglichten Förster einen besseren Einblick in Verflechtungen zwischen den beiden Erinnerungskulturen, da sie die einzigen Personen sind, die auch die Erinnerungspraktiken der jeweils anderen Seite kennen und so ein holistischeres Bild der Gesamtsituation geben können.

Das erste Kapitel bietet eine Einleitung in die Thematik. Zunächst erläutert Förster ihre Fragestellungen, Methoden und Hindernisse sowie deren Überwindung. Weiterhin werden ein historischer Abriß sowie ein Überblick zu aktuellen Tendenzen in der Region gegeben. Die neueren Entwicklungen deuten auf eine weitere Annäherung der beiden untersuchten Gruppen in Bezug auf wirtschaftlichen und sozialen Kontakt hin. Außerdem stellt Förster die beiden Sprachgemeinschaften vor, um einen Eindruck der Lebensumstände zu vermitteln. Zum Schluß dieses Kapitels erläutert Förster alle zentralen Begrifflichkeiten. Dabei spielt der im Titel verwendete Begriff „Erinnerungslandschaften" darauf an, daß sich die Resultate der Geschichte der beiden Gemeinschaften in Landschaft, Wohnverteilung und landwirtschaftlichen Besitztümern manifestieren.

Das zweite Kapitel veranschaulicht, wie die geographische und soziale Segregation den Zugang zu Erinnerungsorten bestimmt, die Erzählstruktur prägt und somit auch die Erinnerungskultur insgesamt gestaltet. Deutschsprachige Namibier gedenken ihrer gefallenen Helden am Fußplateau des Waterberg an einem deutschen Soldatenfriedhof und üben dort eine Art Totenglorifizierung aus, wohingegen die Herero in Ohamakari der Opfer gedenken, was auch eher den tatsächlichen Kriegsschauplätzen entspricht. Eine Schlacht am Waterberg gab es in diesem Sinne nicht. Der Krieg war eher von Scharmützeln in der gesamten Waterbergregion und besonders in der Umgebung von Ohamakari gekennzeichnet. Daß die deutschsprachigen Namibier den Friedhof als Gedenkplatz zur Heldenverehrung gewählt haben und daß die Herero hingegen in Ohamakari ohne derartige Glorifizierungen auskommen, mag nach Auffassung der Verfasserin unter anderem daran liegen, daß die Kampfgebiete für die Herero nicht nur auf den Krieg hinweisen, weil Ohamakari kein reiner Erinnerungsort wie der Soldatenfriedhof am Waterberg, sondern auch ein Ort des Alltags ist. Außerdem beschreibt das zweite Kapitel detailliert, wie sich die Geschichte und das Gedenken an den Krieg auf die Geographie auswirken, denn auch heute noch leben die beiden Gruppen weitgehend voneinander getrennt. Weiterhin wird deutlich, daß es zwar auch gemeinsame Erzählungen (etwa von einzelnen Geschehnissen und Orten) gibt, daß aber grundsätzlich von den „Anderen" gesprochen wird. – Die gesellschaftliche Struktur ist zweigeteilt und wird auch so wahrgenommen und in den Erzählungen repräsentiert. Das zeigt sich auch in der Sprache beziehungsweise in der Benennung von Orten. Förster erwähnt die deutschen und die hererosprachigen Formen dieser Benennungen (zum Beispiel „Hamakari" und „Ohamakari"), was das Lesen ihres Werkes zwar bei den entsprechenden Stellen etwas ermüdend werden läßt, aber die sprachlichen Differenzen gut hervorhebt.

Im dritten Kapitel verdeutlicht Förster den Wandel der Erinnerungskulturen anhand zweier Gedenkfeiern zu den Geschehnissen in Hamakari beziehungsweise Ohamakari. Interessant ist hier, daß die deutschsprachigen Namibier wesentlich früher, nämlich bereits 1905, begannen, der „Schlacht am Waterberg" zu gedenken. Die Herero hingegen veranstalteten erst in den 1960er Jahren Gedenkfeiern zum „Gefecht von Ohamakari". Förster arbeitet in diesem Kapitel die Geschichte und den Wandel der Gedenkfeiern ebenso heraus wie die jeweiligen Unterschiede und Verflechtungen. Dabei ist wichtig, daß die Herero immer wieder auf den Genozid hinweisen und daß ihre Erinnerung eher den gegen sie gerichteten Verbrechen und den Opfern gilt als „ihren" Helden. Die deutschsprachigen Gedenkfeiern richteten sich dagegen eher auf die „deutschen Helden". Dies änderte sich jedoch mit der Zeit, so daß sich die beiden Kulturen mittlerweile zumindest in Bezug auf das Gedenken angeglichen haben.

Försters Schlussbetrachtungen fassen das gesamte Thema nochmals zusammen und ermöglichen einen Ausblick auf die kommenden Entwicklungen in der Region. Dabei ist interessant, daß bei den Gedenkfeiern 2004 kaum noch von einem Krieg, sondern eher von einem Völkermord gesprochen wurde, was ein Resultat aus hundert Jahren Erinnerungswandel darstellt. Trotz dieses Wandels bleiben die beiden Kulturen jeweils für sich und sie nähern sich nur langsam an. Bei dem erwähnten Erinnerungswandel handelt es sich lediglich um einen ersten Schritt in

Richtung kultureller Annährung und Verflechtung.

Insgesamt gelingt es Förster, die Unterschiede, aber auch die Gemeinsamkeiten zwischen den beiden Erinnerungskulturen darzustellen, außerdem gibt sie insgesamt einen guten Einblick in die Geschichte der Region und der jeweiligen Erinnerungslandschaften. Weiterhin ist ihre Arbeit nicht nur für Kultur- und Sozialwissenschaftler interessant, sondern auch für junge Ethnologen lesenswert, da sie mit erfreulicher Selbstreflexion und Ausführlichkeit die Methoden ihrer Feldforschung erläutert. Förster hält sich mit ihrer eigenen Meinung zurück und gibt den Stimmen der Gesprächspartner genügend Raum. Ihr Buch ist ein gelungenes, selbstreflektiertes und informatives Werk, das trotz der Menge an Literatur zu Namibia einen innovativen Blickwinkel bietet.

Geraldine Schmitz

* * *

John L. Comaroff und Jean Comaroff: Ethnicity, Inc. Chicago: Chicago University Press 2009. 234 S., 15 Abb.

In den vergangenen beiden Jahrzehnten waren die Themen kulturelle Identität, Kulturerbe sowie *cultural property* und *intellectual property* im ethnologischen Diskurs außerordentlich präsent. Sozial- und Rechtswissenschaftler versuchten, die von Michael Brown gestellte Frage „Who owns native culture“ zu beantworten.[1] Doch alle Bemühungen, das Wissen und die Traditionen indigener Gruppen vor der Patentierung durch global agierende Unternehmen zu schützen und diesen Gruppen zugleich eine Möglichkeit zu bieten, selbst aus ihrer Kultur Wert zu schöpfen, warfen weitere Fragen auf: Wer gehört einer „indigenen Kultur“ tatsächlich an, wer besitzt die entsprechenden Traditionen und Errungenschaften und welche Rechte und Pflichten sind mit diesem Besitz verknüpft? Das Buch „Ehnicity, Inc.“ von Jean und John Comaroff führt nun diese Debatte weiter und geht vor allem auf die Vermarktung von Kultur und Ethnizität ein.

Nach einem kurzen Prolog führen die Autoren im zweiten Kapitel („Three or four things about ethno-futures“) einige Beispiele für die Vermarktung ethnischer und lokaler Herkunftsbezeichnungen an, beispielsweise schottische Produkte, die international unter einem gemeinsamen „Schottland-Label“ verkauft werden oder den touristischen Internetauftritt der Shipibo in Peru.

Darauf folgt im dritten Kapitel („Questions of theory“) der theoretische Abschnitt, der den größten Teil des Buches einnimmt. Die „Questions of theory“ bilden den Ausgangspunkt für die spätere Analyse und liefern einen historischen Rückblick auf die Auseinandersetzung mit der Kommerzialisierung von Kultur, beginnend mit Theodor W. Adorno, über Walter Benjamin bis hin zum gegenwärtig vieldiskutierten Dilemma des Urheberrechts, das darin besteht, zum einen die geistige Leistung eines Schöpfers zu entlohnen, zum anderen aber auch die Gesellschaft von dieser Leistung profitieren zu lassen. Anschließend setzen sich die Comaroffs mit Konzeptionen von Ethnizität auseinander, wobei sie sich bemühen, den Schwerpunkt von der politischen Komponente von Ethnizität zu deren wirtschaftlicher und identitätsstiftender Rolle zu verschieben. Weiterhin thematisieren sie die Bildung von Identität im Kontext von Politik und Staat. Hier gehen sie näher auf die veränderte Einstellung von Minderheiten gegenüber der gängigen Rechtsprechung ein. Die einst negative Wahrnehmung der Funktion von Gesetzen, meist bedingt durch deren Nutzung zur Legitimation von Repressionen, hat sich ihrer Ansicht nach besonders durch die Aktivitäten von Menschenrechtsgruppen im späten 20. Jahrhundert zum Positiven gewandelt. Mit „lawfare“ (56) wird ein Terminus eingeführt, der für das Erstreiten von Rechten vor Gericht steht, wobei dieses Erstreiten den Comaroffs zufolge für den „ethno-preneur“ das probate Mittel zur Durchsetzung seiner Interessen darstellt (56).

Das vierte Kapitel („Commodifying descent, American-style“) stellt Strategien des „identity marketing“ vor. Die aufgeführten Beispiele zeigen, wie *Native Americans* beispielsweise durch einen genetischen Nachweis Landansprüche generieren, um auf dem entsprechenden Boden Casinos zu bauen, die ihren Stämmen Geld einbringen. Auf der anderen Seite erwähnen die Comaroffs die Zia Pueblo, deren Sonnensymbol unter anderem in der Flagge von New Mexico Verwendung findet. In den 1990er Jahren meldeten die Zia einen Anspruch auf ihr geistiges Eigentum an dem Sonnen-Logo an und gewannen vor Gericht, so daß für die Benutzung dieses Logos seitdem Lizenzgebühren fällig werden. Die Autoren unterscheiden diejenigen Gruppen, die ein „ethno-enterprise“ (74) bilden, von denen, die bereits bestehende *labels* als Eigentum geltend machen und damit ihre kulturelle Identität zum Ausdruck bringen.

In fünften Kapitel („A tale of two ethnicities“) werden diese beiden Formen des Ethno-Unternehmens anhand von zwei südafrikanischen Beispielen – den San und den Bafokeng – näher untersucht. Vor dem Fazit erläutern die Comaroffs im sechsten Kapitel („Nationality, Inc., Divinity, Inc., and other futures“) weitere Formen der Inanspruchnahme von Rechten an Kultur, beispielsweise den Versuch, Eigentumsrechte auf Teile des Islam geltend zu machen.

Der essayistische Charakter von „Ethnicity, Inc.“ macht es dem Leser leicht, die Argumentation der Autoren nachzuvollziehen und ihren nicht selten provokanten Schlußfolgerungen zunächst ohne weiteres zuzustimmen. So stellen die Comaroffs sicher zu Recht fest, daß die Reduktion von Ethnizität auf eine politische Dimension deren Charakter nicht gerecht wird (45). Sie lassen jedoch unerwähnt, daß die politische Stellung vieler indigener Gruppen oft so marginal ist, daß diese Gruppen nur über sehr eingeschränkte Möglichkeiten zur Vermarktung ihrer „ethnischen Identität“ verfügen. Dennoch, und das konstatieren die Comaroffs mit Hilfe des Begriffs Homo juralis sowie mit eigenem Erstaunen, scheinen sich einige Prinzipien von Markt und Recht auch dort durchzusetzen, wo sie zuvor eher geschadet als genutzt haben (56–58).

Die Autoren stützen sich bei der Erläuterung ihrer Thesen zum *identity marketing* zunächst auf vielfältige Beispiele aus Nordamerika, um sich dann detailliert auf Fallbeispiele aus ihrer Feldforschung in Südafrika zu berufen. Auf diese Weise gelingt es ihnen, zu zeigen, daß das Phänomen der vermarkteten Ethnizität nicht auf Amerika beschränkt ist. – Den Vorteil des *identity marketing* benennen die Comaroffs selbst:

> empowerment. In the postcolony, it connotes privileged access to markets, money, and material enrichment. In the case of ethnic groups, it is frankly associated with finding something essentially their own and theirs alone, something of their essence, to sell. In other words, a brand (15).

Die Bildung einer Marke ist nicht mehr und nicht weniger, als die bisher beste Möglichkeit für eine Ethnie, das Recht an der Vermarktung einer kulturellen Errungenschaft oder Tradition wahrzunehmen – ähnlich dem Urheberrecht und dem Kulturerbe, jedoch ohne deren Beschränkungen. Denn das Urheberrecht erlaubt indigenen Gruppen zwar den Schutz eines Werkes für maximal siebzig Jahre nach der Anmeldung, danach verfällt dieser Schutz jedoch. Dabei ist insbesondere die stetige Veränderung und Lebendigkeit von Kultur bemerkenswert, wie das Beispiel von balinesischen Tänzen zeigt, die nur für

Touristen entwickelt, später jedoch aufgrund ihrer Relevanz mit einer sakralen Funktion versehen wurden (24)

Doch auch außerhalb der Diskussion um *identity marketing* bietet „Ethnicity, Inc." provokante Perspektiven für ein Fach, dessen Vertreter traditionell dazu neigen, „die edlen Wilden" vor der ökonomischen Ausbeutung in Schutz nehmen zu wollen. Statt dessen werden indigene Gruppen als selbständige und selbstbewußte Akteure in einem globalen Markt präsentiert. Die Autoren zeichnen somit ein optimistisches Bild von Kultur als Ware, ohne Fragen nach Authentizität aufkommen zu lassen, aber auch ohne zu verkennen, daß mit diesem Bild die Richtung in eine „brave neo[liberal] world" (150) vorgegeben ist.

Sie präsentieren auf nur 150 Textseiten eine fundierte und zugleich kurzweilige Analyse, die sich primär an Leser aus dem sozialwissenschaftlichen Umfeld richtet, aber auch für Rechtswissenschaftler nützlich sein kann. Damit leisten die Comaroffs einen wichtigen Beitrag zur Debatte um den Besitz von Kultur und Identität.

[1] Michael Brown: Who owns native culture? Cambridge: Harvard University Press 2003

Tom Simmert

* * *

Hadumod Bußmann: „Ich habe mich vor nichts im Leben gefürchtet". Die ungewöhnliche Geschichte der Therese Prinzessin von Bayern (1850–1925). München: C.H. Beck 2011. 2. durchges. u. verb. Auflage. 346 S. 51 Abb., 4 Ktn., 2 Stammtafeln i. Text

Der mutige Satz im Titel, der an Deutsche, die außer Gott nichts fürchten, erinnert, soll der bayrischen Hochadligen Therese Prinzessin von Bayern auf dem Sterbebett über die Lippen gekommen sein, nach dem Zeugnis der die Schwerkranke betreuenden Schwester Kolumbiana. Das filigrane Lebensbild, das die Münchener Literaturwissenschaftlerin und Publizistin Hadumod Bußmann nach den gründlichen Vorarbeiten der Ethnologin Evi Neukum-Fichtner in dem nun in zweiter Auflage erschienenen Buch nachzeichnet, vermittelt allerdings nicht das Bild eines weiblichen Haudegen, sondern das einer ebenso hochwohlgeborenen, feinsinnigen wie praktisch veranlagten Dame, die anstelle der früh verstorbenen Mutter dem Vater und Prinzregenten Luitpold (1821–1912) nach dem Tod des „Märchenkönigs" Ludwig II. (1886) zur Seite steht, die eine unerfüllte Liebe zu dem für geisteskrank erklärten „Schattenkönig" Otto (1848–1916) bis zu ihrem Tod 1925 im mittlerweile republikanischen München hegt und die sich von der strengen Hofetikette in den letzten Dekaden der Wittelsbacher immer wieder auf Fernreisen erholt. Noch für 1914 hatte sie eine Weltumrundung geplant und die Expeditionskisten schon nach Genua verschickt, als der Kriegsausbruch alles zunichte machte und sie stattdessen in ihrem Lindauer Sommersitz ein Lazarett einrichtete und sich über die Prahlereien der hohen Militärs aufregte.

Die Biographie hält sich eng an das Tagebuch und das „biographische Material" der schreibfreudigen Prinzessin; alle wichtigen Ereignisse und Stimmungen werden von dieser selbst berichtet und kommentiert. Bis zum schmerzlichen Tod der Mutter (Auguste von Toskana) waren das für die erst Dreizehnjährige vor allem Bildungserlebnisse – Therese lernte unter anderem elf europäische Sprachen – und Tiergeschichten, später die Gründung von Freundschaften, das Verhältnis zu ihrem Beistand heischenden Vater sowie zu den drei den aristokratischen Normen vollauf genügenden Brüdern, die genannte Liebe zum 1878 entmündigten Vetter Otto, die Abwehr aufdringlicher Heiratskandidaten („da ich hässlich bin…") und eine einsame Sehnsucht nach der Ferne: „Ich bin zu einem Sonderling gestempelt worden u. als solcher habe ich eine Unbeschränktheit der Handlungen, die ich als gewöhnlicher Mensch nie hätte erlangen können" (83).

Nach der ersten Fernreise, noch unter brüderlichem Schutz, nach Tunesien und Spanien schafft Therese mit dem Aufsatz „Ausflug nach Tunis" (in: Jugendblätter 26:545–571 [1880]) das Sprungbrett zur Reiseschriftstellerin, gefördert von der Historikerin Charlotte Blennerhasset, geb. von Leyden (1843–1917), mit der sie eine innige, gleichwohl asymmetrische Freundschaft verbindet. Mit dreißig Jahren gelingt ihr dann die erste eigenständige „Expedition" nach Skandinavien, wie bei allen folgenden Unternehmungen mit Reisemarschall, Hofdame und Diener als Stammbesetzung. Als Inkognito wählt sie „Gräfin Elpen"; damit „konnte ich untertauchen in der Menge" (119). Auch die acht Jahre später erscheinende Publikation (Über den Polarkreis. Leipzig: Brockhaus 1889) – wie auch die folgenden – unterschreibt sie mit einem Pseudonym, das allerdings wesentlich durchsichtiger ist: Therese von Bayer. Die Schilderungen, in denen sie ihre Begeisterung für wilde Gebirge und stürmische See auslebt, begründeten nach Bußmann den Nordlandbezug des wilhelminischen Deutschland mit.

Die nächste Reise, 1882 nach Russland, wird noch intensiver vorbereitet und von der Freundin Olga Konstantinowa Romanowa (1851–1926), einer mit König Georg I. von Griechenland verheirateten Zarennichte, unterstützt. Hauptziel ist die Kunst- und Gewerbeausstellung in Moskau. Nach einem kurzen Abstecher nach St. Petersburg fährt die Reisegesellschaft in den Süden, mit dem Pferdewagen in die Steppen der Kosaken und Kalmücken, schließlich über die Krim und Odessa nach Hause. In dem 1885 erschienenen Russlandbuch (Skizzen aus Rußland. Stuttgart: Cotta) läßt Therese ihrer Bewunderung für die russischen Zustände freien Lauf: Nichts von Rückständigkeit, dafür vorbildliches Schulwesen, gerade für Mädchen, viele Ärztinnen, andererseits auch ein wohltuender Kontrast zu den „beengenden Schranken unserer Hyperzivilisation" (117).

Ab 1886 muß ihr Vater den Thron für den über alles geliebten Vetter Otto verwalten, der in Fürstenried in psychiatrischer Verwahrung lebt. Therese zieht mit dem Regenten in die Münchener Residenz und bereitet ihre erste Südamerikareise vor. Diesmal wird der Diener zum Insektenfänger ausgebildet und die Hofdame an der Platten-Kamera angelernt, während der Marschall (jetzt Albert von Speidel) wieder die – allerdings komplizierter gewordene – Logistik bewältigen muß. Wie Bußmann schreibt, konnte die ohnehin wohlhabende Adlige als Äbtissin des Münchener „Damenstifts zur heiligen Anna" über zusätzliche Mittel aus dessen Stiftungsfond verfügen. Die Reisegruppe erregte unter Brasilianern viel Aufsehen: „Denn, dass Damen nur aus Interesse für Land und Leute eine so beschwerliche Reise unternehmen könnten, schien ihnen geradezu unerhört" (149). Aus Angst vor Malaria und Masern vermeidet man Sonnenlicht, Bäder im Freien und Obstverzehr. Es gibt eine abenteuerliche Einbaumfahrt zu den Botokuden, im Süden stehen aber soziale und wirtschaftliche Einrichtungen sowie Museen auf dem Programm. Schließlich machte Therese dem letzten Kaiser von Brasilien, Dom Pedro II., ihre Aufwartung, wozu das Inkognito gebrochen werden mußte. Therese staunte über die lockere Hofetikette, empfindet den dann

1889 abgesetzten Kaiser als ebenso polyglott wie gebildet und widmet ihm ihr 1897 erscheinendes Brasilienbuch (Meine Reise in den Brasilianischen Tropen. Berlin: Reimer).

Die Weltausstellung in Chicago 1893 gibt den Anlaß für eine Reise nach Nordamerika. Theresa begeistert sich für die dort gebotenen Völkerschauen und für Chinatown in San Francisco; ihre Indianerromantik scheint aber ziemlich enttäuscht worden zu sein – erst recht in Mexiko, wo der Habsburger Max 1867 erschossen worden war und wo Therese einen sie bestehlenden Indianer in die Flucht schlagen muß. Die Besteigung des Popocatépetl wird wegen ihrer Bronchitis kurz unterhalb des Gipfels abgebrochen. Ihr Fazit in Oaxaca: „Wenn man bedenkt, was für Kunstwerke diese alten Indianer geschaffen u. in welchem herabgekommenen Zustand dasselbe Volk sich heute befindet, so könnte man melancholisch werden" (163).

Fünf Jahre später folgt die zweite Südamerika-Reise, ganz in der Nachfolge des verehrten Vorbilds Alexander von Humboldt. Der gerade ausgebrochene Krieg zwischen Spanien und USA um Kuba behindert die Ankunft, dann aber bringt das Programm reiche Ernte – Therese dachte immer an die Münchener Museen – und der von Dr. Pettenkofer empfohlene Wasserfilter bewährt sich prächtig. Gerade wenn die Bequemlichkeit der Schiffskajüte immer wieder mit den Strapazen des Überlandwagens oder des Sattels (Damensitz!) eingetauscht wird, erweist sich Thereses Gesundheit als überaus robust. Sie bilanziert: „Es war im Ganzen eine rechte Zigeunerexistenz ohne Spur von Bequemlichkeit, aber unsagbar anziehend in ihrer Ursprünglichkeit" (172). Der Ertrag bestand aus Beispielen von 429 Pflanzenarten, 929 Tierarten, drei Versteinerungsarten, 51 Gruppen von Ethnographica, vielen Schädeln und Knochen (vor allem aus Peru), schließlich auch lebenden Tieren wie einem Rüsselbär, Papageien und einem Gürteltier. Therese durfte einigen neu entdeckten Spezies ihren Namen schenken und veröffentlichte 1908 die zwei Bände „Reisestudien aus dem Westlichen Südamerika" (Berlin: Reimer).

Als das Münchener Völkerkundemuseum mit der erwähnten Beute beglückt werden sollte, sprach der Direktor Max Buchner (1846–1921) von einem „peruanischen Ungewitter", verursacht von einer „bairischen [sic] Pallas Athene", deren Büste bereits in der Akademie aufgestellt sei: „ein klassisches Vorbild schwieriger Schönheit" (195). Der Undankbare wurde 1907 in den vorzeitigen Ruhestand versetzt und mußte Lucian Scherman Platz machen. Schon zehn Jahre zuvor war Therese Ehrendoktor der Universität geworden und weitere zehn Jahre früher Ehrenmitglied der Königlich Bayerischen Akademie der Wissenschaften. Bis zu ihrem Tode nahm die Autodidaktin an Kongressen von Anthropologen, Ethnologen, Geographen, Botanikern, Zoologen und Psychologen teil. Als sie nach dem Ableben ihres Vaters, des Prinzregenten Luitpold, von dem am Sterbebett der Mutter geleisteten Versprechen des fürsorglichen Tochterdienstes nach fast fünfzig Jahren entbunden war, gründete sie – wieder ins Palais Leuchtenberg zurückgekehrt – ein interdisziplinäres Gelehrtenkränzchen, dem auch Scherman angehörte.

Im Jahre 1916 schied die zuletzt fast sprachlose Liebe ihres Herzens, Otto I. von Bayern, aus dem Leben und am 7. und 8. November 1918 wurde der letzte Wittelsbacher, Thereses ältester Bruder Ludwig III., aus dem Land vertrieben. „Und welcher Undank des Volkes gegen ihn, der nur für sein Land gearbeitet hat..." steht jetzt im Tagebuch (250). Als die Räterepublik auch in Lindau eingeführt wurde, holt man Thereses Pferde ab und die alte Dame beginnt, das umfangreiche Anwesen in eigener Handarbeit zu erhalten. Den Ausgleichsfond von 1923 kommentiert sie mit den nüchternen Worten: Wir „waren in die Allgemeinheit zurückgetreten, aus der wir vor mehr als tausend Jahren herausgetreten waren, dem angestammten Volk durch viele Jahrhunderte Führer und Spitze zu sein" (259). Im Jahre 1923 bricht Thereses schon 1871 diagnostiziertes Lungenleiden mit Fieber und Husten hervor, zwei Jahre später treten diverse Lähmungen ein und beenden ihr Leben. Die Überführung nach München und Beisetzung in der Fürstengruft der Theatinerkirche gehen pompös über die Bühne.

Hadumod Bußmann ist mit dieser Biographie ein faszinierendes Portrait gelungen, das sich in seiner Unmittelbarkeit spannend liest und das auch in seinem geschmackvollen Äußeren mit zurückhaltenden Illustrationen, genauen Routenkarten und informativem Anhang als überaus gelungen bezeichnet werden darf. Da sieht man der Autorin gerne manche Überzeichnungen nach, etwa wenn sie Therese zur Pionierin der Reisefotografie (139) oder Vorreiterin der Verhaltensforschung (189) stilisiert. Ihre zwei Schlußfragen, warum Therese von der Geschichtsforschung übergangen worden sei und ob sie als Leitbild der Frauenemanzipation gelten dürfe, verdienen aber eine ernstere Diskussion. Letztere Frage glaubt die Biographin im Wesentlichen bejahen zu können, als ob glühende Vaterlandsliebe, auch im Ausland und im maschinellen Krieg, christlich-katholisch fundiertes Pflichtbewußtsein sowie Aufopferungswille in einer männlich geprägten Hierarchie und die lebenslänglich dienende Rolle an der Seite eines Mannes (den sie ersehnt, aber nicht bekommen hat) oder des Vaters (in der sie sich fünfzig Jahre bewährt hat) Ideale der Frauenbewegung gewesen wären. Zur ersten Frage sei die nicht konsultierte Bettina Beer aus deren gut recherchiertem Handbuch „Frauen in der deutschsprachigen Ethnologie" (Köln: Böhlau 2007) zitiert: „Über keine der in diesem Handbuch aufgenommenen Ethnographinnen gibt es so viel Literatur wie über Therese von Bayern. Schon zur Zeit ihres Wirkens wurde ihr mehr Aufmerksamkeit geschenkt als anderen reisenden Frauen" (23).

Bernhard Streck

Andrew Beatty: A shadow falls: in the heart of Java. London: Faber and Faber 2009. xvii + 318 S.

Der britische Ethnologe Andrew Beatty verbrachte ab 1992 zunächst 18 Monate und drei Jahre später noch einmal ein weiteres Jahr in einem Dorf mit dem fiktiven Namen Bayu – im Distrikt Banjuwangi, im äußersten Osten von Java. Als wissenschaftliches Ergebnis seiner Feldforschung erschien 1999 sein Werk „Varieties of Javanese religion: an anthropological account" (Cambridge: Cambridge University Press 1999). Hier bedient sich Beatty von einer ausführlichen Bibliographie bis zur Auseinandersetzung mit der einschlägigen wissenschaftlichen Literatur aller Möglichkeiten einer wissenschaftlichen Arbeit. In „A shadow falls" interessieren ihn nicht die „broad cultural patterns", die nach seinen Worten der Ethnologe sucht, vielmehr sieht er sich als Romancier, der sein Augenmerk auf die Verwobenheit der Menschen innerhalb eines kulturellen Rahmens richtet (x). Das Buch besteht aus 22 Kapiteln, von denen 16 Beattys ersten und sechs seinen zweiten Aufenthalt behandeln.

Schon die Einleitung läßt erkennen, welche Sorgen Beatty bedrücken. Findet er bei seiner ersten Feldforschung noch „a rice growing village on the slopes of a volcano, a people devoted to music and mysticism, a relaxed and easy way among men and women" sowie „an island, where people of radically different ideology – orthodox Muslims, Hinduized mystics and animistic peasants – managed to live together in harmony" vor, so ändert sich dieser Eindruck bei seiner zweiten Reise: Eine radikale Form des Islam hat Einzug in das Dorf Bayu gehalten, „pushing aside older traditions, disturbing an ancient pact that allowed ancestral spirits and pre-islamic deities a place among the prayer-houses" (ix). Ein Miteinander verschiedener Glaubensformen findet nicht mehr statt.

Beatty schildert in den einzelnen Kapiteln Szenen aus dem Dorfleben. Scheinbar zeitlose Episoden wie rituelle Feste, Heiraten, Geburten und Todesfälle stehen dem Wandel entgegen, den der von außen eindringende wahabitische Islam mit sich bringt. – Ob diese Religionsform der Schatten ist, der auf Java fällt?

Zumindest läßt der Autor keinen Zweifel daran, daß er die Form des Islam, wie sie Ende des 20. Jahrhunderts aus dem Mittleren Osten nach Java gekommen ist, für einen großen Spalter hält. Er schreibt: „[...] to be a Muslim in Java meant, increasingly, to deny your Javanese self, and that meant renouncing everything you had grown up to be, all that connected you with others outside of your abstract faith" (5).

Als ein Beispiel für die entsprechende Trennung innerhalb einer Familie dient dem Autor Katri, die Tochter seines Nachbarn Untung. Dieser wird von Beatty als „lay Muslim" bezeichnet (227), er ist gläubig, praktiziert aber nur bei bestimmten Festlichkeiten. Sehenden Auges läßt er zu, daß sich Katri immer mehr dem Islam zu- und damit von ihren javanischen Ursprüngen abwendet. „She did five prayers; she fasted. But the shadow play, the Javanese-Indian epics, poetry and dance held no attraction. The Javanese arts were old-fashioned and difficult; the dance was shameless" (229). – Damit nicht genug, Katri trägt auch noch ein Kopftuch.

Den Grund für die Distanzierung von den Eltern sieht Beatty nicht nur im wachsenden Einfluss des institutionalisierten, vom Staat geförderten Islam, sondern auch in den Fehlern, welche die Generation der Väter begangen habe. In ihrer Zeit seien Risse in der indonesischen sowie insbesondere in der dörflichen javanischen Gesellschaft aufgetreten. Hier spielt Beatty auf die Massaker an, die um den 30. September 1965 in Indonesien stattfanden. Nach einem Putschversuch und dem Tod von fünf Generälen starben zwischen 500 000 und einer Million Menschen, die von nationalistischen und moslemischen Mobs als angebliche oder tatsächliche Kommunisten verfolgt worden waren.

Beattys Erzählstil wechselt zwischen sachlicher Beschreibung und plastischer, bildhafter Schilderung von Personen und Situationen. Dabei fällt jedoch auf, daß er einen großen Bogen um die orthodoxen Moslems des Dorfes macht. Weder erfährt man Genaueres über ihr Vorgehen, noch sind ihre Charaktere so farbig geschildert wie die der anderen Dorfbewohner. Es scheint, als habe sich Beatty von ihnen ferngehalten und so ist seine Darstellung in diesem Punkt wenig ausgewogen.

Die Spannung zwischen wissenschaftlicher Beobachtung und literarischer Darstellung erlaubt es nicht, das an eine breite interessierte Öffentlichkeit gerichtete Buch eindeutig zu kategorisieren. Ein Glossar mit indonesischen Begriffen hilft dem Leser, ist jedoch unvollständig und muß deshalb innerhalb der einzelnen Kapitel immer wieder durch Anmerkungen ergänzt werden. Ein ausführliches Register erleichtert den Zugriff. Die Genauigkeit, durch die sich Beattys einfühlsame Beschreibungen auszeichnen, ist leider im Lektorat zu kurz gekommen. Wie sonst hätte es dazu kommen können, daß mehrfach im Text auf Fußnoten verwiesen wird, die sich nicht auf derselben Seite befinden?

Warum Beatty ohne Not Claude Lévi-Strauss und Bronislaw Malinowski anführt, ohne näher auf sie einzugehen (134), wird nicht ersichtlich, kann man doch von einem breiten Publikum kaum erwarten, daß es diese beiden Wissenschaftler und ihre Bedeutung für die Ethnologie kennt.

Beattys Schilderung gewährt tiefe Einblikke in die Gesellschaft eines javanischen Dorfes Ende des 20. Jahrhunderts sowie in deren Veränderung aufgrund innerer und äußerer Einflüsse. Der Autor versucht, einem breiten Publikum zu vermitteln, welche Folgen der Einzug eines rigiden Islams für die Bevölkerung von Java, für die muslimische Welt und darüber hinaus mit sich bringen könnte. Er tritt dabei nicht nur als Chronist sondern auch als Warner auf. Bedauerlich ist, daß der Autor zehn Jahre mit der Veröffentlichung dieses Buches gewartet hat.

Heiner Walenda-Schölling

* * *

Leif Manger: The Hadrami diaspora: community-building on the Indian Ocean Rim. New York and Oxford: Berghahn Books 2010. 220 pp.

In recent years several new studies on Hadrami communities in the Indian Ocean have been published.[1] Many of them are based on the research results of historians and philologists, the Arab diaspora having somewhat escaped the attention of social anthropologists (with the exception of the work of Engseng Ho [2004, 2006]) – quite surprisingly, considering the enormous economic success of this small, but visible group in the Indian Ocean Rim. Leif Manger's book successfully fills some of this gap. Professor of Social Anthropology at the University of Bergen in Norway, Manger has carried out field-work in Hadramawt (Yemen), India, the Sudan and Ethiopia.

The book is divided into seven chapters and an introduction. In the latter Manger gives an outline of previous research on Hadrami communities in the Indian Ocean Rim. Referring to the usual push and pull factors which caused Hadrami migration from the eighteenth to the twentieth centuries, he stresses that their settlement in East Africa, India or insular Southeast Asia cannot be fully understood in isolation from global developments. Colonialism, the transformation of traditional economics and the spread of modern technologies had a tremendous effect on Hadrami migrants and the roles they played in African and Asian states and societies. Manger also gives a general introduction to diasporic consciousness and Hadrami identity, which he discusses in more detail in Chapter 5.

The first four chapters present case studies of diasporic Hadrami groups. Chapter 1 deals with Singapore, Chapter 2 describes Hadrami activities in Hyderabad (India), Chapter 3 discusses the Hadrami diaspora in the Sudan, and Chapter 4 analyses the Hadrami community in Ethiopia. While Chapter 1 relies on primary and secondary sources, Chapters 2, 3 and 4 also rely on Manger's fieldwork. Although the section on Singapore only summarises information that has already been known to historians for quite some time, it fits quite well into the overall picture of the Hadrami business and social communities that Manger presents in the first four chapters. Chapters 3 and 4 in particular give a fascinating account of the functioning of the Arab diasporic network which covers the whole area between the Swahili Coast and the Moluccas. The Hadrami communities in the port cities of the Red Sea in Ethiopia and the Sudan have so far been rather neglected. Thus Mangers analysis here allows new insights for further research on Hadrami groups.

In my view the most interesting part of the book is Chapter 5 which meticulously discusses identity-building and the maintaining of a Hadrami consciousness in the diaspora. It is refreshing that Manger did not get caught in the trap of equating 'identity' with 'ethnicity', as happens nowadays in so many historical and anthropological studies. Instead, he describes identity building as an on-going process of reproduction and highlights its dynamics. Besides 'Hadrami', several other forms like ethnic, religious, political, linguistic and kinship identities are of importance, e.g. 'Arab', 'Yemeni' or simply 'Muslim' (109–110). Kinship ties are of great importance for the Hadrami identity in the diaspora, especially as many Hadrami have married local women whose offspring belong to the clan of their father (113–123). Furthermore the generational perspective also is important in defining the identity of individual Hadrami.

Chapter 6 relates the arguments of the previous sections to social stratification in the Yemeni homeland, in particular to the highly influential group of *sayyids* who claim descent from the Prophet Mohammed. Back in the 1950s Robert B. Serjeant (1957) wrote important studies on this privileged group in the religious and social hierarchy of Hadrami society. Manger analyses their function and social position in the light of more recent social theory. Chapter 7, finally, puts the Hadrami diaspora in a wider global context and serves also as a conclusion to the case studies and previous discussions.

Manger's book is an interesting account of the Hadrami diaspora in the Indian Ocean rim. His bibliography is exhaustive and includes archival sources from Singapore as well as Arab language materials. Unfortunately he has made no use of the extensive files on India, Singapore and the Sudan in the Public Record Office and British Library in London, which would allow even deeper insights on Hadrami identity formation. However, his case studies offer new insights and are well chosen. His analysis is detailed and convincing. The general arguments in Chapters 5, 6 and 7 are invariably strengthened by examples from developments in Singapore, India, the Sudan and Ethiopia. To sum up, this book is a well-written example of Scandinavian social anthropology and delivers a readable discussion of the identity formation of a well-known diasporic group.

[1] E.g. Abushouk and Ibrahim (2009), Feener (2004), Freitag (2003), Hartwig (2000), Jonge and Kaptein (2002).

References

ABUSHOUK, Ahmed Ibrahim and Hassan Ahmed IBRAHIM (eds.)
2009 *The Hadhrami diaspora in Southeast Asia: identity maintenance or assimilation?* Leiden: Brill

FEENER, R. Michael
2004 "Hybridity and the 'Hadrami diaspora' in the Indian Ocean Muslim networks", *Asian Journal of Social Science* 32(3):353–372

FREITAG, Ulrike
2003 *Indian Ocean migrants and state formation in Hadhramaut: reforming the homeland.* Leiden: Brill

HARTWIG, Friedhelm
2000 *Hadramaut und das indische Fürstentum von Hyderabad.* Hadramitische Sultanatsgründungen und Migration im 19. Jahrhundert. Würzburg: Ergon-Verlag

HO, Engseng
2004 "Empire through diasporic eyes: a view from the other boat", *Comparative Studies in Society and History* 46(2):210–246
2006 *The graves of Tarim: genealogy and mobility across the Indian Ocean.* Berkeley: University of California Press

JONGE, Huub de and Nico KAPTEIN (eds.)
2002 *Transcending borders: Arabs, politics, trade and Islam in Southeast Asia.* Leiden: KITLV Press

SERJEANT, Robert Bertram
1957 *The Saiyids of Hadramawt.* London: School of Oriental and African Studies

Holger Warnk

* * *

Echi Christina Gabbert und Sophia Thubauville (Hrsg.): To live with others: essays on cultural neighborhood in southern Ethiopia. With a preface by Günther Schlee. Köln: Rüdiger Köppe Verlag 2010. 355 S. (Mainzer Beiträge zur Afrikaforschung 27.)

Die ethnologische Beschäftigung mit dem Thema „Nachbarschaft" hat im südlichen Äthiopien seit Jahrzehnten ein fruchtbares Arbeitsfeld gefunden. Der vorliegende Sammelband stellt unter dem Leitmotiv der „kulturellen Nachbarschaft" die Region am unteren Omo-Fluss, die das Dreiländereck von Südsudan, Kenia und Äthiopien berührt, bildhaft als ein „ethnologisches Laboratorium" (Schlee, Preface, 9) der Modalitäten von Nachbarschaftsbeziehungen, Kontaktszenarien zwischen benachbarten Gruppen und Zusammenhangsketten dar. Angehörige kleiner pastoraler und agro-pastoraler Gruppen wie der Maale, Aari, Banna, Ts'amakko, Nyangatom, Ongota, Hamar, Bashada, Arbore/Hor, Kara, Wata Wando, Konso und Daasanetch bewegen sich in dieser kulturellen Nachbarschaft in einem inter-ethnischen Netz von hoher Dichte. In individuellen Interaktionen und Erinnerungen an Herkunft, Wanderung und Konflikt schließt die kulturelle Nachbarschaft die südäthiopischen Borana, weitere Gruppen im Norden Kenias (Turkana, Rendille, Samburu, Pokot) sowie die Mursi im Südsudan ein. Hinzu kommen neue Nachbarn: der Staat und seine Institutionen, entwicklungs-orientierte Nichtregierungsorganisationen (NRO), kommerzielle Farmen, Ethnologen, Touristen – und im Gefolge auch Reality-TV. „Modalitäten der Nachbarschaft" beziehen sich hier einerseits auf die realen Muster der sozialen und räumlichen Organisation von Nähe und Distanz (Migrationen und ethnische Neubildungen, Heirats- und Allianzpolitik, individuelle inter-ethnische Freundschaften, Tradition und Innovativität im Umgang mit Regeln), Kooperation, Konflikt und Gewalt (Regeln der Schaffung von Feindbildern und des Tötens). Auf der anderen Seite enthalten „Modalitäten" auch ideelle und kognitive Prozesse, das Wissen über Andere (in Form einer Art von lokaler Ethnographie) und lokale idiomatische Bezugnahmen auf dieses Wissen. Dies wiederum dient der Rhetorik, mit der Eigenes und Fremdes, Frieden und Krieg, sowie die Durchlässigkeit und Schließung von Grenzen verhandelt werden.

Die Mehrheit der Beiträge entstand im Rahmen des Mainzer Sonderforschungsbereiches „Kulturelle und sprachliche Kontakte. Prozesse des Wandels in historischen Spannungsfeldern Nordostafrikas/Westasiens". Hier dominiert methodisch die durch Ivo Strecker, den Spiritus Rector der Mainzer Forschung in Südäthiopien, geförderte kognitive Anthropologie mit der starken Betonung der Dokumentation und Analyse selbst-repräsentierender (Ethno-)Rhetorik. Mehrere der Beiträge sind in Auswertungen von thematischen Workshops im Rahmen des South Omo Research Centers (SORC) in Jinka entstanden, an dem Wissenschaftler und Vertreter der lokalen Bevölkerungsgruppen teilgenommen und emische Konzepte des Miteinander-Lebens diskutiert haben. Alle Beiträge beruhen darüber hinaus auf langjähriger intensiver Feldforschung in der Region. Da einige der Autoren mittlerweile ihre Arbeiten am Hallenser Max-Planck-Institut für ethnologische Forschung in der Abteilung „Konflikt und Integration" (Günther Schlee) fortgesetzt haben, wird die kognitive Anthropologie um konfliktethnologische Ansätze ergänzt. Schließlich fließen auch Forschungsergebnisse von zeitlich parallel in Südäthiopien arbeitenden japanischen Ethnologen ein.

Ivo Strecker und Jean Lydall liefern mit ihren Beiträgen zwei nützliche Markierungen der empirischen Spannweite von „kultureller Nachbarschaft", deren Pole einerseits unmittelbar lokale Beziehungen, andererseits die Beziehungen zu den neuen Nachbarn bilden. Bei Streckers Blick auf Modalitäten von Nachbarschaftsbeziehungen steht die kognitive Verarbeitung von Nachbarschaft als Wissen über Ähnlichkeit und Differenz, Nähe und Distanz sowie als Potential von Frieden und Krieg im Mittelpunkt.[1] Strecker beschreibt am Beispiel der Hamar und seines langjährigen Hauptinformanten Baldambe die Entwicklung lokaler ethnographisch interessierter Strategien, die in Modalitäten von Nachbarschaftsbeziehungen münden. Sie betreffen systematische Besuche von Nachbarn, verbunden mit dem Sammeln von materiellen Artefakten und Informationen über Gemeinsamkeiten und Unterschiede, mit der Systematisierung von Austausch und mit der rhetorischen Verarbeitung des Wissens über Nachbarn in Aussagen zu Frieden und Krieg. Das Verhältnis der Hamar zu ihren Nachbarn hat einen symmetrischen Charakter. Solche Nachbarn haben Respekt voreinander.

Demgegenüber bezieht sich Jean Lydall auf asymmetrische Beziehungen, wenn sie sich wandelnde Interaktionsmuster zwischen Vertretern des „paternalistischen" Nachbarn, des Staates Äthiopien, und den Bevölkerungsgruppen am südlichen Omo beschreibt, die seit der Eingliederung der Region in das äthiopische Reich im ausgehenden 19. Jahrhundert kollektiv abwertend als „Shankilla" („blacks") klassifiziert wurden.[2]

Klassische Betrachtungen des äthiopischen Herrschaftssystems assoziieren den Staat mit dem äthiopisch-orthodoxen Christentum sowie den nördlichen Staatsvölkern der Amhara und Tigray. Deren selbstverständliche kulturelle Dominanz war Teil der Herrschaft. Im Beitrag von Gebre Yntiso, der den Einfluß der amharischen Sprache auf die Sprache der Aari (Aaraf) untersucht, kommt dieses asymmetrische Kontaktverhältnis deutlich zum Ausdruck.[3] Unter den gegenwärtigen Bedingungen des ethnischen Föderalismus tritt der Staat lokal in Form kulturell getünchter indirekter Herrschaft auf. Gleichwohl hält die paternalistische Tradition an, etwa wenn alleine für die Hamar über einhundert kulturelle Praktiken als „harmful cultural practices" gekennzeichnet werden (Lydall, 330–331). Das System von Nachbarschaft am südlichen Omo wird nun durch neue Grenzlinien ergänzt, die Modernisierungsmaßnahmen, staatliche Infrastruktur (Allwetterstrassen, Verwaltungszentren, Schulen sowie Schulbesucherinnen und -besucher) und private Einrichtungen (Märkte und Konsumverhalten, NROs, kommerzielle Farmen) markieren. Die neuen Grenzlinien reichen tief in das Innere der alten Nachbarschaften. Dort tragen sie wiederum zur Stärkung antagonistischer Wir-Gruppenbildungen entlang von Traditionslinien bei (Lydall, 331; Gabbert, Introduction, 24).

Eine Variante der Reiselust und ethnographischen Neugier, die Streckers Hauptinformanten Baldambe auszeichnete, behandelt Felix Girke in seiner Betrachtung ritualisierter Freundschaftsbeziehungen (*beltamo, bondfriendship*) als dyadischen Beziehungen in inter-ethnischen Kontakten.[4] Vor allem in Bezug auf die viehhaltenden Gruppen der Region hat man solche ritualisierten Freundschaftsbeziehungen zwischen Nichtverwandten lange als Nützlichkeitsbeziehungen gesehen, über die Herden aufgeteilt und Risiken gestreut werden konnten.[5] Tadesse Wolde Gossa hat in einer Revision dieser Sicht darauf hingewiesen, daß speziell dyadische interethnische Freundschaftsbeziehungen bei Fehlen eines regulären Handels den Austausch zwischen begehrten Gütern (z.B. Kaffee, Getreide, Tonwaren) über weite Strecken regeln können.[6] Girke weist mit Beispielen der Arbore, Hamar und Kara auf einen ergänzenden Zusammenhang hin: Der entfernte Freund und die von ihm gewährte Gastfreundschaft entspricht einem dem Alltag enthobenen Ideal, das unter den Bedingungen von konkurrierender Rivalität unter den Männern in der eigenen Gemeinschaft nicht gelebt werden kann. *Beltamo*-Freundschaften stellen regional eine Form kulturellen Heldentums dar und tragen zu Prestige bei. Dabei gibt es mit den neuen Nachbarschaften (Verwaltung,

NGO, Tourismus) auch neue Möglichkeiten für Individuen sich dort einzubinden und dies schafft zugleich den negativ besetzten Status des Störers (*durye*), der mit Polizei und Bürokratie assoziiert wird.

Ein klassisches ethno-historisches Thema der Region ist die Frage der Ethnogenese und der Zusammensetzung aktueller Gruppen. Susanne Epple beschreibt die Bashada als eine rezente ethnische Gruppe, die sich aus unterschiedlichen zugewanderten Clans benachbarter Gruppen (Aari, Banna, Hamar, Arbore, Kara) zusammensetzt.[7] Jede dieser Einheiten pflegt eine ritualisierte kollektive Erinnerung an die eigene Herkunft. Der Gründungsmythos der Bashada insgesamt ist eng mit den Fähigkeiten eines wandernden rituellen Spezialisten (*bitta*) verbunden, in einem (im Sinne Igor Kopytoffs) räumlichen „institutionellen Vakuum" Anerkennung zu finden und andere Migranten an sich zu binden. Die unterschiedliche Herkunft der Teile der Bashada schlägt sich in flexiblen Identitätsprozessen nieder, die je nach Kontext auch unterschiedliche Beziehungen zu den Nachbarn erlauben.

Graziano Savá und Sophia Thubauville haben mit den Ongota eine Kleinstgruppe vor Augen, die ganz in ihre Nachbarn aufzugehen droht.[8] In ihrer mündlichen Geschichte beziehen sich die Ongota auf die Maale, aber sprachlich fallen sie gänzlich aus dem Rahmen, denn ihre Sprache läßt sich weder klar dem omotischen, noch dem kuschitischen oder dem nilo-saharischen Sprachraum zuordnen. Am gefälligsten von allen Hypothesen über die sprachliche Struktur der Ongota-Sprache (Iifa ongota) ist vielleicht die eines „kreolisierten Pidgin" (Savá und Thubauville, 227), geschaffen als Funktion der kommunikativen Bedürfnisse von Menschen, die aus ganz unterschiedlichen sprachlichen Zusammenhängen in einer Nachbarschaft zusammen kommen.

Ausgehend von den Arbore/Hor betrachten Echi Gabbert und Yukio Miyawaki unterschiedliche Facetten des historischen Wandels nachbarschaftlicher Beziehungen und interethnischer Routinen.[9] Auf den ersten Blick erscheinen die Arbore als äußerst konservativ in der Einhaltung von abgrenzenden Regeln. Hinter der Betonung der Beibehaltung von Differenz findet jedoch eine schleichende Transformation statt. Dabei betonen Gabbert und Miyawaki das innovative Vorangehen von einzelnen politischen *chiefs*, etwa in der Praxis interethnischer Ehen und Familiengründungen, die im Nachhinein auch von rituell verantwortlichen Ältesten als mit der Tradition konform erklärt werden. Eine Hungersnot in den 1990er Jahren hatte zusammen mit der generellen Beziehung zu den „neuen Nachbarn" eine katalysatorische Bedeutung für den Wandel des Verhältnisses zwischen den Arbore und den klassisch als „Jägerkaste" bezeichneten Wata Wando. Betrachtet man ältere Ethnographien zu dieser Region, dann erscheinen die Wata Wando in der Regel als marginale Allianzpartner und als rituelle Dienstleister der Borana-Oromo. Die Beiträge von Gabbert und Miyawaki machen deutlich, wie stark ethnographische Fixierungen immer nur Momentaufnahmen eines sich wandelnden sozialen und geographischen Raumes sind, der in diesem Falle durch einen besonderen Kontrast von Ebene und Bergketten geprägt ist. Allianzpartner erscheinen metaphorisch wie Berge, die sich gegenseitig schützen, die aber auch wechseln können.

Zwei Beiträge beschäftigen sich ausdrücklich mit ethnischen Grenzziehungen zwischen Nachbarn unter den Bedingungen des ethnischen Föderalismus in Äthiopien. Toru Sagawa nimmt das Beispiel der Beziehungen zwischen Daasanetch und Turkana auf.[10] Überbrückende Beziehungen zwischen ethnischen Gruppen sind in dem dort herrschenden Typus indirekter Herrschaft nicht vorgesehen, entsprechen aber dem Typus der Interaktion zwischen Daasanetch und Turkana während der Regenzeit, in der man gemeinsame Weiden genutzt und gegenseitig seine Herden geschützt hat. Sophia Thubauville thematisiert inter-ethnische Heiraten zwischen den Maale, Aari und Banna.[11] Einerseits besteht bei diesen Gruppen eine Disparität in Bezug auf die bei den Aari und den Banna erwarteten, bei den Maale aber verpönten Brautpreiszahlungen, andererseits wird der Austausch von Frauen als politisches Mittel der lokalen Friedenssicherung geschätzt.

Kulturhistorisch ist Südäthiopien für ein stark ritualisiertes „Töterwesen" (Tötung von Großwild und Menschen) bekannt, über das Männer ihr lokales Prestige und ihren Status erhöhen können. Diese Problematik wird sowohl vor historischem, wie vor aktuellem Hintergrund behandelt. Nicole Poissonier betrachtet das Töterwesen ethno-historisch und aus der Perspektive der Konso.[12] Aus dieser Sicht ist das ideale Opfer mit der Einheit von respektiertem Nachbarn und respektiertem Feind verknüpft. In beidem drückt sich der gleiche Maßstab von Anerkennung aus.

Modifiziert wird diese Position durch den methodisch als erweiterte Fallstudie und als soziales Drama aufgebauten Beitrag von Yvan Houttemans.[13] Hier geht es darum, wie Feindschaft und das Recht zu Töten als eine offene Kategorie definiert und kontextuell verändert wird. Normativ dürfen die Daasanetch keine Daasanetch töten, aber die Grenzen zwischen dem Innersten und dem Äußersten der Nachbarschaft sind interpretationsoffen. Obwohl bei den Daasanetch die Gruppenzugehörigkeit über die patrilaterale Abstammung geregelt wird, lassen inter-ethnische Heiraten in Konfliktfällen auch matrilaterale Ansprüche auf Gruppenzugehörigkeit zu. Dann werden interne Tötungsfälle logisch erklärbar. Ebenso tragen neue Nachbarn zu Verschiebungen zwischen dem Inneren und dem Äußeren bei. Auch Schulbesucher aus der eigenen Gruppe können zum Fremden werden, wenn man sie als Agenten des Staates, das heißt als *durye*, klassifiziert. Die mögliche individuelle Komplexität der Motive für Tötungen wird durch Regeln des Tötens und des Entschuldungsrituals (*nyogich*) in weniger komplexe Modalitäten der Verhaltensinterpretation sowie der gesellschaftlichen Reintegration kanalisiert.

Shauna LaTosky und Lauren Nakali dokumentieren am Beispiel der Produktion von Reality-TV bei den Nyangatom eine neue, über Tourismus und Medienrepräsentation vermittelte globalisierte Nachbarschaft, wobei Nakali als einheimischer Kontaktmakler zwischen Produktionsteam und lokaler Bevölkerung gewirkt hat.[14] Hier wird nach der Produktionserfahrung deutlich die Enttäuschung darüber ausgedrückt, daß dem globalen Nachbarn die wesentlichen Eigenschaften des respektvollen kulturellen Nachbarn fehlen: Zeit und Anstrengung, Wissen und Verständnis von der Nachbarschaft zu entwickeln. Bei diesem neuen Typus asymmetrischer Beziehungen kreiert das Reality-TV ein eigenes Bild der Nyangatom.

Auf der theoretischen Ebene arbeitet sich die einführende Zusammenfassung der Beiträge dem Gegenstand gemäß am soziologisch-ethnologischen Nachbarschaftsbegriff ab. Das ist nicht völlig befriedigend. So gibt es einen Bezug auf Arjun Appadurai, der mit einem offenen Nachbarschaftsverständnis operiert, innerhalb dessen man im Idealfall konstruktiv auf die Gestaltung von Gemeinschaft und Lokalität einwirkt beziehungsweise „context generating" wirkt (Gabbert, Introduction, 14). Gleichzeitig wird Ferdinand Tönnies herangezogen, dessen Nachbarschaftsverständnis – vor dem Sündenfall von gesellschaftlichen Geld-Ware-Markt-Verhältnissen – von einer essentialistischen Gemeinschaftsvorstellung geprägt war (Gabbert, Introduction, 24). Zwischen beiden Argumentationen besteht eine große Spannweite. Insgesamt dominiert bei den Beiträgen eine konstruktivistische Perspektive im Sinne Appadurais, aber ganz ausdrücklich ist dies nicht. Ähnlich uneindeutig fällt der Umgang mit dem häufig affirmativ zitierten Fredrik Barth und der „ethnischen Grenze" auf, denn in der „kulturellen Nachbarschaft" geht es ja gerade nicht nur um die soziale Organisation der Grenze zwischen Nachbarn, sondern auch um den „kulturellen Stoff" innerhalb der Grenze(n). Überraschenderweise wird in keinem der Beiträge explizit der handlungstheoretische „Akteur" bemüht, obwohl hier implizit eine Fülle von Beispielen für das Verhältnis von Handeln und Strukturen beziehungsweise Normen vorliegt.

Empirisch bietet der Sammelband differenzierte Einblicke in Facetten eines regionalen Systems. Das Ganze der „kulturellen Nachbarschaft" erscheint nicht nur als Summe seiner Einzelteile, sondern als ein System, das in inter-ethnischen Kontakten gewisse Routinen und Sicherheiten garantiert, die die natürlichen und menschlichen Risiken in einer harschen Umwelt abmildern. Im Idealfall kennen sich Nachbarn und sie wissen über Differenzen, Spannungen und Überbrückungsmechanismen Bescheid. Gewalt bleibt lokal aus Interaktionen erklärbar und kann mit Hilfe von Beispielen aus der Vergangenheit erörtert sowie in Konfliktfällen in nachbarschaftlichen Friedensverhandlungen behandelt werden. Friedlichkeit und Gewalt bleiben auf diese Weise in einer systemischen Pfadabhängigkeit eingebettet, über die eine pathologische Spaltung in Form von totaler Gewalt verhindert wird (Gabbert, Introduction, 20–21). Einige der Autoren leiten aus dem nachbarschaftlichen Potential der spontanen Friedensschaffung den Wunsch ab, die entsprechenden Praktiken stärker in ein staatlich und NRO-vermitteltes „peace-building" einzubinden (Sagawa, Thubauville). Tatsächlich stellt sich die behandelte Region in den Augen professioneller Friedensvermittler, die im Dienste des ostafrikanischen Regionalpaktes Intergovernmental Agency on Development (IGAD) tätig sind, als „Ethiopian side of Karamoja Clusters" und damit als Synonym für neue Wildheit in Form von pathologischer Gewalt und krimineller Energie (Viehraub, Kleinwaffenverbreitung) sowie uneffektiver lokaler Verwaltung dar.[15] Die Perspektive der Bedrohung, die hier dem ostafrikanischen Prototyp eines unregierten Raumes zu entwachsen scheint, wird dagegen in „To live with others" nicht vermittelt und das ist sympathisch. In der kulturellen Nachbarschaft am südlichen Omo nimmt man im Gegensatz dazu eher Staat und Stadt als Ausgangspunkt für eine schleichende Anomie wahr (Girke, 92). Damit stellt sich die Frage, ob sich diese divergierenden Perspektiven auf eine Region konstruktiv miteinander verbinden lassen oder ob sich aus einer solchen Verbindung nicht eine neue Variante paternalistischer Interventionen in eine kulturelle Nachbarschaft und einige ihrer kulturellen Praktiken ergäbe.

1 Ivo Strecker, „Modalities of cultural neighborhood: a view from Hamar" (29–45)

2 Jean Lydall, „The paternalistic neighbor: a tale of the demise of cherished traditions" (314–334)

3 Gebre Yntiso, „Language contact and its consequences in Ari" (268–267)

4 Felix Girke, „Bondfriendship in the cultural neighborhood: dyadic ties and the public appreciation in South Omo" (68–98)

5 Klassisch: Uri Almagor, Pastoral partners: affinity and bond partnership among the Dassanetch of South-West Ethiopia. Manchester: Manchester University Press 1978

6 Tadesse Wolde Gossa, „Entering cattle gates: trade, bond friendship, and group interdependence", Journal of Northeast African Studies 7(3):119–162 (2000)

7 Susanne Epple, „Culture, contact, and identity: the multiethnic composition of the Bashada of southern Ethiopia" (47–66)

8 Graziano Savá und Sophia Thubauville, „The Ongota: a branch of the Maale? Ethnographic, historic and linguistic traces of contact of the Ongota people" (213–235)

9 Echi Christina Gabbert, „Mountains for each other: insights into Arbore-Wara Wando relationships" (157–184); Yukio Miyawaki, „The interethnic relationship between the Hor and Ts'amakko" (186–212)

10 Toru Sagawa, „Local potential for peace: trans-ethnic cross-cutting ties among the Daasanetch and their neighbors" (99–127)

11 Sophia Thubauville, „Amity through intermarriage: some outcomes of a workshop on inter-

marriage between the Maale, Aari and Banna people of southern Ethiopia" (252–267)

[12] Nicole Poissonier, „Favourite enemies: the case of the Konso" (236–251)

[13] Yvan Houttemans, „Murder as a marker of ethnicity: ideas and practices concerning homicide among the Daasanetch" (128–156)

[14] Shauna LaTosky und Lauren Nakali, „The realities of reality TV in a Nyangatom village" (288–287)

[15] Vergleiche Bizusew Mershaw, Mapping of civil society organizations (CSOs) on the Ethiopian side of Karamoja cluster. Addis Ababa: CE-WARN/IGAD 2009.

Thomas Zitelmann

Paideuma 58:317–321 (2012)

LÁSZLÓ VAJDA (1923–2010)

Raimar W. Kory

Am 14. November 2010 verstarb in München László Vajda, emeritierter Professor am damaligen Institut für Völkerkunde und Afrikanistik, im Alter von 87 Jahren im Kreise seiner Familie. Vajda war bis zuletzt wissenschaftlich tätig, zwar infolge seines fortgeschrittenen Alters körperlich geschwächt, jedoch von uneingeschränkter geistiger Präsenz. Sein Tod hinterläßt – menschlich wie fachlich – eine große Lücke.

Vajda erblickte das Licht der Welt am 3. Februar 1923 in Budapest. Im Jahr 1941 immatrikulierte er sich an der dortigen Universität in den Fächern Geographie und Naturkunde. 1943 wechselte er zur Ethnographie, womit damals die ungarische Volkskunde gemeint war; ergänzend belegte er die Fächer klassische sowie ungarische Philologie. Von seinen Hochschullehrern beeindruckten den jungen Vajda vor allem der Ethnograph und Linguist Károly Viski (1882–1945) sowie der klassische Philologe und Althistoriker Károly Marót (1885–1963). Letzterer unterrichtete ihn nicht nur in Griechisch und Latein, sondern sensibilisierte ihn auch für die mitunter vielschichtigen Bedeutungsebenen antiker Schriften, und er weckte sein Interesse an Fragestellungen der vergleichenden Religionswissenschaft. Was den Einfluß von Károly Viski betrifft, so dürfte vornehmlich sein komparatistischer Ansatz einen bleibenden Eindruck bei Vajda hinterlassen haben. Von der Vorbildfunktion seiner beiden Hochschullehrer, vor allem in methodischer Hinsicht, zeugt nicht zuletzt die 1947 von Vajda abgeschlossene, später leider nur in Auszügen veröffentlichte Dissertation: eine religionsethnologische Arbeit mit dem Titel „Das ethnologische Problem der Obo-Haufen“ (1947). Bereits in diesem Werk begegnet man dem dezidiert historischen Ansatz, an dem Vajda fortan beharrlich festhalten sollte.

Nach der Beendigung seines Studiums wurde Vajda 1947 Lehrstuhlassistent bei Gyula Ortutay (1910–1978), und er unterrichtete Ethnographie und Ethnologie an der Universität Budapest. Diesen Lehrauftrag behielt er auch nach seiner 1948 erfolgten Berufung an das Ungarische Ethnographische Museum (Néprajzi Múzeum, Budapest), wo man ihn 1949 zum Leiter der gerade neu geschaffenen Überseeabteilung beförderte. Im Jahr 1956 mußte Vajda seine Heimat nach der Niederschlagung des ungarischen Aufstandes, an dem er sich aktiv beteiligt hatte, fluchtartig verlassen. Über Leipzig und Ostberlin erreichte er Westberlin, von wo er sich mit dem Flugzeug nach Frankfurt am Main in Sicherheit bringen konnte. Dort fand er dank der finanziellen Unterstützung der Deutschen Forschungsgemeinschaft schnell eine Anstellung als Assistent am Frobenius-Institut, welches zu dieser Zeit von Adolf E. Jensen (1899–1965) geleitet wurde. Ohne einen eigentlichen wissenschaftlichen Auftrag konnte er sich voll und ganz der eigenen Forschung widmen – in erster Linie der Durchsicht der umfangreichen hauseigenen Bibliothek.

Nach nur sechs Monaten verließ Vajda Frankfurt mit dem Ziel, sich im Fach Ethnologie zu habilitieren. Auf Anraten von Jensen wechselte er an die Ludwig-Maximilians-Universität München, genauer an das dort kurz zuvor neu gegründete Institut für Völkerkunde, dem Hermann Baumann (1902–1972) als Lehrstuhlinhaber vorstand. Während seiner Assistentenzeit (1957–1962) wurde Vajda mit dem Aufbau der Institutsbibliothek betraut und darüber hinaus hauptsächlich in die Lehre eingebunden. Nebenher verfaßte er eine umfangreiche Studie zum Thema „Untersuchungen zur Geschichte der Hirtenkulturen“, mit der er sich 1962 habilitierte. Zwei Jahre später ernannte man ihn zum Universitätsdozenten, 1968 wurde er zum Wissenschaftlichen Rat und nach weiteren zehn Jahren zum Professor berufen.

Bis zum Erreichen des Pensionsalters, aber auch noch nach seiner Emeritierung 1988 betreute er zahlreiche Abschlußarbeiten, grob geschätzt etwa vierzig bis fünfzig Doktor- und gut dreimal so viele Magisterarbeiten. In seinen Vorlesungen, Übungen und Seminaren beschäftige sich Vajda unter anderem mit verschiedenen Aspekten der Kulturgeschichte von Ostafrika, Inner- und Nordasien sowie mit bestimmten Ethnien aus Nordafrika und Südwestasien. Sein besonderes Interesse galt einzelnen arktischen und subarktischen Wildbeutergruppen Sibiriens sowie verschiedenen Nomaden- beziehungsweise Hirtenvölkern Mittelasiens. Daneben wurden Themen aus dem Bereich der „Völkerkunde der finnisch-ugrischen Sprachfamilie“ behandelt. Thematisch beschäftigte sich Vajda mit Fragen der Forschungsgeschichte, der Religionsethnologie sowie der allgemeinen und vergleichenden Wort-, Erzähl-, Symbol-, Ritual- und Mythenforschung. Weitere Lehrveranstaltungen galten Problemen der Ethnogenese-Forschung, verschiedenen Motiven und Faktoren des Kulturwandels, der Analyse ethnologisch relevanter Schriftquellen aus der Antike, dem Mittelalter und der Frühen Neuzeit sowie schließlich der Beziehung des Menschen zu verschiedenen wildlebenden oder bereits domestizierten Tierarten.

Vajda stellte stets hohe Ansprüche an sich und seine Studierenden, die er häufig ebenso wie Kollegen in seiner Münchner Wohnung empfing. Dort schien er inmitten seiner beeindruckenden Bibliothek zu fast allen kulturgeschichtlich relevanten Fragen auf Anhieb verläßliche Antworten parat zu haben. Manchen Gästen, die besonders an konkreten Details interessiert waren, gewährte er außerdem Zugang zu seiner berühmten, über Jahrzehnte gepflegten und systematisch ausgebauten Karteikartensammlung – einer riesigen Datenbank, die zahlreiche Exzerpte und weiterführende bibliographische Angaben zu verschiedenen Aspekten seiner weit gespannten Forschungsgebiete enthielt.[1]

Aufgrund seiner stark interdisziplinär ausgerichteten Arbeitsweise stand Vajda in engem Dialog mit Vertretern benachbarter Fachrichtungen. Daraus entwickelten sich gelegentlich gemeinsame Lehrveranstaltungen und so unterrichtete er zusammen mit dem Prähistoriker Georg Kossack (1923–2004), dem Japanologen Klaus Antoni (geb. 1953), dem Historiker Gert Robel (geb. 1927), den Sprachwissenschaftlern Kurt Schier (geb. 1929) und Heinrich Beck (geb. 1929) sowie den Vorderasiatischen Archäologen Leo Trümpelmann (1931–1989) und Peter Calmeyer (1930–1995).

Gerne folgte Vajda der Aufforderung, bestimmte Kolleginnen und Kollegen mit Festschriftbeiträgen zu ehren, dabei beklagte er aber zuweilen den Umstand, daß er seine Ideen wegen der festgelegten Abgabetermine nicht fertig ausgereift zu Papier habe bringen können. So bezeichnete er zum Beispiel seine umfassende und zunächst für eine Festschrift zu Ehren von Annemarie Schweeger-Hefel vorgesehene Studie über den sogenannten „Monosandalos-Formenkreis" als „einen ersten, notgedrungenermaßen flüchtigen Überblick" (1989:132). Diese Bescheidenheit und Zurückhaltung im Ziehen voreiliger Schlüsse wirkte sich nachhaltig auf die publizistische Aktivität Vajdas aus, da er zwar stets viel las, exzerpierte, sammelte und verglich, sich jedoch nie dem Diktat unterwarf, Aufsätze wie am Fließband herzustellen. Von „Schnellschüssen" solcher Art, die er recht häufig als „ahistorisch" oder „perspektivlos" einzustufen pflegte, fühlte er sich provoziert – ebenso von Forschungsvorhaben und Tagungsbeiträgen, die ihm als wenig durchdacht erschienen.

Zu den wichtigsten älteren Veröffentlichungen Vajdas zählen meiner Ansicht nach neben zwei Auszügen aus seiner Dissertation (1948, 1955) und der 1968 in gekürzter Form publizierten Habilitationsschrift seine Aufsätze „Zur phaseologischen Stellung des Schamanismus" (1959), „Traditionelle Konzeption und Realität in der Ethnologie" (1964a), „Aspekte des Paria-Problems" (1964b), „Zur Frage der Völkerwanderungen" (1973) sowie „Ruchlose und heidnische Dinge" (1979). Von den nach seiner Emeri-

1 Vergleiche Richtsfeld (2011:10–11) sowie Fejős und Vajda (2006:34–35).

tierung vorgelegten Publikationen sei hier nur auf die folgenden Studien verwiesen: „Greuelmärchen und Wunderland-Geschichten im Dienste des Fernhandels“ (1995), „‚Ich bin nicht ich selbst‘. Maske und Maskenwesen in Afrika“ (Kecskési u. Vajda 1997), „Wir-Gruppen und Fremdgruppen“ (Vajda 1999a), „Reflexionen zu Roger Sandalls Buch gegen die romantische Anthropologie“ (2004) sowie „Die Adonisgärten und das Wunder der Keimung“ (2008).[2]

Eine Würdigung des Verstorbenen bliebe unvollständig, würde man nicht auch seine menschliche Seite hervorheben. Vajda war zeitlebens ein politischer, nicht nur an der Wissenschaft interessierter Mensch. In persönlichen Gesprächen beeindruckte er durch seine humanistische Bildung sowie durch feinsinnigen Humor und liebenswürdigen Charme. Mit vielen seiner früheren Studenten und Kollegen blieb er auch nach der Emeritierung in Kontakt, verfolgte ihren beruflichen Werdegang und stand ihnen gerne mit Rat und Tat zur Seite. Diese kollegiale und freundschaftliche Verbundenheit honorierten seine akademischen Weggefährten zum Beispiel dadurch, daß sie Vajda mit insgesamt drei Festschriften bedachten: Zum 65. Geburtstag widmete man ihm 1988 den ersten Band der „Münchner Beiträge zur Völkerkunde“, im Jahre 1999 erschien anläßlich des 75. Geburtstages eine von Xaver Götzfried, Thomas O. Höllmann und Claudius Müller herausgegebene Sammlung von insgesamt 22 Texten des Jubilars (Vajda 1999b), und ein im Eigenverlag erschienener Sammelband mit mehr als dreißig Beiträgen wurde Vajda im Zuge der Feierlichkeiten zu seinem 85. Geburtstag im Jahre 2008 überreicht.

Am 14. November 2010 verstarb László Vajda nach einem arbeitsreichen und erfüllten Leben. Allen, die ihn näher kannten und sich ihm verbunden fühlten, wird er als ein vorbildlicher Wissenschaftler und als ein vornehmer Mensch in Erinnerung bleiben.

Literaturverzeichnis

FEJŐS, Zoltán und László VAJDA

2006 „‚Én tulajdonképpen történésznek tartom magam‘. Fejős Zoltán interjúja Vajda Lászlóval („‚As a matter of fact I think myself for a historian‘. Zoltán Fejős interviews László Vajda“)“, *Tabula* 9(1):15–39

[2] Siehe auch die Auflistung der zwischen 1943 und 1999 veröffentlichten Schriften Vajdas (Vajda 1999b:543–551) sowie die Zusammenstellung aller seiner nach 1999 erschienenen Publikationen (Richtsfeld 2011:13–14).

KECSKÉSI, Maria und László VAJDA

1997 „‚Ich bin nicht ich selbst'. Masken und Maskenwesen in Afrika", in: Iris Hahner-Herzog, Maria Kecskési und László Vajda, *Das zweite Gesicht.* Afrikanische Masken aus der Sammlung Barbier-Mueller, Genf, 11–36, 279–285. München und New York: Prestel

RICHTSFELD, Bruno J.

2010/11 „László Vajda (3. Februar 1923–14. November 2010)", *Münchner Beiträge zur Völkerkunde* 14:7–15

VAJDA, László

1947 *Az obo-típusú halmok etnológiai problematikájához* [Das ethnologische Problem der Obo-Haufen]. Budapest (unveröffentlichte Dissertation)

1948 „Kövek a síron. Egy zsidó népszokás néprajzához" [Steine auf Gräbern. Ethnographisches zu einer jüdischen Tradition], *Az Izraelita Magyar Irodalmi Társulat Évkönyve* 36:209–241

1955 „Obo-Haufen in Afrika", *Acta Ethnographica* 4:277–312

1959 „Zur phaseologischen Stellung des Schamanismus", *Ural-Altaische Jahrbücher* 31:456–485

1964a „Traditionelle Konzeption und Realität in der Ethnologie", in: Eike Haberland, Meinhard Schuster und Helmut Straube (Hrsg.), *Festschrift für Ad. E. Jensen.* Teil 2, 759–790. München: Klaus Renner Verlag

1964b „Aspekte des Paria-Problems", *Zeitschrift für Ethnologie* 89:166–179

1968 *Untersuchungen zur Geschichte der Hirtenkulturen.* Wiesbaden: Otto Harrassowitz

1973/74 „Zur Frage der Völkerwanderungen", *Paideuma* 19/20:5–53 (Ungarische Übersetzung: „A népvándorlások kérdéséhez", Századok 129:107–143 [1995])

1979 „Ruchlose und heidnische Dinge", in: Erhard F. Schiefer (Hrsg.), *Explanationes Et Tractationes Fenno-Ugricas In Honorem Hans Fromm,* 373–404. München: Wilhelm Fink Verlag

1989 „Der Monosandalos-Formenkreis", *Baessler-Archiv N.F.* 37:131–170

1995 „Greuelmärchen und Wunderland-Geschichten im Dienste des Fernhandels in vorindustrieller Zeit", in: Helga Breuninger und Rolf Peter Sieferle (Hrsg.), *Markt und Macht in der Geschichte,* 20–44. Stuttgart: Deutsche Verlags-Anstalt

1999a „Wir-Gruppen und Fremdgruppen", in: Franziska Lobenhofer Hirschbold und Ariane Weidlich (Hrsg.), *„Ziemer zu Vermithen".* Von Berchtesgaden bis Zillertal. Aspekte der touristischen Entwicklung von 1850–1960, 18–31. Großweil: Ulenspiegel Druck & Verlag (Ungarische Übersetzung: „A mi csoportok és az idegen csoportok", Acta Ethnologica Danubiana 5/6:11–22 [2003/04])

1999b *Ethnologica.* Ausgewählte Aufsätze. Herausgegeben von Xaver Götzfried, Thomas O. Höllmann und Claudius Müller. Wiesbaden: Harrassowitz

2004 „Reflexionen zu Roger Sandalls Buch gegen die romantische Anthropologie", *Anthropos* 99:222–230 [Ungarische Übersetzung: „Reflexiók Roger Sandall romantikus antropológia ellen írt könyvére", Tabula 9(1):3–14 [2006])

2008 „Die Adonisgärtchen und das Wunder der Keimung", *Münchner Beiträge zur Völkerkunde* 12:7–23

Paideuma 58:323–326 (2012)

JACQUES GUTWIRTH (1926–2012)

Josef Franz Thiel

Jacques Gutwirth wurde am 11. Dezember 1926 in Antwerpen geboren, wo sein Vater den Beruf eines Rohdiamantenhändlers ausübte. Wegen des Nationalsozialismus wanderte die jüdische Familie mit den beiden Söhnen 1939 nach Brasilien aus. Ab 1940 besuchte Jacques das französische Lyzeum in Rio de Janeiro. Dort hat er 1945 in der Option Philosophie sein Bakkalaureat gemacht. Nach einem Versuch, in den USA zu studieren, kehrte er 1947 mit seiner Familie nach Antwerpen zurück, wo beide Söhne im Diamantengeschäft ihres Vaters mitarbeiteten.

Nach dem Tod des Vaters 1956 führten die beiden Söhne das Geschäft weiter. Von einer längeren Krankheit genesen, entschloß sich Jacques, mit seiner Frau Suzanne nach Paris zu ziehen und Franzose zu werden. In Paris begann er 1958 auch sein Studium. Da er noch nicht so recht wußte, welches Fach er wählen solle, schrieb er sich zunächst in französischer Literatur ein. Danach ging er zu den Soziologen, doch er meinte später: „Da wurde derart viel geredet, daß ich nicht so richtig verstand, worauf sie hinaus wollten". So kam er an das Musée de L'Homme, wo er Claude Tardits, Roger Bastide und vor allen André Leroi-Gourhan begegnete. In bezug auf ihn sagte er: „Ich war vom Inhalt seiner Vorlesungen derart überzeugt, daß ich mich entschloß, bei ihm Ethnologie zu studieren". Seine Wertschätzung von Leroi-Gourhan hat Jacques immer wieder in Gesprächen erwähnt. Daneben interessierte er sich für Bastide, und zwar vor allem wegen seiner Religionsforschungen in Brasilien, und er hörte auch bei Claude Lévi-Strauss, hatte aber Vorbehalte gegen seinen Strukturalismus. Leroi-Gourhan ging jedes Jahr mit seinen älteren Studenten für eine Woche in ein abgeschiedenes Dorf, meist im südlichen Frankreich, um ein intensives Feldforschungsprogramm durchzuführen. Diese „Feldarbeit" war allseits sehr geschätzt, diente sie doch auch dem gegenseitigen Kennenlernen und der Gemeinschaftsbildung. Jacques nahm daran ab 1962 mit grossem Engagement teil.

Obgleich er selbst nicht gläubig war, widmete sich Jacques der Religionsgeschichte unter besonderer Berücksichtigung des Judaismus und so kam er zu seinem ersten großen Forschungsschwerpunkt, dem Chassidismus. Dabei handelt es sich um eine ultra-orthodoxe, zum Teil mystische jüdische Bewegung, die im 18. Jahrhundert in Osteuropa entstanden ist. Durch Auswanderungen gegen Ende des 19. Jahrhunderts und im Zuge des Zweiten Weltkriegs verbreitete sich diese Bewegung weltweit, und zwar besonders in den USA und in Israel. Jacques forschte zunächst in seiner Heimatstadt Antwerpen und dann in Montreal sowie in den USA und in Frankreich. Er erzählte wiederholt, daß sich seine Forschungen bei den Chassidim schwierig gestalteten. Zwar halfen ihm seine Jiddisch-Kenntnisse, doch die Chassidim („die Rechtschaffenen") lehnten damals jegliche moderne Technik – etwa in Form von Fotoapparaten und Aufnahmegeräten – ab, so daß er nur Notizen machen konnte und selbst das war am Sabbat oder an Festtagen nicht möglich. Dazu kam, daß er in ihren religiösen Alltag eingebunden war und sich ihnen nicht als „Atheist und Marxist" offenbaren konnte. Gleichwohl gelang es ihm, eine Reihe von Arbeiten über den Chassidismus zu veröffentlichen. Im Jahr 1965 machte er sich daran, sein Material über die Chassidim von Antwerpen für seine Dissertation auszuwerten. Diese Dissertation war von solcher Qualität, daß man ihm riet, sie für ein Doctorat dès lettres (vergleichbar unserer Habilitation) zu verwenden und zusätzlich eine kleinere Arbeit vorzubereiten. Als er sich anschickte, dafür Forschungen über verschiedene Dörfer Südfrankreichs auszuwerten, änderte sich die Promotionsordnung und er publizierte das entsprechende Material als Aufsatz in der Zeitschrift Ethnologie française.

Nachdem Jacques Mitte der 1960er Jahre mehrere Lehraufträge an der École Pratique des Hautes Études erhalten hatte, kam er 1968 an das Centre National de la Recherche Scientifique (CNRS) und 1972 wurde er Maître de conférence associé à l'université de Provence à Aix. Dort unterrichtete er für zwei Jahre Ethnologie. Bei einem Forschungsaufenthalt im französischen Hinterland lernte er eine protestantische fundamentalistische Gemeinde kennen. Dabei kam er auf die Idee, christliche fundamentalistische Bewegungen zu studieren, um sie eventuell mit dem Chassidismus des Judentums zu vergleichen und dies führte ihn zu seinem nächsten großen Forschungsprogramm. Zunächst besuchte er mit seiner Frau zwei Jahre lang fundamentalistische Gemeinden in Südfrankreich. Zurück in Aix wechselte er innerhalb des CNRS zu den

Religionssoziologen, da ihm dies für sein neues Forschungsprojekt als angemessener erschien.

Im Jahr 1975 erhielt Jacques ein Stipendium für die USA. Dort hielt er sich zunächst bei den Chassidim in Boston sowie in New York auf, und 1976 begann er, in Los Angeles, San Francisco und Miami über die Judenchristen zu arbeiten – ein Thema, dem er sich bis 1981 widmen sollte. Darüber hinaus stieß er in der Universitätsbibliothek von Los Angeles auf Literatur über Stadtethnologie. Er griff das Thema auf und propagierte es in Frankreich. So war er in Zusammenarbeit mit seiner Kollegin Colette Pétonnette, die ebenfalls zur Gruppe um Leroi-Gourhan gehörte, einer der Ersten, der in Frankreich ethnologische Stadtforschungen beschrieb und durchführte. Das Thema beschäftigte ihn bis kurz vor seinen Tod. Im März 1981 veranstalteten Jacques und Colette zusammen mit der Historikerin Michelle Perrot ein Kolloquium mit dem Thema „Anthropologie culturelle dans le champ urbain". Im November des gleichen Jahres folgte eine internationale Tagung mit finanzieller Unterstützung des CNRS. Jacques eröffnete diese Tagung mit einem Referat, das den Titel trug: „Jalons pour l'anthropologie urbaine".

Im Jahr 1982 wurde Jacques zunächst zum Maître de recherche au CNRS und dann zum Directeur de recherche ernannt. Im gleichen Jahr bat ihn seine Kollegin Jeannine Fribourg, ein Seminar an der Université René Descartes (Paris V) zu übernehmen, das er bis zu seiner Pensionierung 1992 durchführte. Daneben arbeitete er weit über die Pensionsgrenze hinaus an der Zeitschrift Anthropologie urbaine mit.

Ende 1982 starb Jacques' Frau Suzanne plötzlich und er brauchte mehrere Jahre, um über diesen Verlust hinwegzukommen. Im Jahr 1987 heiratete er Christa Rauer aus Frankfurt und nach seiner Pensionierung 1992 – die Kolleginnen und Kollegen hatten ihm zum Ausscheiden eine Festschrift gewidmet – übersiedelte er zu ihr nach Frankfurt. Ebenfalls nach seiner Pensionierung lehrte er 1993/94 für ein Semester am verwaisten Lehrstuhl von Eike Haberland in Frankfurt und er reiste er in die USA, wo er eine ganze Reihe Fernseh- und Radioprediger kennen lernte, angefangen von Jerry Falwell, Billy Graham und Robert Schuller bis hin zu Jim Bakker und anderen. Solche Prediger hatte er bereits zu der Zeit, als er sich mit dem Judenchristentum in Kalifornien beschäftigte, sowie 1985 bei einem Besuch in Brasilien getroffen. So wurde die „Église électronique" sein letztes großes Forschungsthema und sein Buch darüber erschien 1998 bei Bayard.

Der Tod riß Jacques Gutwirth mitten aus dem Leben. Er verstarb am 11. Januar 2012 auf der Bahnfahrt von Antwerpen nach Frankfurt in der Nähe von Lüttich und wurde unter großer Anteilnahme seiner Verwandten und Freunde in Frankfurt beerdigt. – Jacques war ein liberaler und toleranter Mensch, ein guter Freund und ein Wohltäter, der sich in zahlreichen kulturellen und humanitären Institutionen engagierte.

Ausgewählte Bibliographie

GUTWIRTH, Jacques

1966 „Le judaïsme anversois aujourd'hui", *Revue des études juives* 125(4)

1969 „Les associations de loisirs d'une petite ville, Châtillon-sur-Seine", *Ethnologie française* 2:141–180

1970a *Vie juive tradionnelle.* Ethnologie d'une communauté hassidique. Avec Préface André Leroi-Gourhan. Paris: Minuit (²1980)

1970b „Fieldwork methods and the sociology of Jews: case studies of Hassidic communities", *The Jewish Journal of Sociology* 20(1):49–58

1972 „The structure of a Hassidic community in Montreal", *The Jewish Journal of Sociology* 14(1):43–62

1982a „Jalons pour l'anthropologie urbaine", *L'Homme* 22(4):5–23

1982b „Jews among evangelists in Los Angeles", *The Jewish Journal of Sociology* 24(1):39–55

1985 „Nouveaux leaders évangéliques aux Ètats-Unis", in: G. Vincent *et al.* (Hrsg.), *Les Nouveaux Clercs*, 143–156. Genève: Labor et Fides

1987 *Les Judéo-Chrétiens d'aujourd'hui.* Paris: Cerf

1991 „Pentecôtisme national et auto-visuel à Porto Alegre (Brésil)", *Archives de sciences sociales des religions* 73:99–114

1992 „Religion télévisée et business audio-visuel", *Archives de sciences sociales des religions* 83:67–89

1998 *L'Église électronique.* La saga des télévangélistes. Paris: Bayard Édition

2001 „A Etnologia, ciência ou literatura?", *Horizontes antropologicos* 16:223–239

2001 „La professionnalisation d'une discipline: le centre de formation aux recherches scientifiques ethnologiques", *Gradhiva* 29:25–41

2004 *La renaissance du hassidisme, de 1945 à nos jours.* Paris: Odile Jacob (Englische Ausgabe: The rebirth of Hassidism. London: Free Association Books [2005])

2005a „Hassidisme in France today: a peculiar case?", *The Jewish Journal of Sociology* XLVII(1/2):5–21

2005b „Roger Bastide, l'enseignement de l'ethnologie et la formation à la recherche", *Bastidiana* 51/52:59–72

2008 „L'ethnologie aux Archives: un témoignage", *Archives de sciences sociales des religions* 141:159–165

GUTWIRTH, Jacques *et al.*

1963 „Haleine. Trois aspects d'une communauté de l'Orne", *Études rurales* 29:14–31

Adressen der Autoren

GERHARD BAER
Spiegelbergstraße 27, CH-4059 Basel, Switzerland
gerhard.baer@bluewin.ch

MIRIAM BENTELER
Markelstraße 38A, D-12163 Berlin, Germany
miriambenteler@web.de

FABIENNE BRAUKMANN
Institut für Ethnologie, Universität zu Köln
Albertus-Magnus-Platz, D-50923 Köln, Germany
f.braukmann@uni-koeln.de

SUSANNE EPPLE
Dept. of Sociology and Social Anthropology, Addis Ababa University
P.O. Box 1176, Addis Ababa, Ethiopia
susanne.epple@googlemail.com

KATE NIALLA FAYERS-KERR
Green Templeton College, University of Oxford
Woodstock Road, Oxford OX2 6HG, United Kingdom
kate.fayers-kerr@anthro.ox.ac.uk

HANS P. HAHN
Institut für Ethnologie, Goethe-Universität Frankfurt am Main
Grüneburgplatz 1, D-60323 Frankfurt am Main, Germany
hans.hahn@em.uni-frankfurt.de

HEIKE KÄMPF
Kaßbergstraße 33, D-09112 Chemnitz, Germany
Heike.Kaempf@t-online.de

VERENA KECK
Institut für Ethnologie, Goethe-Universität Frankfurt am Main
Grüneburgplatz 1, D-60323 Frankfurt am Main, Germany
verena.keck@t-online.de

RAIMAR W. KORY
Freiburger Institut für Paläowissenschaftliche Studien, Albert-Ludwigs-Universität Freiburg
Albertstrasse 14a, D-79085 Freiburg, Germany
raimar_kory@hotmail.com

SHAUNA LATOSKY
South Omo Research Center (SORC)
P.O. Box 87, Jinka, Ethiopia
shaunalatosky@yahoo.com

SUSANN LEWERENZ
Cheruskerstraße 12, D-10829 Berlin, Germany
SLewerenz@gmx.de

UDO MISCHEK
Grotefendstraße 17, D-37075 Göttingen, Germany
udo.mischek@theologie.uni-goettingen.de

AMBAYE OGATO
P.O. Box 480, Hawassa, Ethiopia
ambaye@eth.mpg.de

ANETTE REIN
Schifferstraße 68, D-60594 Frankfurt am Main, Germany
ar_welten@yahoo.de

SEBASTIAN SCHELLHAAS
Hegelstraße 71, D-63303 Dreieich, Germany
sebastian@schellhaas.net

DOMINIK SCHIEDER
Hitotsubashi University, Graduate School of Social Sciences
2-1 Naka, Kunitachi-shi, Tokyo 186-8601, Japan
schieder_dominik@yahoo.de

MARKUS SCHINDLBECK
Ethnologisches Museum, Fachreferat Südsee und Australien
Arnimallee 27, D-14195 Berlin, Germany
m.schindlbeck@smb.spk-berlin.de

MARIO SCHMIDT
Lerchenweg 8, D-57462 Olpe, Germany
Mario.Schmidt@em.uni-frankfurt.de

GERALDINE SCHMITZ
Zanggasse 13, D-55116 Mainz, Germany
geral@hotmail.de

TOM SIMMERT
Erich-Ollenhauer-Straße 34, D-63073 Offenbach, Germany
tom.simmert@gmail.com

BERNHARD STRECK
Häuser Straße 9, D-35315 Homberg an der Ohm, Germany
streck@rz.uni-leipzig.de

JOSEF FRANZ THIEL
Heddernheimer Kirchstraße 30, D-60439 Frankfurt am Main, Germany
josef_thiel@gmx.de

SOPHIA THUBAUVILLE
Frobenius-Institut
Grüneburgplatz 1, D-60323 Frankfurt am Main, Germany
thubauville@em.uni-frankfurt.de

HEINER WALENDA-SCHÖLLING
Kurfürstenstraße 3, D-60486 Frankfurt am Main, Germany
hwalenda@t-online.de

HOLGER WARNK
Fachbereich 9: Südostasienwissenschaften, Goethe-Universität Frankfurt am Main
Senckenberganlage 31, D-60325 Frankfurt am Main, Germany
H.Warnk@em.uni-frankfurt.de

ALEXANDRA WIDMER
Max Planck Institute for the History of Science
Boltzmannstraße 22, D-14195 Berlin, Germany
awidmer@mpiwg-berlin.mpg.de

ALICE WILSON
Homerton College
Hills Road, Cambridge CB2 8PH, United Kingdom
alicewilson@cantab.net

THOMAS ZITELMANN
Institut für Geographische Wissenschaften, FR Anthropogeographie, Zentrum für Entwicklungsländerforschung (ZELF), Freie Universität Berlin
Malteserstraße 74–100, D-12249 Berlin, Germany
zitel@zedat.fu-berlin.de

INFORMATION FOR AUTHORS

Paideuma. Mitteilungen zur Kulturkunde is the official publication of the Frobenius-Institut at the Goethe University (Frankfurt am Main), and is a peer-reviewed journal. Founded in 1938 by Leo Frobenius and edited with support from the Frobenius-Gesellschaft, *Paideuma* has published articles on African societies and history, as well as on other regions and topics of general theoretical interest. In recent years Paideuma has widened its scope to focus also on Eastern Indonesia and Oceania.

Manuscripts in English, German or French, and of not more than 40 000 characters (without special characters), are welcome any time. They should be submitted as hard copy and a document file on a DOS/WINDOWS formatted disk, or as an attachment to an email. Formatting and the use of tabs and spaces should be kept to an absolute minimum. Citations, references, footnotes and bibliographies should follow the conventions used in this issue of *Paideuma*. Submissions are reviewed anonymously by the academic advisory board. Upon acceptance of an article, provisional page proofs are sent to the author for correction within seven days. Authors receive 25 free offprints of their articles upon publication.

Please address all correspondence to:
PD Dr. Holger Jebens
Managing Editor *Paideuma*
Grüneburgplatz 1
D-60323 Frankfurt am Main
Germany
E-mail: Paideuma@em.uni-frankfurt.de

VERÖFFENTLICHUNGEN DES FROBENIUS-INSTITUTES
Vorzugspreise für Mitglieder der Frobenius-Gesellschaft

Studien zur Kulturkunde
Bis Band 103: Franz Steiner Verlag (Stuttgart); Band 104–126: Rüdiger Köppe Verlag (Köln)
Begründet von Leo Frobenius, herausgegeben von Holger Jebens, Karl-Heinz Kohl und Richard Kuba

11 Otto Zerries: Wild- und Buschgeister in Südamerika. Eine Untersuchung jägerzeitlicher Phänomene im Kulturbild südamerikanischer Indianer. 1954. x, 401 S., 16 Abb. m. 4 Taf., 1 Kte., kt., ISSN 0170-0845-4

13 Helmut Straube: Die Tierverkleidungen der afrikanischen Naturvölker. 1955. vi, 233 S. m. 1 Kte., kt., ISSN 0170-0847-0

14 Wilhelm Emil Mühlmann: Arioi und Mamaia. Eine ethnologische, religionssoziologische und historische Studie über polynesische Kultbünde. 1955. vii, 268 S. m. 2 Abb., kt., ISSN 0170-0848-9

16 Carl A. Schmitz: Historische Probleme in Nordost-Neuguinea. Huon-Halbinsel. 1960. viii, 441 S. m. 43 Abb., 10 Ktn., 1 Faltkte., kt., ISSN 0170-0850-0

17 Barabara Frank: Die Rolle des Hundes in afrikanischen Kulturen. Unter besonderer Berücksichtigung seiner religiösen Bedeutung. 1965. viii, 256 S. m. 5 Ktn., Ln., ISSN 0170-0851-9

18 Eike Haberland: Untersuchungen zum äthiopischen Königtum. 1965. viii, 353 S. m. 8 Ktn., 3 Abb., kt., ISSN 0170-0852-7

19 Alfred Hauenstein: Les Hanya. Description d'un groupe ethnique bantou de l'Angola. 1967. xx, 362 S. m. 23 Taf., 2 Faltktn., kt., ISSN 0170-0853-5

20 Walther F.E. Resch: Das Rind in den Felsbilddarstellungen Nordafrikas. 1967. xii, 105 S. m. 4 Abb., 24 Taf., kt., ISSN 0170-0854-3

21 Eberhard Fischer: Der Wandel ökonomischer Rollen bei den westlichen Dan in Liberia. Studien zum Kulturwandel eines liberianischen Dorfes auf Grund von Feldforschungen i. d. Jahren 1960 u. 1963. 1967. xi, 481 S. m. 4 Taf., 7 Abb., kt., ISSN 0170-0855-1

22 Klaus E. Müller: Kulturhistorische Studien zur Genese pseudoislamischer Sektengebilde in Vorderasien. 1967. xii, 414 S. m. 7 Taf., 4 Ktn., kart., ISBN 3-515-00856-X

24 Rose Schubert: Methodologische Untersuchungen an ozeanischem Mythenmaterial. 1970. viii, 237 S. m. 35 Tab., 3 Ktn., 1 Ausschlagtafel, kart., ISBN 3-515-00859-4

26 Ulrich Braukämper: Der Einfluß des Islam auf die Geschichte und Kulturentwicklung Adamauas. Abriß eines afrikanischen Kulturwandels. 1970. xii, 223 S. m. 4 Ktn., kart., ISBN 3-515-00863-2

27 Annemarie Fiedermutz-Laun: Der kulturhistorische Gedanke bei Adolf Bastian. Systematisierung und Darstellung der Theorie und Methode mit dem Versuch einer Bewertung des kulturhistorischen Gehaltes auf dieser Grundlage. 1970. xvi, 293 S. m. 8 Ktn., kart., ISBN 3-515-00865-9

28 Andreas Kronenberg: Logik und Leben – kulturelle Relevanz der Didinga und Longarim, Sudan. 1972. vi, 192 S. m. 31 Fig. u. 3 Ktn., 30 Taf., kart., ISBN 3-515-00866-7

30 Erzählungen der Kamayurá. Alto Xingú-Brasilien. Deutsche Übersetzung und Kommentar von Mark Münzel. 1973. viii, 378 S. m. 9 Taf., 12 Abb., kart., ISBN 3-515-01210-9

31 Samuel Josia Ntara: The History of the Chewa (Mbiri ya Achewa). Translated into English by W.S. Kamphandira Jere with Comments by Harry W. Langworthy, edited by Beatrix Heintze. 1973. xx, 167 S. m. 5 Ktn., kt., ISSN 0724-0868-3

32a Leo Frobenius 1873/1973: Une Anthologie. Editée par Eike Haberland avec une préface de Léopold Sédar Senghor [Ausgabe in französ. Sprache]. 1973. xiii, 247 S. m. 55 Abb., 24 Taf., kart., ISBN 3-515-00869-1

32b Leo Frobenius 1873/1973: An Anthology. Edited by Eike Haberland with a foreword by Léopold Sédar Senghor [Ausgabe in englischer Sprache]. 1973. xiii, 233 S. m. 55 Abb., 24 Taf., kart., ISBN 3-515-00870-5

34 Die Völker Afrikas und ihre traditionellen Kulturen. Hrsgg. von Hermann Baumann, Teil 1: Allgemeiner Teil und südliches Afrika. 1975. x, 815 S. m. 41 Ktn., 7 Abb., 2 Bildtaf. und 3 Falttabellen, Ln., ISBN 3-515-01968-5

35 Die Völker Afrikas und ihre traditionellen Kulturen. Hrsgg. von Hermann Baumann, Teil 2: Ost-, West- und Nordafrika. 1979. vi, 734 S. m. 25 Ktn., kt., ISBN 3-515-02371-2

36 Eike Haberland und Siegfried Seyfarth: Die Yimar am oberen Korowori (Neuguinea). 1974. xiv, 441 S. m. 83 Abb. u. Ktn. nach Zeichnungen von Gisela Wittner, 48 Fototaf., kart., ISBN 3-515-01870-0

37 Ein Pfeilschuß für die Braut. Mythen und Erzählungen aus Kwieftim und Abrau, Nordostneuguinea. Aufgenommen, übersetzt und kommentiert von Antje und Heinz Kelm. 1975. xii, 364 S. m. 16 Taf., 1 Kte., kart., ISBN 3-515-02088-8

38 Christraud Geary: We, die Genese eines Häuptlingtums im Grasland von Kamerun. 1976. x, 225 S. m. 6 Ktn. und 5 Abb., kart., ISBN 3-515-02366-6

39 Hermann Amborn: Die Bedeutung der Kulturen des Niltals für die Eisenproduktion im subsaharischen Afrika. 1976. xvi, 376 S. m. 99 Abb. im Anhang, kart., ISBN 3-515-02411-5

40 Werner Peukert: Der atlantische Sklavenhandel von Dahomey (1740–1797). Wirtschaftsanthropologie und Sozialgeschichte. 1978. xvi, 412 S. m. 4 Ktn., 3 Abb. u. zahlr. Tab., Summary, kart., ISBN 3-515-02404-2

41 Catalogue of the Rock Art Collection of the Frobenius Institute. By Pavel Cervícek with drawings by Gisela Wittner and photos by Margit Matthews. 1976. xvi, 306 S., 178 S. m. 446 Zeichnungen u. 20 Ktn., 24 Taf. m. 35 Fotos, kart., ISBN 3-515-01856-5

42 Dierk Lange: Le Dîwân des Sultans du [Kânem-] Bornû: chronologie et histoire d'un royaume africain (de la fin du Xe siècle jusqu'à 1808). 1977. x, 174 S. m. 3 Tab., 1 Kte., 6 Taf., kart., ISBN 3-515-02392-5

43 Renate Wente-Lukas: Die materielle Kultur der nicht-islamischen Ethnien von Nordkamerun und Nordostnigeria. Mit Zeichnungen von Gisela Wittner. 1977. viii, 313 S. m. 375 Abb., 3 Ktn., kart., ISBN 3-515-02608-8

44 Edward Graham Norris: Wirtschaft und Wirtschaftspolitik in Abeokuta 1830–1867. Aspekte der Ethnographie und Geschichte eines Yoruba-Staates im 19. Jahrhundert. 1978. xviii, 190 S. m. 3 Ktn., kart., ISBN 3-515-02670-3

45 Stefan Seitz: Die zentralafrikanischen Wildbeuterkulturen. 1977. viii, 241 S. m. 2 Abb. und 11 Ktn., kart., ISBN 3-515-02666-5

46 Günter Best: Vom Rindernomadismus zum Fischfang. Der sozio-kulturelle Wandel bei den Turkana am Rudolfsee, Kenia. 1978. xiv, 213 S. m. 29 Fig., 6 Ktn. u. 17 Abb. auf 9 Tafeln, kart., ISBN 3-515-02690-8

47 Hans Joachim Stühler: Soziale Schichtung und gesellschaftlicher Wandel bei den Ajjer-Twareg in Südostalgerien. 1978. xvi, 162 S. m. 15 Abb., kart., ISBN 3-515-02745-9

48 Fidelis Taliwawa Masao: The Later Stone Age and the Rock Paintings of Central Tanzania. 1979. xiv, 311 S. m. 96 Abb., 7 Fotos, kart., ISBN 3-515-02783-1

49 Hayder Ibrahim: The Shaiqiya: The Cultural and Social Change of a Northern Sudanese Riverain People. 1979. xv, 243 S. m. 2 Ktn., kart., ISBN 3-515-02907-9

50 Ulrich Braukämper: Geschichte der Hadiya Süd-Äthiopiens. Von den Anfängen bis zur Revolution 1974. 1980. xv, 463 S. m. 30 Ktn., kart., ISBN 3-515-02842-0

51 Antje und Heinz Kelm: Sago und Schwein – Ethnologie von Kwieftim und Abrau in Nordost-Neuguinea. 1980. 397 S. m. 80 Abb., 20 Taf., 1 Kte., kart., ISBN 3-515-02940-0

52 Klaus E. Müller: Geschichte der antiken Ethnographie und ethnologischen Theoriebildung. Von den Anfängen bis auf die byzantinischen Historiographen. Teil 2. 1980. [Teil 1 = Bd. 29 der Reihe]. x, 563 S. m. 11 Abb., kart., ISBN 3-515-02499-9

53 Asfa-Wossen Asserate: Die Geschichte von Sawâ (Äthiopien) 1700–1865. Nach dem târika nagast von belâttên gêtâ Heruy Walda Sellâsê. 1980. xv, 165 S., kart., ISBN 3-515-02936-2

54 A.B.C. Ocholla-Ayayo: The Luo Culture. A Reconstruction of the Material Culture Patterns of a Traditional African Society. xv, 210 S. m. 75 Abb., kart., ISBN 3-515-02925-7

55 Andreas Massing: The Economic Anthropology of the Kru (West Africa). 1980. xiii, 281 S. m. 43 Abb. u. 19 Ktn., kart., ISBN 3-5 15-03162-6

57 Barbara Frank: Die Kulere. Bauern in Mittelnigeria. 1981. xiv, 270 S. m. 2 Ktn., 56 Taf. m. 112 Abb., kart., ISBN 3-515-03268-1

58 Waltraud und Andreas Kronenberg: Die Bongo. Bauern und Jäger im Südsudan. Mit einem Anhang von Georg Schweinfurth: Beschreibung der Bongo und Originalzeichnungen. 1981. xiv, 357 S. m. 150 Abb., 34 Taf., kart., ISBN 3-515-03301-7

59 Christoph Staewen und Friderun Schönberg: Ifa, das Wort der Götter. Orakeltexte der Yoruba in Nigeria. 1981. xiv, 235 S., kart., ISBN 3-515-03604-0

60a Christraud Geary: Things of the Palace: A Catalogue of the Bamum Palace Museum in Foumban (Cameroon). With Drawings by Gisela Wittner. 1983. xvi, 279 S. m. 24 Fotos, 153 Abb. u. 2 Ktn., 80 Taf. m. 124 Fotos, kart. [Ausgabe in englischer Sprache], ISBN 3-515-02924-9

60b Christraud Geary: «Les choses du palais»: Catalogue du Musée du Palais Bamoum à Foumban (Cameroun). 1984. xvi, 299 S. m. 24 Fotos, 153 Abb. u. 2 Ktn., 80 Taf. m. 124 Fotos, kart. [Ausgabe in französischer Sprache], ISBN 3-515-03793-4

61 Werner J. Lange: History of the Southern Gonga (Southwestern Ethiopia). 1982. xviii, 348 S. m. 26 Tab. u. 7 Ktn., 12 Taf. m. 36 Abb. kart., ISBN 3-515-03399-8

62 Y. Georges Madiéga: Contribution à l'histoire précoloniale du Gulma (Haute-Volta). 1982. xii, 260 S. m. 11 Ktn., kart., ISBN 3-515-03222-3

63 Wolf Leslau: Gurage Folklore. Ethiopian Proverbs, Beliefs, and Riddles. 1982. xiv, 327 S., kart., ISBN 3-515-03513-3

64 Karl Heinz Striedter: Felsbilder Nordafrikas und der Sahara. Ein Verfahren zu ihrer systematischen Erfassung und Auswertung. 1983. viii, 287 S. m. 19 Abb., zahlr. Tab., 2 Ktn., kart., ISBN 3-515-03397-1

65 Ulrich Braukämper: Die Kambata. Gechichte und Gesellschaft eines südäthiopischen Bauernvolkes. 1983. xiv, 330 S. m. 9 Taf. u. 7 Ktn., kart., ISBN 3-515-03747-0

66 Adam Jones: German Sources for West African History, 1599–1669. 1983. xii, 417 S. m. 4 Abb. u. 7 Kartenskizzen, kart., ISBN 3-515-03728-4

67 Peter Fuchs: Das Brot der Wüste. Sozio-Ökonomie der Sahara-Kanuri von Fachi. 1983. xiv, 240 S. m. 26 Abb., 16 Taf. u. 7 Ktn., kart., ISBN3-515-03764-0

68 Adam Jones: From Slaves to Palm Kernels. A History of the Galinhas Country (West Africa), 1730–1890. 1983. xviii, 220 S. m. 29 Abb., 13 Taf., kart., ISBN 3-515-03878-7

69 Roland Mischung: Religion und Wirklichkeitsvorstellungen in einem Karen-Dorf Nordwest-Thailands. 1984. xiii, 362 S. m. 4 Ktn., 6 Diagr., 3 Tab. u. 12 Taf. m. 24 Abb., kart., ISBN 3-515-03227-4

70 Leo Frobenius: Mythes et contes populaires des riverains du Kasaï. Traduction de l'allemand par Claude Murat. 1983. xii, 326 S., kart., ISBN 3-515-03922-8

71 Samson O.O. Amali: An Ancient Nigerian Drama. The Idoma Inquest. A bilingual presentation in Idoma and English together with Odegwudegwu, an original bilingual play in Idoma and English. 1985. viii, 241 S., kt., ISSN 0170-4097-8

72 Anne-Marie Duperray: Les Gourounsi de Haute-Volta. Conquête et colonisation 1896–1933. 1984. xiv, 280 S. m. 26 Ktn., kart., ISBN 3-515-04097-8

74 Renate Wente-Lukas: Handbook of Ethnic Units in Nigeria. With the Assistance of Adam Jones. 1985. viii, 466 S., kart., ISBN 3-515-03624-5

75 Beatrix Heintze: Fontes para a história de Angola do século XVII. Band 1: Memórias, relações e outros manuscritos da Colectânea Documental de Fernão de Sousa (1622–1635). Transcrição dos documentos em colaboração com Maria Adélia de Carvalho Mendes. 1985. xv, 419 S. m. 13 Abb. u. 17 Fotos, kart., ISBN 3-515-04260-1

76 Jean-Pierre Warnier: Echanges, développement et hiérarchies dans le Bamenda précolonial (Cameroun). 1985. xiv, 323 S. m. 16 Ktn., 14 Abb., 1 Taf., kart., ISBN 3-535-04281-4

77 Adam Jones: Brandenburg Sources for West African History 1680–1700. 1985. xiv, 356 S. m. 7 Abb. u. 13 Taf., kart., ISBN 3-515-04315-2

78 Peter Mark: A Cultural, Economic and Religious History of the Basse Casamance since 1500. 1985. xii, 136 S. m. 6 Taf. u. 4 Ktn., kart., ISBN 3-515-04355-1

79 Kidana Wald Kefle: Haymanota Abaw Qaddamt. La foi des pères anciens. Enseignement de Mamher Kefla Giyorgis. Recueilli par son disciple Dasta Takla Wald. Avec une introduction sur la vie et l'œuvre de ces trois savants par Berhanou Abebbé. 1986. vii, 287 S., kart., ISBN 3-515-04168-0

80 Leo Frobenius: Ethnographische Notizen aus den Jahren 1905 und 1906. I: Völker am Kwilu und am unteren Kasai. Bearb. u. hrsgg. von Hildegard Klein. 1985. xxiv, 223 S. m. 555 Abb., 27 Fotos u. 3 Ktn., kart., ISBN 3-515-04271-7

81 Jürgen Zwernemann (Hrsg.): Erzählungen aus der westafrikanischen Savanne (Gurma, Moba, Kassena, Nuna). 1985. xii, 184 S. kart., ISBN 3-515-04218-0

82 Christoph Staewen und Karl Heinz Striedter: Gonoa. Felsbilder aus Nord-Tibesti (Tschad). 1987. 327 S. m. zahlr. Abb., 2 Ktn., 2 Tab. u. 20 Fototafeln m. 33 Fotos. kart., ISBN 3-515-04218-0

83 Leo Frobenius: Peuples et sociétés traditionnelles du Nord-Cameroun. Etudes de Leo Frobenius, traduites par Eldridge Mohammadou. 1987. 175 S. m. 13 Abb. kart., ISBN 3-515-04650-9

84 Leo Frobenius: Ethnographische Notizen aus den Jahren 1905 und 1906. II: Kuba. Leele, Nord-Kete. Bearb. u. hrsgg. von Hildegard Klein. 1987. xx, 232 S. m. 437 Abb. auf 168 Taf., 11 Fotos, 5 Ktn., kart., ISBN 3-515-04671-2

85 Kurt Beck: Die Kawahla von Kordofan. Ökologische und ökonomische Strategien arabischer Nomaden im Sudan. 1988. 421 S., 5 Ktn., kart., ISBN 3-515-04921-5

86 Dierk Lange: A Sudanic Chronicle: The Borno Expeditions of Idris Alauma (1564–1576). According to the account of Ahmad b. Furtu. Arabic text, Engl. transl. commentary and geogr. gazetteer. 1987. 250 S. (68 S. arab.) m. 7 Abb. kart., ISBN 3-515-04926-6

87 Leo Frobenius: Ethnographische Notizen aus den Jahren 1905 und 1906. III: Luluwa, Süd-Kete, Bena Mai, Pende, Cokwe. Bearb. u. hrsgg. von Hildegard Klein. 1988. xxi, 268 S. m. 500 Zeichn., 15 Fotos, 12 Ktn., kart., ISBN 3-515-04979-7

88 Beatrix Heintze: Fontes para a história de Angola do século XVII. Band 2: Cartas e documentos oficiais da Colectânea Documental de Fernão de Sousa (1624–1635). Transcrição dos documentos em colaboração com Maria Adélia de Carvalho Mendes. 1988. xxiv, 431 S. m. 18 Abb., 12 Fotos, Kt., ISBN 3-515-04964-9

89 Gerd Spittler: Dürren, Krieg und Hungerkrisen bei den Kel Ewey (1900–1985). 1989. xiv, 199 S. m. 18 Tab., 20 Taf. m. 42 Fotos. kart., ISBN 3-515-04965-7

90 Peter Fuchs: Fachi. Sahara-Stadt der Kanuri. 1989. 405 S. m. 14 Abb., 82 Fotos u. 8. Tab., kart., ISBN 3-515-05003-5

91 Bawuro Mubi Barkindo: Sultanate of Mandara to 1902. History of the Evolution, Development and Collapse of a Central Sudanese Kingdom. 1989. 252 S., kart., ISBN 3-515-04416-7

92 Mamadou Diawara: La graine de la parole. Dimension sociale et politique des traditions orales du royaume de Jaara (Mali du XVème au milieu du XIXème siècle). 1990. 189 S., kart. [vergriffen]

93 Mathias G. Guenther: Bushman Folktales. Oral Traditions of the Nharo of Botswana and the /Xam of the Cape. 1989. 166 S., kart., ISBN 3-515-05060-4

94 Klaus Schneider: Handwerk und materialisierte Kultur der Lobi in Burkina Faso. 1990. 409 S. m. 278 Abb., 5 Ktn, 32 Taf. m. 121 Fotos, 2 Diagr. kart., ISBN 3-515-05235-6

95 Dorothee Gruner: Die Lehm-Moschee am Niger. Dokumentation eines traditionellen Bautyps. 1990. 504 S. m. zahlr. Abb., 7 Tab., 16 Taf., 11 Ktn im Text sowie 116 Fotos, kart., ISBN 3-515-05357-3

96 Jörg Adelberger: Vom Sultanat zur Republik: Veränderungen in der Sozialorganisation der Fur (Sudan). 1990. 246 S. m. 11 Fig., 4 Ktn, 15 Tab., kart., ISBN 3-515-05512-6

97 Leo Frobenius: Ethnographische Notizen aus den Jahren 1905 und 1906. IV: Kanyok, Luba, Songye, Tetela, Songo Meno/Nkutu. Bearb. und hrsgg. von Hildegard Klein. 1990. xx, 224 S. m. 410 Zeichn., 4 Ktn, 13 Fotos auf 8 Taf., kart., ISBN 3-515-05383-2

98 Gudrun Geis-Tronich: Materielle Kultur der Gulmance in Burkina Faso. 1991. 522 S. m. 556 Abb., dav. 6 Farbtaf., kart. [vergriffen]

99 Adam Jones: Zur Quellenproblematik der Geschichte Westafrikas 1450–1900. 1990. 229 S. u. 23 Taf. m. 40 Abb., kart., ISBN 3-515-05418-1

100 Eike Haberland: Hierarchie und Kaste. Zur Geschichte und politischen Struktur der Dizi in Südwest-Äthiopien. 1993. iv, 320 S. m. 13 Taf. m. 25 Fotos, kart., ISBN 3-515-05592-4

101 Friederike Kemink: Die Tegreñña-Frauen in Eritrea. Eine Untersuchung der Kodizes des Gewohnheitsrechts 1890–1941. 1991. ix, 183 S., kart., ISBN 3-515-05425-1

102 Andreas Grüb: The Lotuho of the Southern Sudan. An Ethnological Monograph. 1992. 194 S., kart., ISBN 3-515-05452-9

103 Ulrich Braukämper: Migration und ethnischer Wandel: Untersuchungen aus der östlichen Sudanzone. 1992. 318 S. m. 14 Ktn., kart., ISBN 3-515-05830-3

104 Reidulf K. Molvaer (ed.): Prowess, Piety and Politics. The Chronicle of Abeto Iaysu and Empress Zewditu of Ethiopia (1909–1930). Recorded by Aleqa Gebre-Igziabiher Elyas. 1994. 596 S. m. 1 Tab. u. 1 s/w Foto, kart., ISBN 3-927620-20-3

105 Andrea Reikat: Handelsstoffe. Grundzüge des europäisch-westafrikanischen Handels vor der industriellen Revolution am Beispiel der Textilien. 1997. 280 S., kart., ISBN 3-89645-200-2

106 Sabine Steinbrich: Imagination und Realität in westafrikanischen Erzählungen. 1997. 361 S., kart., ISBN 3-89645-201-0

107 Till Förster: Zerrissene Entfaltung. Alltag, Ritual und künstlerische Ausdrucksformen im Norden der Côte d'Ivoire. 1997. 599 S. m. 20 Graf., 82 s/w Fotos, 3 Ktn., kart., ISBN 3-89645-202-9

108 Britta Duelke: „...Same but different...": Tradition und Geschichte im Alltag einer nordaustralischen Aborigines-Kommune. 1998. 304 S., kart., ISBN 3-89645-203-7

109 Frank Bliss: L'artisanat et l'artisanat d'art dans les oasis du désert occidental égyptien. 1998. 359 S. m. 199 Fotos, 118 Zeichn., kart., ISBN 3-89645-204-5

110 Jürgen Zwernemann: Studien der Moba (Nord-Togo). 1998. 434 S. m. 57 s/w Fotos, 5 Zeichn., 1 Kte. kart., ISBN 3-89645-205-3

111 Gerd Spittler: Hirtenarbeit. Die Welt der Kamelhirten und Ziegenhirtinnen von Timia. 1998. 453 S. m. 82 s/w Fotos, 5 Ktn., kart., ISBN 3-89645-206-1

112 Carola Lentz: Die Konstruktion von Ethnizität: Eine politische Geschichte Nord-West Ghanas, 1870–1990. 1998. 690 S. m. 28 s/w Fotos, kart., ISBN 3-89645-207-X

113 Karim Traoré: Le jeu et le sérieux. Essai d'anthropologie littéraire sur la poésie épique des chasseurs du Mande (Afrique de l'Ouest). 2000. 294 S., kart., ISBN 3-89645-208-8

114 Paola Ivanov: Vorkoloniale Geschichte und Expansion der Avungara-Azande: Eine quellenkritische Untersuchung. 2000. 784 S. m. 16 Ktn, 51 Tab., 4 Abb., ISBN 3-89645-209-6

115 Kunigunde Böhmer-Bauer: Great Zimbabwe – eine ethnologische Untersuchung. 2000. 542 S. m. 41 Zeichn., 12 s/w-Fotos. ISBN 3-89645-210-X

116 Erdmute Alber: Im Gewand von Herrschaft. Modalitäten der Macht im Borgu (Nord-Bénin) 1900–1995. 2000. 325 S. m. 4 Ktn., 6 s/w-Fotos, 4 Faksimile-Abb., 3 Graph., 2 Tab., ISBN 3-89645-210-X

117 Yakubu Mukhtar: Trade, Merchants and the State in Borno, c. 1893–1939. 2000. 323 S. m. 5 Ktn., 1 Abb., ISBN 3-89645-212-6

118 Dorothea E. Schulz: Perpetuating the Politics of Praise: Griots, Radios and Political Mediation in Mali. 2001. 293 S., ISBN 3-89645-213-4

119 Burkhard Schnepel (Hrsg.): Hundert Jahre „Die Traumdeutung". Kulturwissenschaftliche Perspektiven in der Traumdeutung. 2001. 263 S., 3 s/w-Fotos. ISBN 3-89645-214-2

120 Mamadou Diawara: L' empire du verbe et l'éloquence du silence. Vers une anthropologie du discours dans les groupes dits dominés au Sahel. 2003. 462 S., 9 s/w-Fotos. ISBN 3-89645-215-0

121 Matthias Krings und Editha Platte (Hrsg.): Living with the lake: perspectives on history, culture and economy of Lake Chad. 2004. 293 S. m. 17 Ktn., 15 Abb., ISBN 3-89645-216-9

122 Andreas Dafinger: Anthropologie des Raumes. Untersuchungen zur Beziehung räumlicher und sozialer Ordnung im Süden Burkina Fasos. 2004. 207 S. m. 17 Zeichn., 12 Tab., 11 Ktn., 5 s/w-Fotos, ISBN 3-89645-217-7

123 Matthias Krings: Siedler am Tschadsee. 2004. 293 S. m. 13 Ktn., 9 Tab., 8 s/w-Fotos, 4 Graph., 3 Zeichn., 1 Faksimile-Abb., ISBN 3-89645-218-5

124 Cora Bender, Christian Carstensen, Henry Kammler, Sylvia S. Kasprycki (Hrsg.): Ding – Bild – Wissen. Ergebnisse und Perspektiven nordamerikanischer Forschung in Frankfurt a.M. 2005. 278 S. m. 47 s/w Fotos, 7 Zeichn., 1 Kte., ISBN 3-89645-219-3

125 Mamadou Diawara, Paulo Fernando de Moraes Farrias et Gerd Spittler (sous la direction de): Heinrich Barth et l'Afrique. 2006. 286 S. m. 17 Abb., 12 s/w Fotos, 2 Ktn., 2 Tab., ISBN 3-89645-220-7

126 Sabine Dinslage (ed.): Leo Frobenius: Animal husbands, magic horns and water spirits: folktales from Southern Africa. Bd. I–III. 2009. 1283 S. m. 2 Abb., 7 s/w Fotos, 1 Kte., ISBN 978-3-89645-221-4

Sonderschriften des Frobenius-Institutes

Bis Band 12: Franz Steiner Verlag, Stuttgart

1 Karl Heinz Striedter (ed.): Rock Paintings from Zimbabwe. Collections of the Frobenius-Institut. 1983. 67 S. m. 24 Abb. im Text, 20 Abb. auf Taf. [vergriffen]

2 Eike Haberland: Three Hundred Years of Ethiopian-German Academic Collaboration. 1986. 39 S. m. 22 Abb. (z.T. Fotos) im Text, 1 Kte., kt., ISBN 3-515-04766-2

3 Leo Frobenius: Histoire et Contes des Mossi. 1986. 94 S. (mit Faltblatt „Généalogie des souverains Mossi"), kt., ISBN 3-515-04831-6

4 Eike Haberland: Recherches Allemandes au Burkina Faso. En souvenir du séjour de Gottlob Adolf Krause („Malam Moussa") à Ouagadougou en septembre 1886. 1986. 20. S. m. 8 Abb. u. 1 Kte. im Text, kt., ISBN 3-515-04871-5

5 Beatrix Heintze: Ethnographische Zeichnungen der Lwimbi/Ngangela (Zentral-Angola). Aus dem Nachlaß Hermann Baumann. 1988. 144 S. m. 4 Farbt., 2 s/w-Fotos und 72 S. m. 172 Strichzeichn. u. 1 Kte., kt., ISBN 3-515-05170-8

6 Gudrun Geis-Tronich: Les métiers traditionnels des Gulmance – Bi Gulmanceba Maasuagu Tuonboli. 1989. 109 S. m. 157 Abb. u. 2 Farbtaf., Kt. [vergriffen]

7 Ulrich W. Hallier: Die Entwicklung der Felsbildkunst Nordafrikas. Untersuchungen auf Grund neuerer Felsbildfunde in der Süd-Sahara (1). 1990. vi. 150 S. m. 164 s/w- u. 8 Farbtaf., kt., ISBN 3-515-05621-1

8 Eric Huysecom: Fanfannyegene I. Un abri-sous-roche à occupation néolithique (Parc nationale de la Bouche du Baoulé, Mali, 1984–1987). – La fouile, le matériel archéologique, l'art rupestre. 1990. 175 S., kt., ISBN 3-515-05673-4

9 Alain Gallay, Eric Huysecom, Matthieu Honegger, Anne Mayor (eds.): Hamdallahi, Capitale de l'Empire peul du Massina, Mali [vergriffen]

10 Ulrich Braukämper/Werner Fricke/Herrmann Jungraithmayr: German Research in North-Eastern Nigeria. 1991. 38 S. m. 17 Abb., kt., ISBN 3-515-05946-6

11a Klaus Schneider: Die Burg des Elefantenjägers. Geschichte des „Großen Hauses" von Bindouté Da (Lobi, Burkina Faso). Pläne von Verena Näf, Aquarelle und Fotos von Cornelia Schefold. 1991. 97 S. m. 63 Abb., davon 4 fbg., sowie Faltkte. u. 15 Taf. m. 30 Fotos, kt., ISBN 3-515-06036-7

11b Klaus Schneider: La Grande Maison de Bindouté Da. Histoire d'une habitation Lobi au Burkina Faso. Plans de Verena Näf, aquarelles, dessins et photographies de Cornelia Schefold. 1991. 97 S. m. 63 Abb., dav. 4 fbg. sowie 1 Faltkte. u. 15 Taf. m. 30 Fotos, kt., ISBN 3-515-06037-5

12 Ulrich W. Hallier/Brigitte Chr. Hallier: Felsbilder der Zentral-Sahara. Untersuchungen auf Grund neuerer Felsbildfunde in der Süd-Sahara (2). 1992. viii, 249 S. m. 47 Abb., 328 s/w- und 32 Farbtaf., kt., ISBN 3-515-06183-5

13 Ulrich Braukämper and Tilahun Mishago: Praise and Teasing. Narrative Songs of the Hadiyya in Southern Ethiopia. 1999. 116 S. m. 32 s/w Fotos u. 1 Kte., kt. Frankfurt am Main: Frobenius-Institut, ISBN 3-9806506-2-6

Afrika Archiv

Rüdiger Köppe Verlag, Köln

Herausgegeben von Beatrix Heintze

1 Beatrix Heintze: Alfred Schachtzabels Reise auf das Hochland von Angola 1913–1914 und seine Sammlungen für das Museum für Völkerkunde in Berlin. Rekonstruktion einer ethnographischen Quelle. 1995. 378 S. m. 174 s/w Fotos, zahlr. Zeichn., 14 Ktn., davon 2 Faltktn., ISBN 3-92762-021-1

2 Beatrix Heintze (Hrsg.): Max Buchners Reise nach Zentralafrika (1878–1882). Briefe, Berichte, Studien. 1999. 539 S. m. 65 Strichzeichnungen, 1 Foto, ISBN 3-89645-160-X

3 Hermann Baumann: Die ethnographische Sammlung aus Südwest-Angola im Museum von Dundo, Angola (1954). Katalog / A colecção etnográfica do Sudoeste de Angola no Museu do Dundo, Angola (1954). Catálogo. Bearbeitet und herausgegeben von / Redigido e editado por Beatrix Heintze. 2002. 376 S. m. 296 Fotos, 345 Zeichnungen, 1 Kte.

4 Zacharie Minougou und Andrea Reikat (Hrsg.): Au carrefour des histoires. Traditions orales de la région Yana (Burkina Faso). 2004. 113 S. m. 2 Ktn., ISBN 3-89645-126-6

Religionsethnologische Studien des Frobenius-Institutes

Kohlhammer Verlag, Stuttgart

Herausgegeben von Karl-Heinz Kohl

1 Karl-Heinz Kohl: Der Tod der Reisjungfrau. Mythen, Kulte und Allianzen in einer ostindonesischen Lokalkultur. 1998. 303 S. m. 25 Abb., ISBN 3-17-015410-9

2 Susanne Schröter: Die Austreibung des Bösen. Ein Beitrag zur Religion und Sozialstruktur der Sara Langa in Ostindonesien. 2000. 296 S. m. 64 Abb., ISBN 3-17-016441-4

3 Holger Jebens: *Kago* und *kastom*. Zum Verhältnis von kultureller Fremd- und Selbstwahrnehmung in West New Britain (Papua-Neuguinea). 2007. 256 S. m. 21 s/w Fotos u. 2 Ktn., ISBN 978-3-17-019946-0

4 Thomas Reinhardt: Geschichte des Afrozentrismus. Imaginiertes Afrika und afroamerikanische Identität. 2007. 379 S., ISBN 978-3-17-019947-7

5 Henry Kammler: Kulturwandel und die Konkurrenz der Religionen in Mexiko. Nahuas in Guerrero zwischen der Herrschaft der Winde und der Macht des Wortes. 2010. 368 S. m. 45 Abb. u. 8 Ktn., ISBN 978-3-17-021154-4

6 Andreas Türk: Christentum in Ostsumba. Die Aneignung einer Weltreligion in Indonesien aus praxistheoretischer Sicht. 2010. 571 S. m. 20 Abb. u. 1 Tab., ISBN 978-3-17-021548-1

Weitere Publikationen

– Gisela Stappert: Afrika EthnoGraphisch. Eine Bilderausstellung des Frobenius-Institutes. Frankfurt am Main: Frobenius-Institut 1996, 83 S. m. 71 Abb., kt., ISBN 3-9806506-1-8

- Das Frobenius-Institut an der Johann Wolfgang Goethe-Universität 1898–1998. Frankfurt am Main: Frobenius-Institut 1998, 80 S. m. 11 Abb., kt., ISBN 3-9806506-0-X
- Karl-Heinz Kohl und Nicolaus Schafhausen (Hrsg.): New Heimat [Ausstellungskatalog, Frankfurter Kunstverein, 12. Oktober 2001 – 27. Januar 2002]. New York: Lukas & Sternberg. 2001, 136 S. m. 66 s/w- u. 7 Farb-Abb., kt., ISBN 0-97111-93-4-1
- Andreas Ackermann, Ute Röschenthaler, Peter Steigerwald (Hrsg.): Im Schatten des Kongo. Leo Frobenius. Stereofotografien von 1904–1906 [Ausstellungskatalog, Museum der Weltkulturen, 1. Dezember 2005 – 30. April 2006]. Frankfurt am Main: Frobenius-Institut 2005, 80 S. m. 116 Farb-Abb., 1 Kte., kt., ISBN 3-9806506-6-9
- Wilhelm II. und Leo Frobenius. Der Kaiser und sein Forscher [Ausstellungskatalog, Museum für Kommunikation, 1. Dezember 2005 – 15. Januar 2006]. Frankfurt am Main: Museumsstiftung Post und Telekommunikation. 2005, 32 S. m. 39 Abb., kt., ISBN 3-9808448-5-4
- Karl-Heinz Kohl, Editha Platte (Hrsg.): Gestalter und Gestalten. 100 Jahre Ethnologie in Frankfurt am Main. Frankfurt am Main, Basel: Stroemfeld. 2006. 281 S. m. 23 Abb., kt., ISBN 3-86109-173-9
- Richard Kuba, Musa Hambolu (Hrsg.): Nigeria 100 years ago: through the eyes of Leo Frobenius and his expedition team. Frankfurt am Main: Frobenius Institute 2010. 81 S. m. 74 Abb., kt., ISBN 978-3-9806506-4-9
- Holger Jebens (Hrsg.): Herbarium der Kultur. Ethnographische Objekte und Bilder aus den Archiven des Frobenius-Instituts. Frankfurt am Main: Frobenius-Institut 2011. 150 S. m. 37 Farb. u. 34 s/w-Abb., kt., ISBN 978-3-9806506-5-6
- Christoph Johannes Franzen, Karl-Heinz Kohl, Marie-Luise Recker (Hrsg.): Der Kaiser und sein Forscher. Der Briefwechsel zwischen Wilhelm II. und Leo Frobenius (1924–1938). Stuttgart: Kohlhammer 2012. 664 S. m. Abb. im Text u. 26 meist farb. Bildtaf., kt., ISBN 978-3-17-019021-4

Frobenius-Gesellschaft (Deutsche Gesellschaft für Kulturmorphologie) e.V.

Die Frobenius-Gesellschaft ist einer der ältesten ethnologischen Fördervereine im deutschsprachigen Raum. Sie wurde 1924 in München als „Deutsche Gesellschaft für Kulturmorphologie" zur Unterstützung des „Forschungsinstituts für Kulturmorphologie" ins Leben gerufen, das 1946 nach seinem Gründer Leo Frobenius (1873–1938) in „Frobenius-Institut" umbenannt wurde.

Zielsetzung der Frobenius-Gesellschaft ist laut Satzung die Förderung der wissenschaftlichen Arbeiten des Frobenius-Instituts über außereuropäische Kulturen mit dem Schwerpunkt Geschichte und Kulturen Afrikas. Dies geschieht heute vor allem durch die finanzielle Unterstützung von Forschungsprojekten und Publikationen sowie Vortragsreihen, Ausstellungen und anderen Veranstaltungen. Die Frobenius-Gesellschaft trägt die Rechtsform eines gemeinnützigen eingetragenen Vereins. Dem Vorstand gehören z. Zt. Dr. Eberhard Mayer-Wegelin als Vorsitzender sowie Prof. Dr. Karl-Heinz Kohl und Dr. Carl Voigt an.

Die Mitgliedschaft in der Frobenius-Gesellschaft steht jeder Person offen. Der jährliche Mitgliedsbeitrag beträgt 50,00 € für ordentliche und 25,00 € für studentische Mitglieder. Bei Erteilung einer Einzugsermächtigung reduziert sich der Mitgliedsbeitrag auf 40,00 € bzw. 20,00 €.

Im Beitrag ist der kostenlose Bezug der jährlich erscheinenden Zeitschrift *Paideuma. Mitteilungen zur Kulturkunde* enthalten. *Paideuma* ist das offizielle Publikationsorgan des Frobenius-Instituts an der Goethe-Universität in Frankfurt am Main. 1938 von Leo Frobenius gegründet, ist sie eine der führenden ethnologischen Zeitschriften im deutschsprachigen Raum. Der traditionelle regionale Fokus von *Paideuma*, die Geschichte und Kulturen Afrikas, ist in den letzten Jahren um Ozeanien und Südostasien erweitert worden; daneben finden sich in der Zeitschrift auch Beiträge von allgemeinem theoretischem Interesse.

Mitglieder der Frobenius-Gesellschaft werden regelmäßig von den öffentlichen Veranstaltungen des Frobenius-Instituts und der Frobenius-Gesellschaft informiert. Darüber hinaus können sie die Veröffentlichungen des Frobenius-Instituts zu einem Vorzugspreis beziehen, der bis zu 20 % unter dem offiziellen Ladenpreis liegt. Dabei handelt es sich um folgende wissenschaftliche Reihen: *Studien zur Kulturkunde* (1933ff., 126 Bde.), *Sonderschriften des Frobenius-Instituts* (1983ff.,13 Bde.), *Afrika Archiv*

(1995ff., 4 Bde.), *Religionsethnologische Studien des Frobenius-Instituts* (1998ff., 6 Bde.). Die noch lieferbaren Bände sind im Internet auf der Seite *www.frobenius-institut.de* aufgeführt.

Aufnahmeanträge können formlos an die Geschäftsstelle der Frobenius-Gesellschaft, Grüneburgplatz 1, 60323 Frankfurt am Main geschickt werden. Für die Inanspruchnahme des ermäßigten studentischen Mitgliedsbeitrags für den Zeitraum von fünf Jahren ist die einmalige Vorlage einer Immatrikulationsbescheinigung erforderlich. Nach der Aufnahme durch den Vorstand der Gesellschaft erfolgt eine offizielle Benachrichtigung.

Weitere Auskünfte:
Sekretariat des Frobenius-Instituts, Grüneburgplatz 1, 60323 Frankfurt a.M. –
Tel.: 069-798 33050 – frobenius@em.uni-frankfurt.de